KB246282

조성식 기자의 Face to Face

나 아닌 사람을 진정 사랑한 적이 있던가

나남
nanam

조 성 식

대학 졸업 후 해군 OCS 장교로 입대해 서해 NLL을 지킴.
자유롭고 정의를 추구하는 게 좋아 기자를 선택했는데
우물쭈물하다보니 20년이 지나감.
현재 〈동아일보〉 주간동아팀 차장, 프로젝트 밴드 〈블루잉크〉 리드보컬.
저서로 《장군들의 리더십》, 《대한민국 주먹을 말하다》,
《대한민국 검찰을 말하다》가 있음.
—
살아오면서 내가 중요하게 여긴 덕목은 자유와 정의였다.
저항정신을 강조한 카뮈의 〈반항인〉에 유난히 끌렸던 것도
그래선지 모른다. 니체가 말한 '무리(群衆)의 도덕'에
동참하는 비굴함을 견디기 힘들었던 나는
시류와 대세에 영합해 강자에게 아부하는 자들과
한 줌의 권력을 쥐고 위세를 떠는 자들의 어리석음을 비웃느라
내게 주어진 삶이 그믐달처럼 오그라든 줄도 몰랐다.

나남신서 1670

조성식 기자의 Face to Face
나 아닌 사람을 진정 사랑한 적이 있던가

2013년 3월 15일 발행
2013년 3월 15일 1쇄

지은이_ 조성식
사진_ 동아일보 출판사진팀
발행자_ 趙相浩
발행처_ (주) 나남
주소_ 413-756 경기도 파주시 회동길 193
전화_ (031) 955-4601 (代)
FAX_ (031) 955-4555
등록_ 제 1-71호(79.5.12)
홈페이지_ http://www.nanam.net
전자우편_ post@nanam.net

ISBN 978-89-300-8670-7
ISBN 978-89-300-8655-4 (세트)

책값은 뒤표지에 있습니다.

조성식 기자의 Face to Face

나 아닌 사람을 진정 사랑한 적이 있던가

나남
nanam

거실 창으로 삐져 들어오는 햇살이 따사롭다. 맞은편 눈 덮인 북한산의 널찍한 가슴을 보면서 내 가슴은 작은 풍선이 된다. 아이들과 술래잡기 놀이를 한다. 깔깔거리고 숨을 헐떡거리면서 부둥켜안고 나뒹군다. 세상에 불화를 지피는 데 이바지해 온 내 삶에 이런 평화가 있다는 건 분에 넘치는 축복이다.

'쓰는 놈'(記者)을 생업으로 삼은 지 20년이 더 지났다. 고발과 폭로가 전문인 사회부 기자질을 오래 해선지 정서가 가문 논바닥처럼 메말랐다. 시집을 제대로 읽은 기억이 가물가물하다는 것은 내 삶을 불안케 하는 요소 중 하나다. 한동안 미술관을 다닌 것도 그런 불안감을 달래기 위한 방편이었는지 모른다. 그런 점에서, 사건 기자로 뛰면서도 인물탐구 기사를 많이 쓸 수 있었던 건 행운이었다.

살아오면서 내가 중요하게 여긴 덕목은 자유와 정의였다. 저항정신을 강조한 카뮈의 〈반항인〉에 유난히 끌렸던 것도 그래선지 모른다. 니체가 말한 '무리(群衆)의 도덕'에 동참하는 비굴함을 견디기 힘들었던 나는 시류와 대세에 영합해 강자에게 아부하는 자들과, 한 줌의 권력을 쥐고 위세를 떠는 자들의 어리석음을 비웃느라 내게 주어진 삶이 그믐달처럼 오그라든 줄도 몰랐다.

의로움보다 이로움을 좇는 풍토는 언론계라고 예외가 아니다. 그 둘의 경계선은 의외로 허술하다. 언론사 간부가 된 후 맨 먼저 배운 것은 뻔뻔함이었다. 그건 정의에 반하는 짓이었지만, 조직에서는 현명하게 혹은 능력자로 사는 지름길이었다. 세상이 정의로만 흘러가지 않는다는 사실을, 공적인 정의보다 사적인 정의를 편안해하는 사람이 많다는 사실을 불혹의 끄트머리에서야 깨닫다니. 에리히 프롬 식으로 말하자면, '정의로부터의 도피'가 일상화된 세상에서 나는 지혜롭지 못했던 것이다. 이런 깨달음을 얻은 후 태평해졌다.

거짓과 탐욕과 시기와 불의가 지배하는 세상에서 자신이 옳다고 여기는 길을 뚜벅뚜벅 걸어가는 사람을 만나는 것은 반가운 일이다. 연기자가 배역을 통해 삶을 확장하듯 나는 각계각층의 다양한 사람을 통해 내가 알지 못하던 세계에 눈을 떴고 삶의 자극을 얻었다. 그들 중 유난히 인상적이었거나 논란이 됐던 사람들의 얘기를 모아 책으로 묶었다. 출판사 권유에 따라 정치인은 배제했다. 꼭 한 번 갖고 싶었던 인터뷰집을 내준 나남출판 조상호 사장과 고승철 주필께 깊이 감사드린다.

깊은 밤, 격정의 선율이 내 머릿속에서 춤춘다. 차가우면서도 따뜻했던 모나코 밤하늘의 별빛과도 같은. 눈송이처럼 쏟아져 내리던, 그 벅찬 위로의 손길들이여. 내가 이끄는 록밴드 〈블루잉크〉는 올해도 교도소 공연을 할 것이다. 그까짓 정의보다는 이쪽이 훨씬 낫다. 이 부조리하고 부질없는 삶을 견디기에.

2013년 2월
조 성 식

송 호 근

서울대 사회학과 교수

조성식 기자는 20년간을 현장에서 살았다. 사건현장이 그의 삶의 터였다. 펜 하나만 달랑 들고 금력, 권력, 폭력이 만들어낸 각종 사건을 파헤쳤다. 그가 헤집은 사건들은 결국 욕망이 실타래처럼 엉킨 인간사의 파노라마였지만, 그는 그 속에서 우리가 지켜야 할 정의감을 복원했다. 작은 보석처럼 반짝이는 정의감을 찾아 헤맨 20년. 위선, 부도덕, 파렴치를 펜대 하나로 대적해 온 그 세월을 무엇과 바꿀 수 있으랴만, 이제 불혹의 끝자락에서 문득 '삶이 그믐달처럼 오그라지고 있다는 냉혹한 자각'에 망연자실하는 자신을 발견한다.

인생이란 이런 것인가. 현장의 유혹과 몰입이 작은 등대 하나쯤은 선물해 줄 것으로 믿었던 것은 환상이었을까. 아닐 것이다. 조 기자는 버려뒀던 자아의 공간에 형광빛 물체가 자라고 있음을 어렴풋이 인지한다. 그것의 형체를 아직은 정확히 모르지만, 현장기자의 본능적 감각에 잡힌 그것은 삶의 연민 혹은 경외심 같은 것이다. 현장기자가 얼굴을 맞대고 캐낸 인터뷰 기록을 내놓는 이유가 이것이다. 정의를 재단했던 섦은 시절의 패기와 치기를 내려놓고, 논리와 윤리로는 재단할 수 없는 16명의 인생항로를, 그리고 그들의 진실을 담백하게 그려낸 세필화에서 현장기자의 휴머니즘을 느껴보는 것, 이 책의 묘미다,

인 명 진

갈릴리교회 담임목사 · 전 한나라당 윤리위원장

조성식 기자의《나 아닌 사람을 진정 사랑한 적이 있던가》출간을 진심으로 축하드립니다.

인터뷰어와 인터뷰이 사이에 건강한 긴장관계가 유지되고 이것이 글로 잘 표현될 때 훌륭한 인터뷰라고 할 수 있습니다. 제가 만나본 조성식 기자는 이런 점에서 손색없는 기자였습니다. 편하게 대화를 진행하면서도 때로는 날카로운 질문을 던져 끝까지 긴장의 끈을 놓을 수 없었습니다.

한두 시간 남짓한 짧은 시간 동안 만난 사람의 진면목을 오롯이 드러내기란 쉽지 않습니다. 이 책에 실린 분들은 하나같이 관심을 끌고 잘 알려진 분들이지만 조성식 기자의 펜을 거치면서 새로운 면모가 드러납니다. 저는 특히 평소 친분이 있는 도법 스님과 이영훈 목사님 인터뷰를 주의 깊게 읽었습니다. 십수 년 동안 두 분을 알고 지내는 제가 조성식 기자보다는 더 잘 알지 않겠습니까. 도법 스님은 요즘 저와 함께 우리 사회의 자살 문제를 조금이라도 해결하기 위해 노력하고 있는데 가끔 만나기도 합니다. 그런데 조성식 기자는 이처럼 조계종단의 개혁과 사회문제 해결에 앞장선 도법 스님으로부터 제가 한 번도 듣지 못했던 인간적 욕망에 대한 솔직한 고백을 받아내는 재주를 지녔습니다.

늘 가깝게 지내는 이영훈 목사님과의 인터뷰는 제가 주선해서 성사된 겁니다. 이 목사님이 세계 최대 교회 여의도순복음교회 담임목사로 취임한 지 얼마 되지 않은 시기에 조성식 기자는 제사 문제, 음주와 끽연 문제, 민중신학 문제, 종교다원주의 문제, 종말론 문제, 조용기 목사님과의 관계 등 민감한 질문을 많이 던졌는데, 이 목사님이 신앙적으로 균형 있게 잘 답변한 것을 보고 안도의 한숨을 쉬었습니다. 특히 이 목사님이 "여의도순복음교회는 영원히 가난한 자의 이웃인 교회로 존재할 겁니다. 순복음의 정체성이 바로 가난하고 소외받는 사람들의 교회라고 생각합니다"라고 답변한 것이 인상적이었습니다.

조성식 기자의 얼굴을 맞댄 인터뷰를 통하여 독자들이 여기에 소개된 분들과 더욱 가까워지기를 바랍니다.

조성식 기자의 Face to Face
나 아닌 사람을 진정 사랑한 적이 있던가

차 례

1949년 제주 출생·1966년 금산사에서 출가·1995년 전북 남원 실상사 주지·1998년 조계종 총무원장 권한대행·1999년 인드라망 생명공동체 상임대표·2010년 조계종 화쟁(和諍)위원장·2011년 조계종 자성과 쇄신 결사 추진본부장

생명운동 기수 도법 스님의 쾌도난담
가장 힘든 게 여자 생각

농삿일하다 막 돌아온 것 같은 차림이다. 밀짚모자를 벗자 싱그러운 중머리가 나타난다. 환갑이 지났는데, 동안(童顏)이다. 눈이 크고 귀가 야무지게 생겼다. 눈동자가 또랑또랑하다. 입이 아니라 눈이 말하는 것처럼. 단단한 구릿빛 얼굴 근육이 미소 지을 때마다 스르르 풀어진다. 정좌한 그에게서 녹차 향기가 풍긴다.

도법(道法) 스님은 평범한 중이 아니다. 절에 앉아 시줏돈 세거나 참선한다고 골방에 처박혀 있는 중이 아니다. 그는 사회운동을 하는 중이다. 구체적으로 표현하면 생명평화운동이다. 1999년부터 그가 이끄는 인드라망 생명공동체는 불교계의 대표적인 사회운동조직이다. 지리산 실상사가 거점이다. 본부는 서울 목동에 있다. 농업에 기반을 둔 그의 생명평화운동은 도시와 시골을 똑같이 중요시한다. 그는 2004년부터 생명평화의 기치를 내걸고 5년 동안 탁발순례를 했다. 지지자들이 그의 뒤를 따랐다.

그는 조계종에서 '구원투수'로 통한다. 1998년 종단 폭력사태 때 총무원장 권한대행으로 활약했다. 2010년 조계종은 봉은사 사태와 4대강 사업에 대한 논란으로 내분에 빠졌다. 그해 6월 그는 조계종 화쟁(和諍) 위원회 위원장을 맡아 종단의 분쟁을 수습하는 데 앞장섰다. 1년 뒤인 지난 6월 결성된 '자성과 쇄신 결사 추진본부' 본부장도 그의 몫이었다. 이는 화쟁위원회와 민족공동체 추진본부, 종교평화위원회를 합친 기구로 조계종 개혁의 총사령탑이라 할 만하다.

골치 아픈 종단개혁 얘기를 하려고 그를 만난 건 아니다. 중에게 감투가 뭐 대수랴. 널리 알려진 귀농운동을 새삼 소개하려는 것도 아니다. 삶의 고단함과 찰거머리와 같은 욕망, 존재의 위기, 세상의 위기에 대한 그의 고견을 듣고 싶었다. 해법을 찾기보다는 위로를 받고 싶어서였는지 모른다. 삶에서 위로만큼 따뜻한 것도 없으니. 인터뷰는 목동 인드라망 생명공동체 사무실에서 진행됐다.

10월 29일 인드라망 생명공동체는 서울 양천구 양천공원에서 '2011 가을 한마당' 축제를 벌였다. 이 행사는 '도시와 농촌이 만나 희망을 만들다'라는 구호를 내걸었다. 추수감사제, 귀농귀촌 알림마당, 친환경농산물 알림마당, 우리문화 체험마당, 공연마당 등이 주요 프로그램이었다.

요즘 하루 일과가 어떻게 되십니까.
제가 하는 일이 불교적 대안과 사회적 대안을 찾는 겁니다. 불교적인 게 인드라망 생명공동체이고 사회적인 게 마을공동체입니다. 마을공동체 운동은 주로 실상사에서 해요. 실상사 주지는 따로 있고요. 보통 새벽 4시에 일어나 수행시간을 갖고 나머지 시간엔 사람 만나고 강의하고 회의하고 그러죠.

16

목동에 자리 잡은 것도 도시공동체 운동과 관련된 건가요?

도시와 농촌이 만나 하나가 되는 운동이죠. 이런 운동이 불교 쪽에는 인드라망밖에 없다고 해도 과언이 아니에요.

조계종 화쟁위원장에 이어 자정과 쇄신 결사 추진본부장도 맡으셨는데요.

제가 그동안 해온 일과 맥이 닿아 있어 제안을 받아들였어요. 그것 때문에 서울에 자주 와요.

여러 일을 동시에 하려면 진짜 바쁘실 것 같아요.

실무 보는 친구들이 따로 있어요. 저는 모자 노릇, 바람잡이 노릇하는 거죠. 누구를 만난다든지 강연을 한다든지…. 혼자 모든 걸 다 할 수는 없죠.

스님이 하는 일은 수행을 중시하는 전통적 불교와 방향이 다르죠?

나는 내가 하는 게 진짜 수행이고 진짜 불교라고 생각해요.

왜 그렇죠?

한국 불교가 자랑스러운 대안으로 얘기하는 게 고려시대 보조국사 지눌의 정혜결사예요. 최근엔 성철 스님의 봉암사 결사를 예로 들지요. 그런데 둘 다 산중에서 고고하게 수행 잘하자는 얘기예요. 출가자 중심이에요. 그런데 부처님이 하신 불교는 그게 아니에요. 수행 잘하는 건 당연한 거고요. 부처님은 당신 자신과 불교집단의 이익을 위해 불교를 하지 않았어요. 중생과 세상의 안락과 행복을 위해 불교가 존재하고 자신도 그걸 위해 일생을 바치고 있다고 말씀하셨죠. 그런 것을 제대로 계승하는 게 진짜 불교라는 생각에서 이런 운동을 해온 겁니다.

사회운동을 열심히 하는 스님에게는 이런 시비가 따라붙는다. 넌 도 대체 수행은 언제 하느냐고. 이 질문을 던지자 도법 스님은 대수롭지 않다는 듯 받아넘겼다.

"당연하죠. 기성 불교 쪽에서는 다들 그런 생각을 하죠. 제가 법정 스님을, 그분이 20대일 때부터 알았어요. 모시고 살기도 하고 봉사 도 했죠. 30, 40년 전 법정 스님은 절집에서 전혀 평가받지 못했습니 다. 무슨 수행자가 글을 쓰냐고. 글 쓰는 사람이 무슨 수행자냐고. 그런데 이제 와선 최고의 수행자로 평가하지 않습니까. 그만큼 불교 도 변하고 불교에 대한 사회적 요구도 변한 겁니다."

그는 '한국 불교의 전통'을 '멍에'라고 규정지었다.

"오늘날 한국 불교가 전통으로 생각하는 것은 조선조 500년 동안에 굳어진 거예요. 벗어야 할 멍에입니다. 숨어서 살아남아야 하는 조 건 속에서 어쩔 수 없이 그렇게 된 건데 그것을 마치 대단히 소중한 전통처럼 여기는 겁니다. 생존을 위해서는 은둔해야 했고 내면적이 고 정적이어야 했죠."

사회참여적이고 실천적인 면을 강조하시는 거죠?
저는 현실을 떠난 종교는 있을 수 없다고 봐요. 현실을 떠난 수행이 무 슨 필요가 있겠는가. 삶과 수행은 결코 분리될 수 없는 거죠. 분리되는 것은 진짜 불교가 아니라고 생각합니다.

득도를 했다는 고승들은 대부분 속세와 떨어져 수행했지요?

대표적으로 대비되는 인물이 달마선사와 원효대사입니다. 원효는 천촌만락(千村萬落)을 누비면서 민중과 함께했던 인물이고, 달마선사는 소림굴이라는 인적이 끊긴 심산유곡에 들어가 면벽좌선(面壁坐禪) 했던 인물이지요. 어떤 게 진짜 불교냐 하고 하나를 선택할 문제는 아닙니다. 시대상황에 따라 다른 거죠. 상황에 따라 여러 모습으로 변할 수 있다고 봅니다. 부처님이 매일 탁발했습니다. 문전걸식한 거죠. 그게 바로 현장이지 않습니까. 마을 간에 싸움이 나자 말리러 달려갔습니다. 나라 간에 전쟁이 벌어지면 전쟁 말리러 갔습니다. 살인마가 나타나 온 사회가 불안과 공포에 떨자 살인마를 직접 설득하러 찾아가기도 합니다. 늘 현장에 있었지요. 그렇지만 부처님에게 그런 모습만 있었던 건 아닙니다. 조용히 숲 속에서 좌선하고 명상하는 모습도 있죠. 수행해야 할 때도 있고 현장에 있어야 할 때도 있는 겁니다.

인드라망 생명공동체는 그가 강조하는 '현장수행'의 결정체라 할 만하다. 회원 수 1천여 명의 이 단체는 전국 곳곳에서 귀농운동, 생활협동조합운동, 대안교육운동, 생명환경운동, 생태공동체운동을 펼치고 있다.

전에 한 언론 인터뷰에서 선(禪) 수행자들의 문제점을 비판했던데요. 공동체적 삶은 돌보지 않고 개인 수행만 하는 게 문제라는 거죠?

개인 수행도 잘하면 좋다고 봐요. 그런데 세상과 분리된 개인 수행이라는 게 있을 수 있느냐는 거죠. 여기 개인 수행을 잘하는 훌륭한 분이 있습니다. 그 옆에서 누군가가 어떤 일로 몹시 고통스러워합니다. 고통스럽고 불행한 존재가 곁에 있는데 혼자 수행 잘해서 평화롭고 행복하다면 그게 진짜 바람직한 평화와 행복인가? 난 이 물음에 대한 답이 나와야 한다고 생각해요. 이웃의 고통에 아랑곳없이 홀로 평화로움을 맛보는 게 훌륭한 수행이라면 그런 수행은 없어도 된다고 생각합니다. 그런 수행이 정말 중요할까요? 옆에서 죽거나 말거나.

대부분의 스님에게 수행이란 자기 깨달음을 위한 것이잖아요?
그렇죠. 그게 가장 훌륭한 일이라 생각하고 인생을 걸죠. 그런데 저는 의심이 들어요. 부처님은 그렇지 않았거든요. 그러니 물고 늘어지는 거죠. 그게 진짜라고 하는데 잘못 알고 있다, 착각하고 있다는 거죠. 거기에 대한 응답만 나올 수 있다면 저는 지리산이 아니라 히말라야에 들어가도 좋다고 봐요.

선(禪) 수행하는 분들이 거기에 대해 답을 못하나요?
못 해. 먼 훗날 천지개벽하면 깨달음이 이뤄지고 그러면 다 해결된다는 식이거든요. 불교는 극락세계를 얘기하고 기독교는 하나님 나라를 말합니다. 그러면 불교 2천 6백 년 역사와 기독교 2천 년 역사에서 극락세계와 하나님 나라가 실현됐는가. 여전히 다음과 미래를 얘기하고 있지 않은가. 이건 곤란하지 않은가. 지금 살면서 이런 문제에 대한 해답이 나오고 희망이 제시돼야지, 손에 잡히지도 않고 검증할 수도 없는 죽은 후의 먼 훗날을 얘기하는 건 곤란하다는 거죠. 우리 스스로를 속이는 거고 세상을 속이는 거죠.

화끈하고 시원시원하다. 에두르지 않고 곧바로 말한다. 그럴듯한 미사여구로 포장하지 않고 날것을 드러낸다.

우리 사회가 많은 문제점을 안고 있지요. 사회적·경제적 양극화 현상이 심해지고 미래에 대한 불안감이 점점 커집니다. 경제 수준은 높아지는데 왜 이렇게 사는 게 팍팍해지는 걸까요?

본질적으로는 세계관과 가치의식의 문제라고 봅니다. 실체론적, 이원론적 세계관을 갖다보니 나만 따로, 우리끼리만 따로 사는 길이 있다고 생각하고 끊임없이 그걸 추구해요. 소유가치를 중심으로 삼을 거냐, 존재가치를 중심으로 삼을 거냐에 따라 삶의 길이 달라져요. 이원론적 세계관과 소유가치가 얼마나 나쁘고 위험한지 깨달아야 해요. 동시에 관계론적 세계관과 존재가치가 우리의 살길이라는 확신이 필요합니다.

경전에 이런 비유가 나옵니다. 뒤에서 살인강도가 막 쫓아오니 나 살려라 하고 도망갑니다. 앞에 태산 같은 불구덩이가 있어요. 타 죽게 생겼으니 얼른 피한다는 것이 물에 빠졌어요. 결국 물에 빠져 죽었지요. 불에 타 죽으나 물에 빠져 죽으나 결과는 같죠. 근본에 대한 바로잡음이 없으면 악순환이 되풀이되지요. 오늘날 우리 사회도 마찬가지예요. 근본을 바로잡기 위한 노력은 뒷전으로 밀어내고 임시처방만 계속합니다. 문제가 옮겨 다닐 뿐이죠. 해결은 안 되고.

그는 저서 《그물코 인생 그물코 사랑》에서 부자와 1등을 허구라고 단정했다. 부자는 경제성장을, 1등은 경쟁력을 상징한다.

경제성장을 안 하면 나라가 자꾸 뒤처지겠죠. 개인적으로는 경쟁에서 뒤지면 사회에서 견디기 힘들죠. 이런 문제가 개인이 세계관을 바꾼다고 해결될까요?

개인도 노력하고 사회도 노력해야죠. 우리가 지구촌이라는 말을 씁니다. 지구가 한 마을이라는 뜻이지요. 그러면 적대관계가 없어야죠. 더불어 살아야 할 좋은 이웃이고 동반자죠. 그런데 우리는 지구촌이라는 말을 쓰면서 적대적으로 경쟁하고 대립하고 싸우잖아요. 이미 이뤄진 현실을 제대로 인식해야 합니다. 그런데 과거의 사고방식으로 현실을 보고 있어요. 예를 들어봅시다. 한국이 경쟁력을 강화해 일본을 공격해 무너뜨렸어요. 미국은 급격히 경제가 쇠퇴했어요. 그럴 때 우리나라는 괜찮을 수 있을까요?

영향을 받겠죠.
미국 의존도가 매우 높잖아요. 치명적인 영향을 받게 되죠. 세계시민이라 하면서도 실제로는 그냥 우리나라 국민으로만 생각하는 게 문제예요. 내가 직면한 지구촌 현실을 직시해야 합니다.

자본주의 경제체제가 한계에 이르렀다는 진단도 있습니다. 자본주의가 가장 발달했다는 미국에서 최근 벌어지는 시위는 자못 심각합니다. 전쟁과 테러 위협이 갈수록 커지고요.
자연재앙이 가장 큰 위협이에요.

이래저래 인류의 종말이 오는 것 아니냐는 얘기가 나옵니다.
이대로 계속 가면 안 그렇겠습니까. 그래서 해답이라고 내놓은 게 지속
가능발전 사회잖아요. 지속이 가능하려면 먼저 자연생태적 가치를 근간
으로 삼아야죠. 두 번째로 서로를 동반자로 인정해 협력해야 합니다.
이웃사촌과 품앗이 개념이죠. 크게는 국가이고 작게는 마을이죠.

개인보다 국가가 더 어려운 것 같아요. 집단이기주의가 표출되니까.
개인도 집단도 다 이기주의 일색입니다. 이것을 벗어나지 않고는 인류
의 종말이든 문명의 종말이든 최악의 상황을 피할 수 없다고 봅니다.
경제적으로 풍요로워지고 정치사회적으로 민주주의가 실현됐으면 당
연히 평화롭고 행복해야 하잖아요? 그런데 지금 정반대로 나타나고 있
지요. 그걸 우리는 생명 위기, 평화 위기라고 해요.

불교에는 종말론적 세계관이 없지요?
말세론이 있죠.

기독교의 말세론과는 다르죠?
순환질서로 설명하죠. 흥망성쇠의 원리. 기독교와는 좀 다르죠. 흥하
면 망하고, 망하면 다시 일어나고.

그럼 불교적 세계관에서는 지금의 문명이 망한 다음 또 다른 세계가 열리
는 건가요?
당연하죠. 어제가 있어 오늘이 있고, 오늘이 있어 내일이 있는 거죠.

기독교에서는 완전히 끝난다고 말하잖아요?

거기는 언제 시작해 언제 끝난다고 하죠. 문제는 그 과정이에요. 우리가 주체적으로 잘 준비하면 고통과 비극을 줄이면서 새로운 미래를 만들 수 있어요. 그런데 잘못된 세계관에서 벗어나지 못하면 고통과 비극을 끝없이 확대시키면서 비극적인 미래로 나아가게 되는 거죠.

많은 사람이 마음의 평화를 찾습니다. 행복은 가까운 데 있다고 하지만, 막상 생활 속에서 그걸 느끼기란 쉽지 않습니다. 좋은 가르침을 받을 때는 깨달은 것 같다가도 일상으로 돌아오면 다시 원상태로 돌아갑니다.

무지와 착각 때문이죠. 세상에서 가장 귀한 존재가, 가장 위대한 존재, 가장 가치 있는 존재가 뭐겠습니까. 바로 지금의 나 자신입니다. 그런데 우리는 이 사실을 모르고 있어요. 얼마나 완성된 존재인지. 나라는 존재를 불완전한 문제덩어리라고 생각하죠. 어딘가 완성된 게 있을 거라고 찾아다닙니다. 그러나 인간존재 자체가 대단한 겁니다. 천하를 다 뒤져도 여기 현존하는 나 자신보다 귀한 것은 없죠. 존재하는 것만으로 무한한 자부심을 가져야 합니다. 그렇다면 나만 그런 게 아니라 너도 그런 거죠. 그 존재 가치에 눈뜬다면 돈이 있든 없든 서울대를 나왔든 말든 거룩한 존재가 되는 겁니다. 그런 대단한 존재가 내 친구로 내 이웃으로 있다는 건 얼마나 기분 좋은 일입니까.

　그런데 우리는 이 사실을 모르는 거죠. 무지하니까 착각하는 거고. 그래서 이에 대한 불교의 대답은 '천상천하 유아독존'(天上天下 唯我獨尊) '삼계개고 아당안지'(三界皆苦 我當安之), 이 딱 두 마디예요. '천상천하 유아독존'은 세상에 나의 존재가치보다 더 귀한 건 없다는 뜻이고요. '삼계개고 아당안지'는 온 세상 생명들이 고통에 시달리고 있으니 내가 최선을 다해 그들을 고통에서 벗어나도록 하겠다는 뜻입니다. 그렇게 하면 삶이 평화로운 거죠. 그런데 우리는 어떻습니까. 너의 안락과 행복은 관심 없죠. 오로지 나의 안락, 우리의 안락만 찾죠. 국가라는 이름으로 우리끼리, 종교라는 이름으로 우리끼리, 가족이라는 이름으로 우리끼리. 그러니 싸움밖에 할 게 없는 거죠. 싸우면서 평화를 누릴 수 없는 건 당연하죠.

장황한 형이상학적인 얘기가 전개된다. 하지만 지루하지 않다. 그다지 어렵지도 않다. 무릇 큰 가르침이란 알기 쉽게 설명돼야 하는 법.

그가 "간단하게 설명할 수 있는 비법이 있다"며 누런 천을 하나 꺼내 들었다. 그림이 그려져 있는데, 꼭 고대 상형문자 같다. 상단 좌우에 원 두 개가 배치돼 있고 맨 아래에 사람 모양의 형상이 자리 잡고 있다. 사람 머리 좌우와 상단에 수학적 기호 같은 게 그려져 있다. 그의 설명에 따르면 왼쪽 원이 태양, 오른쪽 원이 달이다. 사람 머리 위의 화살표 모양이 나무, 즉 식물이다. 왼쪽 형상은 새와 물고기의 조합이다. 오른쪽은 네 발 달린 짐승이다.

"우주 삼라만상을 아주 단순화해서 사실적으로 묘사한 거죠. 하나밖에 없는 내 생명이 어떻게 이루어져 있는지. 보통 내 생명은 내 안에, 네 생명은 네 안에 있다고 생각하죠. 그러니 나와 너가 이기적인 관계가 되는 겁니다. '너 없이도 나 혼사 살 살 수 있어', 더 극단적으로 가

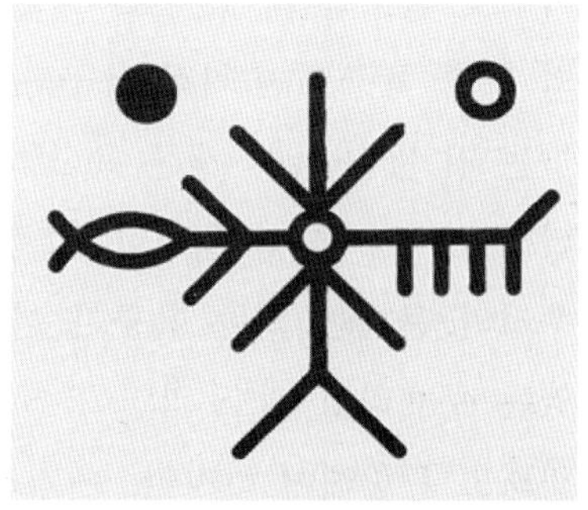

우주 질서를 표현한 것이라며
도법 스님이 내보인 그림

면 '너 없애고 나만 살자'. 지금 이런 극단적인 경쟁논리가 판치잖아요. 그런데 이 세상에 따로따로 존재하는 생명은 없습니다. 그건 우리의 관념일 뿐이죠. 실상에 대한 무지와 착각입니다. 구체적으로 보죠. 태양 없이 내 생명이 존재할 수 있는가. 낱낱의 존재는 그물코처럼 얽혀 있죠. 그물코처럼 서로 의존하고 영향과 도움을 주고받죠. 그것이 불교의 인드라망 세계관입니다. 물이 곧 내 생명이고 숲이 곧 내 생명입니다. 새와 물고기가 편 갈라서 우리끼리 살겠다고 할 수 있나요? 더불어 살려면 어떻게 해야 하나. 서로의 존재가치를 인정하고 배려하고 협력하고 나누고 살아야죠. 그걸 불교에서는 자비라 하고, 기독교에서는 '이웃을 내 몸처럼 사랑하라'고 하는 거죠."

인간의 본능적 욕망, 이를테면 식욕(食慾), 성욕(性慾), 소유욕, 명예욕, 과시욕 따위는 어느 정도까지 통제가 돼야 합니까. 무조건 금욕한다고 해결될 일이 아니잖아요.

그렇죠. 그런데 생존 욕구와 이기적 욕구는 다릅니다. 우린 이걸 혼동해요. 생존 욕구는 선악으로 평가할 수 없습니다. 호랑이는 토끼를 잡아먹고 살도록 돼 있어요. 그걸 두고 악한 놈이라 할 수 없지요. 일종의 생명 욕구로 이기적 욕구와는 다르죠. 호랑이가 토끼를 잡아 쌓아놓는 것 봤습니까. 생존 욕구는 생존 문제만 해결되면 끝나요. 토끼가 널려 있어도 손 안 댑니다. 그런데 이기적 욕구는 자꾸 쌓아놓는 거죠. 우리의 문제는 생존 욕구가 아니라 이기적 욕구죠. 이건 인간에게만 있는 문제라고 해도 과언이 아닙니다. 생존 욕구는 정당한 것으로 인정하고 존중해야 하지만, 이기적 욕구는 끊임없이 관리하고 다듬고 창조적으로 승화시켜야 합니다.

성욕은 뭔가요?

생존 욕구죠. 생명 욕구이고. 그런데 인간에게선 그것이 소유욕으로 나타나죠. 인간이 이기적 욕구로 조작하고 있어요.

스님도 인간이니 그런 욕망이 있겠죠?

당연하죠. 맨날 씹질하고 싶죠. 그것이 피할 일입니까.

웃음을 꾹 누르며 질문을 이어갔다.

가장 힘든 게 뭡니까.

여자 생각이죠.

술·담배 하는 스님도 많죠?

얼마든지 있죠.

그런 행위는 이해할 만한 건가요?

인간적으로는 이해할 수 있죠. 그렇지만 정당하거나 괜찮다고 할 순 없죠. 어떤 살인행위가 이해된다고 해서 그것이 정당화될 순 없잖아요? 한두 번 실수할 순 있지만 그것이 상습화되고 관성이 되는 건 안 되죠.

스님들 중에는 속세를 다 겪어봐야 한다며 ….

그건 자기 합리화인데 옳지 않다고 봅니다. 요석공주와 연애한 원효가 성욕의 감옥에 갇혀 살았는가. 거기에 지배받았는가. 그렇지 않다는 거죠. 술을 먹었지만 늘 술을 못 먹어 전전긍긍했던가. 절대 아닙니다. (욕망에서) 자유로우냐, 그렇지 못하느냐의 차이입니다. 자유로울 수 만 있다면 성욕도 괜찮다고 봅니다.

얽매이지 않는다는 거죠?

그렇죠. 물론 몰염치해서 자유로운 것과는 달라요. 정말로 자유로운 사람은 여성과 어떤 필요나 상황에 의해 성관계를 가졌다 하더라도 거기에 매이지도 않거니와 여성에게 상처도 주지 않습니다. 그런데 우리는 그게 잘 안 되죠.

스님도 그런 경험이 있습니까.

있죠. 술도 먹어봤고. 그렇지만 나는 그런 걸 안 하는 쪽을 선택했기 때문에 과오도 있고 오류도 있었던 걸 부끄러워하고 미안해하고 극복하려 하죠. 사람이 별 수 있겠어요? 다 그만그만하죠.

나는 "스님 얘기를 들으니 속이 다 시원해진다"며 그예 참았던 웃음을 터뜨렸다.

성적인 욕망이 그만큼 참기 힘들다는 거죠?

가장 힘들죠. 생명 욕구의 하나인데. 식욕 못지않죠.

스님도 거기서 완전히 벗어나지 못했다는 거죠?

그렇죠. 다만 끊임없이 그것에서 자유로워지도록 애쓰는 거죠. 그리고 그건 에너지예요. 이 에너지가 승화되도록 노력해야죠. 모성애는 자식에게만 작동합니다. 그런데 이것이 승화되면 내 자식만이 아니라 다른 아이들에게도 나타나죠. 그걸 우린 인류의 모성애라고 표현합니다. 관세음보살의 자비가 그것이죠.

　　1998년 조계종은 총무원장 선거를 둘러싸고 대규모 폭력사태에 휩싸였다. 송월주 총무원장의 3선 출마가 갈등의 씨앗이었다. 총무원에 반기를 든 세력은 정화개혁회의를 조직해 종권을 탈취하려고 나섰다. 그 과정에 폭력배까지 동원됐다. 당시 월주 스님이 사퇴한 후 총무원장 권한대행을 맡았던 이가 바로 도법 스님이다. 종단 분규는 결국 정화개혁회의 측의 패배로 끝났다.

조계종은 그간 숱한 폭력사태를 빚어왔습니다. 폭력을 휘두르면서 부처님 뜻을 내세웠지요. 근본적으로 수행이 안 돼서 그런 건가요?
수행까지 얘기할 것도 없어요. 온갖 이기심이죠. 소유욕, 권력욕….

불교를 이끌어가는 지도자급 스님들조차 그 모양이니….
그래서 저는 한국 불교가 잘못됐다고 보는 겁니다. 상식적으로도 이해되지 않는 일이 막 벌어졌잖아요. 그래도 지금은 많이 다듬어졌죠.

현 정부에서는 봉은사 사태가 시끄러웠죠?
아슬아슬했죠. 그런데 저는 그것이 예전과 다른 모습이라고 봐요. 옛날 같으면 물리적 충돌이 빚어졌을 일이거든요. 약간 아쉬움이 있긴 하지만 대화로 마무리 지었어요. 집행부가 빌미를 제공했죠. 좀더 의견을 수렴하고 논의했어야 했는데, 그런 점에서 좀 거칠었죠. 명진 스님도 좀더 세련된 방식으로 대응하면 좋았는데 그렇지 못했습니다. 다만 한 가지 분명한 건 봉은사가 직영사찰로 지정되는 데 외압은 없었다는 겁니다.

명진 스님은 스님인지 정치인인지 모를 정도로 언행이 거칠더군요.
명진 스님은 그게 수행이라고 생각했을 수도 있어요.

과격한 언행이요?
용기죠. 권력 앞에 비굴하지 않고 당당하게 맞선다는.

불교계가 현 정부를 많이 비판했죠?
종교 편향이 문제가 됐지요.

4대강 사업도 비판하지 않나요?
불교시민운동 차원에서 반대한 거죠. 수경 스님을 중심으로. 종단에선
중립적 태도를 취해왔습니다.

수경 스님이 동지 아니었습니까.
다 동지예요. 명진 스님도.

지금은 가는 길이 달라진 건가요?
아직도 동지라 할 수 있어요. 다만 본질적인 차이점은 있지요. 수경 스
님은 주로 환경 문제, 명진 스님은 민주주의와 사회정의 문제에 관심
이 깊었죠. 저는 대안운동을 해왔고. 두 사람은 색깔이 분명하고 나는
회색분자죠. 하하.

1949년 제주에서 유복자(遺腹子)로 태어난 그는 17세 때 금산사에서
출가했다. 특별한 계기는 없었다. 어머니가 받아온 사주팔자에 따라 결
정됐을 뿐이다. 막내는 머리 깎을 팔자라는. 그는 3형제 중 막내였다.

"스무 살까지는 주체적인 생각을 못했어요. 시키는 대로 분위기 따라 행동했을 뿐입니다. 중이 된 것도 그래요. 그냥 자연스럽게 받아들였습니다."

절에 들어가선 별 갈등 없이 맞춰 살았다. 스무 살 때 인편을 통해 어머니가 위독하다는 연락이 왔다. 지금은 융통성이 있지만, 그때만 해도 중이 되면 세속과의 인연을 단절했다. 그는 어머니 소식을 갖고 온 사람을 아예 만나지도 않았다. 그런데 같이 수행하던 중이 이를 알고 나무랐다. 아무리 중이라도 죽음을 앞둔 어머니에게 그런 행동을 보여서는 안 된다는 훈계였다. 나이는 같지만 언행이 어른스럽고 똑똑한 중이었다.

"그 애길 듣는 순간 도대체 죽음이 뭐냐는 의문이 들더군요. 그 문제의식이 충격적으로 다가왔어요. 죽음은 모든 것과의 단절이고 상실이고 끝이라는 생각. 그때부터 주체적으로 나의 인생을 고민했습니다. 나는 왜 태어난 건가. 왜 죽는 건가. 태어나기 이전의 나는 뭔가. 죽은 다음의 나는 또 뭔가. 매우 원초적인 고뇌가 시작된 거죠. 그렇게 오늘까지 흘러온 겁니다."

그는 10년가량 참선을 했다.

어떤 깨달음을 얻었습니까.

존재 이유에 대한 원초적인 문제의식을 갖고 몸부림쳤어요. 그 문제를 안 풀고는 삶의 의미를 가질 수 없더라고요. 그래서 해인사에 가 살면서 성철 스님도 뵙고 법정 스님도 모시게 된 거죠. 그런데 경전을 봐도 법문을 들어봐도 결론은 같더라고요. 참선해서 깨달아야 한다는. 그래서 경전 때려치우고 선방으로 가서 참선을 시작했죠. 그런데 해도 해도 안 돼요. 책이나 법문대로라면 잘돼야 하는데 안 되는 거예요. 대단히 실망스럽고 좌절감이 컸죠. 그런데 나만 그런 줄 알았더니 다른 사람도 별수 없더라고요. 선배도 친구도. 어른이라고 큰소리치는 분도. 말씀 들어봐도 별로 매력적이지도 않고. 성철 스님에게도 그다지 끌리지 않았어요. 그렇다고 그분이 훌륭하지 않다는 얘기는 아닙니다.

어쨌든 그러다보니 선방에 대한 회의가 생겼습니다. 선방 사람들이 정직하지도 성실하지도 않더라고요. 잘 안 되면 그걸 솔직히 인정하고 함께 대화도 하고 토론도 하면서 새로운 길을 모색해야 하는데, 다들 뭔가 되는 것처럼 근엄한 모습만 보이는 겁니다. 말 안 해도 보면 다 알잖아요. 그 풍토에 좌절해 선방을 나왔죠. 나가서 내 방식대로 해보자고. 그렇게 내 마음 소리에 따라 '갈 지(之)자'로 왔다 갔다 하면서 여기까지 온 거죠.

이런 얘기 하면 불교 위신 떨어뜨린다고 다른 스님들이 싫어하겠죠?

난 불교계에 지킬 위신이란 게 없다고 봅니다. 오히려 그런 것을 다 걷어내고 꺼내는 게 위신을 살리는 일이라 생각하죠. 그러니 이러쿵저러쿵 말이 많죠.

부처도 한때 결혼했는데 스님은 평생 사랑한 여자가 없나요?

난 그런 감정은 없더라고요. 혈연에 대한 정도 많지 않고요. 씹하고 싶고 좋은 여자 보면 자고 싶긴 하지만 연정(戀情)을 갖고 여자를 대한 적은 없어요.

연정이라는 게 엄청나게 끊기 어렵죠?

그렇다고 하는데 난 없었어요. 그런 면에서 중 팔자가 딱 어울린다는 생각도 들고.

타고난 체질이신가 보네요.

성욕 때문에 힘들고 인간적인 감정에 몸부림도 치지만 연애감정 때문에 힘든 적은 없었어요.

마지막으로 우문(愚問)을 던졌다. 삶과 죽음이 뭐냐고.

"태어나면 기뻐하고 죽으면 울지요. 그것도 무지와 착각의 산물이죠."

스님들도 고승 돌아가시면 울던데요.

그게 다 무지와 착각입니다. 태어남과 죽음은 같습니다. 태어나기 이전의 아이에게 가장 안전하고 따뜻하고 편안했던 곳은 어머니 뱃속이에요. 완전한 미지의 세계입니다. 거길 왜 가는지도 모르고 어디로 가는지도 모르죠. 아이에게 태어남은 어머니 뱃속의 모든 것과 단절하는 겁니다. 당연히 불안과 공포를 느끼죠. 단절되니 슬픔도 느끼고. 죽음도 마찬가지예요. 삶에서 이뤄진 모든 것과의 단절이고 상실이지 않습니까. 아픔과 슬픔이고 불안과 공포지요. 그런데 사실 우리가 생각하는 삶과 죽음은 없는 거예요. 생명활동의 현상일 뿐이죠. 파도치는 바다처럼. 바람이라는 조건이 사라지면 파도도 사라집니다. 파도가 일면 좋은 거고 사라지면 나쁜 거라 할 수 있겠는가. 이건 그냥 바다라는 한 생명이 활동하는 현상일 뿐이죠. 생과 사는 그런 거라고요. 그걸 아픔과 슬픔으로, 불안과 공포로 대하는 것은 삶과 죽음의 실상에 대한 무지와 착각에 따른 관념이라는 거죠. 우리는 거기에 지배를 받고 구속을 받고 있어요. 그것에 눈뜨게 하는 게 불교죠.

오랫동안 생명평화운동을 펴온 도법 스님은 사회참여를 강조하는 중이다. 이웃을 구제하지 않고 혼자 수행해 깨달음을 얻는 것은 의미가 없다고 본다.

그와 인터뷰하며 나는 몇 차례나 웃었다. 스님의 거침없는 말투와 장난기 어린 표정 때문이었다. 특히 성적 표현을 거리낌 없이 내뱉을 때는 웃지 않을 도리가 없었다. 일종의 카타르시스를 느꼈던 모양이다. 하여간 근엄하고 체통을 중시하는 일반적인 스님의 이미지와는 많이 달랐다.

이 인터뷰 기사를 두고 불교계 안팎에서 논란이 일었다. 도법 스님이 봉은사 직영사찰 지정과 관련 외압설을 부인한 데 대해 당사자인 명진 스님과 이 문제를 처음 제기한 김영국 씨 등이 "외압이 아니라는 증거를 대라"며 강하게 반발했다. 또한 도법 스님의 독특한 수행관에 대해 갑론을박(甲論乙駁)이 이어졌다.

도법 스님은 2012년 10월 16일 5대 종교 대표의 일원으로 쌍용차 노조 천막농성장을 방문하는 등 활발한 사회참여 활동을 계속하고 있다.

1930년 경남 사천 출생 · 부산상고, 동아대 법학과 · 육군 대위 예편 ·
〈부산일보〉, 한국문화방송, 〈서울신문〉 기자 · 청와대 사회문화 담당 비서관
· 부산문화방송 사장, 한국방송협회 부회장 역임

'박정희 마니아' 김종신 전 청와대 비서관

전철 타면 박정희 생각하고 자세를 반듯이 한다

차가 한강을 건널 무렵 도심은 어둠에 점령당한 상태였다. 50년 전 한강다리를 건너 쿠데타를 일으킨 박정희 사진을 안방에 걸어놓고 산다는 그의 집은 서울 송파구의 한 아파트였다. 부인이 저녁상을 차려놓았다. 명함 건네는 의례적인 인사도 없이 우리는 곧바로 식탁에 둘러앉았다. 우리 나이로 올해 82세인 김종신(金鐘信) 전 청와대 비서관은 풍채가 당당했다. 허연 구레나룻에 세월의 이끼가 덕지덕지 앉아 있었다. 그의 말은 청산유수였다. 오후 7시에 시작된 '식탁 인터뷰'는 단 1분의 휴식도 없이 진행돼 다음날 새벽 4시에 끝났다.

그의 저서 《영시(零時)의 횃불》이 최근 재출간된 것이 인터뷰 계기였다. 청와대 출입기자와 비서관을 지내며 박정희 전 대통령과 각별한 인연을 맺은 그는 '인간 박정희'의 모습을 누구보다도 가까이에서 지켜봤다. 1966년 출간된 《영시의 횃불》은 국내외에서 꽤 팔려나갔다. "박정희 대통령 수행기자 7년의 기록"이라는 부제가 붙은 이 책은 5·16

쿠데타 과정과 3공화국 초기의 정계 비화를 다뤘다. 1997년엔《박정희 대통령과 주변사람들》이라는 책도 냈다. 조갑제 씨의《박정희 전기》집필에도 그의 도움이 컸던 것으로 알려졌다.

인터뷰가 끝난 후 그의 저서 두 권을 읽어봤다. 그가 인터뷰에서 책에 없는 얘기를 많이 했음을 알 수 있었다. 박정희를 비난하는 사람들은 이 기사를 '박정희 미화'로 받아들일지도 모르겠다. 하지만 김 씨가 들려준 얘기는 박정희에 대한 부정적 평가와는 별개라는 게 내 생각이다. 숱한 과오를 저지르고도 '역대 최고의 대통령'을 뽑는 여론조사에서 늘 1위를 차지하는 박정희의 인간 됨됨이를 엿볼 수 있는 비망록이라 하겠다.

군수기지사령관

"박 대통령을 수행해 필리핀 마닐라로 갈 때 일이야. 베트남 참전국 정상회의에 참석하러 가는 길이었지. 기내에서 대통령이 갑자기 찾았어. 세상 돌아가는 얘기 좀 하려고 한 거지. 대통령 전용칸으로 갔는데, 대통령이 찬 시계와 내 시계가 비교가 된 거야. 나는 그때《영시의 횃불》로 돈을 벌어 금시계를 차고 있었거든. 대통령 시계는 유리에 금이 간 군용시계였고. 번쩍번쩍하는 금시계를 보고 대통령 눈이 휘둥그레지더라고. 그래서 내가 얼른 '각하, 저하고 시계 바꿉시다' 했지. 그랬더니 성을 팍 내는 거야. '금시계 차면 제일인가, 시간만 맞으면 되지' 하고. 얼굴이 화끈거리더라고."

그가 박정희와 인연을 맺은 것은 〈부산일보〉 기자 시절이었다. 기자가 되기 전엔 군인이었다. 경남 사천에서 태어나 부산상고를 나온 그는 6·25 전쟁 때 헌병학교에 입교했다. 헌병 7기였다. 간부교육을 받은 그는 소위로 임관돼 전장에 투입됐다. 보직은 수도사단 기갑연대 소대장. 전투에서 총상을 입고 병원으로 후송됐다가 헌병사령부 소속 포로수용소로 전속됐다. 1958년 제대할 때 그의 계급은 대위였다.

기자를 선택한 것은 전역할 무렵 군 후배가 건네준 〈그대 이름은〉이라는 일본 소설에 영향을 받아서였다. 일본군 대위가 신문기자가 돼 전후(戰後) 일본 사회의 어두운 면을 파헤친다는 내용이었다.

〈부산일보〉 사장인 김지태 씨가 부산상고 선배였다. 그는 형식적인 구두시험을 치르고 입사했다. 사실상 특채였다. 황용주 주필이 그에게 기자교육을 했다. 신문사 생활을 하며 동아대 법대를 야간으로 다녔다.

그는 군 취재를 맡았다. 육군사관학교 3기생인 형을 통해 고급 장교를 많이 알아둔 게 취재에 도움이 됐다. 전후 부산은 물자와 보급의 중심지였다. 군수품을 총괄하는 군수기지사령부가 부산에 있었는데 비리가 끊이지 않았다.

1960년 1월 자그마한 체구의 육군 소장이 군수기지사령관으로 부임했다. 6관구 사령관을 지낸 박정희 소장이었다. 부임 기자회견장에서 김종신 씨는 박정희를 처음 보았다. 키가 작달막하고 얼굴빛이 검은 게 영락없는 촌놈이었다. 하지만 야무지고 언행에 기품이 있어 보였다. 공교롭게도 박정희는 황 주필의 대구사범학교 동기였다. 그 덕분에 김 씨는 사령관실을 자주 드나들며 박정희와 교분을 쌓을 수 있었다.

“역대 사령관에 비해 참 예의가 바르다고 생각했다. 한마디로 사람이 된 거지. 항상 정자세이고 사람을 똑바로 쳐다봤다. 걸음걸이도 반듯했고. 사관학교 교육을 제대로 받은 거지. 노무현은 걸음걸이부터 문제이지 않았나. 일국의 대통령이 어깨를 꺼뜩꺼뜩, 그게 뭔가. 박 대통령은 말수가 적어 상대방 얘기를 몇 시간이고 가만히 듣기만 했다. 부하한테 함부로 말을 안 놓았고 담뱃불을 붙여주기도 했어. 하여간 배울 게 많았다. 참 멋있는 사람이라 생각해 자주 찾아갔지. 만나면 주로 군대 썩은 얘기를 하고 나라 걱정을 많이 했다.”

그가 곁에서 지켜본 박정희는 다재다능한 군인이었다. 글씨도 잘 쓰고 그림도 잘 그렸다. 달리기를 잘했고 검도 실력이 수준급이었다. 음악적 재능도 있어 피아노를 치고 작곡까지 했다. 박정희가 부임한 후 군수 비리가 자취를 감췄다. 당시 박정희 사령관의 참모들은 뒷날 다 한 자리씩 차지한 쟁쟁한 장교들이었다. 윤필용(수도경비사령관)이 비서실장, 박태준(포철 회장)이 인사참모, 이낙선(상공부 장관)이 공보참모였다. 김 씨에 따르면 그때만 해도 김종필 씨는 존재감도 없었다고 한다. 그가 김종필 중령의 존재를 알게 된 것은 박 사령관의 부관인 안 모 중령을 통해서였다. 안 중령은 김종필과 같은 육사 8기생이었다. 4·19 혁명 후 김 씨는 김종필 중령을 주축으로 한 일부 영관장교들이 송요찬 장군 후임으로 육군참모총장에 오른 최영희 중장을 몰아내고 박정희 소장을 추대하려 한다는 소문을 들었다.

"박 사령관을 찾아가 그 소문을 전하면서 '나쁜 짓 하는 놈들은 군에서 몰아내야 하지 않겠느냐'고 내 의견을 말했어. 말없이 듣기만 하더라."

1960년 4·19 혁명으로 자유당 정권이 붕괴한 후 박정희는 송요찬 육군참모총장에게 편지를 보내 퇴진을 요구했다. 분노한 송요찬은 박정희를 빨갱이로 몰아붙이며 헌병 8개 중대를 내려 보내 박정희의 동향을 감시했다.

널리 알려졌다시피 박정희에게 빨갱이 꼬리표가 따라다닌 것은 여수·순천사건에 연루돼 사형당할 뻔했던 전력 때문이다. 5·16 쿠데타 직후 국가재건최고회의 기자실에서도 "박정희는 빨갱이"라는 말이 공공연히 나돌았다. 이에 대해 김 씨는 뒷날 청와대에서 박정희에게 진지하게 물어봤다. 청와대 비서관을 할 때였다. 다음은 박정희가 그에게 들려줬다는 얘기다.

"광복이 된 후 (곧바로 귀국하지 못하고) 잠시 광복군에 들어갔다. 거기서 중대장을 맡았는데 저녁마다 회의가 열렸다. 맨날 서로 비판하느라 시끄러웠다. 그 중에 빨갱이들이 있었던 거다. 나는 그들에 대해 환멸을 느꼈다. (귀국 후 군에 들어가) 육군사관학교 교관을 할 때였다. 좌익사상을 가졌던 형(박상희)의 친구가 찾아와 일요일에 향우회가 열리니 꼭 참석하라고 했다. 그래서 참석했는데 그게 화근이 됐다. 나중에 알았지만, 그날 몇몇 유명한 빨갱이가 주동이 돼 향우회에 참석한 사람들을 모조리 좌익조직에 가입시켰던 거다. 나는 거기에 가입된 줄도 몰랐다. 그것밖에 없다."

그는 박정희의 친일(親日) 의혹에 대해서도 적극 해명했다.

"한번은 내가 물어봤지. 일본 군대 뭐 하러 들어갔냐고. 독립운동하러 간 거냐고. 박 대통령 말이 '독립운동은 무슨? 왜놈들 밑에서 하도 더러워서 긴 칼 차러 갔지' 하더라. 나는 그게 솔직한 답변이라고 봐. 만주군에 있을 때는 시키는 대로 했을 뿐이라고 했다. 그 시기엔 일본군과 맞서 싸우는 독립군도 없었다는 거야."

일본군에 들어간 것 자체가 문제가 아니냐는 내 말에 그가 고개를 내저었다.

"당시 실력이 없어 그렇지, 실력만 있다면 다들 일본 육사 가고 군수(郡守) 하려 했다. 사범학교가 가장 우수했고 그 다음이 상업학교, 농림학교였지. 박정희가 친일파라는 건 뭘 모르는 사람들이 하는 얘기야. 당시 광복이 될 거라고 생각한 사람은 거의 없었어. 다들 일본 놈이 되는 줄 알았다고. 학생들의 꿈이 소년항공대 입대였어."

박정희는 술자리에서 일본 군가를 즐겨 부른 것으로 알려졌다. 하지만 이에 대해서도 김 씨는 부인했다.

"내가 알기로는 그런 적 없다. 박 대통령은 일본사람을 꼭 '왜놈'이라고 불렀다."

〈부산일보〉의 줄초상

〈부산일보〉와 문화방송을 갖고 있던 김지태 씨는 전국적인 갑부로 손꼽혔다. 전국 여기저기에 생사(生絲) 공장을 갖고 있었다. 5·16 직후 그는 하루아침에 신문과 방송을 군사정부에 넘겨야 했다. 쿠데타 세력에 거사(擧事) 자금을 대지 않았던 게 1차적인 원인이었다.

박정희와의 악연도 있었다. 박정희가 군수기지사령관을 지낼 때 〈부산일보〉가 주최하는 고교 야구대회가 있었다. 김지태 사장은 주변의 건의를 받아들여 지역 실세인 박 사령관에게 시구(始球)를 부탁했다. 박정희는 흔쾌히 수락했다. 그런데 당일 시구를 한 것은 박정희가 아니었다. 느닷없이 김 사장이 시구자로 나선 것이다. 박정희는 모욕을 느꼈다. 김종신 씨는 이에 대해 "국회 국방위원을 지낸 김 사장이 평소 군을 얕잡아본 결과"라고 말했다.

"박정희가 얼마나 기분 나빴겠나. 내가 다 얼굴이 달아오르더라."

박정희의 친구인 황용주 주필과 평소 사이가 좋지 않았던 것도 김지태 사장의 불운이었다. 결정적인 이유는 최세경 논설위원과의 불화였다. 뒷날 KBS 사장을 지낸 최 위원은 황 주필과 같은 일본 학병 출신이었다. 역시 학병 동기인 정우식 헌병대대장이 박정희 국가재건최고회의 부의장에게 최세경 씨를 공보고문으로 추천했다. 서울로 올라가게 된 최 씨는 김 사장에게 인사하러 갔다가 크게 자존심이 상했다. 전셋집이라도 구해줄 줄 알았는데 "(〈부산일보〉 서울지사) 합숙소에 가 있으라"는 말을 들었나는 것이다. 최 씨를 비롯한 10명의 최고회의 고문이 김지태 씨를 성토했다.

5·16이 일어난 후 김종신 씨는 〈부산일보〉 서울지사로 발령이 났다. 최고회의 출입기자였다. 법률고문인 신직수(법무부 장관, 중앙정보부장 역임) 씨가 어느 날 김 씨를 불러 김지태 사장에게 편지를 전해달라고 부탁했다. 김 씨는 최고회의 행정관 이 모 씨와 함께 부산으로 내려갔다. 편지를 본 김지태 사장의 얼굴이 노래졌다. 그 직후 김 사장은 수사기관에 끌려갔다.

"모든 게 신직수 작품이었다. 박정희한테 결재받아 5·16 장학회를 만든 것도 신직수였지. 김지태 사장의 죄목은 재취한 여자와 독일에 갔다오면서 1캐럿짜리 다이아몬드를 들여온 것이었어. 〈부산일보〉와 문화방송을 다 뺏겼지. 부일장학회는 5·16 장학회로 바뀌었고."

기록에 남아 있는 김지태 씨의 공식 죄목은 재산 해외도피. 흥미로운 것은 김 씨에 앞서 박정희와 친한 주필 황용주 씨도 5·16 직후 체포됐다는 사실이다. 〈부산일보〉에 줄초상이 난 것이다.

황 씨가 체포된 이유는 사상이 불온하다는 것이었다. 경찰은 그가 평소 신문사설에서 혁신계를 두둔하고 교원노조 고문에 추대된 사실을 문제 삼았다. 황 씨가 도피하자 경찰은 그를 지명수배했다. 김종신 씨는 박정희 최고회의 부의장이 부산에 들렀을 때 황 씨의 구명(救命)을 부탁하기로 맘먹었다. 박정희는 항만사령부에서 열리는 부산지역 장성들의 연석간담회에 참석할 예정이었다. 김 씨는 점심식사를 마치고 화장실에 가는 박정희에게 다가가 인사했다. 박정희는 반가워하면서 그를 간담회에 참석케 했다. 간담회에서 박정희는 정치권을 비난하는 한편 사이비 기자들에 대한 반감을 드러냈다.

"박정희는 기자들을 공갈쟁이로 여겼어. 당시 지역신문 기자들의 비리가 심했던 게 사실이었지. 그 바람에 서울 기자들도 도매금으로 욕을 먹었고. 박정희는 깡패들과 신문쟁이들을 시가행진시키라고 지시했다. 나를 흘깃 보더니 '김종신은 빼라'고 하데. 그 후 부산에서 많은 기자가 잡혀 들어갔다. 이들은 실제로 등 뒤에 '나는 공갈기자입니다'라는 글자판을 붙이고 시가행진을 했지. 나는 짬을 봐 박정희에게 황 주필에 대한 선처를 부탁했어. 그래서 모처에서 두 사람이 만났지."

하지만 황 씨는 끝내 구속을 피하지 못했다. 구명운동을 벌이던 황 씨의 부인은 마지막 수단으로 최고회의 의장이 된 박정희 앞으로 편지를 썼다. 이 편지를 최고회의 비서실장 박태준 대령에게 전달한 사람이 김종신 씨였다. 박정희의 의중을 헤아린 김재춘 합동수사본부장이 황 씨를 석방했다. 구금된 지 4개월 만이었다.

이후 황 씨는 김지태 씨의 뒤를 이어 〈부산일보〉 사장이 됐다. 하지만 시련이 끊이지 않았다. 김 씨를 잡아들였던 군사정부의 실세 신직수 씨가 이번엔 황 씨를 비리 혐의로 옭아맨 것이다. 당시 김종신 씨는 〈부산일보〉 서울지사 정치부 차장이었다.

"신직수가 어느 날 내게 경고하는 거야. '너희 사장 조심하라'고. 말 잘 안 듣는다고 트집 잡은 거지. 무가지(無價紙)를 문제 삼더라고. 신문 무가지 개념을 잘 이해하지 못한 거지. 황 사장이 무가지 돌리고 그 대가로 업자들한테 향응을 받았다는 거야. 신직수가 황 사장을 시울로 불러들여 섬심을 했어. 그 자리에서 신직수가 고압적인 말투로 위협하자 황 사장이 굴복했어. 다음날 내가 사장 사표를 받아 신직수에게 갔다 줬지."

김형욱 중정부장의 "Any time!"

1968년 김 씨는 박정희 대통령의 요청으로 청와대 비서관이 됐다. 사회 언론 담당이었다. 공보수석비서관인 신범식 대변인이 직속상관이었다.

어느 날 신 대변인이 "정보부에서 당신과 나를 오라 그런다"고 말했다. 알고 보니 지난해 연말 〈신아일보〉의 중앙정보부 관련기사 때문이었다. 당시 〈신아일보〉는 신년특집으로 대통령 신년사를 1면 머리기사로 다루려 했다. 그런데 정보부 사람이 와서 그 자리에 김형욱 정보부장의 기사를 실으라고 압력을 넣었다. 김 부장이 AP통신 기자와 단독 회견한 내용이었다. 〈신아일보〉 기자로부터 이 얘기를 들은 김 씨는 정보부에 전화해 "미친놈들"이라고 몇 마디 해줬다. 그걸 뒤늦게 정보부에서 문제 삼은 것이다.

김 씨는 신 대변인에게 자신이 책임지겠다고 말하고는 혼자 정보부를 찾아갔다. 그의 기세가 만만치 않자 정보부 국장은 "'사장'(정보부장)에게 '편지'(진술서) 하나만 써 달라"고 부탁했다. 그는 단호히 거부하면서 "간첩 이수근이나 똑바로 잡으라"고 핀잔을 줬다. '위장간첩' 이수근 사건으로 시끄러울 때였다(2008년 법원은 이수근을 간첩으로 볼 수 없다는 판결을 내렸다). 그길로 대통령을 찾아간 그는 〈신아일보〉 사건을 보고하고 "정보부장을 잘라야 한다"고 건의했다. 박정희는 노기 띤 얼굴로 아무 말도 하지 않았다.

김 씨는 이후락 비서실장에게 사의를 표명했다. 이 실장이 말렸다. 다음 날 김형욱 정보부장이 찾았다. 김형욱은 그를 보자 소리 한번 지르더니 곧 깍듯하게 대했다. 〈신아일보〉 건에 대해선 정보부 모 국장이 쓸데없는 짓을 한 거라며 자기와는 상관없는 일이라고 해명했다. 김형욱은 또 박정희에 대한 충성심을 과시하는 말을 잔뜩 늘어놓았다. 아울러 2인자 소리를 듣는 김종필에 대해선 험담을 늘어놓았다. "김종필이 정권 잡으면 나는 이민 간다"라는 말까지 하면서.

"김형욱은 내게 '앞으로 무슨 일 있으면 자기를 직접 찾아오라'고 말했어. 내가 '높은 사람 만나기가 어디 쉽겠느냐'고 하자 'Any time!' 했다. 언제든 편하게 찾아오라는 뜻이었어. 속으로 얼마나 우습던지…."

익살스러운 표정의 "Any time!" 소리에 나는 그예 웃음을 터뜨렸다. 그의 유쾌한 표정과 거침없는 말투가 재미있었기 때문이다. 그날 김형욱은 헤어질 때 그에게 쿠바산 여송연 한 상자를 선물했다고 한다. 나중에 그는 김형욱에게 친구 인사를 청탁했다. 그 친구는 '돈 생기는 자리'인 감사실 근무를 하게 됐다.

경부고속도로

경부고속도로를 건설할 때의 일이다. 김종신 씨는 아직 개통되지 않은 고속도로를 차를 타고 돌아본 후 박 대통령에게 보고했다. 대통령이 "기분이 어떠냐"고 물었다. "오나시스가 된 기분입니다"라고 하니 무척 좋아했다. 대통령은 김 씨의 표현이 맘에 들었던지 주변사람들에게 고속도로 얘기를 할 때마다 그걸 언급했다.

"고속도로 자체보다 그것이 국민에게 희망을 준다는 데 더 기뻐한 거지. 그때 내가 한 가지 지적은 했다. 상하 도로 경계선에 놓인 중앙분리대 면적이 너무 커서 차선폭이 좁다고. 중앙분리대에는 나무를 심고 있었다. 그땐 잔디가 아니라 전부 나무였다. 차가 많이 다니면 나무가 살기 힘들 텐데 이 많은 나무를 어떻게 키울 거냐고 대통령에게 물었지. 대통령도 내 지적에 동의하더라고. 대통령은 정말 고속도로에 큰 애착을 갖고 있었다. 5·16 당시만 해도 수출이라곤 오징어밖에 없었다. (1인당) 국민소득 50달러에. 박 대통령은 어릴 때 가난하게 산 것에 한이 맺혀 있었다. 그래선지 머릿속에 잘 살아보겠다는 생각밖에 없는 듯했다. 다른 건 몰라도 박정희가 경제기반을 닦은 건 높게 평가해줘야 한다."

옛 애인의 남동생

박정희는 육사 교관시절 이화여대 학생에게 푹 빠진 적이 있다. 이북에서 피란 온 여학생이었다. 그녀는 박정희에게서 벗어나려 했다. 달아났다가 잡혀오는 일이 몇 번 되풀이되더니 결국 떠나갔다. 박정희는 그 후로도 좀처럼 그녀를 잊지 못했다. 한번은 대구 시내에서 지프를 타고 가다가 그녀를 발견하고는 잡으려다 신호등에 걸려 놓친 적도 있었다. 다 전쟁 나기 전의 일이었다.

그녀의 동생이 〈한국일보〉 기자였다. 최고회의를 출입할 때 김종신 씨와 가깝게 지냈다. 김 씨가 비서관을 할 때 생활고를 못 이겨 찾아왔다. 공무원이나 국영기업체 자리를 알아봐달라는 부탁이었다. 김 씨는 박 대통령을 따로 만나 슬쩍 그 얘기를 꺼냈다.

"이○○ 아시죠?"

"기자 하고 있다면서?"

김 씨는 이 씨의 사정을 설명하고는 이런 얘기를 덧붙였다.

"각하 대전유세 때 이○○이 미친 듯이 박수를 치더라고요."

며칠 뒤 대통령이 인터폰으로 찾았다.

"이○○ 찾아와!"

이 씨는 곧바로 청와대로 달려왔다. 둘이 함께 대통령 집무실로 들어가자 육 여사가 보였다. 육 여사는 일찍이 남편의 '옛 애인'에 대해 알고 있었다. 대통령은 이○○에게 봉투를 건넸다. 600만 원이 들어 있었다. 집 한 채를 살 만한 금액이었다. 며칠 뒤 대통령의 명을 받은 이후락 비서실장이 그를 모 군수공장 총무부장에 취직시켜 줬다.

골 프

박정희는 대통령이 되기 전엔 골프를 하지 않았다. 기자들이 골프 안 하냐고 물으면 "(1인당) 국민소득이 200달러가 넘으면 시작하겠다"고 말했다. 박정희가 제주도 초도순시를 할 때였다. 신범식 대변인이 몸이 불편해 김종신 씨가 대신 대통령을 수행했다. 이후락 비서실장과 박종규 경호실장도 동행했다. 순시를 마치고 다음 날 귀경할 예정이었다. 그런데 갑작스러운 태풍으로 비행기가 뜰 수 없었다. 태풍은 며칠 동안 대통령 일행의 발목을 잡았다.

대통령이 심심해하자 비서실장이 골프를 권했다. 대통령과 제주 출신의 현오봉 의원, 구자춘 제주지사가 한 조가 됐다. 경호원들이 두 조로 나뉘어 앞뒤를 호위했다. 그때까지 골프를 안 배운 김 씨는 대통령 뒤를 졸졸 따라다니며 처음으로 골프장 잔디를 밟아봤다. 대통령은 거리는 짧았지만 또박또박 잘 쳤다. 핸디 18 정도였다. 구 지사가 자기보다 훨씬 잘 치자 대통령이 한마디 했다. "일은 안 하고 골프만 쳤구먼."

대통령은 김 씨에게 골프를 권했다.

"나도 전엔 골프 치는 걸 반대했는데 해보니 좋은 운동이야. 내가 골프채를 장만해 줄 테니 배우라고."

서울로 올라온 지 일주일 후 김 씨는 대통령으로부터 골프채를 선물 받았다.

미국

김종신 씨가 지켜본 바로는 박정희는 결코 친미주의자가 아니었다. 경제개발과 국방력 강화에 미국의 도움이 필요해 우호적 관계를 유지했을 뿐이다. 오히려 미국에 대해 비판적인 시각을 갖고 있었다. 군 시절 친미사대주의에 젖은 다른 장교들과 달리 그는 영어를 배울 생각조차 하지 않았다. 군수기지사령관으로 재직할 때 김 씨는 박정희가 미국에 아부하는 장교들을 비판하는 얘기를 자주 들었다.

"우리 군대는 우리 국민만을 지키기 위해 있는 게 아니다. 미국의 우방으로 자유민주주의의 첨병 역할을 하는 거다. 원조를 받더라도 배짱을 튕기며 받아야지 왜들 꼴사납게 꼬리치는지 모르겠다."

박정희는 미국의 원조 물품에도 불만을 드러냈다.

"양담배와 성냥개비, 양초가 우리한테 무슨 큰 도움이 되나. 원조를 제대로 하려면 비누공장을 만들어줘야지. 언제까지 얻어먹고 살 건가. 빨리 자급자족해야지."

병력을 줄여야 한다는 감군론(減軍論)도 주장했다. 양보다 질을 강조한 것이다. 국가 재정형편에 비춰 감군을 해야 경제부흥이 가능하다는 게 박정희의 지론이었다.

박정희가 대통령이 된 후 부산을 찾았을 때다. 동래의 한 호텔에 묵었는데 박종규 경호실장이 미국인 사업가를 소개했다. 미국 총기회사인 콜트사 사장이었다. 총 팔아먹으려는 속셈이었다. 통역을 통해 그의 얘기를 듣고 나서 박정희가 짧게 말했다. "조준경만 사겠다." 낙담한 콜트사 사장이 돌아간 후 박정희는 김종신 비서관을 비롯한 주변 참모들에게 "조준경만 있으면 우리 손으로 총을 만들 수 있다"고 말했다.

비자금

사후 청와대 비밀금고에서 비자금 9억 원이 발견되긴 했지만, 박정희
는 비교적 청렴하고 검소한 생활을 한 것으로 알려져 있다. 언젠가 박
정희는 김 씨에게 이런 얘기를 했다.

"선거 때마다 돈이 엄청 들어간다. 부정부패가 다 선거에서 시작된
다. 그래서 유신을 단행한 거다. 내가 개인적으로 필요한 돈은 주식이
공개되지 않은 두 회사에서 받는다."

한국 정치를 암흑에 빠뜨린 유신을 그런 이유에서 실시했다니…. 그
는 이명박 정부 실세의 금품수수 비리를 폭로한 SLS 이국철 회장의 사
건을 염두에 둔 듯 이런 얘기도 했다.

"대통령 모시는 놈들이 업자들한테 돈 받고 카드 받아써서야 되겠나.
청와대 있으면서 돈 받아먹는 놈들은 포를 쏴 죽여야 해. 돼먹지 않
은 짓이지."

여자 문제

육영수 여사는 박정희와 고위층 인사들의 여자 문제 때문에 자주 언짢
아했다. 당시 김종신 씨는 박정희 전기를 쓰기 위해 육 여사와 자주 만
났다. 전기 집필은 대통령 허락을 받은 일이었다. 박정희는 자신이 어
릴 때 쓴 회상기록도 건네줬다. 김 씨는 틈나는 대로 대통령을 찾아가
성장과정에 대한 얘기를 들었다. 바쁜 대통령 대신 육 여사가 그의 글
을 손봤다. 육 여사는 박정희의 모친이 늦게 생긴 아이(박정희)를 때려

고 간장을 마셨다는 부분을 빼려 했다. 세상 사람들이 대통령 어머니를 무식한 사람으로 알지 않겠느냐면서. 막내(박지만) 평계도 댔다. "아빠가 간장을 먹어 얼굴이 까맣구나"라고 대통령을 놀린다는 것이었다. 하지만 김 씨는 "소박한 시골부인이 간장 먹은 게 뭐가 부끄러우냐"며 끝까지 그 대목을 집어넣었다.

육 여사는 그를 늘 '김 선생님'으로 불렀다. 어느 날 육 여사가 찾기에 가보니 부부싸움을 했는지 안색이 좋지 않았다. 그녀는 집안 얘기부터 끄집어냈다.

"내가 어머니를 두 분 모셨잖습니까. 그래서 남자들의 여자관계에 대해 잘 알지요."

그녀의 부친은 첩을 뒀었다. 그녀의 말이 이어졌다.

"요즘 보면 지나친 것 같아요. 대통령 눈이 좀 높아야 하지 않겠습니까. 모시는 분들도 정신 차려야 하고요."

다시 김 씨의 얘기다.

"직접적인 말씀은 안 했지만, 나보고 대통령한테 말해 달라는 부탁이었던 거다. 내가 기자 출신이니 직언을 할 수 있다고 생각한 거지. 대통령이 가장 싫어하는 게 여자 문제에 관한 보고였디."

그는 대통령에게 원고를 갖다 보이는 날, '거사'를 감행했다. 그가 '혁명 주체'들과 고위층 인사들의 여자 문제를 거침없이 거론하자 박정희가 격노했다. 박정희는 평소엔 성을 잘 내지 않았지만 몹시 화가 나면 손을 부들부들 떠는 버릇이 있었다.

"자리에서 벌떡 일어나더니 무언가를 찾더라고. 당시 담배를 끊고 있었는데, 담뱃갑을 찾은 거지. 내 앞으로 다가오는데 정말 무서웠어. 등에 식은땀이 흐르더라고."

담뱃불을 붙이는 박정희의 손과 턱이 심하게 떨렸다. 그러더니 소리를 빽 질렀다.

"그런 얘기를 왜 대통령한테 하는 거야! 비서실장이나 경호실장한테는 얘기해봤나?"

"그런 사람들한테는 얘기할 필요가 없습니다."

박정희는 어이없다는 표정을 지으며 줄담배를 피워댔다. 이윽고 "나가!"하고 소리를 질렀다. 대통령 집무실에서 나오고 얼마 후 김정렴 비서실장이 찾았다. 그는 김 실장에게 자초지종을 설명하면서 대통령에게 말한 그대로 고위층 인사들의 타락상을 지적했다. 비서실 주변에서는 '하극상'이라는 얘기가 나왔다. 김 씨는 여차하면 사표를 낼 작정이었다. 어차피 원고가 완성되면 그만둘 생각을 하고 있었기에.

얼마 후 청와대 비서실 인사가 났다. 그는 정무비서실로 발령 났다. 사전에 어떤 언질도 없었다. 그는 사직을 결심하고 인편을 통해 대통령에게 편지를 보냈다. 다음 날 그의 사직서가 수리됐다.

"신임 김정렴 비서실장이 인사 때 자기 '부하'들을 비서실에 심더라고. 그게 보기 싫었지. 내가 대통령실에 수시로 들어가는 것을 시기하는 놈도 많았고."

마지막 만남

청와대에서 나온 그는 한때 시골로 내려가 농사를 지었다. 어느 날 윤필용 수도경비사령관을 만나 얘기하고 있는데 김정렴 비서실장이 전화로 찾았다. 전국구 의원을 맡아달라는 제의였다. 그는 거절했다. 며칠 후 이후락 정보부장이 보자고 했다. 이번엔 부산문화방송 사장 자리였다. 그는 이 부장의 요청을 받아들였다.

1975년 일본 〈산케이신문〉 출판사에서 《박정희 대통령》을 출간했다. 《영시의 횃불》의 일본판이었다. 포항에서 석유가 나온다고 시끄럽던 이듬해 어느 날 번역자인 재일교포 조남부 씨가 김 씨를 찾아와 1천만 엔을 건넸다. 책 판매 수익금의 일부라고 했다. 김 씨는 그 돈을 편지와 함께 박 대통령에게 보냈다.

며칠 후 신문방송협회 회장단이 청와대를 방문하게 됐다. 신문과 방송을 통해 모은 방위성금을 박 대통령에게 전달하기 위해서였다. 방송협회 부회장이던 김 씨도 일행에 포함됐다. 내심 대통령이 다정하게 말걸기를 기대했으나 그런 일은 일어나지 않았다. 대통령은 다른 사람들과 똑같이 그를 공식적으로 대했다. 책상 위에 일본에서 출간된 《박정희 대통령》이 놓여 있었다. 대통령은 작별하는 순간까지도 그를 아는 체하지 않았다.

서운함을 품고 청와대에서 나온 그는 출판사에서 시간을 보내다가 부산문화방송 서울지사에 들렀다. 지사장이 "청와대에서 전화가 왔었다"고 전했다. 번호를 보니 청와대 의전비서관실이었다. 전화를 걸자 "대통령이 찾으시니 빨리 들어오라"고 했다. 반가운 마음에 한걸음에 달려갔다. 날려가면서 '오늘은 절대 대통령의 비위를 상하게 하는 말은 하지 않겠다'고 다짐했다. 하지만 그 다짐은 지켜지지 않았다. 대통령이 자꾸 이것저것 물어보는 통에 옛날 버릇이 되살아나 많은 얘기를 하게 됐다. 얼마 전 단행된 개각에서 국무총리로 임명된 최규하 씨가 먼저 화제에 올랐다. 김 씨는 기자시절 외무부 장관이던 최 씨와의 인연을 끄집어내며 "정말 대통령께 충성을 다하는 사람"이라고 치켜세웠다. 박정희가 고개를 끄덕거리며 말했다.

"나도 이제 피곤하다. (대통령) 넘겨줘야지. 원래는 김종필한테 넘기려 했는데 너무 설쳐대서 최규하한테 넘겨주려 한다."

"대통령은 아무나 합니까. 시킨다고 되는 게 아니지 않습니까."

박정희는 그의 아부에 흡족한 표정을 지었다. 이어 당시 부산에서 터졌던 대형 밀수사건에 대한 얘기를 나누었다. 후환을 남긴 건 그 다음 얘기였다.

"공무원들이 청와대 암행어사 때문에 일을 제대로 못한다고 말했지. 암행어사는 사정비서관실을 말하는 거야. 이들이 함정수사로 공무원들을 옭아맨 사례를 말해주니 대통령께서 '이놈들이 그렇게 일하는구나' 하면서 화를 내더라고."

이것이 그와 대통령의 마지막 만남이었다. 그런데 그는 대통령과의 마지막 대화 때문에 일생일대의 곤욕을 치렀다.

"대통령에게 한 소리 들은 사정비서관실에서 '김종신 조져라'는 얘기가 나왔다고 들었다. 사정비서관실에서 운영하는 경찰 특수대가 부산 우리 집에 쳐들어와 온 집안을 뒤집어놓았다. 집에 물이 새서 수리했는데 건축법 위반이라는 거였다. 벌금 무는 걸로 해결됐다."

하지만 거기서 그치지 않았다. 이번엔 부산문화방송의 편성국장이
외국 나갔다 온 걸 문제 삼았다.

"KAL기가 LA 취항한다고 시승을 요청해왔다. 편성국장이 그렇게 가
고 싶어하는 거야. 내가 만류하니까 점심도 안 먹고 새치름해 있더
라고. 결국 보냈는데, 밍크(코트)와 카메라를 들여오다 걸렸어. 검
찰 수사관이 공항으로 가서 편성국장 옷을 홀랑 벗기고 수색을 벌였
다. 사온 물건 다 압수당하고 체포됐지. 나는 편성국장을 해임하고
검찰에 철저히 수사하라고 말해줬어. 그런데 나한테 밀수와 탈세에
대한 책임을 지라는 거야. 편성국장이 사장 주려고 카메라 사왔다는
거야. 그간 탈세해서 5·16 장학금을 줬다는 혐의도 씌우면서. 당시
음반회사에서 라디오 PD들에게 뇌물을 줬어. 그런데 PD 중 한 놈이
금액이 적다고 내던지고 음반을 안 틀어준 일이 있었어. 음반회사에
서 그 PD를 고소하는 바람에 잡지에 기사도 났지. 그것도 문제를 삼
더라고. 경찰관 두 명이 찾아와 여관으로 가자기에 '영장 내놓으라'
며 버텼지."

그는 이후락 씨에게 전화해 도움을 요청했다. 잠시 뒤 경찰간부가
와서 사과했다. 그는 사표를 던졌다.

"더러워서 그만뒀지. 대통령에게 편지를 써서 사정비서관실의 보복
행위를 알렸다. 다시는 대통령 밑에서 밥 안 얻어먹겠다는 말까지
했어. 그걸로 모든 게 끝났지."

〈부산일보〉와 부산문화방송 사장을 그만둔 후 김종신 씨는 더는 공직에 나아가지 않았다. 시골생활을 즐기며 독서와 집필로 세월을 보냈다. 한때 식당을 운영하기도 했다.

"전철을 타면 박 대통령을 생각하고 자세를 반듯이 한다. 그와 그토록 오랜 세월 그런 대화를 나눴다는 게 영광스럽고 고맙다. 후손이 내게 뭐 했느냐 물으면 '박정희 대통령 모시고 조국 근대화를 위해 일하고 또 일했다'고 말하겠다."

그는 박정희 관련자료와 사진들을 신주단지 모시듯 소중하게 보관하고 있다. 내가 끈질기게 요청하자 방에서 사진더미를 들고 나왔다. 사진설명을 하는 그의 표정에서 종교적 신념 같은 희열이 엿보였다. 80대의 그가 9시간 동안 지치지 않고 말한다는 것이 신기했다. 밖으로 나오니 새벽공기가 선선했다. 택시를 타고 다시 한강다리를 건넜다. 차창 밖으로 내다본 한강은 고요했다.

후
기

이 인터뷰는 액자소설처럼 두 인물을 다루고 있다. 외적 인터뷰 대상자는 김종신이지만 내적 대상자는 박정희인 것이다.

나는 김 씨와 인터뷰하며 박정희라는 인물의 엄청난 카리스마를 실감할 수 있었다. 김 씨는 박정희교(敎) 신도라 할 만했다. 박정희 전 대통령 이름을 언급할 때 그의 표정엔 존경심과 자부심이 가득했다.

80이 넘은 고령임에도 그의 기억력은 뛰어났고 표현력도 풍부했다. 나는 시간 가는 줄 모르고 때로는 배꼽을 잡아가면서 그의 얘기에 빠져들었다. 김 씨는 박정희의 여자관계에 대해 얘기해놓고 그 부분이 부각될까봐 걱정했다. 그가 숙연한 표정으로 "전철 타면 박정희 생각하고 자세를 반듯이 한다"고 말할 때 나는 웃지 않았다. 그의 얘기가 다 진실이라고 할 수는 없을 것이다. 다만 역사적 증언의 가치는 있다는 게 내 판단이다.

1959년 평양 출생·평양 남산고등중학교, 김일성종합대·김일성종합대
경제학부 교수·1992년 중국 교환교수·1994년 귀순·대외경제정책연
구원 통일국제협력팀장, 국제개발협력센터 소장·대통령 직속 사회통합위
원회 세대분과위원회 위원·경남대 초빙교수, 연세대·경희대·중앙대 겸
임교수·2011년 통일교육원장·2012년 19대 국회의원

탈북자 출신 통일교육원장 조명철

햇볕정책도 강경정책도 문제, 인도적 지원은 계속돼야

단호하게 밀어올린 옆머리가 인상적이다. 말투에 아직 이북 사투리가 배어 있다. 탈북자 출신인 조명철(趙明哲) 통일교육원장은 당당했다. 남북한의 문제점을 거리낌 없이 비판했다. 질문에 머뭇거리는 법이 없고 답변에 막힘이 없었다. 북한식 어법에서 완전히 벗어나지 못한 탓인지 몇몇 용어가 부자연스럽긴 했지만 대체로 논리가 정연한 편이었다. 김대중 전 대통령처럼 말할 때 첫째, 둘째 하면서 착착 논법을 세우는 걸 즐겼다.

그의 얘기 중에서 가장 큰 울림을 준 말은 '자유'였다. 고색창연하고 진부한가? 내 생각엔 그렇지 않다. 그의 자유와 우리의 자유는 다르다. 이론이 아니고 체험이기 때문이다. 대한민국의 가장 큰 고민거리인 북한 문제에 대해 저명한 학자나 시민운동가나 정치인의 얘기를 백 번 듣는 것보다 이런 실존적인 얘기 한 번 듣는 게 훨씬 낫다는 게 내 생각이다. 그는 북한 정권에 분노했지만 북한 주민의 생명과 인권에는 깊은 애정을 나타냈다. 북한에 전단(삐라) 날리는 것에 찬성한 그는 햇볕정책을 비판하면서도 강경 일변도의 대북정책과 통일무용론에 대해선 고개를 내저었다. 그에 따르면 북한은 '진화'하고 있다. 다윈의 갈라파고스 섬처럼 오랜 세월 고립된 섬에서.

그가 정신없이 바쁘다는 통에 두 달 만에 성사된 인터뷰는 서울 인수동에 있는 통일교육원에서 2시간 동안 진행됐다. 넉넉한 이마와 동그란 얼굴이 북쪽의 누군가와 닮았다는 느낌을 줬는데 실례가 될까봐 얘기하진 않았다. 안경 너머 날카로운 눈에 짙은 쌍꺼풀이 져 있다.

뭐가 그렇게 바쁜가.
일단 업무파악을 해야 되잖나. 먼저 통일교육원이 지금까지 해온 일에 대한 평가를 하고 있다. 성과는 뭐고 문제점은 뭔지. 그런 걸 제대로 하려면 보고 또 봐야 한다. 강의 커리큘럼과 강사 풀, 교재가 어떤지 하나에서부터 열까지 들여다봐야 한다. IPTV나 게임, 인터넷을 통한 통일교육의 콘텐츠도 점검해야 한다. 둘째, 통일교육위원협의회라든지 학교통일교육협의체, 지방자치단체의 교육기관 등 외부 통일교육시스템도 살펴봐야 한다. 그러기 위해선 유관기관 사람들을 만나 대화하고 협조해야 한다. 셋째는 예산이다. 아무리 좋은 아이디어가 있더라도 돈과 사람이 없으면 안 된다. 내년에 획기적으로 도약하려면 예산이 필요하다. 그러려면 혁신적인 계획안을 짜야 한다. 그밖에도 다양한 사업이 있다. 토론회나 강연회를 비롯해 각종 외부행사에 참가해야한다. 정말 눈코 뜰 새 없이 바쁘다.

의욕이 강한 것 같다.

의욕을 갖고 왔는데 일이 정말 많아 웬만한 노력과 사색으로는 지금의 수준에서 도약하기가 쉽지 않겠다는 생각이 들었다.

그는 한 인터뷰에서 앞으로의 통일교육 방향에 대해 "북한의 모습을 있는 그대로 보여주는 교육, 어두운 곳과 밝은 곳을 모두 보여주는 교육, 왜곡되지 않은 교육을 하겠다"고 밝혔다. 그간의 통일교육에 문제가 있었다는 뜻으로 비칠 수도 있는 발언이다. 이에 대해 묻자 그는 에둘러 설명했다.

"우리의 통일교육은 크게 세 가지다. 첫째는 북한의 실상을 알리는 교육, 둘째는 안보교육, 셋째는 통일교육이다. 이 세 가지 교육은 일관성 있고 꾸준하게 진행돼야 한다. 그런데 과거를 돌아보면 정권의 성격과 대북정책에 따라 통일교육이 영향을 받아왔다. 어떤 때는 통일교육만 강조되고 어떤 때는 안보교육만 강조됐다. 하지만 통일로 가기 위해서는 대화와 교류협력, 안보가 다 중요하다. 남북관계나 국제관계의 변화와 상관없이 일관된 교육을 해야 한다. 교육은 원칙과 진리를 가르치는 것이다. 정권이 바뀔 때마다 교육의 틀이 바뀌어서야 되겠는가. 안보와 통일이 조화를 이루는 교육. 그것이 내가 생각하는 통일교육의 기본방향이자 목표다. 그러기 위해선 모든 사람이 수긍할 수 있는 교육체계와 교육내용을 만들어야 한다."

그동안의 통일교육에 북한의 실상을 과장하거나 왜곡한 면이 있었나.

일부러 그런 적이 있었는지는 모르겠다. 그렇더라도 그 원인은 북한의 폐쇄성이다. 북한이 모든 것을 개방한다면 어떻게 거짓교육이 통하겠나. 폐쇄사회다 보니까 누가 뭔 얘기를 하더라도 확인할 길이 없는 거다. 제대로 몰라서 잘못 전파하는 경우도 있다. 북한의 한두 면만 보고 와서 그게 북한의 전부인 양 얘기하는 것이다. 또 다양한 면을 알면서도 자신의 성향에 맞는 얘기만 하는 사람도 있다. 이념적인 편향성이다. 셋째는 통일교육을 정치적으로 이용하는 것, 즉 정권 차원에서 이용하는 경우다. 사실 북한을 제대로 안다는 건 쉬운 일이 아니다. 어떤 때는 대화하자고 달려들고, 어떤 때는 도발하고, 어떤 때는 거짓말 하고, 어떤 때는 진솔한 말로 뭘 달라고 한다. 우리의 안보정책과 통일정책은 북한의 실상을 정확히 파악하는 데서 출발해야 한다. 북한을 잘못 인식하면 정책이 실패할 가능성이 높다. 그러면 통일교육도 영향을 받는다. 그런 점에서 북한의 실상을 있는 그대로 전달하고 이해시키려는 노력이 통일교육의 첫걸음이다.

우리 사회 한쪽에서는 통일무용론도 제기한다. 통일의 천문학적 비용이나 사회적으로 치를 대가를 생각하면 안 하는 게 낫다는 주장이다. 이들은 차라리 서로의 이질적 체제를 인정하고 항구적 평화체제를 구축하는 게 낫다고 말한다.

그가 천천히 고개를 끄덕이면서 반론을 폈다.

"몇 가지 문제가 있다. 통일무용론이 제기되는 것은 남북한의 정치·경제·사회·문화적 격차와 이질감이 갈수록 커지기 때문이다.

북한도 한국처럼 발전하고 성장했다면 지금보다 통일을 원하는 목소리가 더 클 것이다. 한·미 FTA와 한·EU FTA를 체결한 이유가 뭔가. 다 한국보다 잘산다. 그러니까 경제통합하자는 거다. 자유무역하자고."

윈윈(*win-win*)이 되니까.
우리가 얻을 수 있는 혜택이 그만큼 큰 거다. 그런데 북한의 경제력은 우리의 38분의 1밖에 안 된다. 해봐야 아무런 득이 없다고 보는 거다. 모든 사람이 자신의 이해관계를 따져 행동하는 게 선진국 문화다. 그러니 그걸(통일에 반대하는 것을) 탓할 수는 없다. 그러나 이 점을 생각해야 한다. 우리가 얻을 이익이 크든 작든 통일은 우리의 숙명이다. 그리고 통일을 하면 우리의 잠재력이 배가된다. 실제로 통일로 얻는 편익이 비용보다 훨씬 크다. 이는 과학적 논증으로 뒷받침된다. 그런데 홍보가 제대로 안 돼 있다. 실상교육, 안보교육, 통일교육 3가지가 균형을 이뤄야 한다는 것도 그런 이유에서다. 남북한 경제력 격차가 불행이 아니라 더 큰 도약을 이루는 기회가 될 수 있다. 국민에게 적극 홍보해 통일 공포증을 통일 희망증으로 바꿔야 한다.

북한에 삐라 뿌리는 걸 두고 말이 많다. 북한을 감정적으로 자극해 남북관계에 도움이 안 된다는 반대여론이 만만찮다. 탈북자 단체도 관여하는 걸로 아는데….
우리나라에는 세계의 모든 문물이 들어온다. 그게 우리나라의 개방성이고 공개성이다. 그 개방과 공개를 통해 공정을 지향한다. 우리 정부는 국민과 세계 앞에 모든 게 드러날 수밖에 없다. 조금만 잘못해도 비판받는다. 대한민국은 비판을 통한 제도와 정책의 교정으로 북한보다

38배나 성장한 국가가 됐다. 북한을 보자. 정보가 못 들어가는 폐쇄국가다. 국민에게 알 권리를 주지 않는 국가란 말이다. 김 씨 일가가 만든 이념, 이론과 다른 걸 알려고 노력하면 범죄자가 된다. 그러면 국민이 뭘 알아서 정부를 비판할까. 외부세계의 합리적이고 선진적인 이론과 정보를 알 수가 없다. 그러니 비판할 능력도 없다. 북한 국민에게 알릴 방도를 찾다보니 자연의 힘을 이용하게 된 거다. 바람이 그리로 부니까, 삐라에 정보를 담아 알리는 거다.

탈북자 출신인 조명철 위원장은 거리낌 없이 남과 북을 비판했다.

그러니까 유용하다는 얘긴가.
그렇다. 북한이 중국이나 베트남처럼 개혁개방을 하면 삐라를 뿌릴 이유가 뭐 있겠나. 둘째는 북한 당국이 국민을 두려워하게 만드는 수단이 될 수 있다는 점에서도 유용하다. 삐라의 내용이 뭔가. 김정일이 이런 걸 잘못하고 있다, 국민을 굶어죽게 하고 수용소에 처넣는 건 나쁜 일이다. … 이 얼마나 공명정대하고 타당한 얘기냐. 국민이 그걸 알면 두렵잖은가. 그러니까 막는 거다, 이놈들이. 그래서 삐라가 효과가 있는 거다. 북한 당국이 국민을 함부로 끌고 가거나 함부로 죽이지 못하게 하는.

그의 답변이 점점 열기를 띠었다. 절제됐던 감정이 터져 나오는 듯싶었다. 대북 삐라는 북한이 자초한 것이라고 목소리를 높였다.

강경 보수세력은 햇볕정책은 물론이고 상호주의도 반대한다. 어떤 형태로든 북한을 돕는 건 오히려 통일을 방해한다는 주장이다. 북한 정권의 생명을 연장시킬 뿐이라며.

다양한 주장이 있다. 자유민주주의 세상에서는 누구나 의사표현의 자유가 있으니까. 그런데 나는 이렇게 생각한다. 우리가 통일정책과 대북정책과 안보정책을 추구하는 것의 근저에 뭐가 있나. 바로 북한 국민의 생명보호와 인권증진이다. 왜 통일을 하자고 하나. 억압받고 착취당하고 굶주림에 시달리는 사람들을 해방하려는 것 아닌가. 남북한 국민의 삶의 질을 더 향상시킬 수 있다고 보기 때문에 통일하자는 것 아닌가. 안보는 왜 하나. 싸우면 죽잖나. 안보를 허술히 하면 그놈들이 전쟁을 도발한다. 그러면 얼마나 많은 사람이 죽나. 결국은 생명이다. 안보교육은 곧 생명과 재산을 보호하는 교육이다. 인간의 존엄과 가치를 높이자는 게 목적이다.

　그렇다면 첫째, 생명을 지켜야 한다. 생명이 당장 꺼져가는 곳이 북한이다. 대북지원을 통해 북한 국민의 생명을 유지하려는 노력을 안 할 수 없다. 둘째, 그런 의미에서 인도적 대북지원에는 정교한 전략이 있어야 한다. 북한의 취약계층에게 (혜택이) 돌아가도록 확실한 안전장치를 만들어야 한다. 셋째, 통일은 한국이 주도할 수밖에 없는데 그 수단은 다양해야 한다. 교류협력은 수단이지 목표가 돼선 안 된다. 제재나 고립도 목표가 돼선 안 된다. 수단일 뿐이다. 우리의 목표는 뭔가. 통일이다. 그것도 북한의 변화를 통한 통일이다. 북한이 변하지 않고는 통일도 없고 평화도 없고 안보도 없다. 가장 큰 변수는 북한의 태도다. 북한의 태도에 따라 맞춤형 대북정책을 펴야 한다.

그는 이명박 정부의 대북정책에 후한 점수를 줬다. 현 정부의 대북정책에 실용성이 없는 것 아니냐고 지적하자 역대 정부의 '실책'을 거론하면서 옹호했다.

"김영삼 정부는 처음엔 대화와 협력을 해보다가 강경정책으로 돌아섰다. 다음 정권에선 포용정책을 폈는데 국민의 비판을 많이 받았다. '퍼주기'라는 표현대로 무원칙한 대북지원이 논란이 됐다. 북한을 변화시키는 게 목적이어야 하는데 대화와 교류 자체가 목적인 양 정책을 폈다. 이명박 정부는 학습을 했다. 과거의 강경정책과 포용정책에 어떤 문제점이 있는지 잘 알기에 실용주의를 표방했다. 북한의 잘못된 행동을 시정하면서 교류협력을 해야 한다고 판단한 것이다. 포용정책을 펴서 많은 지원을 하고 교류협력한 결과가 뭔가. 이 사람들이 고마워할 줄을 몰라. 뭘 가져오라고 큰소리 치고 지원받으면서도 (NLL 침범, 핵무기 개발 등) 도발을 계속했다. 국민의 가난과 굶주림을 해결하지도 못하면서 남북협력기금이 자기네 국가재정인 양 맘대로 쓰고, 더 안 준다고 횡포를 부렸다."

요지는 북한에 더 책임을 물어야 한다는 건가?
그렇다. 교류협력하고 지원하되, 받아낼 것 받아내면서 북한의 변화를 유도해야 한다는 거다. 난 이 정부의 대북정책에 실용성이 있다고 본다. '너희가 제대로 행동하지 않으면 우리가 주던 걸 안 줄 수 있어', '너희가 도발하면 우리도 화낼 수 있어', '국제사회에서 고립시킬 수 있어'… 대한민국이 결코 호락호락한 나라가 아니라는 걸 분명히 보여준 거다. 이보다 더 큰 실용이 어디 있나.

어떤 상황에서든 대화는 계속되는 게 바람직한데 현재의 남북관계는 너무 경직돼 있다는 지적도 있다.

우리 국민의 생명과 재산을 뺏는 도발을 했는데도 대화를 계속하고 지원을 해야 하나. 그런 대화가 무슨 의미가 있을 것이며 어떤 결과를 낳을 것인가.

천안함 사건 사과도 못 받아냈으면서 뒤로는 정상회담을 추진하지 않았나. 그것도 우리가 더 적극적으로 나선 것처럼 알려졌다.

북한의 일방적 얘기다.

추진한 건 사실이지 않나.

이 험악한 상황에서도 남북관계를 개선하려는 노력의 일환으로 해석할 수 있지 않나.

적어도 현 시점에서는 그런 걸 추진하지 않는 게 북한에 확실한 메시지를 던지는 게 아닐까. 천안함 사과도 없는데. 이 정부의 대북정책이 갈팡질팡한다는 비판이 그래서 나오는 게 아닐까. 실용성도 없고.

두 가지가 있다. 첫째, 우리 사회에는 정부의 어떤 정책에도 문제를 제기하는 세력이 있다. 둘째는 대북정책의 실용성에 대한 기준이 다르다는 점이다. 오늘 당장 대화를 못해도 교정이 이뤄진다면 내일엔 더 큰 교류와 협력을 기대할 수 있다. 지금 이 정권은 가장 힘든 길을 택했다. 이 정권의 큰 공적은 일관성이다. 북한에 강력한 힘을 보여줬다. 한국에서 엄청난 이익을 챙기던 북한으로선 아프지 않을 수 없다. 정신 차리지 않을까. 그 점에서 과거 정권이 못한 걸 현 정권이 해낸 거다. 현 정권에서 못한 건 다음 정권에서 하면 된다.

딱딱한 얘기가 길었다. 하지만 지루하지 않았다. 그의 말에 열정과 진정성이 느껴졌기에. 화제를 돌려 북한에서의 삶에 대해 물어봤다.

그는 북한에서 엘리트였다. 김정일과 그 자식들을 비롯한 소수 특권층 자제만 다닌다는 남산고등중학교를 나와 김일성종합대학에 진학했다. 경영업무자동화학부 자동조정학과였다. 북한당국은 박사원에서 기업관리 현대화를 전공한 그를 김일성대 경제학부 상급교원(교수)으로 임명했다. 1987년 그의 나이 28세였다.

그는 가정형편과 교육환경이 좋은 편이었다. 부친 조철준 씨는 정무원 건설부장을 지냈다. 우리로 치면 장관이다. 모친은 평양인민경제대학 교수를 지냈다. 하지만 출신성분이 좋은 건 아니었다. '이남' 출신이기 때문이다. 충북 보은이 고향인 그의 부친은 일제강점기에 고등학교를 나왔다. 1930년대 중반 부친(조명철 원장의 할아버지)을 따라 간도지방으로 가다가 청진에 자리를 잡았다. 형(조 원장의 큰아버지)이 청진에 있는 신일본제철소에 채용됐기 때문이다. 지금의 김책제철소다. 장남이 좋은 회사에 취직되자 온 집안 식구가 청진에 눌러 앉았다.

조 원장의 부친은 어릴 때부터 공부를 잘했다. 김일성대에 들어간 후 추천을 받아 소련 유학까지 했다. 전공은 건축공학. 평양 주체사상탑 옆에 있는 국가계획위원회 청사, 평양예술국장 등이 그가 설계한 건물이다. 부친은 일밖에 모르는 사람이었다. 집안이 어떻게 돌아가는지, 자식이 학교를 어떻게 다니는지도 몰랐다.

"대학 2학년 때다. 점심 때 아버지, 어머니, 나 셋이서 밥을 먹었다. 아버지가 어머니에게 이렇게 묻는 것이었다. '애, 고등학교 졸업했냐고.'"

그는 부친에 대해 "가장으로선 빵점이었다"고 평했지만 원망하는 기색은 없었다. 직접적인 표현은 없었지만, 그가 부친을 존경하고 자랑스러워한다는 건 어렵지 않게 짐작할 수 있었다. 그의 부친은 16년이나 장관을 지냈다. 그의 분석으로는 충청도 출신이라 말수가 적은 덕을 봤다. 북한에선 말 잘못해 좌천되거나 수용소로 끌려가는 경우가 많기 때문이라는 것이다. 그는 김정일의 남산고등중학교 후배다. 김정일 동생인 평일, 영일, 경진과 함께 다녔다고 한다.

"김일성 자식들과 함께 공부하면서 화가 치밀 때가 많았다. 남들이 보기엔 좋은 학교겠지만 결코 우리를 위한 학교가 아니었다. 김일성 자식들을 위해 만든 학교다. 우리는 걔네들과 같이 공부해주고 같이 놀아주고 같이 운동해주고 개들에게 기쁨을 주기 위한 들러리였다. 일반학교 학생들과 어울려 다니면 큰 처벌을 받았다. 감기 걸린 학생은 학교에 못 나오게 했다. 누군가에게 간염 증세가 있으면 온 학교가 난리였다. 1960년대 후반, 70년대 초반에 이미 교실에서 소독 형광등을 켰다."

그에 따르면 김일성 자식들은 수저도 따로 썼다고 한다. 군부대나 협동농장, 공장을 방문해 식사시간이 되면 호위군관들이 대기하고 있다가 은수저를 내밀었다는 것이다. 더 웃기는 것은 김정일 동생들이 졸업하자 학교 자체를 없애버렸다는 사실이다.

그가 평양 지도판을 들고 설명했다. 김정일 관저 뒤쪽에 있었던 학교가 사라지고 그 자리에 공원이 들어섰다면서. 지도엔 건물과 지형이 세세히 나타나 있었다. 나는 그토록 정밀한 평양지도가 있다는 사실에 놀랐다.

김일성대 출신이라면 북한 체제의 문제점을 잘 알지 않나.

두 부류가 있다. 하나는 북한에 머물면서 문제의식을 가진 부류. 또 하나는 해외를 아는 사람들이다. 해외 정보에 밝거나 해외에 나갔다 온 사람들이다. 이 두 부류에는 엄청난 간극이 있다. 특히 해외 경험이 있는 사람들은 너무 힘들어한다. 만약 나도 해외 경험이 없었다면 불만스럽긴 해도 탈북까지는 안 했을 거다. 해외에 갔다 오면 정신적으로 너무 고통스럽다. 북한의 문제점이 뭔지 잘 알기 때문이다. 알면서도 말할 수 없는 답답함과 억울함에 힘들다. 해외에 갔다 오면 늘 감시당한다는 느낌을 받는다. 해외에 1년 이상 나갔다 온 사람은 3년간 인사 대상에서 제외된다. 지켜보는 거다. 수용소에 끌려가는 사람들 중에 유학생이나 해외 경험자가 많은 것도 그 때문이다.

북한이 어떤 나라인지는 대충 안다. 그런데 정말 궁금하다. 어떻게 요즘 세상에서도 3대 세습이 가능하고 절대적 우상화가 가능한지.

첫째는 철저한 정보정치. 누가 어디에서 뭘 어떻게 하는지 다 안다. 2천 3백만 국민의 행동을 다 알 수 있는 시스템을 갖췄다. 이런 건 어느 나라에도 없다.

조지 오웰의 〈1984년〉?

이런 시스템은 과거에도 없었고 지금도 없고 미래에도 없을 거다. 모든 북한 국민은 정치조직에 가입돼 있다. 그 조직을 통해 누가 뭘 하는지 다 안다. 둘째는 강력한 처벌주의. 정적(政敵)에 대해선 우유부단하지 않고 즉시적으로 강력하게 처벌한다. 박정희, 전두환의 독재는 거기에 비하면 우유부단한 거다. 장관을 하루아침에 총살한다. 그것도 한두 명이 아니고. 셋째는 뭔가 나누어 먹고살 수 있는 내부생산 및 소비시스템이다. 비록 굶는다는 소리가 나오긴 하지만 수준 낮은 경제체제가 그런대로 유지되고 있다. 폐쇄적 자립경제, 원시적 자립경제다. 넷째는 중국이 있기 때문이다.

하여간 중국이 문제다.
김정일 정권이 존속하는 데 중국의 역할이 정말 크다. 과거 소련은 독일 통일을 앞두고 동독 지원을 포기했다. 그런데 중국은 북한을 포기하지 않는다.

역사적으로 특별한 관계이기 때문에 그런 게 아닐까.
역사와 안보 때문이다. 중국이 미국이나 일본 수준의 경제제재를 하면 북한은 더 버티기 힘들다.

그의 탈북은 중국에서 이뤄졌다. 1992년 중국 난카이대 교환교수로 발탁된 그는 2년 뒤 탈북을 감행, 제3국을 거쳐 한국으로 들어왔다.

나라 이름이 조선민주주의인민공화국이다. 북한의 엘리트층은 북한이 민주주의 국가가 아니라는 걸 알지 않나.
북에서 말하는 민주주의는 여기와 다르다. 중앙집권적 민주주의다. 그래서 북한 국민을 계몽하기 위해 삐라를 보내야 하는 거다.

자기들 체제가 마르크스 공산주의 이론에서 말하는 궁극적 단계라고 생각하나.
중앙집권적 민주주의라는 걸 언어적으로 참 아름답게 포장한다. 중앙이 대중의 의사를 받아들여 계획하고 집행하는 체제라고. 그런데 문제는 대중의 의사를 밝히거나 전달하는 시스템 자체가 없다는 거다. 그러니 시작부터 거짓말인 셈이다. 둘째, 중앙의 명령과 계획은 합리적이고 과학적이라고 하는데 그게 아니다. 즉흥적이고 정치적인 명령이 대부분이다. 그러니까 이것도 아니고 저것도 아니다. 다 속은 거다. 그런데 계속 그렇게 교육하니까 넘어가는 거다.

세뇌당한다는 건가?
그렇다.

공산주의라는 용어는 안 쓰나?
최근엔 안 쓴다. 주체사상이니 김일성주의니 이런 용어를 쓴다. 김일성민족, 김일성조선 이런 식이다. 점점 극단적으로 가고 있다. 북한은 연도를 주체조선 몇 년으로 표기한다. 김일성이 태어난 해가 주체조선 1년이다. 조선민족이 아니라 김일성민족이다.

그는 "북한이 진화하고 있다"고 말했다. 진화라니?

"고립된 섬에 가면 식물이나 동물이 다 따로 진화하지 않는가. 몇백 년간 고립된 섬에 가보면 문명세계에서 보지 못하는 동물이 있지 않은가."

다윈이 말한 섬 말인가?
그렇다. 갈라파고스 섬. 그렇게 진화하고 있다. 진화하면 할수록 남북 간 이질화 속도가 빨라지는 거다.

주체사상의 허구성에 대해 뒤에서라도 얘기하지 않나. 끼리끼리.
죽으려고? 왜 자꾸 남한사회처럼 생각하나?

진짜 궁금해서 그런다.

사상과 이념을 건드리는 대화는 할 수가 없다. 주변에 있는 사람이 가장 위험하다. 집에서 형제들끼리도 그런 얘긴 못한다. 공포 때문에 체제가 유지되는 거다. 속으로는 싫을지 몰라도 이게 맞다고 얘기해야 자신의 삶이 성장한다. 그래서 가식적 충성을 바치기도 한다.

그의 부친은 몇 년 전 사망했다. 모친도 올 초 사망했다는 소식이 전해졌다. 하지만 확인되지는 않았다고 한다.

북에 남기고 온 가족과 친척이 불이익을 받았을 법한데⋯.

그렇다. 그런데 확인할 길이 없다. 아내가 지방으로 추방됐다는 얘기도 있는데⋯.

그의 아픔이 느껴졌다. 1994년 귀순 이후 그는 지금껏 독신생활을 하고 있다.

북한사회가 남한사회보다 나은 점이 있나. 예컨대 의료체계는 사회주의 국가가 더 낫다는 시각도 있지 않나.

나는 그런 걸 찾지 못했다.

전혀 없나.

북한 국민의 순박함과 근면함, 강인함은 알아줄 만하다. 전 세계 어느 나라 국민보다 강할 것이다. 그 어려움 속에서 갖은 핍박을 참고 견디니. 무상치료? 병원에 가면 약이 없다. 의사들이 부패해서 주사도 아는 사람에게만 놓아준다. 주사약이 모자라니까. 학교 교육도 무상이지만 교육의 질이 말이 아니다. 교육을 제대로 하려면 실험과 실습을 해

야 한다. 예산이 없으니 실습기구가 없다. 그러니 입으로만 가르칠 수
밖에 없다.

**많은 탈북자가 한국사회에 적응을 못하고 있다. 우리 사회의 물질만능주의
가 심하지 않은가. 양극화도 심하고. 심지어 북한에서보다 살기 힘들다는
얘기도 한다는데….**
화나서 한번 해본 소리일 거다. 말도 안 되지.

그는 탈북자들에 대해 애정 어린 비판을 아끼지 않았다. 요컨대 자
유가 주어진 만큼 더 많이 노력해야 한다는 것이다.

"우리가 가진 게 북한 국민보다 훨씬 많다. 그중에서 가장 중요한 게
자유다. 말할 권리, 이동할 권리, 창업할 권리, 비판할 권리, 할 권
리와 안 할 권리. 거창하게 집회시위결사의 자유를 말할 것도 없다.
북한엔 그 모든 자유가 없다. 내가 하기 나름이다. 둘째, 그럼에도
환경이 불리한 건 사실이다. 학연, 지연, 혈연 아무것도 없다. 지식
과 정보력이 뒤처진다. 문화에 적응이 안 된다. 모든 면에서 불리하
다. 그런데 불리하다고 안 살 건가. 자유라는 수단이 주어졌는데 여
건이 안 된다고 포기할 건가. 북한에서는 그 수단을 달라고 그토록
부르짖지 않았나. 막상 자유를 얻으니까 그 이상을 요구하는 것이
다. 현재 (탈북자들에게) 정착지원금도 주고 생활보조금도 준다. 취
업도 알선해준다. 물론 그걸로 부족할 수 있다. 그러면 노력을 아끼
지 말고 개척해야 한다. 학연, 지연이 없으면 사람을 자꾸 만나 인간
관계를 만들어야 한다. 무작정 기다리고 요구하지만 말고. 굶어죽기
딱 좋다."

무상급식 논쟁을 어떻게 생각하나.

돈이 없어 못 먹고 못 배우는 일은 없으면 한다. 그런데 그런 게 지나칠 경우 우리나라의 성장 가능성이 떨어질까 걱정이다.

뜻밖이다. 탈북자 출신에 대한 선입관인지 몰라도 나는 그가 그런 우파적 경제논리를 펼 줄은 예상 못했다.

전면 무상급식은 우려스럽다는 얘긴가.

어려운 학생들이 굶지 않도록 하는 조치는 반드시 필요하다. 그래서 나는 전면급식보다는 어려운 학생들만 먹이자는 데 찬성한다. 원래의 취지도 그게 아닌가. 어렵지 않은 학생들에게 먹을 걸 줘봐야 아무런 감동도 없다. 공무원들이 좀더 노력해 어려운 가정이 지원받는 시스템을 만들고 재정도 확보해야 할 것이다.

무상급식 논란은 한국사회에서 벌어지는 좌우논쟁의 단면이다.

나는 좌우개념이 없는 사람이다. 전면급식 좋다. 그런데 그에 따른 재정지출이 결국 국가경제에 부담을 주지 않겠나. 그 비용이 어디로 가나. 국민세금으로 부담해야 하지 않나. 기업에 부담이 돌아가면 기업은 그걸 어디에 반영할까. 원가에 반영하면 가격상승이 일어날 거다. 생산원가가 다른 나라보다 높아지면 가격 경쟁력이 떨어지게 된다. 기업이 이윤을 못 내면 세금을 못 내게 된다. 지금 북한 상황이 그렇다. 기업이 세금을 못 낸다. 왜? 팔리지 않기 때문이다. 가격이 높아서. 이런 식이라면 언젠가 무상급식은 폐기될 거다. 당장은 환영받겠지만. 시간이 흐른 뒤 누가 책임질 건가. 정부와 교육기관에서 진짜 어려운 가정을 제대로 파악해 그 사람들에게 좀더 많은 혜택이 돌아가도록 조치하는 게 우선 필요하다. 그러면 국가 부담도 줄 것이다. 이런 말을 하는 내게 좌니 우니 얘기하는 게 싫다.

민주노동당과 진보신당의 노선투쟁도 흥미롭다. 이른바 종북(從北)주의 논란이다. 우리 사회의 종북 또는 친북세력은 북의 실상을 몰라 그러는 걸까. 두 가지일 거다. 첫째는 실상을 제대로 몰라 그럴 수 있다. 둘째는 교조적인 면 때문이다. 자신이 추구하는 이념과 사상과 논리에 지나치게 교조적으로 충실한 거다. 현실과 안 맞으면 교정을 통해 그것들이 합리화되도록 해야 한다. 그런데 자신의 신념을 절대적인 것으로 여기는 거다. 지금 북한에서 굶는 사람이 얼마이고 죽는 사람이 얼마이고 탈출한 사람이 얼마이고 끌려가 죽은 사람이 얼마인데, 무슨 찬양할 여지가 있고 이해할 여지가 있다고 그러는가.

민노당에 가서 강연할 생각은 없나.
초청하면 언제든지 가겠다. 나는 그 사람들이 마음속으로 북한을 좋아한다고 생각지는 않는다. 자신들이 약자인데 강자라는 사람들이 자신들을 공격하는 하나의 무기로 자꾸 북한 문제를 활용하니 방어적 수단으로 그런 행동을 한다고 이해하고 싶다.

꼭 그런 것 같지만은 않은데.
그렇지 않다면 문제가 있는 거다. 대화가 안 되겠지.

탈북자 출신이라 북한에 대해 더 비판적이어야 한다는 부담을 갖고 있나?
아이고, 우리 사회에서 누가 나한테 부담을 주나. 나는 그런 부담 갖고 살 성격이 아니다. 눈치보고 사는 사람이라면 여기 오지도 않고 북한에서 그냥 살았을 거다.

그는 연세대와 경희대 등 몇몇 대학의 겸임교수로 강단에 서왔다.

요즘 대학생들, 북한에 대한 인식이 어떤가?

예전과 다르다. 많이 바뀌었다. 1994년에 내가 와서 북한 애기를 했을 때 사람들의 반응은 크게 두 가지였다. 하나는 북한이 설마 그럴까 의심하는 부류. 다른 하나는, 저 사람은 짜인 각본에 따라 애기한다고 생각하는 부류. 그때는 참 안타까웠다. 다른 탈북자들한테 대학강연을 강요했는지 모르지만 나는 그런 부탁 받은 적 없다. 싫으면 싫다 하고 살았다. 자유분방하게 살았다. 그래서 행복했다.

어느새 약속한 2시간이 지났다. 그는 개의치 않는 듯했다. 지친 기색도 없었다. 배석한 홍보실 관계자는 초조한 기색을 내비쳤지만.

북한을 탈출해 한국에 들어온 걸 후회한 적은 없나.

나는 천성적으로 자유주의자인가 보다. 여기가 좋은 걸 보면. 해외도 좋고. 가장 좋은 게 뭔지 아나. 사상학습 안 하고 생활총화(자기비판 모임) 안 하는 것이다. 매주 토요일 오전이나 점심 때 생활총화를 했다. 한 주일 동안 자신이 잘못한 것을 고백하는데 이때 같이 생활하는 동료의 잘못도 꼭 비판해야 한다. 기독교인들이 교회 가서 반성하는 것과 같다. 그것을 조직별로 하는 거다. 이런 것만 안 해도 그냥 세상 살맛 나. 진짜다. 경제적으로 어려운 건 작은 문제다. 내가 돈이 없다고 치자. 대한민국 정부가 북한에서 온 나를 굶어 죽게 놔둘까. 아니잖은가. 세 끼 밥은 먹이지 않겠나. 지원시스템이 있지 않은가. 재단도 있고 정부정책도 있고. 내가 욕심을 조절하면 된다. 삼성 이건희 회장만큼 살겠다고 생각한나면 얼마나 힘들겠나. 결국 힘든 건 자기 욕심 때문이다. 욕심.

여기 와서 꾸준히 안정된 직장생활을 했는데, 돈 좀 모았나.
차곡차곡. 혼자 사는데 돈 쓸 일이 뭐 있나.

절약하는 편인가 보다.
절약하는 인생은 아니다. 탈북자들 중에 어렵다는 사람들에게 밥도 사
주고 학비도 좀 준다. 저축도 한다. 나는 탈북자들에게 이렇게 말한다.
"이건희 회장을 바라보지 말고 나중에 통일됐을 때 북에서 넘어온 가족
을 먹일 수 있을 정도의 경제적 능력을 갖추라고. 열심히 일해 번 돈을
착실히 저축하라고. 그러면 대한민국 국민의 부담을 덜어주고 통일이
더 쉽게 될 거라고."

혼자 사는 건 북에 두고 온 부인 때문인가.
가장 큰 이유가 그거다. 너무 죄스럽고 … .

　　그의 눈시울이 붉어지려나 싶었는데, 사뭇 담담한 표정이다.

혼자 사는 게 힘들지 않나.
너무너무 힘들다. 그간 목사님과 사모님을 비롯해 교회 분들이 많이
도와줬다. 주변 사람들이 좋아야 한다. (탈북자들이) 가장 견디기 힘든
게 그런 거다. 늘 따뜻한 눈길, 손길을 주는 분들이 주변에 있는 게 중
요하다. 욕심 내지 말라고 충고해주는 사람, 떡 하나라도 나눠 먹는 사
람, 함께 시간을 보내주는 사람이 필요하다. 워낙 남과 북이 이질화돼
있어 내가 정말 진실한 마음으로 고개를 숙이고 접근하지 않으면 상대
방이 응하지 않는다. 사람을 옆에 두려면 많은 노력을 해야 한다.

그는 재혼할 뜻이 있음을 넌지시 비쳤다.

마지막으로 "당신이 생각하는 한국사회의 문제점은 뭔가"라고 질문했다. 한국사회의 구조적 문제점에 대한 의견을 물은 것인데 그는 탈북자에 초점을 맞춘 답변을 했다.

"우리나라의 기업이 몇십만 개다. 그중 지금 당장 사람을 받을 수 있는 기업이 몇 만 개는 될 거다. 우리 탈북자가 2만이다. 연말이면 2만 3천 명쯤 된다. 잘나가는 기업에서 한 명씩만 받아줘도 실업걱정 안 해도 된다. 2만 명이라 해도 노동가능 인구는 60%밖에 안 될 거다. 어린이도 있고 노인도 있으니. 실업률이 높다."

탈북자의 실업률 말인가?
그렇다. 탈북자 실업률이 한국 사람들보다 높다. 그건 정부정책의 문제라기보다는 탈북자에 대한 한국 국민의 관심과 이해가 부족하다는 걸 뜻한다. 내가 지난 해 대통령 모시고 회의할 때 건의했다. 지금 말한 그대로. 대통령께서 회의 끝나고 나오면서 내게 말하더라. 취직을 하려면 직업교육 같은 걸 강화하는 방안을 만들어보라고. 탈북자 지원재단의 예산규모가 엄청 늘었고 통일부도 다양한 지원 프로그램을 만들고 있다.

그가 대통령에게 탈북자 문제를 언급한 건 사회통합위원회 회의석상에서였다. 그는 이 위원회의 세대분과위원이다.

"정부 차원에서만 한다고 될 일이 아니다. 우리 시민사회의 생각이 바뀌어야 한다. 그리고 탈북자들은 눈높이를 현실에 맞춰야 한다. 공무원들은 지원예산이 효율적으로 쓰일 수 있도록 지원시스템을 잘 만들고 어려운 탈북자들 찾아가 맞춤형 서비스를 해야 한다."

인터뷰를 시작할 때는 "2시간이나?" 하고 부담스럽다는 반응을 보였건만 끝날 때가 되자 자세가 다르다. 시간만 되면 언제까지라도 얘기하겠다는 태도다. 그에게 결재를 받으려는 직원 여럿이 밖에서 대기하고 있었다. 결재가 끝난 다음 밖으로 나가 사진을 더 찍었다. 그가 포즈를 취할 때 참았던 얘기를 그예 꺼냈다.

"김일성 닮았다는 얘기 안 듣나."

그가 "너무한다"며 웃었다. 오후 햇살처럼 넉넉한 웃음이었다.

인터뷰 전 나는 사실 그에 대해 별 기대를 하지 않았다. 그저 그렇고 그런 북한 출신으로 여겼던 것이다. 그런데 인터뷰를 하면서 많이 놀랐고 많이 배웠다. 그는 이데올로기에 매몰되지 않은 자유주의자였다. 논리가 합리적이고 화술이 뛰어났다. 전면 무상급식에 반대하는 논리를 탈북자에게 듣는 것도 흥미로웠다. 북한에 두고 온 부인을 생각해 혼자 산다는 그의 고백에 가슴이 뭉클했던 기억이 난다.

인터뷰 당시 통일교육원장이었던 조명철 씨는 2012년 4월 새누리당 비례대표로 국회의원이 됐다. 탈북자 출신 첫 국회의원인 셈이다.

1972년 경북 청송 출생·미국 캔자스대 3학년 중퇴·
금호미술관, 성곡미술관 큐레이터·동국대 교수 역임

'거짓말쟁이' 신정아의 진실
복수하기엔 시간이 너무 흘렀다, 내일 죽더라도 아쉽지 않다

신정아(申貞娥) 씨의 얼굴은 작고 야위어 보였다. 눈 위쪽엔 연한 쌍꺼풀이, 아래쪽엔 엷은 다크서클이 자리 잡고 있다. 이목구비는 오밀조밀하고 손가락은 가늘고 긴 편이다. 옷차림은 수수하면서도 세련돼 보인다. 검은색과 회색, 남색, 붉은색이 뒤섞인 재킷에 고동색 블라우스를 받쳐 입었다. 외모와 달리 목소리는 중성적이어서 강한 느낌을 풍겼다. 더는 잃을 것도, 두려울 것도 없다는 듯 대담하게 빛나는 그녀의 눈동자를 나는 정면으로 응시했다.

2007년 이른바 '신정아 사건'이 터졌을 때 그녀의 학력위조 못지않게 어처구니없었던 것은 그녀의 누드사진을 실은 한 일간지의 그로테스크한 보도행태였다. 이 보도는 한 큐레이터의 학력위조 사건을 꽃뱀사건 혹은 권력형 성(性) 스캔들로 둔갑시키는 데 크게 기여했다. 사진의 진위와 별개로 해당 기사는 '사실'이 아닌 '추정'이었다. 기본 요건을 갖추지 않은 수준미달의 기사였다. 이 신문은 법원 판결에 따라 명예훼손에 따른 손해배상을 했다.

그 신정아 씨가 책을 내 또다시 세상이 시끄럽다. 출소한 지 2년 만이다. 정신과 전문의 건국대 하지현 교수는 그녀의 자전에세이 《4001》이 많이 팔리는 이유를 두 가지로 분석했다. 첫째는 실명이 드러난 공인의 사생활을 은밀하게 엿보는 관음증, 둘째는 (그녀의 책을 통해 드러난) 우리 사회의 공정하지 않은 작동원리에 대한 분노와 실망이라는 것이다.

그녀의 주장은 크게 3가지로 요약될 수 있겠다. 첫째, 죄(논문 대필)를 짓긴 했지만 거짓말(학력 위조)은 하지 않았다. 둘째, 변양균 전 청와대 정책실장과는 진짜 사랑한 사이였다. 셋째, 〈문화일보〉에 실린 누드사진은 가짜, 즉 합성사진이다.

희대의 스캔들인 신정아 사건은 하 교수의 진단대로 우리 사회 이면의 작동원리인 '그들만의 리그'를 여실히 보여준다. 학계(교수사회), 문화계, 언론계, 종교계, 법조계, 정치권 인사들이 어떻게 얽히고설켜 '그들만의 권력'과 '그들만의 탐욕'을 누리는지 보여준다.

자, 지금부터 그녀의 얘기를 들으며 우리가 그녀에게 그토록 화를 내거나 미워하는 진짜 이유가 뭔지, 그리고 그것이 얼마나 합리적인지 생각해보자. 소문이나 추측, 감정에 따른 선입관은 버리고 말이다. 그래야 그녀를 제대로 비판할 수 있을 테니.

인터뷰 기사는 세 부분으로 나눴다. 1부 "자유인 신정아"에서는 책에서 못 다한 이야기를, 2부 "법과 진실"에서는 그녀의 죄에 대한 법적 심판의 이면을 들춰봤다. 마지막 3부의 제목은 "남자, 그리고 사랑"이다.

자유인 신정아

3월 하순 출간된 신정아 씨의 자전에세이 《4001》이 베스트셀러가 된 데
는 언론의 요란스러운 반응도 한몫했다. 언론은 책 내용 중 흥미로운
부분을 크게 소개하면서도 그 신빙성에 강한 의문을 제기했다. 요지는
학력위조범의 또 다른 거짓말 행진이라는 것이다. 언론에 등장한 '전문
가'들은 그녀의 집필의도와 정신상태까지 문제 삼았다. '노이즈 마케팅'
이니 '보복의 굿풀이'니 '복수혈전'이니 '가정파괴'니 '사이코패스'니 하
는 부정적 평가 일색이었다.

신 씨는 애초 인터뷰 요청을 완강히 거절했다. 책으로 이야기를 다
했으니 더 할 말이 없다는 것이었는데, 그 배경엔 언론에 대한 불신이
깔려 있었다. 오랜 설득 끝에 인터뷰가 아니라는 걸 전제로 만나 2시간
가량 대화를 나눴다. 이후 인터뷰 날짜가 잡혔으나 당일 아침 갑작스
레 취소되는 소동이 벌어졌고, 다시 이틀 동안의 줄다리기 끝에 가까
스로 그녀를 내 앞에 앉힐 수 있었다.

그녀는 요즘 일주일에 두세 번 디스크 치료를 받는다고 했다. 수감
생활을 하며 허리디스크와 목디스크를 얻었다는 것이다.

"책을 낸 후 밖으로 나다니기가 더 조심스러워졌다. 사실 마음은 편
하다. 지난 시간을 정리했기 때문에. 다만 전보다 알아보는 분이 많
아져 나 스스로 조금 위축된다."

지인들도 자주 못 보겠다.

가끔 만나는데, 나의 힘든 사정을 들어주니 편하기도 하지만 힘들기도 하다. 내가 우울하면 다 나한테 맞춰야 하지 않나. 그래서 의도적으로 자꾸 웃고 밝게 얘기하는데 그게 좀 힘들 때가 있다. 언론에서 자꾸 이상한 보도를 하니까 그분들이 더 조심한다. 예전에 알던 분들은 거의 못 찾아뵙고 있다. 죄송해서.

(책에 대해) 친구들 반응은 어떤가.

새삼 "내 미운 사랑" 부분에 대해 놀라는 친구들이 있다.

"내 미운 사랑"은 책의 제3장 제목으로 변양균 씨와의 사랑 이야기가 담겨 있다.

"우리 엄마의 '빤스끈'을 아직도 믿고 있는 애들이 있다. (웃음) 이거, 정말이냐고. 어떤 미술계 지인은 '겨우 이 정도 하고는 그렇게 욕을 먹었냐'고 하더라. 좋지 않은 일에 연루됐던 미술계 분들은 괜한 피해를 당할까봐 이름을 거론하지 않았다."

책을 읽은 독자들은 금방 알아듣겠지만, '빤스끈'은 그녀의 어머니가 그녀에게 늘 하던 '성교육'을 뜻하는 말이다. "변호사고 뭐고 여자는 무조건 첫 빤스를 잘 벗어야 한다. 누가 뭐라카든 빤스끈만 꽉 잡고 있어라"고. 작고한 그녀의 부친은 딸이 변호사가 되기를 희망했다.

주변에서 이해를 많이 해주는가 보다.

속이 시원하다고 한다. 역시 신정아답다고. 그 창피한 부분까지도 잘했다고. 막연히 어떤 수치스러운 사람으로 남아 있는 것보다는 깨끗이 털고 정리하는 게 낫지 않겠느냐면서 ….

그녀는 스마트폰을 꺼내 이메일 몇 개를 보여줬다. 출판사에서 보내온 독자들의 격려 메일이라고 했다. 그녀와 같은 나이인 '72년생 아줌마'가 보낸 메일에는 이런 글이 눈에 띈다. "님의 글을 읽으면서 많이 울었다", "신정아 씨 용기에 큰 박수를 보낸다". '40대 여성'이라는 독자는 '언론의 마녀사냥'을 비판했다. 메일을 보여주면서 신 씨는 흡족한 표정으로 "여자의 적은 꼭 여자가 아닌 것 같다"고 말했다.

'6년차 직장인'이라는 남성의 지지 메일도 있었다. 수감생활 경험이 있는 사람이었다. "영등포구치소 동창생들한테 오는 메일들 중에는 되게 웃긴 게 많다." 그녀가 까르르 웃으며 말했다.

"집안이 어려워 변호사도 못 사는 사람이 많더라. 내가 몰래 그 사람들 탄원서를 써주곤 했다. 법은 잘 몰라도 재판을 하도 오래 하다 보니까 변호사님들이 쓴 글도 많이 읽고 해서 어느 정도 정리할 줄은 안다. 그래서 8개월씩 감형 받은 사람도 있다. 막상 나는 1년 6개월 꼬박 살았지만. 나보다 먼저 나가서, 내가 출소하는 날 차 보내겠다는 편지를 보낸 사람도 있었다. 조직의 두목도 있었고. (웃음)"

평론가 김용희(평택대 교수) 씨가 〈주간동아〉에 기고한 글을 보니, 책이 그렇게 많이 팔리는 건 신정아 씨를 창녀 캐릭터로 보는 사람들의 집단적 유희 때문이라는 거다. 남성의 시각에서 여성은 크게 '위대한 어머니'와 '창녀' 두 부류라면서.
〈조선일보〉에도 그런 글이 실렸잖은가. '공화국의 창녀'라고.

김 교수는 또 "사람들은 그런 추문을 통해 사실 그 자체보다는 자신의 욕망을 보려 한다. 추문 위에 자신의 욕망을 배설하고자 한다"고 말했다. 사람들의 이중적 심리를 지적한 것으로 보이는데 … .
이 얘기를 듣고 언뜻 생각나는 게, 우리나라 사람들은 (남녀 간에) 어떤 일이 생기면 늘 여자가 가해자이고 남자는 피해자라고 생각하는 것 같다. 사실 남녀문제는 두 사람만이 아는 거지 다른 누가 알 수 있는 게 아니다. 내가 도덕적으로 바람직하지 않은 선택을 한 게 사실이지만 그 과정을 돌이켜 보면 남들이 뭐라 할 문제는 아니라고 생각한다. 또 하나는 왜 사건의 본질이 오간 데 없냐는 거다. 애초 예일대에서 거짓말만 안 했더라면 이렇게까지 커질 일이 아니었다. 물론 정당하게 학위를 안 받은 건 전적으로 내 잘못이지만 사건의 시작은 예일대의 잘못이다. 그런데 (사건의 본질과 관계없는) 성 로비에 초점이 맞춰지다 보니 나는 꽃뱀일 수밖에 없는 거다.
　나를 비판하는 사람들은 책 내용이 관음증을 자극한다고 말하는데 그건 책을 읽는 사람들에 대한 모욕인 것 같다. 나의 착각이나 희망일 수 있지만 '신정아가 뭐라고 써놓았을까' 하고 진짜 궁금해서 본 분들도 있지 않을까. 책을 읽은 분과 안 읽은 분들의 차이가 크다. 읽은 분들은 비판하더라도 나에 대해 어느 정도 인정한다. 성적인 것 때문에 내 책을 사 읽는다고는 생각지 않는다. 그럴 거면 삼류소설이나 에로영화나 포르노 보면 되지. 내 책에 뭐 대단한 장면이 있는 것도 아니잖은가. 나처럼, 어쩌면 나보다 더 힘든 일을 겪고도 누구한테도 말 못하고 살아가는 여자들에게 내 책이 위안이 됐을지 모른다는 생각도 한다.

그런 여성 많을 거다.
우리도 정당하게 말할 수 있다는 것, 갑과 을 관계에서 여성이 늘 을이어야 한다는 관점에서 벗어난다는 것 ….

최근 《쿨하게 사과하라》라는 책을 낸 박성민이라는 정치 컨설턴트가 언론 인터뷰에서 신정아 씨의 책에 대해 '잘못된 사과의 본보기'라고 말했더라.
가장 실망스러운 평가가 책의 문장을 놓고 사과냐 아니냐 하면서 잘잘못을 따지는 거다. 그런데 사실 이게 무슨 평가서도 보고서도 아니잖은가. 우리가 소설이나 전기를 읽으면 그 자체로 읽고 재미있다 없다 평가하지, 이게 우리한테 용서를 구하는 내용이냐 아니냐, 이렇게 평가하진 않잖은가. 물론 내 잘못에 대해 용서를 구하는 부분이 있다. 그다음, 사람들에게 잘못 알려져 나로선 최소한의 주장을 해서라도 바로 잡아야 하는 부분이 있다. 그것 때문에 가짜 신정아의 이미지가 진짜인 양 사람들 머릿속에 박혀 있으니까.

그녀는 자신의 책이 '폭로'가 아니라고 했다. 폭로라면 정말 사람들이 기절할 내용을 다 집어넣었을 것이라며.

책 내용보다 더 심하다는 건가?
더 심한 정도기 아닐 깃 같나. 책 내용은 굉장히 느슨한 거다. 전혀 폭로가 아니다.

신 씨의 책은 일기를 바탕으로 한 것이다. 그녀는 오래 전부터 일기를 써왔는데, 사건과 관련해서는 (박사학위 취득사실을 입증하기 위해) 2007년 7월 16일 뉴욕에 도착한 날부터 썼다고 한다.

책을 냄으로써 마음이 치유되는 효과가 있었나?
힘든 시간을 견딜 수 있도록 붙잡아 준 게 오로지 글이었으니, 치유였다. 책을 내고 나서 응어리진 가슴도 치유됐다. 어떤 비판이 쏟아져도 마음이 편하기 때문이다. 홀가분하다. 더는 뒤를 돌아보거나 연연하지 않을 정도로.

정신과 전문의 건국대 하지현 교수는 신정아 씨가 책을 쓴 데 대해 "치유 목적이 있다"고 분석했다. 그러면서 덧붙이길, 치유 외에 복수와 자기합리화 목적도 있다는 거다. 왜 나만 당하느냐, 나 혼자 덤터기를 썼다는 억울함. 또 책 내용 때문에 불편해질 사람이 많을 텐데, 그렇게 까발림으로써 서로 공평해진다고 생각했을 수도 있다는 것이다.
왜 나만 당하느냐는 생각을 단 한 번도 하지 않았다. 다만 사람들이 왜 나를 이렇게 미워할까 하는 생각은 했다. 복수도 아니다. 복수하기엔 너무 많은 시간이 지났다. 복수를 생각했다면 재판도 어떻게든 끝까지 했을 거고 예일대를 상대로 소송도 했을 거다. 합리화도 필요 없다. 나라는 사람은 이미 더 내려갈 수도 없는 바닥으로 떨어졌기 때문에 합리화라는 게 불가능하다. 그냥 있는 사실 그대로 얘기할 뿐이지. 정 총리(정운찬 전 총리) 얘기를 쓴 것은 그분이 2007년 7월 사건이 터진 후 "내가 거짓말 하겠냐, 신정아가 거짓말 하겠냐" 하면서 나를 거짓말쟁이로 몰았고 그것이 재판에서 나한테 굉장히 불리하게 작용했기 때문이다. 지금도 마찬가지지만.

정의가 실현된다는 생각을 했나?

정의는 무슨. 그런 데는 관심도 없다. 나에 대한 얘기를 제대로 하려면 책밖에 없더라. 가까운 분들한테 일일이 설명하는 것도 구차스럽고. 많은 독자가 내 마음을 알아줘서 고맙지만 사실 이 책은 가까운 사람들, 나를 믿었던 사람들을 위해 쓴 거다. 그 사람들이 이 사건이 터지고 얼마나 놀라고 혼란스러웠겠나. 그런 분들에게 내 진심을 전달하기 위해 쓴 거다.

일부 언론은 책을 사 보는 독자들의 정신상태도 문제 삼더라.

나를 비난하는 건 좋은데 좋은 마음으로 책을 사서 읽어보는 사람들까지 문제 삼는 건 너무한 것 아닌가.

겉으로는 신정아 씨를 비난하면서도 속으론 훔쳐보고 싶은 욕망에서 ….

여러 사람이 모여 누구 한 사람 욕할 때 혼자 다른 얘기하면 왕따 당하지 않나.

신정아 씨는 언론과의 관계에 대해 이렇게 썼다. "지난 10년 동안 세상에 예술의 아름다움을 전하는 데 언론의 덕을 보았고 그렇게 덕을 본 언론을 통해 내 38년 인생을 잃어버렸다"고. 그녀가 주로 상대한 기자들은 문화부 미술담당이었지만 논설위원도 여럿 만났다. 그들과 미술관에서 전시 같이 보고 식사도 하고 술도 같이 마셨다.

"언론에 대해 불편한 감정이 많지 않으냐"는 질문에 "솔직히 언론을 잘 몰랐던 것 같다"고 뜻밖의 대답을 한다.

"특종 때문에 결국 원수가 되지 않았나. 그러니까 내가 언론을 이해
하지 못했던 거다. 기자의 직업의식이나 언론의 진정성을. 지금은
이해한다. 사실을 검증해서 제대로 알리는 게 언론의 본질인데, 실
제로는 어떻게든 한 사람이라도 더 읽게 하려고 뭔가 빵 터질 만한
것을 찾지 않는가. 그런 걸 이해하고 나니 되게 허무하다."

상당히 너그러워졌다.
1년 6개월의 감옥소 생활이 그렇게 만들었다. 기다리고 또 기다리는
고통의 시간들을 거치면서 최선을 다해보고 안 되면 어쩔 수 없지 않으
냐는 생각을 하게 됐다. 지금은 무슨 생각으로 사느냐 하면, '아이, 아
무리 잘못돼도 영등포구치소만 안 가면 된다'는 거다. 뭐 재기(再起)니
이런 건 전혀 생각지 않는다. 이미 죽었다고 생각하고 아무 생각 없다.
그러니 세상에 대해 너그러워지는 거다. 겪지 말았어야 할 고생을 통
해 진짜 많이 배웠다.

그녀는 초고에 있지만 책에 담지 않은 내용이 많다고 했다. "정말 가
슴 아팠던 얘기는 도리어 쓸 수 없었다"며. 빠진 내용 중에는 일부 정
치인과 중견 언론인들에 대한 얘기도 포함돼 있다고 한다. 그녀의 책
에는 많은 유명인사의 실명이 거론돼 있다. 언론은 명예훼손에 해당된
다며 금방이라도 줄소송이 벌어질 것처럼 보도했지만 아직껏 누구도
그녀를 고소한 사람은 없다. 이에 대해 그녀는 "변호사가 8개월간 법률
적 검토를 했다"고 자신감을 보였다.

"나는 사실에 의한 명예훼손은 감수하겠다는 생각이었다. 실명을 거론한 것은 내게는 사실을 알리는 게 중요했기 때문이다. 지금 실명을 썼는데도 거짓말이라고 하지 않나? 만약 이니셜로 처리했다면 다 거짓말이라고 했을 거다. 정신병자 혼자 쓴 게 되는 거다. 실명을 거론하면서 그 사람과의 관계와 당시 상황을 구체적으로 묘사했기 때문에 사실일 수밖에 없는 거다."

실명이 언급된 인사들 중 출판사나 변호인을 통해 항의해온 사람도 없나?
전혀 없다.

실명이 거론된 인사 중 가장 곤욕을 치른 사람은 정운찬 전 총리다. 정 전 총리는 언론의 취재공세에 신정아 씨를 만난 건 사실이지만 그녀의 주장과 달리 서울대 교수직과 미술관장직을 제의한 적은 없다고 부인했다. 또한 그녀에게 '특별한 관심'과 '특별한 행동'을 보였다는 주장에 대해선 "서울대 총장으로서 학교와 나의 명예를 훼손할 일은 하지 않았다"고 점잖게 해명했다.

"우리나라에서는 여자가 강간을 당해도 그럴 만한 행동을 했기 때문이라고 한다. (정 전 총리가) 거짓말만 안 했어도 그런 얘기를 (책에) 안 넣었을 거다. 게다가 하도 내가 남자만 꼬셔대는 사람으로 인식돼 있어 안 쓸 수가 없었다. 당사자들한테 고통을 준다고 얘기들 하는데 나로서는 정말 '으악'했던 상황을 최소한으로 정리해 쓴 거다. 그 사람들 명예만 중요하고 시집도 안 간 내 인격이 날아가는 건 아무렇지도 않은가. 그러니까 나는 무조건 죽어야 한다는…."

　그녀는 책에서 검찰이 정 전 총리와 자신의 통화기록을 무시한 채 "서울대 교수직을 제안한 적 없다"는 정 전 총리의 진술서만 증거로 채택했다고 주장했다.

정 전 총리와 얼마나 통화했나.
2005년 7월부터 2007년 6월 말까지 통화기록 조회하면 다 나온다.

　유명세로 치면 정 전 총리에 못 미치지만 내용 면에서는 훨씬 더 망신살 뻗친 사람이 유력 일간지 기자 출신의 정치권 인사 C씨다. 비록 C라는 익명으로 거론했지만 그가 어떤 기사를 썼는지 언급돼 있어 누군지 짐작할 수 있다.

C기자의 술집 성추행 사건은 목격자가 있는 걸로 묘사돼 있다.
나와 C기자 말고 세 사람이 더 있었다.

그런데 택시 안에서의 성추행은 두 사람만이 아는 일 아닌가?
당시 꽤 시끄러운 사건이었다. 나랑 가까운 중견 여기자가 중재해서 사과도 받았다.

술 먹으면 개 되는 남자 많다.
아니다. 그 정도로 술이 취한 상태는 아니었다. 그 전부터도 그랬다. 그 후에도 그랬고.

그 후에도?
사과한 후에도.

참 난감했겠다.
머리끄덩이 잡고 싸울 수도 없고…. 가능한 한 안 부딪치고 피하는 게
최고지.

유력 일간지 기자가 아닌 일반인이었다면 다른 조치를 취했을까.
그때는 사회생활 한 지 2년이 채 안 됐을 때다. 그런 걸 생각 못했다.

미국 캔자스대 유학에서 돌아온 그녀가 금호미술관에 취직한 건
1997년 12월이고, 그 사건은 1999년 4월에 발생했다.

그 후로는 그 신문에 금호미술관 관련기사가 안 나갔나.
그 후에도 그 사람이 찾아와 몇 차례 기사를 썼던 것 같다. 그리고 얼
마 안 돼 바뀌었다.

거짓말 논란의 결정판은 노무현 전 대통령과의 친분이다. 노 전 대
통령을 만났을 뿐 아니라 대국민담화나 기자회견 때 대통령의 요청에
따라 '코멘트'를 해줬고, 노 전 대통령의 권유로 미국 드라마 〈웨스트
윙〉 DVD도 구입했다고 밝혔다. 이에 대해 노무현 정부 때 청와대 홍보
기획비서관을 지낸 양정철 씨는 "사실이 아닌 내용을 사실처럼 주장하
니 참으로 어이가 없다"고 반박했다.

노무현 전 대통령과의 관계에 대해 조금 더 얘기할 수 없나.
책에 쓴 것 자체가 후회스럽다. 정말 존경하고 근사한 분이라고 생각
한다는 얘기도 하면 안 되지 않은가. 내 이미지가 워낙 더러우니.

그녀의 자기비하 발언에 피식 웃음이 나왔다. 그녀가 정색을 했다.

"진짜다. 정말 아쉬웠던 게 좋은 분들 얘기를 많이 못 쓴 거다. 내가 언급하는 것 자체가 욕이 되니까. 노 대통령과의 관계에 대해서도 이렇게까지 거짓말이니 진실이니 따질 줄 알았다면 안 쓸 건데 그랬다."

책에 따르면 그녀가 노 전 대통령과의 관계를 밝힌 것은 이른바 배후설 때문이다.

대통령을 만났다는 일시와 장소가 없지 않나.
그런 언급이 불필요하다고 생각한다. 책으로 재판받는 것도 아니고. 일일이 증거를 대야 하나.

한 국가의 대통령이었던 사람에 대한 얘기다. 좀더 구체적으로 언급했다면 불필요한 시비를 막을 수 있지 않았을까.
모르겠다. 어쨌든 노 대통령에 대해선 더 얘기하지 않는 게 좋겠다.

설마 대통령과의 관계를 거짓으로 말할 거라고는 생각하지 않는 게 상식이다.
나는 지금 비상식적인 사람이지 않은가. 정신과 의사들까지 나서서 정신병자 취급하는 판인데 내게 상식을 얘기하면 안 되지.

노 전 대통령과 한 번 만난 건가.
아니다.

배석자가 있었나.
노코멘트.

　책에서 신 씨는 당시 변양균 청와대 정책실장이 언론사 기자를 통해 자신에게 접근했는데, 그것이 노 대통령과 관련된 것처럼 묘사했다. 2003년 10월 남산 서울클럽에서 처음 단둘이 저녁식사하는 자리에서 변 씨가 자신을 '보살펴야 할 처지'임을 실토했다는 것이다. 이에 대한 구체적인 설명을 요구하자 신 씨는 싱글싱글 웃기만 했다. 당시 변 씨에게 그 의미를 더 물어보지 않았다는 것이다.

노 전 대통령을 연결해줬다는 외할머니와는 요즘 연락하지 않는가.
노코멘트. 남의 외할머니에 대해 왜 그렇게 관심이 많은지.

보통 외할머니가 아니지 않은가.
내게는 보통 외할머니다.

어머니와는 연락하나.
못한다. 나 때문에 돌아가시기 일보직전인데.

절에 계신다고 들었다.
기자들이 하도 찾아와서 다른 데로 피신했다.

　그녀는 2009년 4월 출소 후 아직까지 가족을 만나지 못했다고 했다. 내가 이해할 수 없다고 재차 묻자 쓸쓸한 표정으로 덧붙였다. "우리 집에선 용납되지 않는다"라고.

죄송해서 말인가.
내가 오빠나 엄마라도 나를 용서 못할 것 같다. 특히 꽃뱀 부분은.

그래도 가족은 믿어주지 않았나.

당연히 가족은 나의 진실을 믿는다. 내가 어떻게 자랐는지를 알기에. 하지만 어쨌든 부끄러운 딸이자 부끄러운 여동생이 되지 않았나. 동네 창피한 일이지.

신정아 씨가 안 찾아가는 건가.

나도 안 찾아가고 가족도 나를 안 찾는다. 기자들이 더는 우리 집을 안 찾으면 좋겠다.

"여자는 무조건 첫 빤스를 잘 벗어야 한다"고 말한 어머니가 누구보다도 가슴 아프겠다.

그것 때문에 못 찾아가는 거다. 그건 진짜 내가 잘못한 거니까.

그녀가 작심한 듯 내뱉었다.

"많은 분이 책에 그 부분을 쓴 걸 비판한다. 당시 나랑 안 잔 남자가 없었다. 학교 이사장과 자고 심지어 스님과도 잤다고 했으니까. 나는 남자와 자서 출세한 여자였다. 내가 가장 못 견디는 게 거짓말과 꽃뱀 부분이다. 나는 보수적으로 자라났다. 그래서 꽃뱀이 아니었다는 걸 얘기하기 위해선 우리 두 사람의 얘기를 최소한이라도 사실대로 써야 했다. 그리고 단순한 불륜이었다면 그토록 오랫동안 만나지 못했을 것이다. 과거 속의 나쁜 이미지를 벗고 진짜 신정아의 모습을 찾아야 했다. 사람들은 왜 까발리느냐고 욕하지만 솔직히 가장 궁금해한 게 그 부분이지 않은가. 우리 두 사람 사이의 일을 내 입으로 말하기를 바라지 않았나. 네 입으로 직접 말하라고. 그래서 정말 창피하고 수치스럽고 엄마한테 맞아죽을지 몰라도 그냥 있는 그대로 얘기한 거다. 이건 내가 잘못한 일이라고."

사람들은 이중적인 심리를 갖고 있다.
정 총장 관련 부분만 해도 그렇다. 처음엔 사실이냐 아니냐를 따지다가 나중엔 사실이라도 네가 왜 그런 걸 쓰냐고 비난한다.

책을 쓰고 나서 진정 자유를 얻은 게 맞나.
내일 죽는다고 해도 아쉬울 게 없을 만큼 마음이 편하다. 그리고 소수지만 독자들이 보낸 메일이 있잖은가. 그걸로 충분하다. 그분들이 진짜 신정아를 읽을 수 있다는 것만으로도 충분히 감사한 일이다. 더 바라면 욕심이다.

지금까지의 삶을 지우고 새로 시작한다면 무엇을 어떻게 할 것인가.
만약 과거로 돌아간다면 학교에 가서 진짜 열심히 공부하겠다. 미대가 아니라 아버지가 원했던 법대에 가서. 4년간 소송에 시달리다 보니 참 불합리한 재판을 여러 차례 봤다. 피해자의 관점에서 볼 수 있는 법을 공부하고 싶다.

대리출석 안 시키고 논문 대필도 안 하고.
그렇다. 진짜 열심히 할 것 같다.

그녀는 "기회가 주어진다면 문화를 제대로 접하지 못하는 사람들을 대상으로 봉사하고 싶다"고 했다.

법과 진실

신정아 씨를 둘러싼 소송은 크게 3가지다. 형사소송 하나, 민사소송 둘이다. 먼저 형사소송을 살펴보자. 2007년 10월 검찰은 신 씨를 학력위조와 성곡미술관 공금횡령 등의 혐의로 구속기소했다. 1심과 2심은 징역 1년 6개월을 선고했다. 대법원이 이 중 일부 기소내용에 대한 심리가 미흡했다고 파기환송하는 바람에 신 씨 재판은 다시 1심으로 돌아갔다. 2009년 4월 10일 법원은 형기를 꽉 채운 신 씨를 보석으로 석방했다. 그리고 4월 23일 최종선고가 나왔다.

유죄가 인정된 것은 예일대 박사 학력위조 및 행사, 성곡미술관 공금(2억 2천여만 원) 횡령 두 가지였다. 김석원 전 쌍용 회장의 특별사면 청탁 명목으로 2천만 원을 받았다는 혐의와 변양균 씨를 이용해 10여 개 기업에서 8억여 원의 광고 선전비 혹은 전시 협찬금을 받은 혐의(제3자 뇌물수수 및 직권남용 권리행사방해) 등 이른바 권력형 비리에 대해선 전부 무죄가 선고됐다.

집행유예로 풀려난 변양균 씨는 사찰 특별교부세 배정에 압력을 넣은 혐의에 대해서만 유죄를 선고받았다. 언론보도와 달리 신 씨와는 관계없는 것으로 드러났다. 신 씨가 동국대 교수로 임용되는 과정에 변 씨가 동국대 총장에게 거액의 지원을 약속했다는 혐의도 인정되지 않았다. 결국 부적절한 연애 혹은 성 로비의 결과물로 언론에 대서특필됐던 범죄혐의들은 하나도 인정되지 않은 것이다.

그렇다고 신 씨에 대한 비난여론이 정당성을 잃는 건 아니다. 사건의 핵심이 학력위조이고 법원이 유죄를 인정했기 때문이다. 그런데 신 씨는 미움 받을 짓을 골라 하고 있다. 깨끗이 인정하고 잘못했다고 싹싹 빌면 동정을 받을지도 모르는데 '감히' 항변을 계속하고 있으니. 그것도 권력자인 유부남을 '꼬여' 뭇 남성과 여성의 자존심에 깊은 상처를 안긴 주제에.

사건 직후 자신이 학위를 속인 게 아니라는, 즉 브로커에게 속아 가짜 학위를 진짜 학위로 믿었을 뿐이라고 '억울해 했던' 그녀는 법적 심판이 내려진 후에도 여전히 '결백'을 호소하고 있다. 그녀의 결백 주장과 검찰 공소장, 법원 판결문 사이의 거리는 아득하기만 하다. 대리출석, 논문 대필의 잘못은 인정하기에 엄밀한 의미에서는 결백도 아니지만. 잘못은 했지만 적어도 거짓말은 안 했다는 걸 믿어달라는 하소연이다.

신 씨에 따르면 예일대 박사학위는 린다 트레이시라는 예일대 시간 강사가 만들어줬다. 트레이시를 그녀에게 소개한 사람은 캔자스대에서 학점 이수를 도와줬던 제임스 로리스다(검찰 수사결과 신 씨가 캔자스대에 재학한 것은 사실로 밝혀졌다). 자신이 리포트를 작성하면 트레이시가 손을 봐서 제출했는데 박사논문도 그런 식으로 '협업'해서 작성했다는 것이다. 논문 자격시험 통과 후 예일대 교수들 앞에서 논문 디펜스까지 치른 다음 학위가 수여됐기에 조금도 의심하지 않았다는 게 신 씨 주장이다.

사건 직후 예일대 측은 신 씨에게 박사학위를 수여한 사실이 없다고 밝혔다. 게다가 신 씨가 지인들에게 돌린 박사논문은 1981년에 나온 버지니아대 박사논문을 베낀 것으로 드러났다. 한국 검찰과 법원은 이를 근거로 그녀가 학력을 위조했다고 판단했다. 그녀의 죄명은 '사문서 위조 및 행사'다. 구체적으로는 동국대 교수로 임용되고 광주비엔날레 총감독으로 임명되는 과정에 학위기와 학위증명서를 위조해 제출한 죄다. 신 씨가 억울해하는 게 바로 이 점이다. 자신이 위조한 게 아니라 트레이시를 통해 예일대에서 받은 문서라는 것이다.

비록 법적 심판은 끝났지만 그녀의 항변을 정신 나간 소리로만 치부

할 수 없는 건 예일대의 석연찮은 태도 때문이다. 동국대가 신 씨를 교수로 채용한 것은 2005년 9월. 당시 신 씨는 동국대에 박사학위기와 학위증명서를 제출했다. 동국대는 이를 예일대 측에 보내 신 씨의 박사학위 취득사실을 조회했고, 팩스로 회신을 받았다. 그런데 2007년 7월 사건이 터진 후 예일대는 신 씨의 학위는 가짜이고 동국대에 그녀의 학위 취득을 인정하는 팩스를 보낸 적이 없다고 부인하고 나섰다. 이에 동국대는 예일대를 상대로 명예훼손에 따른 손해배상청구소송을 걸었다.

검찰은 이 팩스를 당시 뉴욕에 머물렀던 신 씨가 위조해 보낸 것으로 판단했다. 하지만 예일대-동국대 소송 재판과정에 팩스는 실제로 예일대가 보낸 것으로 확인됐다.

사정은 이렇다. 2005년 동국대는 신 씨로부터 받은 학위 사본을 우편으로 예일대에 보내 사실조회를 부탁했다. 2007년 '신정아 사건'이 터지자 예일대는 우편물을 받은 적이 없다고 부인했다. 하지만 재판 증거조사 과정에 대학원 부원장 사무실에서 동국대 측이 보낸 우편물이 발견됐다. 예일대는 다시 말을 바꿔 동국대에 문제의 팩스를 보낸 사실을 시인했다. 그러면서 행정착오였다고 해명했다. 서류를 면밀히 검토하지 못한 채 잘못된 회신을 보냈다는 것이다.

도대체 무슨 영문인지 나는 동국대에 직접 확인해 봤다. 동국대 관계자는 "재판이 진행 중이라 어떠한 의견도 언론에 발표하지 않겠다는 게 학교 방침"이라며 말을 아꼈다. 하지만 '의견'이 아닌 '사실'에 관한 질문엔 굳이 답변을 피하지 않았다. 그에 따르면 소송은 동국대에 유리하게 전개되고 있다. 예일대에서 재판부에 합의(중재)를 신청해 예일대가 내세운 보험사와 손해배상 금액을 놓고 협의 중이라는 것이다. 그는 "그 팩스를 신정아 씨가 위조해 보낸 것은 아니라는 게 확인됐다"며 "학위수여 여부는 재판에서 가려질 것"이라고 말했다. 그러면서 "예일대의 잘못이 인정되면 동국대는 물론 신 씨의 명예회복에도 도움이 될 것"이라고 덧붙였다.

그렇더라도 신 씨가 무죄가 되는 건 아니다. 어디까지나 정황증거일 뿐이다. 법원에서 인정된 범죄사실은 동국대와 광주비엔날레 재단에 학위기와 학위증명서를 위조해 제출했다는 것이기 때문이다. 그런데 여기에도 짚어볼 점은 있다. 공소장과 판결문엔 그녀가 언제 어디서 어떻게 문서를 위조했는지 설명돼 있지 않다. 위조의 근거는 딱 하나, 학위가 가짜라는 점이다. 바꿔 말하면 학위가 없는데도 박사학위 증명서를 제출했으니 당사자가 위조한 것으로밖에 볼 수 없지 않으냐는 추론이다. 언뜻 논리적인 것 같지만 중간단계를 건너뛴 논리비약으로 볼 여지도 있다. 이에 대해 신 씨의 변호인은 "신 씨가 위조했다는 증거가 없다"며 "이는 증거법상 무죄"라고 주장했다.

문제는 신 씨도 판결을 뒤집을 증거가 없다는 것. 법정에 나와 '진실'을 말해주면 좋을 트레이시는 사건 직후 뉴욕에서 한 번 만난 이후 찾을 길이 없다고 한다. 예일대는 비록 미국 최고의 명문대답지 않은 괴이한 행동을 보이긴 했지만 신 씨에게 진짜든 가짜든 학위를 수여한 적이 없다고 이미 밝혔다. 미국 법정에서 예일대 관계자가 "일부 교수들이 브로커와 짜고 학위장사를 했다"고 실토하는 사태가 일어나는 것은 아마도 신 씨의 부질없는 희망일 것이다.

신 씨는 "나는 위조범이 아니다. 정말 미치겠다"고 호소했다. 내가 '팩스 사건'의 진실에 관심을 나타내자 "믿어줘서 고맙다"며 몇 번이나 감사의 표현을 내쏟았다.

캔자스대 졸업도 그런 식으로 무효가 된 건가.
대리출석 때문에 그렇게 됐다.

그녀에 따르면 실기수업은 자신이 직접 듣고 교양과목은 제임스에게
맡겼는데, 나중에 사건이 터진 후 확인해 보니 교양과목 점수가 전혀
안 나와 졸업자격이 안 됐다는 것이다. 그녀의 공식 학력은 캔자스대
3학년 중퇴다.

한마디로 도덕관념이 희박했던 거다.
그렇게까지 생각하지 말고 철딱서니가 없었던 걸로 좀 봐주면 안 될까.

나만 그런 게 아니라는 얘기를 하고 싶은 건가.
그렇게 말하면 사람들한테 돌 맞을 거다. 그냥 매사 심각하게 생각하
고 사는 인간이 아니니까….

나중에 문제가 될지 모른다는 생각은 안 했나.
문제가 될 거라고 생각했다면 그런 방법으로 학위를 받았겠나. 너무
부끄럽지만 당시엔 잘못이라는 의식이 없었다.

돈 많이 들었겠다.
많이 썼다. 등록금과 별개로 많은 돈이 들었으니까.

　3월 23일 서울고등법원은 성곡미술문화재단이 신 씨를 상대로 낸 손
해배상 청구소송에서 신 씨가 1억 2,975만 원을 미술관에 배상할 것을
결정했다. 강제조정인데다 1심에서 같은 액수의 판결이 나온 터라 양
측은 법원 결정을 받아들였다.
　배상 결정은 형사재판에서 신 씨의 유죄가 확정된 데 따른 것이다.
성곡미술관 공금 2억 2천여만 원을 횡령한 죄다. 공금 횡령이란 비자금

을 만들어 사적으로 유용한 것을 말한다. 신 씨도 자신이 비자금을 조성한 사실은 시인한다. 하지만 유용한 사실은 없다고 주장한다. 자신은 종범일 뿐인데 검찰의 '표적수사' 탓에 주범으로 몰린 것이 억울하다고 하소연한다. 당시 미술관 관장인 박문순 씨가 시키는 대로 했을 뿐이고 조성한 비자금은 다 박 씨에게 전달했다는 게 그녀의 항변이다. 반면 박 씨는 법정에서 자신은 비자금의 존재를 알지 못했다고 부인했다.

신 씨의 주장을 뒷받침하는 것은 비자금 조성에 관여한 관계회사 직원 4명이 민사소송 때 법정에 제출한 진술서다. 나는 이들의 진술서를 구해 읽어보았다. 이들 주장의 공통점은 이렇다. ●성곡미술관 비자금 조성은 관행적으로 공개적으로 이뤄졌다. ●허위세금계산서 발행으로 조성된 비자금을 신정아 씨가 관장에게 갖다 주는 걸 여러 차례 봤다. ●신정아 씨가 해외출장 등으로 없을 때는 경리직원과 관장이 직접 챙겼다.

신정아 씨 얘기다.

"내가 종범이라는 건 인정한다. 내가 관장에게 갖다 줬기 때문에. 그러나 나는 그 돈을 한 푼도 쓰지 않았다. 그게 화가 나는 거다."

억울하다면서 왜 조정에 응했나.
형사소송에서 나한테 책임이 돌아왔기 때문에 더 좋은 결과가 나올 수 없다. 이것도 사실은 승소다. 재판부가 내 배상책임을 60%만 인정했기 때문이다.

　3년 넘게 끌었던 이른바 '누드 소송'은 법원의 조정결정으로 마무리됐다. 지난 1월 서울고등법원은 신 씨의 '누드사진'을 실은 〈문화일보〉에 대해 명예를 훼손한 책임을 물어 8천만 원을 지급하라는 조정결정을 내렸다. 앞서 1심 재판부는 정정보도와 함께 1억 5천만 원을 지급하라는 판결을 내린 바 있다.

　신 씨는 〈문화일보〉에 실린 사진은 가짜라고 주장해왔다. 자신의 얼굴과 다른 사람의 몸을 합성한 사진이라는 것이다. 이에 대해 〈문화일보〉는 명예훼손은 인정하지만 사진은 진짜라는 주장을 굽히지 않았다. 신 씨가 책에서 이 문제를 거론하자 〈문화일보〉는 1심 판결문을 언급하며 사진이 진본이라고 반박했다. 법정에 제출됐던 문서감정 전문가와 성형외과 전문의, 사진 전문가의 감정 의견서도 소개했다.

　법적인 면에서는 일단 신 씨가 불리하다. 1심 판결문엔 "합성사진이라고 인정할 증거가 없다"라고 명시돼 있다. 모호한 표현이긴 하지만 〈문화일보〉가 '진본' 주장을 하는 데는 무리가 없어 보인다. 사진 감정에 참여했던 전문가들도 단정적으로 말한 건 아니지만 진짜일 가능성에 무게를 두었다. "신정아를 그대로 촬영한 출력물로 사료된다", "유출된 사진이라고 봄이 상당하다", "진본이 아니라고 의심할 이유가 전혀 없다" 따위의 간접화법으로.

　그럼에도 신 씨 주장이 설득력을 갖는 건 이 사진을 찍었던 황규태 씨의 증언 덕분이다. 황 씨는 최근 〈국민일보〉 인터뷰에서 "(신정아 씨) 책 내용이 전부 맞다"고 밝혀 사진이 합성임을 인정했다. 그는 사진합성 전문가다. 사실 그의 의견은 이미 법정에 제출된 바 있다. 그는 신 씨에게 보낸 편지에서 "〈문화일보〉에 악용된 신정아 씨의 얼굴을 합성한 사진은 오래 전에 전시를 위해 합성작업을 해왔던 것"이라고 밝혔다. 다음은 편지 내용 중 일부다.

그 사진 도난 유출경위는 신정아 씨도 잘 인지하고 있으리라 생각됩니다. 사정이야 어떻든 나의 작업원고 보관 허술로 이런 일이 생기고 신정아 씨에게 큰 상처와 부끄러움을 준 것 사과드립니다. 그동안 합성사진으로 많은 전시를 해왔지만 다들 웃고 재미있어 했던 기억의 그 안일함에서 이번 일을 계기로 벗어날까 합니다.

신 씨는 이 편지를 법원에 제출했으나 재판부는 2008년 미술전문 격주간지 〈아트레이드〉에 실렸던 황 씨 인터뷰 내용과 다르다는 이유로 받아들이지 않았다.

신 씨는 자신의 알몸사진과 〈문화일보〉 누드사진을 나란히 놓고 신체비례를 비교한 사진을 법정에 증거로 제출했다. 사진 속 신 씨는 비키니 수영복 차림이다. 비전문가인 내가 보기엔 분명히 서로 다른 신체인데 전문가는 같다고 하니 참 모를 일이다. 뭣보다도 무릎 뼈가 다르고 하체 길이 비율도 다르다. 가슴 크기도 차이가 난다. 날씬한 신 씨 몸매와 달리 '〈문화일보〉 여성'은 퉁퉁하고 각선미라고는 찾아볼 수 없다. 그녀가 화난 목소리로 말했다.

"정상 시력을 가진 사람이라면 누구나 봐도 알 수 있잖은가. 예를 들어 살이 빠지면 가슴이 작아질 순 있지만 작은 가슴이 커질 순 없잖은가."

여자 가슴 크기는 잘 안 변하는 것 아닌가.
살이 쪘다 빠지면 가슴이 좀 줄거나 처질 수 있다.

사진으로 보면 신체비례 상 신 씨의 가슴이 더 크다.

〈문화일보〉에 대한 감정이 어떤가.
입에 담고 싶지도 않다. 입이 더러워지는 것 같아서. 그대로 써 달라.

신체비교 사진을 책에 실었다면 더 낫지 않았을까.
맘이야 하고 싶지만 그렇게까지 어떻게 하겠나. 나보고 '미친년'이라고
욕할 거다. 사실 내 몸이 아닌 건 다 안다. 가까운 사람들은.

우리는 모른다.
모든 사람에게 내 몸을 보여줘야 할 일은 없다. 그리고 이건 대한민국
남자들에 대한 모독이다. 저런 몸으로 성 로비를 했다면. 기사내용과
도 안 맞는 거다.

나도 웃고 그녀도 웃었다.

남자, 그리고 사랑

설령 우리가 사랑한 것이 죽을죄를 진 것이라 해도 그것은 오로지 우리 두
사람 몫일 뿐이다.　　　　　　　　　　　　(신정아 책《4001》 본문 중에서)

처음엔 말투도 딱딱하고 긴장한 기색이 있더니 인터뷰 후반으로 접
어들면서 경쾌하고 쿨(*cool*) 한 모습을 내비친다. 내가 "솔직하게 얘기하
길 바란다"고 짐짓 운을 떼자 장난스럽게 되받는다.

"안 할 수도 있다. 내가 지금까지 한 얘기를 어떻게 믿나."

변양균 씨와는 출소 이후 한 번도 안 봤나. 그쪽에서 연락도 없나.
안 봤다. 그런데 왜 연락했을 거라 생각하나. 아, 세상이 억지로 갈라
놔서? (웃음)

연락을 할 법하지 않나.
아니, 그렇게 망신을 당하고도?

책에 대한 변 씨의 반응이 궁금하다. 김재호 변호사를 통해서 연락해 오지
않나.
모르겠다. 별 반응이 없는 것 같다.

한때 사랑했던 여자가 쓴 책인데 … .
남의 마음을 내가 어찌 알겠나.

항간엔 지금도 둘이 만난다는 얘기가 있다.
고맙다고 전해 달라.

웃지 않을 수 없었다. 이어지는 그녀의 말이 또 걸작이다.

"나는 이제 남자 보기를 돌같이 한다."

다시 진지한 태도로 바뀌었다.

"참 어리석게도 돈을 주고 대리출석과 논문대필로 학위를 받았다.
도덕심 이전에 그야말로 철딱서니 없는 행동이었다. 이것도 마찬가
지다. 불륜이라는 걸 생각지 못했다. 이래서 '어른들이 가지 말라는
길은 안 가는 게 맞구나' 싶었다."

이해가 안 된다. 사회생활을 그 정도 한 여성이 아무런 의식이 없었다는 게. 결혼해야 할 처지였다면 의식했을 거다. 그런데 처음 만날 때 남자로 경계할 이유가 전혀 없었던 분이니까.

처음엔 다 그렇다.
조금 지나서도 마찬가지였다. 내 상대로는 안 맞으니까.

그녀가 겸연쩍은 표정으로 말을 이었다.

"이런 얘기는 구차스럽지만, 우리 엄마의 '빤쓰끈 성교육'이 그거다. 내가 이미 그렇게 돼버린 다음에는 다른 남자와 다시 뭘 할 수 있다는 생각을 단 한 번도 안 했다. 양심의 가책으로."

뭐 그렇게까지 ….
아니, 그렇게 생각할 수 있다. 비록 결혼한 건 아니지만 다른 사람과 만나는 게 도덕적으로 용납되지 않는 거다. 여자라면 그런 마음이 들 수 있다고 생각지 않나.

그러니까 나름 정조를 지켰단 얘긴가.
아니, 그렇게 말하면 사람들한테 맞아 죽는다. 하여간 지혜롭게 처신하지 못한 것 같다. 안일하게 생각했던 거다. 또 나를 보면 알겠지만 무슨 끼가 있어 남자를 되게 좋아하는 스타일이 아니다.

그런데 신정아 씨와 알고 지내던 기자들과 미술계 인사들은 그렇게 얘기하지 않는 모양이다. 남자들한테 애교도 잘 부리고 … .

보고도 모르겠나. 완전 선머슴이잖은가.

좀 실망스럽긴 하다.

진짜 끼라고는 눈 씻고 찾아봐도 없는 여자다. 무슨 애교가 있나. 그렇다고 실망스럽다니, 여자한테.

두 사람의 사랑을 두고 말이 많다. 주변의 반응을 보면 적어도 이 문제에 관한 한 책을 읽어본 사람들은 대체로 나쁘게는 얘기하지 않는 것 같다. 상반된 의견도 많다. 사랑이 아닌데 사랑으로 착각했다거나, 뒤늦게 사랑이 아닌 줄 알고 후회한 것이라는 사랑학 개론에서부터 학력을 속인 여자이기 때문에 사랑도 진짜일 리가 없다는 귀납법적인 추론까지.

신정아 씨가 결국 진짜 사랑이 아니었다고 후회한 것 아니냐는 견해도 있더라.

솔직히 혼란스럽다.

한쪽에서는 그렇게 까발린 걸 보면 진정한 사랑이 아니었다는 지적도 있다. 진정한 사랑이라면 (상대를) 보호해줬어야 한다는 얘기다.

아니다. 최소한 만나는 시간만큼은 사랑했다고 믿었다. 지금은 모르겠지만. 그때를 생각하면 슬프다. 슬퍼서 그냥 덮어두는 게 좋겠다. 이제는 정말 끝나지 않았나.

후회하나.

모르겠다. 살아가면서 가슴 설레는 사랑은 그리 많지 않다. 처음 만났을 때가 서른한 살이었다. 주변에 얼마나 근사한 조건의 멋진 남자가 많았겠나. 그런데 지금 생각해봐도 그토록 가슴 설레게 했던 사랑은 지금까지 없었다. 다만 그런 사건을 겪고 나서 남녀 간의 진정한 사랑은 내가 생각하는 그런 것만으로는 안 된다는 사실을 알게 됐다. 후회하고 안 하고의 문제가 아니다.

빠져들 때는 사랑이라 여겼는데 세월 지나 돌이켜보면 사랑이 아니었다는 얘기를 많이들 하지 않나.

그런 건 아니다. 내가 혼란스럽다고 말한 건 사람마다 자기 기준에서 사랑을 말하기 때문이다. 사랑엔 객관성이라는 게 없다. 나는 책에서 사랑 이상의 사랑을 말하고 싶었다. 남자에 대한 설렘이 전부가 아니라 더 큰 의미의 사랑 이야기를.

당신이 생각하는 사랑은 뭔가.

지금은 모르겠다. 내가 이 사랑에 대해 너무나 처참하게 욕먹고 창피하고 수치스러워서. 엄마나 오빠들을 찾아가지 못하는 결정적 이유이기도 하고. 여자로서 치명적 타격을 입었기 때문에 자존심도 많이 상했다. 지난 시간을 후회하지는 않지만 어른들이 말하는 바른 의미의 사랑, 그게 가장 바람직하지 않을까 생각한다.

바른 의미의 사랑이 뭔가.

두 사람의 사랑을 위해 다른 누군가가 상처받는 일은 없는 사랑 말이다.

사랑하면 결혼해야 하나. 사랑의 완성은 결혼인가.

그런 뜻으로 말한 건 아니다. 결혼은 가정의 울타리를 만드는 것이니 사랑의 결실과는 다르다고 본다.

변양균 씨와의 연애 이야기를 적나라하게 까발린 건 예의를 지키지 않은 것이라는 견해도 있다.

까발렸다고 보지 않으면 좋겠다. 더러운 불륜이 아니라 우리가 그 기간에 서로 존중하고 아끼고 사랑했었다는 걸 숨김없이 털어놓은 거다. 도덕적으로는 나쁜 행위인지 몰라도 서로의 감정은 진실했다는 것을. 그리고 이렇게 함으로써 더는 이 문제로 상대방이나 내가 질문 받는 일이 없어질 거라는 생각에서.

자신의 정당성이나 진정성을 증명하기 위해, 혹은 자신의 삶이 홀가분해지기 위해 다른 사람들, 구체적으로는 양쪽 가족에게 상처 주는 게 옳은 일일까.

그것 자체만 놓고 보면 상처가 되겠지만, 깊게 생각하면 도움이 될 거다. 소문 속의 더럽고 치사한 변양균과 신정아로 계속 살아가는 것보다 깨끗이 털어놓고 용서를 구하고 새롭게 살아가는 게 바람직하다고 생각한다. 내가 책을 통해 이런 계기를 안 만들었으면 두고두고 우리 관계에 대해 물어보지 않겠나. 한 가지 웃기는 건, 자기네가 읽고 싶지 않은 건 다 거짓말이라 하면서 이런 내용은 믿는다. 적나라하니까.

남자들끼리 하는 얘기가 있다. 불륜이든 뭐든 그렇게 사랑해놓고 나중에 다 까빌리면 어떤 남자가 겁나서 연애하겠나.

까발렸다는 표현이 문제다. 사랑을 얘기했을 뿐이다.

　그녀는 책에 "늘 떠나보낼 준비를 하고 있었다"고 썼다. 불륜의 사랑이 갖는 슬픈 한계다.

사랑하면 같이 살고 싶어지지 않나.
같이 살면 안 되는 관계였지 않나.

변 씨가 이혼하고 넘어왔다면?
다른 사람에게 피해를 주는 것이기 때문에 ….

어떤 식으로 관계를 끌고 가려 했나.
구체적으로 생각한 적이 없다. 그냥 언젠가는 ….

언젠가는 정리한다?
그 정도만 생각했다.

기한도 없이?
오래 가지는 않을 거라고 생각했다. 어차피 이루어질 수 없는 관계니까. 가정을 버릴 분도 아니고.

그 부분은 서로 인정하고 시작한 게 아닌가.
서로 인정한 건 아니고 내가 그렇게 생각한 거다.

　그녀는 "철이 없었다", "지혜롭지 못했다"는 말을 되뇌었다.

금지된 사랑을 즐긴 건 아닌가. 아슬아슬하고 더 열정적인.
모르겠다. 금지되지 않은 사랑을 못해봐서.

누가 가정 있는 남자와 연애한다 하면 도시락 싸들고 말리겠다?
남의 일에 끼고 싶진 않다. 다만 바람직하지 않다는 얘기를 해줄 순 있
겠다.

신정아 씨는 책에 이렇게 썼다.

남자가 잘하면 능력 덕분이고, 여자가 잘하면 분명히 뒤에 배경이 있다고 여
긴다. 내가 젊은 여자였기에 사람들은 능력보다는 또 다른 무언가가 있을 거
라고 의심했고, 그들 입맛에 그 무엇이란 반드시 '남자'여야 했다. 용케도 나
는 거기에 딱 걸려버렸다.

이 지적으로부터 자유로울 남자가 얼마나 될까. 그것과 신 씨의 '학
력위조'는 별개 문제지만.

후기

책 한 권 들고 4년 만에 대중 앞에 모습을 드러낸 신정아 씨는 자신만만했다. 예일대 박사가 아닌 건 맞지만 학력위조범이 아니라 자신도 브로커에게 속은 피해자라는, 구속 당시의 주장을 되풀이했다. 대리출석과 논문대필은 인정하면서도. 그녀는 뻔뻔한 얘기를 당당하게 하는 재주를 갖고 있었다. 그녀의 가짜 박사 행각을 옹호하고 싶은 생각은 눈곱만큼도 없지만, 변양균 씨와 연애를 하지 않았더라면 그렇게까지 돌팔매질을 당했을까 의문이다.

사람들은 학력위조보다 불륜에 더 관심을 가졌다. 남자들은 23세 연하의 처녀와 연애한 유부남(변양균)을 부러워하면서 그녀를 화냥년 취급했다. 정숙한 여자들은 남의 남자를 유혹했다는 이유로 그녀를 미워했다. 그녀가 권력 가진 남자를 차지한 것에 화를 참지 못하는 여자들도 있었다.

이 사건을 노무현 정권의 권력형 비리로 규정한 언론은 균형감각을 잃었다. 사건의 배경에 불교계와 동국대 내부의 파벌 다툼이 있다는 걸 알면서도 짐짓 외면했다. 언론의 등쌀에 떠밀린 검찰 수사는 정교하지 못했다. 사건 초기 법원이 학력위조 혐의에 대한 구속영장을 기각하자 검찰은 부랴부랴 다른 혐의를 찾아냈다. 검찰총장이 대책회의를 주재한 걸 보면 '마녀'를 잡아들이는 데 조직의 명운을 건 듯싶었다. 그녀가 학력위조가 아닌 미술관 공금횡령 혐의로 구속된 것은 시사하는 바가 크다.

불륜남녀에 대한 '마녀사냥' 결과는 허망했다. 언론이 앞다퉈 보도했던 두 사람의 '권력형 비리'들에 대해 법원은 죄다 무죄를 선고했다. 한 언론이 그녀가 '꽃뱀'이라는 증거로 제시한 누드사진과 관련된 법적 공방은 언론사에 길이 남을 희대의 코미디였다.

　　이 인터뷰 기사가 나올 무렵 한 지상파 방송의 시사프로그램에서 그녀의 책 내용을 조목조목 분석했는데, 그걸로만 보면 그녀는 거짓말을 밥 먹듯이 하는 심각한 정신질환자였다. 굳이 그 방송이 아니더라도 그녀의 말이 다 진실이라고 믿는 사람은 많지 않을 거라는 게 내 생각이다.

　　며칠 후 이번엔 한 케이블 방송이 그녀의 주장을 검증했다. 이 프로그램을 통해 앞선 지상파 방송내용 중 일부가 사실과 다르거나 과장됐다는 점이 드러났다.

1934년 충남 아산 출생·서울대 국문학과·〈서울신문〉,〈경향신문〉,〈중앙일보〉,〈조선일보〉 논설위원·이화여대 교수·문학사상사 주간·1990년 문화부 장관·2002 월드컵 조직위원회 공동의장·새천년준비위원회 위원장·현 대한민국예술원 회원,〈중앙일보〉 상임고문, 이화여대 학술원 명예석좌교수·주요 저서:《흙 속에 저 바람 속에》,《축소지향의 일본인》,《어느 무신론자의 기도》,《한국과 한국인》

신(神)에게 무릎 꿇은 '한국 대표지성' 이어령

나 아닌 사람을 진정 사랑한 적이 있던가

신(神)은 죽음과 더불어 인간의 영원한 숙제다. 2천 년 전 하나님의 독생자라는 예수가 십자가에 못 박혀 죽은 후 서양의 지성은 유신론에 지배돼왔다. 기독교 사상은 정치, 사회, 문학, 철학, 음악, 미술 등 인간사의 모든 분야에 깊숙이 뿌리를 내렸다. 인본주의(人本主義)를 내세운 르네상스를 기점으로 신에 대한 저항이 일어나긴 했지만, 대세를 거스르기엔 역부족이었다. 인간의 원죄의식과 구원에 대한 갈망을 파고들면서 신 앞에서의 평등과 사랑을 내세운 기독교 정신은 서구 정신문명의 근간을 이뤘다.

기독교는 제국주의 팽창에 힘입어 동양인의 정신세계에도 빠른 속도로 진입했다. 오늘날 한국은 세계적으로 드물게 기독교 열기가 뜨거운 국가로 꼽힌다. 몇 년 전 한국의 대표적인 지성이 기독교에 귀의했다고 해서 화제가 됐다. 바로 이어령(李御寧) 이화여대 명예 석좌교수다. 그는 다재다능한 문인(평론가, 소설가, 시인, 수필가)이자 언론인, 교수로 왕성한 집필활동을 하며, 시대변화를 앞서 읽는 예지력과 통찰력으로 한국 지식인 사회의 한 축을 형성해왔다.

인본주의 전도사로서 신을 부정하고 종교를 비판한 그였기에 그의 '변절' 혹은 '굴복'은 뜻밖이었다. 그런 그가 2010년 3월 《지성에서 영성으로》라는 신앙고백서를 펴내 또 한 번 화제가 됐다. 이 책은 6개월 만에 30만 부가 팔리며 베스트셀러 반열에 올랐다. 그해 11월엔 산문집 《어머니를 위한 여섯 가지 은유》와 시집 《어느 무신론자의 기도》를 잇달아 펴냈다. 출판사는 신문에 세 책을 묶어서 소개하는 전면광고를 여러 차례 내며 그의 이름이 가진 위력을 한껏 과시했다.

콧대 높은 석학이 받아들인 신은 과연 어떤 존재일까. 그는 진정 엎드린 것일까. 서구 합리주의와 실존주의로 무장했던 그가 비과학의 극치인 부활과 영생을 믿는 '예수쟁이'가 된 건 어떤 의미가 있을까. 혹시 딸 때문에 잠시 몸을 낮췄다가 남이 눈치 채지 않게 예전의 완고한 인본주의자로 되돌아가 있지는 않을까〔그가 신앙인이 된 표면적인 계기는 독실한 신자인 딸이 실명(失明) 위기를 맞았다가 '기적처럼' 회복된 사건이다〕.

그에게 신과 종교를 주제로 인터뷰를 요청한 것은 일대 전환을 한 한국 대표 지식인의 정신세계를 엿보려는 것이었지만, 어쩌면 나 자신의 영혼의 목마름 때문이었는지도 모른다. 신을 논하는 것은 곧 인간을 논하는 것이니까.

인터뷰는 두 차례에 걸쳐 진행됐다. 첫 인터뷰는 그가 이사장인 한중일 비교문화연구소에서, 두 번째 인터뷰는 그가 상임고문으로 있는 〈중앙일보〉 사옥에서 진행됐다. 익히 알고 있던 대로 그는 하나를 물으면 열을 대답해 듣는 사람을 행복하게 하거나 난감하게 만들었다. 다음 질문으로 넘어가기 위해선 요령 있게 말허리를 끊어야 했는데, 쉬운 일이 아니었다. 분수처럼 내뿜는 화려한 수사와 비유에, 빈번한 영어 사용까지.

1월 5일 이 교수는 삼성의 회장단과 사장단을 대상으로 강연했다. 주제는 '스마트 경영'. 첫 질문으로 이날 강연에 대해 묻자 그의 입에서 말 폭포가 쏟아졌다. 요지는 아무리 하드웨어가 좋고 프로그램이 좋더라도 인문학과 접목되지 않으면 문명의 흐름에 뒤처진다는 것, 지식이 아니라 지혜를 가진 자가 돼야 한다는 것이었다. 아이폰을 만든 스티브 잡스가 몇 번 거론됐다.

여기서 잠깐 그가 기독교를 받아들이기 전에 그와 그의 가족에게 어떤 일이 일어났는지를 정리해 보자. 2006년 5월 일본에서 홀로 생활하던 그는 딸 민아 씨에게서 걸려온 전화를 받는다. 하와이병원에서 실명 진단(망막박리)을 받았다는 소식이었다. 하와이로 날아간 그는 딸의 권유로 현지 교회에서 기도하면서 하나님께 약속한다. "만약 민아가 어제 본 것을 내일 볼 수 있고 오늘 본 내 얼굴을 내일 또 볼 수만 있게 해주신다면 저의 남은 생을 주님께 바치겠나이다"라고.

이후 딸은 한국으로 들어와 재검사를 받았고 하와이병원의 진단이 오진이었음이 드러난다. 2007년 7월 그는 딸과 약속한 대로 세례를 받는다. 두 달 후 민아 씨의 큰아들이 원인을 알 수 없는 병으로 갑자기 쓰러져 19일 만에 숨을 거둔다. 버클리대학을 졸업하고 변호사 사무실에서 일하던 25세의 촉망받는 젊은이였다.

"한동안 신앙심이 흔들렸지요. 지금도 대단한 신앙심은 아니지만. 그런 시련을 겪으면서 배운 말이 '그럼에도 불구하고'예요. 《구약성서》 『하박국』에 나오는. 신이 정말 존재하는가. 있다면 참 잔인하다. 혹은 무분별하다. 왜 악인은 멀쩡하고 선한 자는 비참한가. 이런 회의를 안 겪은 사람이 없지요. 그것을 극복하는 게 바로 '그럼에도 불구하고'예요. 나 또한 그런 체험을 겪으면서 신앙인이 되는가

보다 싶었습니다. 그런데 내 신앙은 아직 남에게 말할 게 못 돼요. 아직도 광야에서 방황하는 거죠. 내가 교회의 간증 요청이나 강연을 극도로 사양하는 것도 그런 이유 때문이에요."

그의 표정은 초췌했다. 심한 감기로 고생하고 있다고 했다. 그럼에도 목소리엔 생기가 넘쳤다. 앞머리가 기운차게 위로 빗겨 올려져 있다. 자신감이 가득 찬 그는 여전히 날선 지식인이었다.

책을 내고 나서 자괴감이 들지는 않았습니까.
책이라는 것은 내고 나서 늘 불만스럽기 때문에 또 내는 거예요. 내가 많은 책을 냈다고 하지만 사실은 한 권의 책도 못 낸 거지요.

이 책은 이전에 이 선생께서 냈던 다른 책들과는 성격이 완연히 다르지요.
비교적 자괴감이 없었던 것은, 신앙심을 얘기한 게 아니라 문지방에 이른 과정을 썼기 때문이에요. 무신론자가 신을 영접하기까지의 과정. 남녀관계로 치면 아직 약혼도 안 한 단계의 얘기지요. 결혼해 애를 낳는 게 진짜 신앙생활이라면. 자랑도 아니고 깊은 참회도 아니고 프로세스를 얘기한 거지.

《어머니를 위한 여섯 가지 은유》와 《무신론자의 기도》를 잇달아 낸 데는 출판사의 상업적 의도가 보입니다.
물론 출판사는 다 상업적이지요. 내가 (신문에) 광고를 자주 내지는 말라고 했어요. 저자가 출판사한테 광고 내달라고 부탁하는 게 정상인데.

광고, 엄청 하던데요.

엄청나게 때리고 있어요. 그분(출판사 대표)이 크리스천이에요. 돈도 돈이지만 이 기회에 자기 시역을 하겠다는 거지. 그 사람 열성이 아니면 그 책 못나왔어요. 아마도 출판하면서 광고를 몇 개 내겠다고 신문사와 계약한 것 같아요.

기독교는 각(覺)의 종교가 아니라 신(信)의 종교라 하지요. 기독교로 귀의했지만 여전히 지성과 영성이 양립하는 게 아닙니까.

양립하는 게 아니라 넘어서는 거지요. 지성의 궁극에는 영성이 있다는 거지요. 지적 호기심이라는 게 뭡니까. 돈 벌려고 지적 호기심을 갖나요? 내가 하나님을 믿는다, 영성을 믿는다는 것은 지극히 순수하다는 점에서 지적 호기심과 같아요.

지적 호기심의 연장이라고 볼 수 있나요?

지적 호기심의 막다른 골목에서 맞닥뜨린 거죠. 내가 교토에 머물며 혼자 밥 지어 먹으면서 연구소 생활한 것 자체가 이미 종교적 행위였던 거예요. 기사, 비서, 가정, 직장 다 버리고 떠난 것 아닙니까. 70이 넘어 내 인생을 바라보면서 내 삶이란 게 뭔지 되돌아본 거죠. 《무신론자의 기도》를 쓴 것도 그때예요.

그때만 해도 종교적 차원이 아니라 … .

하나의 미학이었죠. 믿음 얘기가 아니지요. 당신의 능력을 빌려줘서 무지한 사람들의 심금을 울리게 하는 한 줄의 아름다운 시를 쓰게 하소서, 했지. 그러니까 심미주의자의 기도시. 혼자 살면서 고민한 주제는 평범한 사랑이었어요. 나 아닌 사람을 진정 사랑한 적이 있는가. 물론

나는 사랑한다고 생각했지요. 에로스든 아가페든 필리아든 누군가를 사랑하지 않는 사람은 없어요. 그런데 알고 보면 이기주의적인 나르시스적 사랑이지. 자기를 사랑한 거지. 딸이나 아내나 이웃을 사랑한 게 아니라. 더군다나 나는 필리아가 없는 사람이거든요. 부모나 자식에 대한 사랑은 좀 있었는지 몰라도 이웃에 대한 사랑, 동료에 대한 사랑, 이른바 횡적인 사랑은 평생 안 했던 사람이에요. 릴케가 뮈조트의 성 안에서 시를 썼듯이 밀실 속에 나를 가두었지. 남과의 단절 속에 상상력도 생기고 지적 호기심도 생기는 거지. 남하고 섞이면서 나오는 문학은 4·19 이후 끊었거든요.

이어령 교수는 "니체만큼 기독교를 잘 이해한 사람이 없다"고 말했다. 이야기가 잠시 문학으로 옮겨갔다. 그는 "문학을 수단으로 삼는 데 반대한다"며 저항의 문학, 참여의 문학을 하다가 순수문학으로 돌아선 과정과 그 의미를 길게 설명했다.

딸이 다시 앞을 볼 수 있게 해주면 남은 생을 바치겠다는 건 조건부 신앙인데요.
조건을 달고 하나님을 믿는다? 기독교 윤리로는 사실 말도 안 되는 짓을 한 거지요.

혹시 신을 한번 시험해보겠다는 생각을 가졌던 건 아닙니까.
그때는 경황이 없었어요. 절실했고. 딸애가 내 앞에서 그릇도 깨뜨리고 더듬더듬 했거든요. 성서도 못 읽고. 믿음이든 지성이든 계산된 행동은 아니었어요. 그냥 그렇게 무릎 꿇고…. 그런데 자꾸 신문에서 내가 딸이 나은 기적 때문에 신앙을 갖게 된 것처럼 얘기하는 건 사람들을 호도하는 거예요. 어느 날 내가 세례를 받는다고 하니까 딸이 너무 기뻐하는 거예요. 그냥 나도 모르게 충동적으로 앞뒤 생각 안 하고 한 말이었죠.

그날 딸애가 교회에 가서 간증을 했어요. 간증이 끝나고 하용조 목사님이 청중 앞에서 애가 누구 딸인데 그분이 곧 세례를 받는다고 말했어요. 그때 기자가 그 자리에 있었어요. 다음날 조간신문에 크게 보도된 걸 보고 내가 안 하고 싶어도 안 할 수 없게 조여 오는구나 싶었죠. 이것은 내 의지로 되는 게 아니구나. 내 지적 판단이나 이성적 사고로 어찌 못하는 신의 세상이 있구나. 나를 넘는 어떤 힘이 있구나. 그래서 그냥 포기한 거예요. 아유, 그냥 맡기자. 마음대로 하십시오, 하고.

절대자에 대한 실존적 차원의 무릎 꿇기라고 볼 수 있나요?
그렇지요. 키르케고르나 쇼펜하우어의 실존적 사상은 여전히 제 마음속에 있어요. 실존주의는 두 가지죠. 유신론적 실존주의와 무신론적 실존주의. 실존의 낭떠러지에 서서 나 아닌 바깥의 권능으로부터의 구원을 인정하느냐 안 하느냐의 차이지. 여전히 나는 비참한 존재이고 죽음은 처절하고 인간은 누구도 도울 수 없는 외톨이로 서 있다. 이런 절망적인 인간관은 변함이 없지요. 그것을 넘어서느냐 안 넘어서느냐의 차이죠.

굳이 구분하자면 무신론적 실존주의에서 유신론적 실존주의로 넘어갔다는 건가요?
그렇지요. 지성의 발전은 계단을 올라가는 거지, 점핑하는 게 아니거든요. 난 지금 계단 밑에 있는 거지요.

그 결정적 계기가 우연히 자식과 한 약속이었다는 게 참 묘합니다.

그게 외국인에게서는 찾아볼 수 없는 우리 한국인의 특징이에요. 목사 집에서 태어난 다윈은 진화론을 펴면서도 기독교를 부정하지는 않았어요. 그 딸이 죽어요. 그러고 나서 무신론자가 됩니다. 왜 하나님 아버지라고 불러요? 가족관계를 확장한 것이 사회이고 민족이고 인류이거든요. 그러니까 모든 관계의 기본이 가족이지요. 하나님이 독생자를 보냈다는 비유도 가족의 개념으로 실감하는 거지요. 아버지에 대한 사랑, 어머니에 대한 사랑이 이웃으로 번지면서 기독교적인 사랑이 되는 겁니다. 그런데 그 가족주의를 버리는 것이 크리스천이거든. 가족을 넘어서는 것이. 가족은 예수를 가장 쉽게 믿게 하는 조건이면서도 믿기 힘들게 만드는 조건이지요.

역설이네요.

역설이에요. 예수님이 죽기 전에 자기 어머니에게 제자들을 가리키며 말하잖아요. 여자여, 저기 당신의 아들들이 있다고. 왜 나만 아들이냐는 거죠. 예수는 가족을 부정한 것이 아니라 가족을 넘어서는 진리를 전한 거예요. 공자도 마찬가지예요. 조상신을 어떻게 천(天)의 개념으로 볼 거냐. 여기서 종교가 생기는 거지요. 혈족에 대한 사랑을 더 넓히고 보편화할 때 생판 모르는 남에게까지 사랑이 미치는 거지요.

한국에선 가족주의가 어느 나라보다 강하기 때문에 쉽게 예수교를 믿어요. 반면 예수교가 몸에 배는 과정은 참 어렵습니다. 들어가기는 쉬운데 나오기가 어렵다는 거예요. 가족의 굴레를 벗어나는 것이. 교인들이 주일마다 기도를 드리는데, 그걸 전부 (동영상으로) 찍었다고 합시다. 전부 자기 자식, 마누라, 대학입시… 이게 샤머니즘이지 무슨 기독교냐는 거지.

기복(祈福)신앙 말이죠?

기복신앙이지. 그런데 그 기복이란 걸 무시하면 종교의 입구에 들어가지 못해. 그것이 인간의 한계지. 인간의 노력만으로 안 된다니까 복(福)의 개념이 생긴 것이고 죄의 개념이 생긴 거지. 옛날부터 뭔가 불행한 일이 생기면 자기 탓이라 했거든. 내가 죄를 지었나 보다, 조상이 죄를 지었나 보다. … 죄의식 없는 종교는 무의미하거든요. 참회는 죄에서 나오는 것이고 참회 없는 종교는 거짓말이에요. 죄의식 없는 사람이 정의를 얘기해요. 그런 사람들 곁에 가면 데어요. 정의가 무엇인지 모르니까 종교에 기대는 거지, 알면 왜 종교를 찾습니까. 여기 지상에서 다 실현하지.

유다가 예수님을 돈 때문에 팔았겠어요? 아니에요. 지상에서 천국을 만들려 한 거예요, 유다는. 예수님을 팔아 십자가에 못 박히게 하면 하나님이 로마인들을 물리치고 유대를 해방시켜줄 걸로 생각했는데, 낫싱(*nothing*)! 그러니까 자살한 거지요. 인간이 어떻게 정의를 내세워요? 미국의 남북전쟁 때 하나님은 둘로 갈라졌을 거예요. 서로 하나님의 정의를 위한 전쟁이라고 했으니. 그래서 종교는 세속적인 정치에 관여하지 말라는 거예요.

그가 또 4·19 얘기를 꺼냈다.

"아무 저항도 안 한 사람이 이승만 정권이 무너지자 사진 찢고 동상 끌고 다니는 걸 보면서 참 허망했어요. 정의를 내세운 끝없는 권력주의에 큰 충격을 받았고. 그런 게 역겨워 저항과 참여의 대열에서 빠져나온 거예요. 나는 너희와 같지 않다고. 그래서 저항과 참여의 지를 거두었고 그게 지금까지 내려온 거죠. 문학에서 의로움을 내세우는 건 위선이고 자기기만이고 상업주의일 수 있는데 미(美)를 내세우는 사람은 그렇지 않아요. 미라는 건 자기를 위한 것 아니에요? 그래서 나는 의(義)보다는 미적인 것, 감동적인 것을 얘기했지. 단군 때나 지금이나 변함없는 인간의 고통을 얘기한 거지. 사회체제에 대해선 깊은 관심을 안 가졌지요. 그렇기에 사람들이 나를 이상하게 볼 수도 있겠지만….”

70 넘어서까지 그의 내면을 짓누르는 이 깊은 상처는 무엇인가. 따지고 싶은 게 있었지만, 인터뷰 주제가 아니기 때문에 대화의 방향을 틀었다.

종교에 귀의한 것이 문학활동의 연장선이라고 봐도 됩니까.
연장선이기 때문에 지금 제가 생명자본주의를 말하고 있는 겁니다. 리먼브러더스 사건 이후 자본주의가 붕괴되고 자유시장경제 원리가 무너졌다는 얘기가 나오지 않습니까. 대안이 있느냐? 없어요. 그렇다고 사회주의를 하겠어요? 기독교는 세 가지 필리아를 빼놓으면 아무것도 없어요. 토포필리아(*topophilia*), 바이오필리아(*biophilia*), 네오필리아(*neophilia*), 즉 장소에 대한 사랑, 생명체에 대한 사랑, 새로운 것에 대한 사랑이죠. 생명자본주의는 이 3가지 축을 바탕으로 한 새로운 경제체제입니다. 녹색성장(*green growth*)이라든지, 하켄이 얘기하는 자연자본주의(*natural capitalism*), 하스가 말하는 협력적 자본주의(*cooperative capitalism*), 창조적 자본주의(*creative capitalism*), 이런 것들을 다 한마디로 추리면 생명자본주의(*viva capitalism*)입니다. 유물론적 자본으로부터 유신론적 자본으로 가는 겁니다. 민족공동체가 아니라 생명공동체죠.
　우리와 관계없는 유대인의 역사를 왜 읽어야 하나. 생명공동체, 사랑공동체의 기록이기 때문입니다. 기독교 성서에는 인간의 약점과 잘못이 다 기술돼 있어요. 내가 지성을 가진 실존적 리얼리스트로서 기독교에 가깝게 다가갈 수 있었던 것도 바로 그런 실존적 고뇌의 프로세스를 가진 종교, 밤을 가진 종교이기 때문입니다. 또 내가 동양문학보다 서양문학 작품을 많이 읽은 것도 영향을 끼쳤지요. 외국문학이라는 게 대개 기독교(christianity)를 기반으로 한 것 아닙니까.

종교에 귀의한 계기가 따님 문제였는데, 내면적으로는 교토생활 혹은 그전부터 귀의할 준비가 돼 있었다고 보이네요.
물론이지요. 그게 모멘트가 됐다는 거지. 내 내부에서 붕괴를 촉진한 거지. 갑자기 딸 때문에 확 돌아버린 건 아니지요. 나는 지금도 그걸 (딸이 실명위기에서 벗어난 것) 기적이라고 말하지 않으니까. 지금까지 인류역사에서 기적은 한 번도 일어나지 않았어요. 일어났다면 예수의 부활뿐이지요. 그 외의 기적을 믿는다면 예수를 잘못 믿는 거지요.

주변에서 예수쟁이 됐다고 비웃는 사람들이 있다면서요?
많지요. 내 주변 사람이 전부….

그런 사람들은 이 선생께서 나이 들어 약해진 게 아니냐는 얘기도 하겠지요?
두 가지예요. 하나는 혼자 살기에 너무 힘든 게 아니냐. 내가 사회적인 인간이 아니거든요. 외롭고 고통스럽죠. 친구라도 많고 조직이라도 있으면 버틸 텐데 점점 나이 들고 초조하니까 뭔가에 의지하고 싶어 신념을 포기한 것 아니냐. 인간주의의 패배가 아니냐는 거죠. 또 하나는 죽음 앞에선 다 헛되니 죽음까지도 가지려고, 말하자면 천당 가려는 욕심에서 그런 것 아니냐고. 그런 말에 가장 화가 나요. 저의 전 생애를 부정하는 얘기지요.

이 선생께서 믿는 신은 기독교에서 말하는 인격적인 신과는 다르지요?
그래서 나한테 말 시키지 말라는 거예요. 왜냐하면 목사님들이 보기에
이단이 될 수 있으니까. 나는 성서를 비유로 읽는데 그분들은 사실이
라고 믿거든요. 예를 들어 예수께서 말한 '본 어게인'(*born again*)이라는
게 육체적으로 다시 태어난다는 뜻이 아니잖아요. 모든 걸 버리고 정
신적으로 다시 태어나라는 얘기지.

신의 개념은 여러 가지지요. 기독교의 인격신도 있고 이신론(理神論)의 신
도 있고, 우주의 질서원리, 차원의 끝에 있는 절대자라는 개념도 있지요.
이 선생께서 말하는 신은 기독교의 하나님과는 차이가 있는 게 아닌가요?
종교는 크게 두 가지로 나눌 수 있어요. 자력(自力)으로 인간의 한계를
초월할 수 있다는 종교와 타력(他力)으로만 건너뛸 수 있다는 종교. 일
생의 경험을 통해 인간은 스스로 허물을 벗을 수 없고 누군가가 벗겨줘
야 한다는 걸 깨달은 거지요. 그런데 내가 가만히 있으면 절대 외부에
서 도와주지 못해요. 북 치는 장난감 곰이 배터리 나가면 아무것도 못
하잖아요? 여태까지 나는 나 혼자 북 칠 수 있다고 생각했어요. 자동인
형이라고. 그런데 알고 보니 배터리 빠지면 아무것도 아니더라는 거
죠. 그 배터리가 하나님이고 예수님이라는 건데, 이것을 인정하느냐
인정하지 않느냐의 차이죠.

타력에 의한 구원을 인정한다는 점에서 신 앞에 무릎을 꿇은 건 분명하네요?
물론이지요. 그거 인정 안 하면 기독교인 아니에요.

그 점에선 기독교의 하나님을 믿는 게 맞네요?
그렇죠. 타력의 존재를 인정해 기도의 형식이든 가슴을 찢는 회개의 양식이든 영접하려는 것, 그게 기독교라는 거지요. 그런데 과연 영접 했느냐? 넘어섰느냐? 그건 모르겠다는 거지요. 그 얘기를 나한테 물어 보지 말라는 거예요. 왜? 거짓말이 되니까. 오해를 산단 말이에요. 내 게는 어떻게 믿느냐가 아니라 어떻게 성경을 읽느냐가 중요해요.

젊은 시절엔 신을 부정한 니체의 초인류 사상에 심취하시지 않았습니까.
사실 니체만큼 기독교를 잘 이해한 사람도 없어요. 신은 죽었다고 했 기 때문에 부활했다고 말할 기회가 주어진 거니까. 그런데 신이 살아 있다고 생각한 사람들이 많은 거짓말을 하고 위선하고 십자군을 일으 켜 정복하고 …. 니체는 굴종하는 낙타가 되지 말고 사자가 되라고 말 했어요. 또 자율적인 어린아이가 되라고 했어요. 그게 초인(超人)의 시 작이지. 그런 단계가 기독교의 프로세스와 똑같다는 겁니다. 다만 결 론이 다르죠. 니체는 신이 될 수 있는 인간, 곧 초인의 길을 제시했어 요. 바그너, 히틀러가 그걸 잘못 해석해 큰 죄악을 저지른 거죠. 니체 를 잘못 이해한 겁니다. 그야말로 지상에 천국을 세우려 하는 사람들 이 흔히 저지르는 잘못이죠. 기독교에서 가장 큰 죄인 오만이고.

그런데 니체는 기독교를 강하게 비난하지 않았습니까. 비겁한 자, 약자의 종교라고.
물론이지요. 알았기 때문에 그랬던 거죠. 몰랐다면 그런 욕도 못해요.

키르케고르는 인간의 3단계를 말했습니다. 미적(감각적), 윤리적(이성적), 종교적(신앙적) 단계. 각 단계의 상징적 인물로 돈 후안, 소크라테스, 아브라함을 꼽았습니다. 선생님은 굳이 구분하자면 어느 단계에 있습니까.

나는 그것을 동시성으로 봅니다. 서양에서는 단계론을 얘기하지만 동양은 순환론을 말합니다. 같이 도는 거지요. being(존재)이 아니라 becoming(생성)입니다. 신성은 변하지 않아요. 하지만 끝없이 변해요. 신은 존재하는 게 아니라 끝없이 생성되는 존재지요.

키르케고르가 말하는 3단계 인간은 신과 마주하는 단독자입니다. 그 문턱에 서 계신 건가요?

그렇죠. 그런데 어릴 때부터 이미 신과 단독자로서 대하고 있었지. 단계적으로 그렇게 된 건 아니라는 거지. 우리는 봄·여름·가을·겨울 순환 속에 신과 마주치고 있는 겁니다.

여섯 살 때 굴렁쇠를 굴리다 신의 존재를 느꼈다는 거죠?

예. 그때 만난 거지요. 어머니의 죽음이 두려웠고, 내가 의존할 데가 없다는 게 쓸쓸하고 외로웠지요. 그것이 88올림픽 때 굴렁쇠를 굴리는 어린이의 이미지로 나타난 거지요.

이 선생께서는 내세의 구원을 믿으십니까.

구원의 의미가 다르죠. 무덤에서 나와서 어쩌고 하는 게 아니라 영(靈)의 purification(정화)이죠. 더럽혀진 내 영을 정화하는 의미의 구원이죠. 영이 내 육체에 깃들어 있지만 이것이 내 것이 아니고 창조 이전의 혼돈 속에 있었던 영이 내게도 있다고 믿으면 그게 구원이지요.

죽어서 천당 가는 개념이 아니고요?

천당이든 뭐든 내 영이 창조주에게 ― 창조주라는 말이 싫으면 'something great'(위대한 그 무엇)라고 하죠 ― 속해 있다고 믿고 창조 이전의 그 영이 내게 이어져 있다고 생각한다면 천당이냐 부활이냐 말할 것도 없지요.

예상한 대로 그의 기독교 신앙은 평범하지 않다. 교회에서 얘기하는 것과는 많이 다르다. 아마도 그가 교회 목사와 똑같은 얘기를 늘어놓았다면, 인터뷰를 길게 할 필요를 못 느꼈으리라.

영의 부활인가요?

영이 정화되면 그게 부활이고 천당이고 영생이지요. 동양에서도 서양에서도 사람이 죽으면 영이 하늘로 올라간다고 하잖아요. (웃음) 그 영을 믿으면 그게 어디로 가는지는 물을 필요도 없지요.

일반적인 기독교인의 생각과는 다르지요?

아니요. 내가 정통이지요.

예수 믿으면 천당 가고 안 믿으면 지옥 간다고.

성서 어디에 그런 게 씌어 있어요?

나쁜 짓 하면 지옥 간다고.

아니, 어디에 그런 게 씌어 있냐고?

그의 정색에 웃음이 나왔다. 역시 그는 학자다.

"인간이 그렇게 해석한 거지. 단테의 〈신곡〉 같은 데서."

약속한 2시간이 지났다. 그가 다음 일정이 있다며 일어섰다. 아직 질문거리가 남아 있었다. '하나님의 나라'(Kingdom of God)와 '하늘나라'(Kingdom of Heaven)의 개념을 두고 신학자들 사이에 논쟁이 있어왔다. 진보적 신학자들은 '하늘나라'는 비유이고, 예수가 온 것은 "지상에 '하나님의 나라'를 구현하기 위해서였다"고 주장한다.

일부 신학자들은 '하나님의 나라'라는 게 따로 있는 게 아니라 사랑과 정의라는 하나님의 통치원리가 지상에서 실현되는 상태를 뜻한다고 말합니다. 시간이 없으니 한마디로 요약할게요. 『고린도 후서』 3장에 보면 "문자는 죽음이요, 하나님의 말씀, 영성은 살림이다"라고 나와요. 지금 우리가 쓰는 거, 읽는 거 전부 죽음이야. 이 얘기로 다 끝나요. 더 물을 게 없어.

내가 "추상적인 말씀이라 (머릿속에) 잘 들어오지 않는다"라고 하자 그가 약간 흥분한 어조로 덧붙였다.

"'하나님의 나라'라는 건 하나님의 말씀이에요. 영성. 그게 살림이에요. 나중에 전화로 더 합시다."

전화로 하지 않고 3일 뒤 다시 만났다. 첫날보다 표정이 여유로웠다. 감기가 나았는지 목소리 상태도 좋았다. 첫날의 마지막 질문을 의식해선지 그가 먼저 말을 꺼냈다.

"종교는 지상천국을 만드는 게 아니에요. (예수께서) 카이사르의 것은 카이사르에게 주라고 하셨잖아요. 종교가 땅의 것이면 뭐 하러 기독교를 믿어요? 그런데 한국교회는 거꾸로 가고 있어요. 지상천국, 혹은 지상에서 자꾸 뭘 하려고 해요. 복지니 사회봉사니. 좋은 의미든 나쁜 의미든 너무 세속화돼 있어요. 내가 원하는 종교는 그게 아닙니다. 본 회퍼(제2차 세계대전 때 히틀러 암살을 꾀하다 처형된 독일 신학자)니 해방신학이니, 종교의 이름으로 사회참여를 하는 건 나와 맞지 않아요. 그런 건 굳이 신의 이름으로 하지 않아도 되지요. 사회적 윤리와 도덕으로 하면 되는 거예요. 같은 맥락에서 문학도 정치화되면 안 된다는 거죠."

그의 보수성이 여실히 드러난다. 건강한 보수든 그렇지 않든.

"내가 저항을 안 하는 게 아니잖아요. 얼마나 현실비판을 합니까. 칼럼이나 방송 나와서. 하지만 문학의 이름으로는 안 한다는 거죠."

젊은 시절 종교를 도그마라며 비판하셨죠? 그때는 신을 인간이 만들어낸 존재라고 생각하신 건가요?
인간이 만든 것이든 실제로 존재하는 것이든 우리가 사는 데 관계없다고 생각했죠.

지금은 그 생각이 완전히 바뀐 건가요?

내 근거지인 휴머니즘이 지진이 일어난 것처럼 흔들렸지요. 더는 그 집에서 살 수가 없어요.

논리적으로 설명이 됩니까.

설명되지요. 빵 문제가 해결되면 모든 게 다 해결될 걸로 믿었죠. 서구식 산업주의와 근대 인간, 휴머니즘을 믿었는데 그게 무너진 겁니다. 기독교를 부정하고 희랍 신들에게 치우쳤던 하이네가 마지막에 죽음을 앞두고 비너스 동상 앞에서 무릎 꿇었을 때 미의 여신(비너스)이 이런 얘기를 했잖아요. "널 도와주고 싶어도 내겐 널 구제할 팔이 없다, 더 힘센 팔이 너를 구제해줄 거라고."

타력의 구원. 하이네에게 필요했던 신이 내게도 필요했던 건지 모르죠. 내가 휴머니스트이지만 심미주의자잖아요. 진선미(眞善美) 중 미에 심취했죠. 그래서 문학을 하고 예술을 한 거죠. 그런데 그 미는 미로의 비너스처럼 팔이 없는 거예요. 인생을 구하고 역사를 구할 힘이 없는 겁니다. 그런 패배감이 든 때가 세례받고 기독교를 믿기 시작한 때와 일치해요. 그 계기가 딸이었을 뿐이죠. 그런데 내게 신이 존재하는 세계는 어떤 거냐고 물으면 말 못해요. 정말 그 세계에 들어가 봤다면 이런 인터뷰도 안 하겠지요. 왜? 무의미하기 때문에. 이런 인터뷰가 가능한 건 아직도 내가 문지방 위에서 서성대기 때문이지요.

유럽 철학자들 사이에서 한때 이신론이 유행했죠. 우주를 창조한 절대자로
서의 신은 인정하지만 그 신은 인간사에 관여하지 않는다는 거죠.
관여하더라도 우리 식으로 관여하는 게 아니니 그 뜻을 모르는 거지.
『이사야서』에 나의 길과 너희의 길이 다르다고…. 부모가 자식을 학
교에 보낼 때 자식은 영문도 모르고 끌려가잖아요.

그 점에서 이신론과 명백히 구분되네요?
그럼요. 하나님의 뜻이 이 세상에 작용하는데, 그것이 합리적이거나
논리적이진 않다는 겁니다. 6·25 때 봤잖아요? 하나님이 계신다면 그
럴 수가 없지요. 아무 죄 없는 애들이 죽어가는데, 도대체 하나님은 어
디 계신 거냐. 그런 의문은 지금도 같아요.

신을 받아들여도 삶의 모순, 세상의 모순, 역사의 모순은 해결되지 않았군요.
그럼요. 그게 실존주의적 고민이지요. 키르케고르도 그랬고 쇼펜하우
어도 그랬고.

이 선생께서도 그 점은 묻어두고 간다는 거죠?
삶이 부조리한 건 인정하니까. 카뮈의 'absurd'(부조리)가 내가 생각하
는 부조리와 같거든요. 그것이 원죄든 인간의 조건이든. 그걸 뛰어넘
어 부조리에서 벗어나는 게 신의 영역, 부활의 영역이고 본 어게인, 다
시 태어나는 거죠.

그 지점에서 카뮈와 갈라선다는 거죠?
카뮈에게는 신이 없었죠. 나는 하나님을 믿음으로써 그 부조리를 뛰어넘으려는 거고. 세례받고 나서도 아멘이나 할렐루야 소리가 안 나왔어요. 어색하고 창피해서. 요즘은 그 말이 나와. (웃음) 그만큼 달라진 거요. 하지만 아직도 나는 문지방에서 한 다리는 여기에, 다른 다리는 저기에 걸치고 몸부림치고 있어요. 12사도들도 예수 죽고 나서 뿔뿔이 흩어졌잖아요. 하물며 우리가 뭐 하루아침에 순교할 만큼 믿겠습니까. 그건 거짓말이에요. 그런 점에서 나는 오히려 크리스천이 아닌 사람들, 신을 안 믿는다고 하는 사람들이 (구원의) 가능성이 더 높다고 봐요. 예수 믿는다고 하면서도 실제로 믿지 않는 사람들은 영원히 못 믿어요.

예수를 신적인 존재로 인정하십니까.
크리스천이 되기 전에도 예수를 폄훼한 적이 없어요. 신의 아들이 아니더라도 위대한 사람, 감동적인 사람으로 인정했지요. 다만 부활을 안 믿었을 뿐.

지금은 믿나요, 부활을?
부활을 믿어야 세례받고 크리스천 되는 거요.

예수의 대속(代贖)을 통해 인간의 구원이 이뤄진다는 것도 믿습니까.
그러니까 세례를 받았지.

　가톨릭은 타 종교에 관대하다. 타 종교의 가치와 특수성을 인정하는 이른바 종교다원주의 논쟁이 개신교에 비해 자유롭다. 교황 바오로 2세의 경우 타 종교 안에 있는 '진리의 씨앗'을 인정했다. 예수를 구세주로 받아들이지 않은 사람도 하나님의 진리에 맞는 삶을 살면 구원이 가능하다는 얘기다.

이 선생의 모친은 불교신자였습니다. 기독교적 구원이 불가능한가요?
그것이 기독교의 가장 큰 문제예요. 예수 이전에 천 년 동안 살았던 사람들은 다 지옥에 갔는가. 그 천 년은 우주의 시간으로는 몇 초에 지나지 않죠. 예수를 알았느냐, 여호와 신을 알았느냐가 중요한 게 아니죠. 인류가 아담과 이브의 후예라고 보면 다 같아요. 동시성으로 보는 거죠. 진정 예수님을 믿는다면, 기독교의 메시지가 '이웃을 사랑하라'이고 사랑만이 인간을 구원해주는 것이라면 이미 해답이 나와 있어요.
　예수님이 사마리아 사람들과 만나잖아요. 그 사람들, 혼혈에 다신교예요. 예수는 그들에게 손 내밀었습니다. 이웃이라 불렀잖아요. 이교도라도 우리에게 사랑을 베푼다면 우리의 이웃이라는 거죠. 어디 가서 (단군상) 모가지 자르는 사람들, 기독교 정신을 전혀 모르는 사람들이지요. 신라 때 순교한 승려 이차돈도 남을 위해 희생하고 사랑했다면 원죄를 씻은 거죠. 영(靈)의 정화(淨化).

　그는 여기까지 말하고 자신이 없는지, 혹은 걱정이 되는지 슬쩍 톤다운을 했다.

"사실 이 점은 내 힘으로 말하기가 힘들어. 신학자들에게 맡겨야 하는데. (웃음) 그 많은 사람이 예수를 모르고 살아갔는데 그걸 어떻게 심판할 거냐. 나는 성경을 알레고리로 읽어요. 그런데 그것을 역사적 팩트로 읽는 사람들, 교조주의자, 원리주의자 눈으로 보면 내가 이단이죠. 그래서 되도록 말 안 하려는 거예요. 눈 감고 돌 던지는 것과 같아 누군가에게 의도하지 않은 상처를 줄 수 있거든요. 이런 얘기를 일반 교양지와 하는 건 처음입니다. 기독교를 놀릴 생각도 아니고 맹신해서도 아닌 것 같아 인터뷰에 응하는 겁니다. 이 기회에 인문학적 관점에서 (종교를) 얘기해보자고. 내게도 답해야 할 의무가 있고."

한국 교회의 물질주의와 팽창주의를 어떻게 생각하십니까.
교회뿐 아니라 어떤 조직에도 세속적 의미의 악이라는 게 있게 마련입니다. 기독교에도 엄연히 존재하죠. 그래도 기독교 아니면 이웃 사랑의 메시지를 어디서 쉽게 들을 수 있겠어요? 그것 하나만으로도 교회는 긍정적 역할을 한다고 봐요.

대형교회의 물질주의가 큰 문제가 아니란 얘긴가요?
그게 아니라 교회의 자정능력에 달린 문제라는 거죠. 비(非)크리스천이 돌 던지는 것과 크리스천이 '정화'를 얘기하는 건 구분해야 합니다. 만약 그때 하와이 교회에 샹들리에나 파이프오르간이 있었다면 난 무릎 꿇지 않았을 겁니다. 정말 가난하고 순수한 교회였기에 그들의 기

142

도가 진실하게 들렸고 내 마음을 움직인 겁니다. 한국 교회는 너무 많이 갖고 있어요. 다만 그런 얘기를 여기서 하면 내가 원하지 않은 결과가 나올 것이기에 삼가는 겁니다. 아직 크리스천으로서 내 신앙이 단단하지 않기 때문에. 내 눈의 들보가 너무 크므로 바깥을 비판하지 않는 거지 그들이 옳아서 비판하지 않는 건 아니에요. 내 눈의 들보를 빼면 반드시 해야 할 일입니다. 예수님은, 거짓 선지자를 분노로 다스렸어요. 안 믿는 자에겐 관대했지만 거짓으로 믿는 자에겐 단호하게 징벌했죠.

신을 주제로 한 '문지방 인터뷰'를 끝낼 때가 됐다. 그의 표정은 한결 부드러워져 있었다. 마지막으로 물었다. 신을 받아들이고 나서 일상생활에서 뭐가 달라졌느냐고.

"기독교를 믿기 전에도 허욕을 부리거나 재물을 탐내진 않았어요. 나를 아는 사람들은 다 알아요. 극적인 변화는 없지만 두 가지가 달라졌어요. 첫째는 사랑하는 법. 타자를 배려하게 됐어요. 한 예로 예전엔 기사와 비서를 많이 꾸짖었거든요. 신경질도 부리고 약속시간에 늦으면 공중(公衆)이 있는 데서 소리도 질렀죠. 그런 게 바뀌었어요.

더 큰 변화는 내 문학관에서 찾을 수 있어요. 생명자본주의를 시작했으니까. 이전엔 휴머니스트로서 카뮈나 사르트르의 실존주의 관점에서 문명문화의 패러다임을 읽었지만 이제는 기독교 신앙과 생명사상을 토대로 한 예술을 합니다. 문명문화론에 기독교를 어떻게 편입시켜 새로운 옷감을 찌느냐. 이렇게 새로운 텍스트를 만드느냐.

기독교의 미션은 자기 직업을 통해 발현됩니다. 지금 나는 생명자본주의라는 새로운 테마를 얻어 그걸 실천하는 프로그램을 만들고 있어요. '세살 마을'이니 '창조학교'니 하는 게 다 그런 거지요. 전에는 상상도 못한 일이에요. 남을 위해 봉사한다는 건. 처음으로 에고이스트가 아닌 활동을 하고 있는 거죠."

작은 체구의 이어령 선생에게선 불을 뿜는 듯한 열정이 느껴졌다. 과연 그는 영원한 문학청년이었다. 사실 나는 그가 기독교인이 됐다는 것에 반신반의했다. 그는 인터뷰에서 내 기대에 어긋나지 않게 평범하지 않은 기독교인의 모습을 보여줬다. 신화에 나오는 반신반인(半神半人)처럼 반은 기독교인이고 반은 실존주의자였다. 유신론적 실존주의로 넘어가는 문지방에 서 있다고나 할까. 내 생각엔 고독한 실존주의자인 그가 그 문턱을 쉽게 넘을 것 같지는 않다.

완고한 그를 기독교 신앙으로 이끌었던 딸 민아 씨는 2012년 3월 위암 투병 끝에 세상을 떠났다. 향년 53세.

1979년생 · 전국철도노조 서울지방본부 KTX승무지부장

KTX 해고 여승무원 대표 오미선
단 하루 일하더라도 다시 승무원 하고 싶어요

작은 가슴 속으로
네가
열차 되어 지나간다
덜컹덜컹 쿵쿵
내 가슴이 떨린다
흔들린다
네가 지나가면
빈 고요
내 마음엔 두 줄
금만 남는다

(배준석, 〈열차같이〉)

"그녀의 해맑은 웃음자락엔 슬픔이 묻어 있었다"라는 표현은 상투적이다. 그런데 세상사 고통이란 시간이 지나면 상투적인 게 되지 않던가.

KTX 해고 여승무원 대표 오미선 씨는 2시간 넘게 얘기하면서 한 번도 눈시울을 붉히지 않았다. 그러기엔 지난 시절의 고통이 지루할 만큼 길었다. 눈물 따위는 말라버린 지 오래다. 그래도 법원이, 자신을 비롯한 KTX 여승무원 34명에 대한 해고가 무효라는 판결을 내린 8월 26일 만큼은 눈물과 재회할 수밖에 없었다.

서울중앙지법 민사합의 41부(부장판사 최승욱)는 코레일(한국철도공사)에서 해고당한 KTX 여승무원 34명이 회사 측을 상대로 낸 근로자 지위확인 청구소송에서 "양측의 직접적인 근로계약관계가 인정된다"며 원고 승소판결을 내렸다. 재판부는 코레일 측에 이들이 복직할 때까지 월 급여와 더불어 그동안 밀린 임금을 지급하라고 명령했다.

"우리가 옳다는 걸 많은 사람에게 보여줬다는 점에서 정말 기뻐요. 몸 피곤한 것보다 더 견디기 힘든 게 주변 사람들에게 인정받지 못한다는 점이었거든요. 이번에 판결 나오고 예전 사진을 보니 지금의 모습이 너무 늙었더라고요. 실제로 악플에 상처받기도 했습니다. 승무원 얼굴이 그게 뭐냐고. 제가 1979년생인데, 79~82년생이 가장 많아요."

이들은 2004년 코레일에 입사했다. KTX 여승무원 공채 1기였다. 2006년 코레일은 비정규직인 이들에게 자회사인 KTX 관광레저로 옮기라고 지시했다. 이들은 이를 거부하고 정규직 전환을 요구했다. 그러자 회사는 재계약을 하지 않는 방법으로 이들을 해고했다. 입사 당시 "2년 후 코레일 정규직으로 전환해주겠다"는 약속은 헌신짝처럼 내팽개

처졌다.

여승무원들은 파업을 벌였다. 점거농성을 하고, 단식투쟁을 벌이고, 삭발을 하고, 40m 철탑에 올라갔다. 애초 380명이 파업에 동참했으나 2008년 11월 법적 소송으로 투쟁방식을 바꿀 무렵엔 10분의 1도 남지 않았다. 이탈한 승무원들은 회사와 타협해 자회사로 옮기거나 다른 일자리를 찾았다. 마지막까지 남은 34명의 투쟁은 처절했다. 이들은 어느덧 비정규직 투쟁의 상징적 존재가 돼 있었다.

이번 판결은 불법과 편법이 판치는 비정규직 고용의 문제점을 법원이 인정하고 시정을 명령했다는 점에서 공공기관 노사관계에 적지 않은 영향을 끼칠 것으로 보인다.

코레일은 오 씨 등과 직접 근로계약관계를 맺고 있었기 때문에 계약기간이 끝나면 특별한 문제가 없을 경우 근로계약을 체결할 의무가 있었는데도 계약 갱신을 거부했다. 오 씨 등이 자회사로 이적하지 않았다고 해서 해고한 것은 정당한 이유가 없기 때문에 무효다.　　　　　　　　　　　　(1심 판결문)

이제 사람 얘기를 해보자. 꽃다운 청춘을 투쟁의 강물에 흘려보낸 그녀를. 20대의 앳된 처녀에서 30대의 성숙한 여인으로 변모한 그녀를.

서울 용산역 대합실에 나타난 그녀에게선 코스모스 향기가 풍겼다. 이목구비가 뚜렷한 미인이다. 선입관인지 몰라도 투사 이미지는 아니다. 지난 4년간 투쟁의 선봉에 섰던 그녀는 지금 뱃속에 아이를 품고 있다. 5개월 됐다. 2009년 11월 결혼했다.

우리는 용산역사 6층에 있는 레스토랑에 자리를 잡았다. 오후의 끈적거리는 햇살이 테이블 위에서 노닥거렸다. 창밖으로 펼쳐진 용산의 풍경이 을씨년스럽다. 용산은 희망의 도시이자 분노의 도시다. 비정한

도시다. 제 2의 강남을 꿈꾸는 장밋빛 청사진 이면엔 철거민들의 한과
고통이 서려 있다. 인터뷰는 내가 주제어를 던지면 그에 맞춰 그녀가
고백하는 식으로 진행됐다.

분 노

"5년간 싸우는 동안 사장이 5차례 바뀌었어요. 초기의 이철 사장을
빼고는 다들 대화 자체를 거부했어요. 정부, 특히 노동부에 대한 분
노가 컸지요. 국회도 마찬가지입니다. 몇몇 의원은 도와줄 것처럼
말해놓고는 실제로는 도와주지 않았어요. 위선이었던 거죠. 물론 가
장 큰 분노의 대상은 철도공사죠. 법적인 판단에 맡기겠다, 1심 판
결이 나오면 따르겠다고 약속하고는 이제 와 항소하겠다니까요. 무
책임하고 기만적인 행위죠. 이는 단체협약 위반이기도 합니다. 단협
안에 1심 판결에 따른다는 조항이 들어가 있거든요."

오 씨의 말마따나 코레일은 1심 판결에 승복하지 않는다. 판결 직후
"여승무원들을 직접 고용하지 않았다는 기존 입장에 변화가 없다. 고등
법원에서는 다른 결과가 있을 것"이라며 항소 방침을 밝혔다.
"그간 회사는 진정성을 갖고 사태를 해결할 의지를 보인 적이 없다"
고 비판한 그녀는 사측의 불법성을 조목조목 지적했다.

"노동부가 철도공사에 보낸 공문을 보면 "KTX 여승무원 일은 외주화
할 수 없다"고 돼 있어요. 승무 업무는 상시적인 것이기 때문에 도급
이나 파견은 불법이라는 거죠. 철도공사의 정규직 인원은 제한돼 있

어요. 그래서 편법으로 홍익회를 이용해 채용한 거죠. 입사 당시 잠시 위탁근무를 하는 것이라며 2년 뒤엔 정규직으로 전환해주겠다고 약속했습니다. 그 약속을 믿었죠."

2004년 1년짜리 계약직으로 입사한 오 씨는 소속이 몇 차례 바뀌었다. 하는 일은 똑같은데 회사 이름이 계속 바뀐 것이다. 하나같이 코레일의 자회사였다. 2004년 3월 철도공사는 재단법인 홍익회에 승무 서비스를 이관하고 오 씨를 비롯한 여승무원들을 공개 채용했다. 홍익회는 철도청 근무 중 공상(公傷)으로 퇴직한 자와 순직한 자의 유가족에 대한 원호를 목적으로 설립된 단체다.

2004년 12월 승무 업무가 한국철도유통으로 넘어가면서 홍익회는 원호사업만 맡게 됐다. 오 씨의 소속은 철도유통으로 바뀌었다. 철도유통은 승무 서비스와 함께 철도역 구내 및 열차 내 식품과 물품 판매를 맡았다. 여승무원들은 코레일이 자신들을 정규직으로 채용하지 않은 채 승무 서비스를 철도유통에 넘기자 노동조합을 설립했다. 철도유통 근무는 불법파견에 해당된다는 게 이들의 주장이었다. 승무 업무의 특성상 코레일이 실질적인 사용자 지위에 있으므로 자신들을 직접 고용해야 한다는 논리였다. 이들은 정부기관에 진정서를 넣는 한편 정규직 전환을 요구하면서 집단행동에 들어갔다.

2006년 5월 철도유통은 새로 설립된 코레일의 또다른 자회사인 KTX 관광레저로 승무 서비스를 이관했다. 여승무원들의 신분은 다시 관광레저 직원으로 바뀔 판이었다. 철도유통이나 관광레저 같은 자회사의 근무여건은 본사에 비해 열악했고 보수도 적었다. 여승무원들이 파업을 결행하자 철도유통은 이들을 모두 해고했다.

고 통

"육체적 고통은 참을 수 있었어요. 하지만 가족과 주변사람들이 힘
들어하는 건 견디기 힘들었어요. 가족이 힘이 되기는 하지만, 반대
로 가족 때문에 나간(이탈한) 사람도 많아요. 가족과 친구들을 이해
시키는 게 정말 어려웠어요. 고립됐다는 느낌이었지요."

어지간히 마음 고생한 게 아닌 모양이다. 하긴 명색이 기자인 나만
해도 그들이 왜 싸우는지에 대해 진지하게 생각해본 적이 없으니. 고
작 좀 안됐다고 여겼을 뿐이다. 오 씨는 "파업을 3년이나 할 줄은 꿈에
도 몰랐다"고 털어놓았다.

"처음엔 한 100일 할 줄 알았어요. 몇 번 고비를 넘기면서 조금만
더, 조금만 더 하면 되겠지 하다가 3년이 지나버린 거죠."

노조의 명칭은 전국철도노조 서울지방본부 KTX 승무지부였다. 그녀
는 지부장을 지내면서 대언론 창구 노릇을 했다. 자연스럽게 해고된
여승무원들의 대표로 부각됐다.

2008년 9월 철탑농성을 끝낸 후 여승무원들은 현장투쟁을 접었다.
한 달 뒤 법원에 '근로자 지위보전 및 임금지급' 가처분신청을 낸 데 이
어 11월엔 본안소송을 냈다. 1년 10개월 만에 1심 판결이 나온 것이다.

오 씨는 가장 고통스러웠던 일을 묻자 철탑농성을 꼽았다. 2008년 8
월 그녀와 동료 4명은 서울역에 있는 40m 높이의 조명철탑 위로 올라
갔다. 철탑농성은 한 달 가까이 계속됐다. 임시막사에서 새우잠을 잤
다. 생리적인 문제는 간이시설에서 해결했다. 먹을 것은 밑에서 올려

보내졌다. 그녀의 고백은 뜻밖이었다.

"정말 올라가기 싫었어요. 무서웠거든요. 그렇지만 마지막으로 한 번 해봐야겠다는 생각 때문에 올라갔습니다. 안 그러면 나중에 후회할 것 같아서요. 거기서 그만두자니 너무 억울했지요."

그녀의 바람과는 반대로 철도공사는 더욱 강경해졌다. 타협도 없었다. 공사 측은 그녀들을 관광레저 직원으로도 못 받는다고 쐐기를 박았다.

"너무 분했어요. 철도공사를 압박하려 (철탑에) 올라간 것인데 전철 운행에 방해가 안 되니까 그냥 내버려두더라고요. 모든 노동운동이 다 그런 것 같아요. 대화하다 안 되면 극한투쟁을 벌이는 거죠. 저도 해보니 알겠더라고요."

투 쟁

2006년 봄 파업이 시작됐다. 오 씨는 조합사무실 침낭에서 잤다. 집에는 2~3주에 한 번씩 잠깐 들렀다. 용산역과 서울역에서 연좌시위를 벌이며 시민들에게 전단지를 돌렸다. 꿈쩍도 하지 않는 공사 측을 압박하기 위해 거리로 나섰다. 국회 헌정기념관을 점거해 한명숙 당시 총리 면담을 요구했으나 뜻을 이루지 못했다. 음식 반입이 차단된 채 며칠간 떨던 여승무원들은 강제로 끌려나왔다. 국회와 정부청사, 청와대 앞에서 돌아가면서 1인 시위도 벌였으나 효과가 없었다. 국가인권위원회를 찾아가서도 별 소득을 얻지 못했다.

"명절 때 서울역과 용산역에서 1인 시위를 벌이는데 아는 사람이 볼까
봐 모자를 푹 눌러썼어요. 초라한 기분이었지요. 정말 사람들에게 인
정받지 못한다는 게 얼마나 큰 고통이던지. 혹 가다 친구라도 만나면
하루 종일 우울했지요."

오 씨는 파업을 하면서 경찰서 유치장에 세 번 갇혔다. 구속 직전까
지 몰렸던 상황도 있었다. 점거농성으로 기소돼 법정에 서기도 했다.
코레일은 파업에 참여한 여승무원들에 대해 업무방해를 이유로 손해배
상청구 소송을 냈다. 법원은 회사 손을 들어줬다. 배상금은 조합비로
해결했다.
파업이 길어지면서 승무원들은 다양한 프로그램을 마련했다. 투쟁만
하다가는 지쳐 쓰러질 판이었다. 단체로 조조영화를 보고 한강에 모여
운동을 했다. 커피를 마시며 수다를 떨었다. 밤에는 통닭과 맥주를 시
켜 먹었다. 오 씨는 틈틈이 불어공부를 하기도 했다.

"주변에서 안 좋게 보는 시선도 있었어요. 하지만 우리는 우리만의
탈출구가 필요했어요. 남자들은 파업하면 밤에 술 마시잖아요. 우리
는 그 시간에 뮤지컬을 봤지요. 콘도에 가서 토론하고 온천욕도 하
고. 술 마시는 거나 그거나 비용은 똑같지요. 20대 여자들에게 맞는
프로그램을 찾은 거죠."

혹시 학생시절 운동권이었을까.
그녀가 피식 웃으며 고개를 내저었다.

"전혀. 노동운동이라곤 해본 적도 없고요. 아무것도 모르기에 이토록 오랫동안 싸울 수 있었던 것 같아요. 투쟁이라는 게 낯설었지요. 동지라는 말도 어색했고요. 파업할 때도 〈철의 노동자〉나 〈임을 위한 행진곡〉 같은 전투적인 노래는 안 불렀어요. 〈바위처럼〉이나 그 뭐 있잖아요. 생각이 잘 안 나네. 하여간 밝고 경쾌한 노래를 많이 불렀지요."

그녀는 끝내 그 생각이 안 난다는 노래를 생각해내지 못했다. 인터뷰가 끝난 후 나는 그 노래가 혹시 〈얼굴 찌푸리지 말아요〉가 아닐까 싶었으나 굳이 그녀에게 물어보지는 않았다.

눈 물

눈물 얘기를 물어보는데, 그녀는 햇살처럼 웃으면서 대답했다.

"철탑에 올라갈 때 정말 많이 울었어요. 올라가도 해결될 것 같지 않았지만 어쩔 수 없이 올라갔지요. 부모와 남자친구가 나를 어떻게 볼까, 감당이 안 되더라고요. 원래 눈물을 잘 흘리지 않는 편이에요. 아무리 힘들어도 찔끔거리는 정도죠. 그런데 그때는 펑펑 울었어요. 정말 힘들었거든요."

좌 절

"이철 사장 있을 때는 기대가 컸던 만큼 좌절도 컸어요. 노동부에서 시정조치를 권고한 적이 있습니다. 그때는 정말 기대가 컸지요. 아, 이제 정말 얼마 안 남았구나. 며칠 만에 더 큰 좌절을 맛보았지요."

내부적으로는 동료들의 이탈에 큰 좌절감을 맛봤다. 파업한 지 500일쯤 됐을 때 많은 동료가 빠져나갔다. 정말 우리가 끝까지 싸울 수 있을까, 회의가 밀려들었다. 철탑까지 올라갔는데도 해결되지 않았을 때는 절망의 끝을 보는 듯싶었다.

"동료가 하나둘 떠나는데, 가지 말라고 설득할 수 있는 논리적 근거가 없는 거예요. 그냥 참아보자는 얘기밖에. 남아도 후회하고 나가도 후회하는 상황이었지요. 워낙 투쟁기간이 길다 보니 내부적인 갈등도 생겨났어요. 나간 사람들도 두고 온 사람들에게 미안한 감정이 있었을 거예요. 나간 승무원들이 밉다가도 나도 그러고 싶다는 생각이 들면 그들을 이해하게 되는 겁니다. 모두 피해자인 셈이죠."

외로움

용산역 대합실. 오미선 씨는 "정말 제대로 된 고객 서비스를 하고 싶다"고 복직에 대한 기대를 나타냈다.

"1심 선고가 나왔을 때 가장 먼저 든 생각은 '난 이제 당당하게 말할 수 있다'였어요. 그간 주변에 KTX 승무원이라고 떳떳하게 밝히기 어려웠거든요. 다른 부류의 사람으로 바라보니까요. 사람은 사회적 동물이잖아요. 인정받지 못한다는 것이 얼마나 외로운 일인지…. 우리 사회는 남에 대한 이해심이 부족해요. 우리의 문제가 아니라 그들만의 문제로 치부하죠. 그래서 늘 외로웠죠."

원래 앞에 나서는 성격이 아니었다. 대학 다닐 때는 학과에 남학생이 훨씬 많아 기를 못 폈다(체육학과를 나온 그녀는 한때 아르바이트로 수영강사를 했다). 파업을 겪으면서 남 앞에서 자신의 의견을 당당히 밝히는 적극적인 성격으로 바뀌었다는 것이다. 사회문제에도 눈을 뜨게 되고.

"비정규직 노동자들의 고용불안이 여전히 심각하잖아요. 기형적 정규직도 많고. 너무 힘이 약해요. 자본이라는 거대한 괴물 앞에서."

후 회

"노조 가입을 안 했다면 지금쯤 7년차 승무원으로 일하고 있을 텐데… 한편으로는 아쉽기도 해요. 몰라도 될 걸 알아서 더 힘들지 않았나 싶어요. 다시 하라면 못해요. 동생이 이런 일에 나선다면 도시락 싸들고 말릴 겁니다."

오 씨에 따르면 중간에 타협의 여지도 있었던 모양이다. 물론 내키지 않은 타협이었지만.

"절충할 수 있을 때 절충했다면 상황이 달라졌겠지요. 주변에 끼치는 파급효과도 컸을 테고. 싸움이 너무 길어지다 보니 선택의 폭이 점점 좁아졌어요. 만약 회사와 타협했다면 투쟁 명분이나 정신이 사라졌겠지요. 되게 부담스러웠어요. 노동계에서 비정규직의 꽃이니 상징이니 하면서 지원하는 게. 저는 성격상 강경파는 못 돼요. 그런데도 상황에 몰려 강경한 척했지요. 철탑엔 정말 올라가고 싶지 않았어요. 책임감 때문에 올라간 거예요. 노동운동 하는 사람들 정말 대단하다는 걸 느꼈죠."

가족

"엄청난 경쟁을 뚫고 승무원이 됐을 땐 정말 내가 대단한가 싶었지요. 여기저기서 축하전화가 걸려오고. 아빠는 주변에 자랑하느라 정신없었지요. 승무원 제복이 자랑스러웠어요. 자부심도 있었고."

오 씨는 딸만 넷 있는 집안의 장녀다. 그녀의 아버지는 "아들 같은 딸"이라며 늘 자랑스러워했다. 아버지의 깊은 애정은 파업기간에도 변하지 않았다.

하지만 시댁 쪽은 달랐다. 남자친구의 어머니는 TV에 농성 중인 그녀의 모습이 비치면 "며느리 될 사람이 독해 보인다"고 걱정스러워했다. 전화를 걸어 "너, 힘들게 살지 말아라. 즐겁게 살아야 한다"며 안타까운 심정을 드러내기도 했다. 1심 판결이 나온 후 가장 먼저 전화를 걸어온 사람은 시아버지였다. "다시는 그런 데 나서지 말라. 뭐든지 너무 앞장서지 말라"고 충고했다. 반면 친정부모는 마냥 자랑스러워했다. 심지어 "가문의 영광"이라며.

"아빠는 전에는 광화문에서 시위하는 사람들 보면 욕했어요. 그런 분이 딸 때문에 세상 보는 눈이 달라졌어요. 지금은 시위대에 박수를 쳐줘요. 동생들도 다 저를 지지하고요."

사 랑

오 씨가 뒷날 결혼하게 된 남자친구를 처음 만난 건 2006년 7월. 파업에 들어간 지 3개월쯤 됐을 때였다. 해외 건설현장에서 일하는 남자친구는 1년에 한두 번 귀국했다. 그녀도 파업을 하고 있어 애초 정상적인 데이트는 쉽지 않은 상황이었다. 자연히 전화와 이메일 데이트를 즐기게 됐다. 그녀는 주로 새벽에 이메일을 써 보냈다.

"사실 뜨거운 사랑을 했던 건 아니에요. 전화와 편지를 자주 하다 보니 사랑이 싹 트더군요. 그는 '뭘 하든 지켜봐주겠다'고 했어요. 돈은 자신이 벌겠다며. 그 말이 큰 힘이 되고 위로가 됐어요. 해외에서 인터넷을 통해 제가 점거농성하고 연행된 걸 알았나 봐요. 그런데 그의 반응은 '왜'가 아니라 '괜찮아?' 였어요. 내가 굳이 설명하거나 이해시키려 애쓸 필요가 없었지요. 그만큼 이해심이 깊은 사람이었습니다. 애틋함보다는 편안함으로 다가왔지요. 인생의 동반자라는 느낌. 그는 우리 가족도 잘 포섭했어요. 연말이나 명절 때 나 대신 우리 집에 찾아가 가족들과 함께 시간을 보내곤 했어요."

투쟁의 원동력은 열정이다. 싸워본 자는 안다. 가열한 분노의 옆구리로 열정이 무럭무럭 자라나는 것을. 열정은 때로 사랑으로 승화한다. 오 씨의 사랑도 극한투쟁 속에서 더욱 단단해졌으리라. 파업에 동참했던 한 여승무원은 자신을 조사했던 경찰관과 결혼까지 했다. 경찰에 연행돼 조사받다가 불꽃이 튄 것이다. 이래서 남녀 간 사랑은 불가해한 것인가 보다.

꿈

그녀가 한숨을 훅 내쉬었다. 꿈 많던 20대는 이제 아련한 추억이다. 그녀는 고등학교 때부터 승무원의 꿈을 키워왔다. 제복이 참 멋있어 보였다. 여행을 좋아하고 사람들에게 뭔가 나눠주는 걸 좋아했던 그녀는 서비스직이 자신에게 딱 맞다고 생각했다.

"KTX 승무원 생활은 육체적으로 고단했지만 보람 있었어요. 고객이 나의 작은 서비스에 호의적인 반응을 보일 때 가장 큰 보람을 느꼈지요. 하루에 8~9시간 서서 근무하면서도 힘든 줄 몰랐어요."

법원 판결로 복직의 길이 열렸지만 공사 측의 완강한 태도에 비춰 실제로 복직이 이뤄질지는 알 수 없는 상태다. 그녀의 꿈은 물론 복직해 다시 승무원 제복을 입는 것이다.

"광화문, 여의도, 강남, 서울역을 돌면서 가장 부러웠던 게 직원증을 목에 걸고 다니는 회사원들이었어요. 우리끼리 농담으로 휴대전화라도 걸고 다닐까, 했죠. 26세에 입사해 파업을 하고 나니 32세가 됐어요. 이제는 다른 데 취업하기도 쉽지 않을 것 같아요. 2007년 이후엔 이력이 없어요. 공백기죠. 몇몇 회사에 원서를 내봤는데 다 퇴짜 맞았어요."

그녀는 "일하고 싶다"고 힘줘 말했다.

"철도공사에 대한 애착이 커요. 단 하루 일하고 그만두더라도 다시 들어가고 싶어요. KTX 열차만 보면 반가워요. 고객으로서 KTX를 타보니 고객 불만을 알겠더라고요. 객실에 승무원이 안 보이는 겁니다. 사실 지금도 승무원 수가 모자라요. 20대엔 예뻐 보이고 싶을 뿐이었죠. 지금은 정말 고객을 위한 서비스를 제대로 할 수 있을 것 같아요. 그런데 그 기회가 주어질지 … ."

사람을 나누는 방식은 여러 가지가 있다. 명분파와 실리파로 나누는 것도 그 중 하나다. 명분을 중시하는 사람은 대체로 실속 없는 삶을 살아간다. 세속적인 기준에 비춰 득보다 실이 많다. 출세하고 잘 먹고 잘 사는 사람들은 대체로 실리를 좇는 사람들이다. 이들에게 명분은 빛 좋은 개살구일 뿐이다. 명분을 내건 싸움은 멋있어 보이지만 실상은 초라하기만 하다. 이기기도 힘들지만, 이겨도 남는 게 없다.

그런데 그게 다일까. 그래도 세상이 아름다운 건 명분을 위해 싸우는 바보 같은 사람들 때문 아닐까. '그까짓' 정규직 약속을 안 지켰다고 싸우느라 그토록 좋아하던 승무원 일도 못하고 금쪽같은 청춘 4년을 허비한 오미선 씨는 정말 바보다. 그 바보에게 단 하루도 복직을 허용하지 않을 만큼 코레일이라는 공공기관은 잔인한 집단인가. 코레일 사장의 지혜가 요구되는 시점이다.

2년 만에 전화를 걸자 수화기를 통해 아이 소리가 들려왔다. ‘KTX 투사’가 아기엄마가 된 것이다.

오미선 씨의 목소리는 밝았다. 잘 지낸다고 했다. 오 씨를 비롯해 철도공사를 상대로 소송을 벌이는 전직 여승무원 34명은 대법원 판결을 기다리고 있다. 2011년 8월 서울고등법원도 1심 재판부처럼 이들에 대한 해고가 무효라는 취지로 판결했지만, 코레일 측에서 상고했기 때문이다. 해고된 지 6년, 법적 투쟁을 벌인 지 4년이 지났다.

오 씨는 “대법원에서도 승소하면 복직할 거냐”는 내 질문에 웃으며 말했다. “그럼요. 단 하루를 일하더라도 복직해야죠.”

내가 말했다. “그거, 우리 예전 인터뷰 기사 제목인데요.” 나도 그녀도 웃었다. 세월이 바람같이 빠르다.

1940년 강원도 원주 출생·해군사관학교 16기·UDT 교육훈련대장, 초
대 UDT 전대장·UDT 전우회 중앙회장·경남기업 비상기획관·한국수상
레저안전연합회 초대 회장

'신(神)' 조광현 전 해군 대령

고 한주호 준위처럼 솔선수범하는 아름다운 전통 지켜나가야

천안함 사건은 한주호 준위라는 영웅을 탄생시켰다. 사나운 파도처럼 들끓던 해군과 국방부에 대한 비난여론을 일순 잠재울 정도로 그의 순직은 국민의 가슴을 울렸다. "한 준위가 해군을 살렸다"는 얘기가 나왔다.

그가 35년간 몸담은 UDT(*Underwater Demolition Team*, 수중파괴대)는 해군 최정예 특수부대다. 1955년 창설된 한국함대 해변단 소속 수중파괴대가 원조. 1983년 제25특전전대라는 단위부대로 독립했으며, 1986년 56특전전대로 이름이 바뀌었다가 2000년 해군 특수전 여단으로 발전했다. 이 부대는 수중폭파 외에 전천후 특수전(SEAL, *Sea, Air, Land*), 폭발물처리(EOD, *Explosive Ordnance Disposal*), 대테러 임무를 맡고 있다. 훈련과정과 임무가 미 해군의 특수전 부대인 SEAL과 같다고 해서 UDT/SEAL 부대라고도 한다.

UDT는 훈련과정 수료율이 20% 안팎에 지나지 않을 정도로 혹독한 훈련을 하는 것으로도 유명하다. 1955년부터 1971년까지 한 기수 평균 수료생이 25명에 지나지 않았다. 1972년 이후에도 연 평균 수료생이 50

명이 채 되지 않을 만큼 소수정예 전통을 지켜왔다. 지금도 UDT 부대의 전체 병력은 수백 명에 불과하다.

UDT에 대해선 예로부터 전설적인 얘기가 많았다. 사람이 아니라 살인병기이며, 바다 속으로 헤엄쳐 북한에 잠입해 특수임무를 수행하거나 몰래 고향사람을 만난 후 돌아온다고 했다. UDT 부대가 있는 경남 진해의 한 술집에서 UDT와 해병대 간에 큰 패싸움이 났는데 해병대가 깨졌다는, 진위 확인이 어려운 풍문도 'UDT 신화'를 신봉하는 사람들 사이에 널리 퍼져 있다.

한 준위 사건이 난 후 UDT에 대한 국민적 관심도가 높아졌다. UDT 동지회(UDT 전우회의 후신) 주변으로 알아보니 'UDT의 산 역사'라 할 만한 사람이 있었다. 한 UDT 관계자는 "우리 세계에서 그분은 신(神)"이라며 "UDT를 제대로 알려면 꼭 만나보라"고 권했다. "역대 UDT 부대장 중 미 해군의 UDT/SEAL 훈련 및 EOD 교육을 가장 확실하게 이수한 사람"이라는 평도 들렸다.

UDT 교육훈련대장을 세 차례 지낸 데 이어 초대 UDT 전대장(25특전전대장)을 역임하고 UDT전우회 중앙회를 창립한 조광현(曺光鉉) 예비역 해군 대령이 바로 그다. 조 씨는 해군 첩보부대인 UDU(*Underwater Demolition Unit*) 대장도 지냈다.

조 씨와의 인터뷰는 네 차례에 걸쳐 10시간 넘게 진행됐다. 그는 "나 개인보다 UDT의 활약상이나 UDT 임무의 중요성이 부각되기를 바란다"고 몇 차례나 강조했다. 나는 "UDT의 상징적 인물인 조 선생의 삶을 소개하는 것 자체가 UDT를 알리는 것"이라고 말해줬다.

눈매가 날카롭고 하관이 갸름한 그는 170cm가량의 키에 날렵한 몸매였다. 줄곧 78kg의 근육질 몸무게를 유지했는데 몇 년 전 위암수술을 받고 나서 10kg가량 줄고 근육이 많이 빠졌다고 한다. 4월 하순 경기도 과천에서 열리는 풀코스 마라톤대회에 출전신청을 했다는 얘기부터 예사롭지 않았다. 풀코스 대회에 나가려면 30㎞대를 3번 정도 뛰며 컨디션을 조절해야 하는데 한 번 뛴 후 천안함 사건이 터지는 바람에 연습을 못해 걱정이라고 했다. 칠순의 나이를 의심케 하는 그의 놀라운 체력에 대해선 뒤에 자세히 설명하기로 한다. 마라톤대회 출전은 그의 몇 가지 취미 중 하나라는 점만 언급해두자.

조 씨가 1983년 UDT 전대장을 지낼 때 한주호 준위는 그 밑에서 훈련교관을 했다. 1976년 하사 한주호가 UDT 22기로 입교했을 때 조 씨는 서해의 한 섬에서 UDU 대장을 맡고 있었다.

"한 준위는 예의바르고 솔선수범하는 사람이었다. 경례도 절도 있게 잘하고. 작년에 소말리아 청해부대에 파견 나가 있을 때도 몇 차례 안부전화를 걸어오곤 했다. 죽기 전날 그가 함수 침몰지점에 부이(buoy, 浮漂)를 설치했다는 얘기를 듣고 참 큰일 했다고 생각했다. 그런데 밤에 곰곰 생각해보니 사리 때라 물살이 세져 위험할 것 같았다. 그래서 다음날 한 준위에게 '무리하지 말고 젊은 애들이 들어가게 하라'고 말해주려 몇 번 전화를 걸었는데 통화가 되지 않았다. 바빠서 그러려니 했다. 그날 오후 5시쯤 현장에서 순직했다는 소식이 들려왔다. 저녁밥이 안 먹혔다."

조 씨는 한 준위가 순직한 3월 30일 밤 경기도 성남 국군수도병원에 있는 빈소를 찾았다. 다음날 오전 조문 온 김태영 국방부 장관, 김성찬 해군참모총장과 귀빈휴게실에서 조우했다. 조 씨가 인사하자 김 장관이 "조광현 선배님 아니십니까" 했다. 이에 조 씨가 "어떻게 제 이름을 기억하십니까" 묻자, 김 장관은 "특전 분야에서 조 선배님을 모르면 특전맨이 아니죠"라고 답했다고 한다.

"그때 내가 한 준위 장례문제로 화가 나 있었다. 한주호 아니면 해군은 떡이 됐을 게 아닌가. 그 사건이 나는 바람에 해군 욕하던 여론도 잠잠해지고 실종자 가족들도 (구조에서) 인양 쪽으로 방향을 튼 것 아닌가. 그런데 해군 작전사령부장(葬)으로 3일간 치른다고 해서 화가 났지. 다음날 오전에 총장이 온다기에 얘기 좀 하려고 기다리고 있었던 거다. 그런데 김태영 장관이 먼저 내가 하고 싶은 애기를 꺼냈다. 김 장관은 '한 준위는 해군을 살린 영웅이다. 3일장은 너무 짧다. 살신성인의 영웅적 행위를 널리 알려야 하는 것 아니냐. 해군장(海軍葬)으로 5일장을 치르게 해 일반 국민도 많이 조문하게 하자'고 했다. 참 고맙더라."

UDT 동지회(회장 심현표)는 실종자 가족의 요청에 따라 천안함 실종자 수색작업에 참여했다. 회원들 중 50m 이상 심해잠수 경험이 있는 직업 잠수사 12명이 우선 선발됐다. 이들은 3월 29일 해군 2함대 사령부가 있는 경기도 평택에서 헬기를 타고 백령도로 들어갔다. 어선을 타고 사고현장에 도착한 그들은 한 준위를 비롯한 UDT 현역들과 함께 물속으로 뛰어들어 함수 실종자 수색에 나섰다.

최악의 작업환경이었다. 조류와 수온, 시정 등 모든 면에서 안전기준을 초과했다. 미군이 참여하지 않은 것도 그 때문이었다. 한국군은 안전수칙을 위반하고 작업한 셈이다. 수심 40m에서 스쿠버(*Scuba*, 휴대용 수중호흡기)만 메고 들어가면 불안해서 작업을 오래할 수 없다. 기껏해야 15~20분이다. 호흡이 빨라지고 조류가 세기 때문에 체력소모도 크다. 잠수경력이 몇 년 되지 않은 젊은 군인이나 아마추어 잠수사들이 나가떨어진 것도 그 때문이다.

UDT 예비역들은 다음날 오전에도 한 준위 팀과 함께 수색작업을 벌였다. 점심때가 돼 식사를 하기 위해 백령도로 철수했다. 기상이 더 나빠지고 있었다. 12시 20분쯤 한 준위가 전화를 걸어와 "오후 작업은 현역들이 하겠다. 실종자 가족들이 저토록 애타게 기다리고 있으니 오늘 중으로 작업을 끝내겠다"고 했다. 오후 3시 20분쯤 현장에서 연락이 왔다. 한 준위가 사고를 당했다는 것이었다. 수색에 참여했던 UDT 예비역들은 다음날인 3월 31일 장비는 남겨둔 채 몸만 빠져나와 분향소로 향했다.

선체 출입구를 개방하고 통로 내부에 인도줄을 설치하는 등 성과를 내긴 했지만, UDT 예비역들의 수색작업은 순조롭지 않았다. 작업환경이 열악해 잠수할 수 있는 시간이 극히 제한돼 있는데다 역할분담이 제대로 이뤄지지 않은 탓이었다. 특히 함미 수색작업은 SSU(*Ship Salvage Unit*, 해난구조대) 측과의 업무협조가 원활하지 않아 어려움을 겪었다.

"현역은 훈련은 잘돼 있지만 실전경험이 부족하다. 반면 직업으로 잠수를 계속해온 예비역들은 실전경험이 풍부하다. UDT 예비역들이 참여한 건 군 수색활동에 만족하지 못한 실종자 가족 측에서 도움을 요청했기 때문이다. 물에 들어갔던 예비역들이 나와서 내게 하소연을 했다. 군에서 함미 쪽은 접근을 못하게 한다고. 현장 지휘부와 사전조율이 되지 않은 탓이었다. 사전에 협의해서 작업배당을 받아야 하는데 무작정 작업하겠다고 하니 군 쪽에서 난색을 표했던 모양이다. 군에서 탐탁지 않게 여긴 면도 있었고."

조 씨는 이 문제를 해결하기 위해 4월 1일 인천에서 백령도로 들어가려다 기상악화로 대기했다. 다음날 UDT 동지들과 함께 백령도로 들어가 임차한 어선(5t급)을 타고 사고현장으로 향했는데 풍랑이 거셌다. 선장이 항해를 거부하는 바람에 되돌아와야 했다.

"SSU 부대 책임자에게 전화해 '오후 함미 수색작업을 우리가 맡는 게 어떻겠느냐'고 제안하자 '오후 작업계획을 수립해 준비하고 있다'는 답변이 돌아왔다. 현역 후배들이 하겠다는 걸 뺏는 것도 모양이 우습고 해서 '그럼 다음날 오전엔 우리가 하겠다'며 물러섰다."

해난구조가 전문인 SSU가 있는데 굳이 UDT가 참여한 이유가 뭘까.

"수중탐색은 기본적으로 UDT의 임무다. 실종자 수색뿐 아니라 선체의 위치 확인, 장비 찾기, 폭발물 탐지 및 처리 등 UDT가 해야 할 일이 많다."

4월 3일 조 씨를 비롯한 UDT 예비역 20여 명은 백령도 앞바다에서 한 준위 추모식을 치렀다. 한 준위가 순직한 장소가 내려다보이는 전망대였다. 조 씨는 천안함 수색에 참여했던 UDT 예비역들과 함께 4월 5일 백령도에서 철수했다.

4월 7일 KBS 〈9시 뉴스〉는 한 잠수사의 증언이라며 한 준위가 함수 쪽이 아닌 제3의 장소에서 사망했을 가능성을 제기했다. 이 잠수사는 UDT 동지회 회원이다. 이에 대해 UDT 동지회가 강력히 항의하자 다음날 KBS는 자막을 통해 오보였음을 시인했다. 하지만 방송내용을 정밀 분석한 UDT 동지회는 KBS가 악의적인 왜곡보도로 UDT와 해군의 명예를 떨어뜨리고 한 준위의 죽음까지 모독했다며 언론중재위원회에 제소하고 민사상 책임도 묻겠다는 방침을 정했다. 천안함 사건 이후 바쁘게 움직이고 있는 조 씨는 4월 13일 합동참모본부에서 열린 폭발물 관련 자문회의에도 참석했다.

2007년 발행된 《대한민국 해군특수전여단 50년사》라는 책은 조 씨를 이렇게 소개하고 있다.

UDT 하면 제일 먼저 떠오르는 인물, 세계적인 용맹과 명성을 떨친 미 해군 UDT/SEAL 대원들도 '코리안 캡틴 조' 하면 모르는 사람이 없을 정도로 그 명성이 널리 알려진 사람, 자신의 해군생활 목표를 UDT 발전으로 정하고 특수전전대 창설의 주역으로….

1940년 강원도 원주에서 태어난 그는 해군사관학교 16기로 임관했다. UDT를 군 생활의 목표로 정한 건 생도 때였다. 이유를 묻자 "호기심이 많았고 물이 좋았기 때문"이라고 답했다. 그는 해사 럭비선수였다. 축구선수나 럭비선수는 물에 들어가면 근육이 풀린다는 속설 때문에 다들 물속에 들어가기를 꺼렸으나 그는 예외였다. 해군사관학교는 진해시 옥포만에 자리 잡고 있다. 수영 실력이 출중했던 그는 틈만 나면 학교 앞 바다 속에 들어가 해삼을 따먹었다. 동기생이 해사반도(사관학교 박물관 옆 부두) 앞 바다 속에 떨어뜨린 시계를 건져준 적도 있었다.

1961년 5·16이 일어난 후 3군 사관학교 체육대회가 취소됐다. 럭비부 합숙생활을 하던 그는 일반생도 생활로 돌아왔다. 그해 여름 4학년 생도들은 대한적십자사가 주관하는 수상인명구조훈련을 받았다. 강사는 모두 미국 UDT 과정을 수료한 한국 UDT 교관들이었다. 잘 다져진 근육을 가진 그들의 구릿빛 몸매에 반한 조 씨는 졸업 후 해병대로 가려던 계획을 수정했다. UDT 장교가 되려면 미국에 가 UDT 교육을 받고 와야 했다. 미국 유학을 다녀온 UDT 선배들에게 물어보니 가장 힘든 훈련이 찬물에서 오래 견디는 것이라고 했다. 그는 그때부터 매일 바닷물로 뛰어들었다.

졸업식에서 국방부장관상을 받을 정도로 성적이 우수했던 조 씨는 임관 후 지금의 구축함보다 작은 호위구축함을 탔다. DE로 불린 이 군함은 제2차 세계대전 때 미군이 타던 것이었다. 항해 중 어망에 스크루가 걸리면 아무리 큰 배라도 꼼짝하지 못한다. 이런 일이 생길 때마다 그는 해결사 노릇을 했다. 어망에 걸린 어선을 구해주고 답례로 생선을 받기도 했다.

5년 동안 배를 타면서 그는 UDT 미국 유학길을 모색했으나 쉽지 않았다. 먼저 신청한 선배들에게 밀렸기 때문이다. 당시 UDT 유학은 경쟁이 치열했다. 지원자들은 먼저 ECL이라는 영어시험을 통과해야 했다. 해군은 매년 장교, 부사관 1명씩 2명을 선발해 UDT 유학을 보냈다.

대위 때인 1967년 3월 그는 마침내 미 해군의 UDT 과정 유학길에 올랐다. 제2차 세계대전 당시 미 해군은 남태평양에서 자주 상륙작전을 감행했다. 그런데 작전 전개과정에 거대한 산호초와 일본군이 설치한 인공장애물, 또는 기뢰에 부딪혀 상륙군이 상륙도 못하고 수장(水葬)되는 일이 잦았다. 이에 미 해군은 이러한 장애물을 제거하기 위해 수영실력이 뛰어난 장병을 선발해 특수부대를 창설했다. 이것이 UDT의 기원이다.

이후 상륙작전 개념이 재래식 상륙주정이 아닌 헬기에 의한 수직상륙, 고속 호버크라프트에 의한 수면기동으로 바뀌게 되면서 UDT는 변화를 요구받는다. 1961년 쿠바를 전복하려는 피그만 작전이 실패로 끝난 후 케네디 대통령은 새로운 특수부대 창설을 지시했다. 이에 미 해군은 해상 상륙작전에 얽매이지 않는 전천후 특수부대를 창설했다. 이것이 바로 SEAL이다. SEAL은 기존의 UDT 임무 외에 선박과 교량 파괴, 적진 침투, 요인 납치 등의 특수임무를 부여받았다. 1983년 SEAL이 해군 특수전사령부로 개편되면서 UDT는 SEAL로 통합됐다.

조 씨가 입교한 미 해군 UDT/SEAL 교육과정의 정식 명칭은 'Basic Under Water Demolition/SEAL Training Course' 샌디에이고에 있는 특수전 학교에 개설된 이 과정은 5개월 동안 3단계로 진행됐다.

첫 단계는 체력 및 정신력 강화훈련. 특수체조와 구보, 수영, 장거리 고무보트 젓기, 갯벌훈련, 찬물 견디기 등의 훈련이 6주 동안 쉴 틈 없이 진행된다. 마지막 지옥주에는 1주일 동안 전혀 잠을 못 자면서 극한의 고통을 체험하는 말 그대로 지옥훈련이 전개되는데 이 과정에서 통상 훈련생의 절반가량이 탈락한다.

"인간이 겪을 수 있는 모든 고통을 극복해 졸업할 때는 자신의 체력과 정신력이 10배 이상 강해졌다고 인정하도록 만드는 것이 훈련 목표다. 훈련을 마치면 무서운 게 없어진다."

훈련생들 사이에 가장 힘든 훈련으로 꼽히는 게 찬물 견디기였다. 바닷물에 들어가 목만 내놓고 몇 시간씩 견디는 것이다. 하지만 진해 앞바다에 뻔질나게 드나들었던 조 씨에게는 그다지 힘든 훈련이 아니었다. 정작 그를 괴롭힌 건 구보였다. 해안 모래밭에서 워커를 신고 뛰는데 발목이 여간 아픈 게 아니었다. 구보훈련이 끝나면 숙소까지 기다시피해서 갔다. 몇 주가 지나자 아킬레스건이 부어 워커에 발목이 닿는 것 자체가 고통이었다. 견디다 못한 그는 발목과 접촉하는 워커 부위를 칼로 도려냈다.

"의무실에 가보니 의사가 무조건 쉬어야 한다고 했다. 진단서를 찢어버리고 다시 훈련에 합류했다. 1960년대 중반 월남전 상황이 악화되자 미군의 UDT 투입 수요가 증가했다. 그 바람에 훈련 강도가 더 세졌다."

지옥주가 되자 조(組)가 새로 편성됐다. 조 씨는 태국, 베트남, 터키 등 외국인 교육생들이 모인 조의 조장을 맡게 됐다. 고무보트에 올라 밤새 교대로 노를 저어 수십㎞를 나아가고 갯벌에서 이어달리기를 했다. 모든 게 조별 경쟁이었다. 5일째 되자 잔디밭에 눕게 한 후 잠들지 못하게 하는 훈련이 실시됐다. 4일 동안 전혀 잠을 못 잔 상태라 상당수 훈련생의 눈꺼풀이 감겼다. 이들은, 조 씨의 표현대로라면 '개 취급'을 받았다. 부사관인 교관들은 팔굽혀펴기를 시키고 등에 올라탄다든지, 구보에서 뒤처질 경우 바닥을 기게 하고 워커발로 얼굴을 걷어차는 등 강도 높은 체벌이 가해졌다.

2단계는 전문교육이었다. 새벽 5시부터 체력훈련이 실시됐고, 주간에는 이론과 실습교육을 받았다. 잠수, 폭파, 통신, 정찰, 소부대전

술, 독도법, 수상인명구조, 사격술, 유격훈련, 잠수훈련 등이 이어졌다. 체력단련 프로그램은 더욱 강화된 방식으로 진행됐다. 수영훈련을 할 때는 오리발을 찼다. 다이빙을 배우는 한편 수중에서 나침반을 품고 2,000야드(1,800m) 목표지점을 찾아가는 컴퍼스 수영, 수중침투 폭파훈련을 받았다. 컴퍼스 수영의 경우 목표지점 좌우 25m 안으로 들어와야 합격이었다. 폭약을 고무보트에 싣고 해안으로 침투하다 파도에 보트가 뒤집혀 총기를 분실하면 밤새 고된 기합을 받아야 했다.

체격이 작은 동양인으로서 불리한 점은 없었을까.

"맨몸수영은 서양 애들한테 도저히 안 됐다. 하지만 다리 힘으로 하는 오리발수영에서는 앞섰다. 또 매일 산꼭대기를 돌고 오는 선착순 달리기가 있었는데 다리가 짧은 사람이 유리했다. 일주일 내내 1등으로 들어오자 열외를 시키더라."

3단계는 전지훈련인 임무형 종합야외기동훈련(FTX). 무인도에서 전투상황을 설정하고 실전과 다름없는 훈련을 하는 것이었다. 각 조는 매일같이 새로운 임무를 부여받으며 소부대 전술을 익혀나갔다. 해안침투, 야간 기습폭파, 매복 등의 전술훈련과 함께 생존훈련이 실시됐다. 정해진 좌표를 찾지 못하면 물도 보급되지 않았다. 며칠씩 굶은 훈련생들은 바닷가로 가서 해삼과 해초를 따먹었다. 40m 잠수와 10㎞ 수영, 40㎞ 구보 등 육체적 훈련강도는 더욱 높아졌다. 포기하고 싶은 생각이 든 적 없느냐고 묻자 그는 대수롭지 않게 말했다.

"미국 유학 당시 나는 한국 UDT 훈련대에서 대기하다가 출국했다. 미 해군의 UDT 훈련이 워낙 세 무사히 수료하는 게 쉽지 않다는 얘기를 듣고 '죽어서 시체로 돌아오면 왔지 낙오는 안 하겠다'고 공언했다. 교육을 받으며 한 번도 힘들어 못하겠다는 생각은 안 했다. 극한의 고통을 이겨내며 '정신이 신체를 지배한다'는 신념을 갖게 됐다."

3단계 교육과정에서 미군 훈련생 2명이 사망했다. 적지에 침투해 상륙해안에 설치된 상륙저지시설(인공장애물)을 제거하는 훈련이었다. 훈련생들은 40파운드짜리 폭약을 메고 헤엄쳐 가서 수중장애물 주변 곳곳에 설치한 다음 전부 연결해 점화한 후 탈출해야 했다. 사고는 상륙저지시설에 접근하는 과정에 발생했다. 한 명은 장애물인 쇠창살에 찔려, 다른 한 명은 부표 줄에 몸이 감겨 죽었다. 구급차가 두 사람을 실어가는 와중에도 훈련은 중단되지 않았다. 조 씨는 "그걸 보고 '참 독한 놈들'이라고 생각했다"며 "미국의 UDT/SEAL이 왜 강한지 알 것 같았다"고 회고했다.

150명이 입교했는데 수료증을 받은 사람은 절반인 70여 명에 지나지 않았다. 심지어 졸업식 전날 퇴교당한 사람도 있었다. 훈련 후유증으로 머리(정신)가 정상적이지 않아 실전에 배치되면 위험하다는 이유였다.

조 씨가 귀국한 것은 1968년 1월 21일. 밤에 김포공항에 도착하니 등화관제가 실시되고 삼엄한 경비가 펼쳐지고 있었다. 사정을 알아보니 북한 공작원 김신조 일당이 청와대 침투를 시도한 날이었다.

진해로 내려온 그는 곧바로 제9대 UDT 대장으로 부임했다. 당시 UDT 교육과정은 'B-6'과정이라고 불리고 있었다. 미 해안학교 Beach School의 첫 글자인 B에 숫자를 붙인 것이다. 조 씨는 이를 해군특수전(UDT/SEAL) 과정으로 개칭하고 교육 프로그램에 SEAL 임무를 추가

하는 등 훈련내용을 크게 바꾸었다. 미 해군의 SEAL 교육과정을 거의 그대로 옮겨놓은 것이다.

그해 UDT 14기가 입교했다. 조 씨는 교육훈련 전반을 직접 챙겼다. 이론을 가르치고 교관들과 함께 실습을 지도했다. 또한 육체적 훈련을 할 때도 앞장서 교관들과 함께 훈련생들을 이끌었다.

"장비와 시설, 교관 수준이 미국에 비하면 매우 열악했다. 하지만 제대로 해봐야겠다는 생각에 이전에 없던 강도 높은 훈련을 실시했다. 소수정예가 내 신념이었다. 엉성하게 훈련받은 100명보다 제대로 훈련받은 몇 명이 임무성공률이 높기 때문이다."

3단계 훈련과정에 한국 UDT 역사상 처음으로 생존훈련이 실시됐다. 훈련장소는 뒷날 대통령 별장이 자리 잡은 저도였다. 생존훈련 3일째 되는 날 교육생들의 동태를 살피러 접근하는데 고기 굽는 냄새가 났다. 교육생들이 바닷가 바위에 둘러앉아 고기를 굽고 있었던 것이다. 화가 난 그는 권총으로 조준사격을 해 반합을 맞추었다. 교육생들은 혼비백산해 달아났다. 사연을 알고 보니 허기를 못 참은 그들이 고무보트를 타고 거제도로 건너가 염소를 잡아왔던 것이다. 염소고기는 교관들 차지가 됐고 교육생들은 그걸 지켜봐야 하는 고통을 겪었다.

14기 입교생은 육군과 해병을 포함해 120명이었다. 하지만 수료생은 7명에 그쳤다. 훈련교관보다도 적은 수였다. UDT 역사상 처음 있는 일이었다. 그전까지는 대체로 한 기에 20명 이상씩 배출됐기 때문이다. 당시 UDT 대원은 많을 때가 100명 남짓 됐다.

그가 훈련대장을 맡는 동안 폭발물처리 임무가 추가돼 관련자들은 육군병기학교에서 위탁교육을 받았다. 공수강하 위탁훈련도 실시했고 한미합동기뢰전 훈련에도 참가했다. 박노식이 주연을 맡은 영화 〈사나이 UDT〉 촬영도 지원했다.

1970년 조 씨는 EOD 교육을 이수하기 위해 다시 미국 유학을 떠났다. EOD 교육과정에 입교하려면 먼저 현지에서 4개월간의 영어학교 과정을 이수해야 했다. 하지만 그에겐 이 과정이 면제됐다. 유학 전 치른 영어시험에서 만점 가까운 성적을 받았기 때문이다.

4개월의 공백이 생기자 그는 3년 전 UDT/SEAL 교육을 받은 샌디에이고로 가서 SBI(*Seal Basic Indoctrination*, 작전팀 전력화 훈련과정) 훈련을 자원해 비공식적으로 참여했다. SBI는 베트남전에서 특수임무를 수행하는 요원을 길러내는 훈련이었다. 장교 2명, 부사관 12명으로 구성된 작전팀은 베트남과 비슷한 정글지대에서 3개월 동안 1:1로 붙은 교관으로부터 다양한 전술훈련을 받았다.

훈련 프로그램은 조 씨가 1967년 이수한 UDT/SEAL 과정보다 한 단계 수준이 높고 실전성이 강화된 것이었다. 고도의 팀워크로 작전능력을 최고도로 끌어올리는 게 이 훈련의 목적이었다. 주요 훈련내용은 폭파, 요인 납치, 기밀자료 탈취, 전화 도청 등이었고, 주야간 실탄이 사용됐다. SBI 교관 중 몇 명과는 안면이 있었다. 1967년 그에게 UDT/SEAL 교육을 실시했던 교관도 있었고 그 과정을 이수한 후 베트남전에 투입됐다가 돌아온 교육 동기생도 있었다.

그는 "퀵 킬(*quick kill*) 훈련을 집중적으로 하면서 적 1개 분대 정도는 혼자서 충분히 제압할 수 있다는 자신감이 생겼다"고 말했다. '퀵 킬'이란 정글에서 적과 마주친 순간 곧바로 사살하는 것을 일컫는다. 실전에서는 당황해 방아쇠를 당기지 못하거나 달아나는 경우가 많다는 것이다. 교관들은 공중에 동전을 던져놓고 사격해 구멍을 낼 정도로 퀵 킬 능력이 뛰어났다.

조 씨는 여기서 공수낙하훈련도 했다. 사실 그는 그때까지 낙하훈련을 받아본 적이 없었다. 게다가 어린 시절 고소공포증까지 있었다. 하지만 UDT/SEAL 훈련을 받은 그에게는 겁날 것이 없었다.

"교관들은 당연히 내가 낙하훈련을 받은 줄 알고 훈련자 명단에 내 이름을 올렸다. 사전에 기능고장 대처법을 독학해서 공중침투에 참가했다. 잘못되면 죽기밖에 더하겠느냐는 심정으로 뛰어내렸다. 고소공포증도 자연스레 극복됐다."

낙하훈련 고도는 보통 1,250피트(375m)였다. 그보다 더 높은 곳에서 뛰면 강하시간이 길어지고 적 레이더에 잡힐 위험성이 있었다. 전술점프를 할 때는 600피트(180m)에서도 뛰어내린다. 이 높이에서는 위험부담이 크다. 자칫 낙하산 기능이 고장 나면 예비낙하산을 펼 시간이 없기 때문이다. 그는 뒷날 귀국해 함상근무를 할 때도 UDT 대원들의 낙하훈련이 있는 날엔 만사를 제치고 달려가 참가했다.

SBI 훈련 이수 후 그는 메릴랜드 주 인디언헤드에 있는 EOD 학교에 들어갔다. 기뢰, 어뢰, 대잠병기 등 폭발물을 다루는 전문교육이었다. 교육기간 중 월드컵 경기가 열렸다. 그는 동료들과 함께 멕시코시티에서 열린 브라질과 이탈리아의 결승전을 구경했다. 펠레가 활약한 브라질이 우승을 했다.

경기가 끝난 후 술집으로 몰려갔다. 새벽까지 마시고 다들 대취한 상태에서 부대로 돌아가기 위해 차에 올랐다. 조 씨가 운전대를 잡고 뒷좌석에 베트남인 동료 2명이 앉았다. 도중에 길을 잘못 들어 강물에 차가 빠졌다. 그는 본능적으로 헤엄을 쳐서 차에서 빠져나왔다. 뒤돌아보니 동료들의 기척이 없었다. 정신이 번쩍 든 그는 다시 물속에 뛰어들어 차체를 찾아 뒷문을 열어 두 사람을 구해냈다.

4개월간의 EOD 교육과정을 최우수 성적으로 졸업한 그는 1971년 2월 귀국 후 소령으로 진급한 후 다시 UDT 대장을 맡았다. 11대 대장이었다. 2년 가까이 재임하면서 UDT 17, 18기를 교육시켰다. 이후 그는 경력관리를 위해 배를 탔다. PC(연안경비함) 함장과 사관학교 체육과장을 지낸 뒤 1975년 중령으로 진급해 해군대학을 수료하고 구축함 부장을 맡는다.

1976년 조 씨는 UDU 대장으로 임명됐다. 1954년 만들어진 UDU는 해군 첩보부대였지만 중앙정보부 통제를 받고 있었다. 주 임무는 북파공작이었다. 조 씨는 미 해군에서 배워온 SEAL의 임무형 훈련을 강도 높게 실시했다. UDT와 UDU의 차이에 대해 그는 이렇게 설명했다.

"UDT와 UDU의 훈련내용은 같았다. 구분하자면 UDT는 전시에, UDU는 평시에 활동하는 특수요원이었다. UDU는 대북첩보활동을 벌였다. 군은 1970년을 전후해 UDT 교육 이수자 중 절반을 UDU로 발령 내 북파공작에 활용했다. 교관도 UDT 출신이 맡았다. 북파공작대원들 중에는 전사자와 행방불명자가 많았다. UDU에 있다가 UDT로 되돌아오는 경우도 있었다. 내가 UDU 대장으로 부임해서 보니 대원들 중에 나한테 훈련받은 UDT 출신들이 있었다. 당시엔 강한 훈련에 반발도 했지만 뒷날 만나서는 '힘들었지만 좋은 추억이 됐다'고 말하더라."

UDU 대장을 마친 후 그는 PCEC(연안초계함) 함장을 지낸 후 한국 함대 훈련과장을 맡았다. 훈련과장 재직 시 특수전 발전 시나리오를 구상했다. 당시 해군 지휘부는 UDT와 같은 특수부대를 키우는 데 별 관심이 없었다. 그는 한미연합사를 활용하기로 마음먹었다.

"지휘소연습(CPX) 시 특수전(UDT)의 존재가치와 필요성을 부각시키는 전투시나리오를 작성했다. 현 체제로는 매번 작전에 실패할 수밖에 없다는 걸 보여주는 시나리오였다. 2년 연속 같은 결과가 나오자 연합사에서 국방부에 특수전 부대의 증강을 권고했다."

1983년 1월 UDT는 해변단 예하 최하 말단제대에서 25특전전대로 승격됐다. 지휘관도 대령으로 격상됐다. 1955년 창설 이래 28년 만에 독립된 단위부대로 인정받은 것이다. 초대 전대장은 조 씨가 맡았다. 전대장 부임 전 그는 1해역사 작전참모, 구축함 함장, 경비전대장 등 항해과 장교의 정통 코스를 밟았다.

그는 '불가능은 없다'를 부대 표어로 제정하고 체제를 정비했다. 유사시 즉각 투입 가능한 특전부대를 목표로 중장기 부대 발전계획을 수립하고 야외기동훈련을 강화했다. 또한 지휘관이지만 대원들과 똑같이 각종 훈련에 작전팀 일원으로 참가했다. 포항 전지훈련 때는 강풍 속에 낙하를 강행하다 야영 중인 해병대의 대형 국솥에 빠질 뻔한 사건도 있었다. 바다에서 미식별 기뢰나 어뢰가 신고되면 직접 현장에 출동해 폭발물 종류와 제작국을 식별해 현장에서 분해했다.

그 시절 UDT전대는 제주공항에서 인질을 구출하는 실전훈련으로 성가를 드높였다. 이 훈련은 이스라엘 특전부대의 엔테베 특공작전을 본뜬 것이었다. 해상으로 침투한 한미연합 UDT/SEAL 2개 팀(14명)이

공항을 기습해 인질을 구출한 다음 항공기(MC-130E)로 탈출하는 것이 훈련시나리오였다. 기습팀은 제주도 내 예비군으로 구성된 수백 명의 방어부대 벽을 깨뜨리기 위해 공항터미널 안팎에 폭음탄을 투척했다. 폭음탄 충격으로 터미널 내 대형 유리창 수십 장이 깨져나갔다. 방어 병력은 순식간에 허물어졌고 작전팀은 임무를 완벽하게 해냈다.

조 씨는 1984년 7월 방송사건에 휘말려 직위해제 당했다. KBS-TV 〈뉴스 파노라마〉에서 UDT 훈련과정을 소개했는데, 지옥주 훈련 중 개 펄훈련 장면이 문제가 됐다. 얼굴과 손발을 비롯해 온몸이 시커먼 개 흙으로 뒤덮인 훈련생들이 UDT 선배들이 던져주는 빵을 그대로 받아 먹는 광경이 국민에게 혐오감을 줬다는 것이다. 그런데 해군 주변에서 는 이 사건의 속사정이 따로 있었던 것으로 전해진다. 육군 특전사 출 신인 전두환 당시 대통령이 이 프로그램을 보다가 "왜 UDT가 오만가지 다 하느냐"고 불만스럽게 한마디 한 게 단초가 됐다는 것이다.

"UDT 홍보는 해군본부의 지시에 따른 것으로 이전에도 훈련장면이 다른 언론에 여러 차례 소개된 적이 있었다. 해직에 대해 불만은 없 었다. 그저 내 운명인가 보다 싶었다."

UDT를 떠난 뒤에도 그의 UDT 사랑은 변함이 없었다. 1985년 해군 본부 특전처장으로 근무하면서 특수전 장비 현대화를 중기계획에 반영 하는 등 UDT 발전에 애쓰다가 1989년 31년의 군생활을 마감하고 전역 했다.

전역 후엔 UDT 전우회 중앙회를 조직해 전국에 있는 UDT 예비역들 을 하나로 묶었다. 1989년 2월말 조 씨의 전역을 축하하는 UDT 모임 에서 UDT 전우회를 전국조직으로 만들자는 의견이 나온 것이 계기였

다. 이에 따라 전국의 기존 시·도지회가 중앙회 산하로 들어갔고 재향
군인회 산하단체로도 등록됐다. 조 씨는 부회장을 맡아 실질적으로 모
든 업무를 관장했고 1997년부터 2004년까지는 회장으로 활동했다.

UDT 전우회는 모부대와의 친선행사, 설한지(雪寒地) 훈련장 위문,
국군의 날 행사 참여, 수중 자연보호활동(푸른 바다 가꾸기, 푸른 강물 가
꾸기) 등을 벌여왔다. 특히 제1회 바다의 날인 1996년 5월 31일엔 '헤
엄쳐서 독도까지'라는 행사를 개최해 언론의 관심을 끌었다. UDT 전우
회는 2010년 새 회장단이 꾸려진 후 UDT 동지회로 이름이 바뀌었다.

조 씨는 전역 후 경남기업 비상기획관으로 6년간 근무했다. 퇴직 후
엔 사단법인 한국수상레저안전연합회를 창립해 초대 및 2대 회장을 역
임했다. 이 단체는 자동차 운전면허와 마찬가지로 보트조종 면허시험
을 실시하고 면허증을 관리하는 곳으로 보트 조종사와 수상인명구조
원, 래프팅 가이드에 대한 교육과정을 개발했다.

1997년 강철 같던 그의 육체에 시련이 찾아왔다. 설 연휴에 동북아시
아에서 가장 높다는 타이완의 옥산(4천 m)에 올라갔다 내려온 후 술자
리에서 배에 고통을 느낀 게 조짐이었다. 병원에 가보니 위암 초기였다.
위의 3분의 2를 잘라내는 수술을 받은 후 체중이 10kg가량 빠졌다.

국가에서 주는 연금을 받으면서 편안한 일상을 보낼 때도 됐건만 그
의 도전은 멈추지 않았다. 2004년 한국수상레저안전연합회장에서 물러
난 뒤에는 강원도 화천에 있는 한옥학교에 등록해 황토로 집 짓는 법을
배웠다.

2006년엔 고산등반으로 눈을 돌렸다. 후배들과 더불어 백두대간을
종주한 데 이어 아프리카에서 가장 높은 킬리만자로 정상인 우후루피
크(5,895m)를 밟았다. 2007년 3월엔 한국산악회가 주관한 실버원정대
의 일원으로 히말라야 에베레스트 등반길에 올랐다. 하지만 에베레스

트는 UDT의 노병을 한 번에 품지 않았다. 베이스캠프에서 등정을 시도한 지 두 달 만에 8천m 지점인 사우스콜까지 진출했으나 고산병 증세로 정상을 밟는 데 실패한 것이다.

이뿐 아니다. 그는 "심심할 때 가끔 마라톤대회에 출전한다"고 말했다. 체력관리 차원이란다. 풀코스는 지금까지 두 번 뛰었다. 2006년 서울마라톤대회에서는 4시간 4분 26초의 기록으로 완주했다.

지지난해와 지난해엔 울트라 산악마라톤 대회에 참가했다. '불수사도북(불암산·수락산·사패산·도봉산·북한산) 5산 종주'로 불리는 이 대회는 매년 6월에 열린다. 새벽 4시 불암산에서 출발해 총 67㎞를 뛰거나 걷는다. 지난해엔 500명이 참가해 300명이 낙오했는데, 조 씨가 최고령자였다고 한다. 기록은 11시간 36분 54초. 지난해 5월엔 대구광역시장배 철인3종 경기(트라이애슬론)에도 출전해 완주증을 받았다(3시간 23분 4초). 이 모든 기록을 나는 그가 보관한 대회참가 증명서들을 통해 확인했다.

도대체 그는 왜 이렇게 뛰는가. 그의 답은 간단했다. 'UDT 스탠더드'(체력기준)를 유지하기 위해서라고. 도대체 그걸 왜 유지해야 하는지는 모르겠지만, 그에 따르면 각 종목의 측정기준은 이렇다. 턱걸이 20회, 윗몸일으키기 60회(1분), 팔굽혀펴기 100회, 달리기 7분(1마일), 잠영 50m…. 아직까지는 이 기준에 맞는 체력을 유지하고 있다는 그는 "70대 중반까지 이 기준을 유지하는 게 목표"라고 밝혔다. 혹시 강박증이 있는지 물어봤다.

"그건 아니다. 억지로 힘들게 하는 게 아니라 즐기면서 한다. 나이 들어 움직이지 않으면 자꾸 처지게 된다. 사는 재미도 없고. 목표를 설정하고 준비하면 처지지 않고 건강에도 좋다. 술도 자제하게 되고."

그에게 삶은 곧 도전이다. 그는 "늘 뭔가에 도전하면서 살아왔다"며 "지금도 나 자신의 한계에 도전하고 있으며 그것을 해냈을 때 성취감을 맛본다"고 했다.

그는 "한 준위 순직사건을 계기로 UDT가 어떤 임무를 수행하는 부대인지 국민에게 정확히 인식되길 바란다"고 했다. 내가 보기에 UDT에 대한 그의 애정과 자부심은 종교적 신념에 가까웠다. 그는 "유사시 적 지역에 가장 확실하게 침투해 다양한 임무를 수행할 수 있는 특수전 부대는 해군 특수전 여단이라고 확신한다"고 강조했다.

"현대전은 대규모 전면전이 아닌 비대칭전, 저강도 분쟁, 국지전, 대테러전의 양상을 띤다. 전폭기, 이지스함, 각종 유도탄 등 최첨단 무기체제가 해결수단이 되는 경우도 있겠지만, 국제법이나 민간인 희생, 안전, 기타 이유로 작전투입이나 공격이 제약을 받을 수 있다. 이러한 정규 작전요소의 틈을 메워주는 역할이 바로 특전부대의 임무다."

그는 또 "UDT 창설 초기에는 위험수당과 특식비가 공군 조종사와 동급이었지만 지금은 일반 함정의 항해수당에 버금가는 수준"이라며 군 당국에 UDT 부대원들에 대한 처우개선을 요구했다. UDT 후배들에 대한 당부도 잊지 않았다.

"작전을 수행하면서 조국을 위해서나 해군을 위해서라기보다는 UDT 의 명예를 위해 모든 것을 바칠 때 임무를 완수할 수 있다. 고 한주호 준위처럼 솔선수범하는 아름다운 전통을 지켜나간다면 최정예 특전부대로서의 위치는 확고부동할 것이다."

한평생 거친 파도처럼 살아온 이 무적의 사나이도 가정 애기가 나오자 고개를 숙였다.

"초급장교 시절부터 군인은 국가를 위해 언제 죽을지 모르니 가정은 아내가 지키는 것이라 말하고 집안일에는 무관심했다. 세 아이 학교 졸업식에도 가본 적이 없다. 지금 생각하면 후회스럽고 미안하다."

특수임무수행자 보상법과 UDT의 문제 제기

국회 국방위에는 UDT 북파공작원과 그 훈련자들에 대한 보상을 청원하는 법안이 계류돼 있다. 사연은 이렇다. 2006년 정부는 '특수임무수행자 보상에 관한 법률'을 제정했다. 이 법률은 특수임무수행자 대상을 '군 첩보부대에 소속되어 특수임무를 하였거나 이와 관련된 교육훈련을 받은 자'로 규정하고 있다. 이 기준에 따르면 UDT는 해당이 되지 않는다. 첩보부대 소속이 아니기 때문이다.

UDT동지회에서 이 법률을 문제 삼는 것은 UDU, HID(육군 첩보부대) 등 다른 첩보부대와 비교해 차별을 받는다고 여기기 때문. 애초 특수임무수행자 보상에 관한 법률이 제정될 당시 대상자는 1971년 5월 이전에 실제로 북파공작을 했던 사람들이었다. 1971년을 기준으로 삼은 것은 그해부터 UDU가 북파공작을 중단했기 때문이다. 그전까지 해군 첩보부대 소속이던 UDU가 별개의 부대로 탄생한 것도 그해다. 이때부터 UDU는 독자적인 훈련을 시작했으나 훈련내용은 UDT와 같았다. 1971년까지 북파공작을 한 UDU 대원들은 UDT 훈련(B-6 훈련)을 받은 자들이었다. UDT 훈련을 마친 군인들 중 일부가 북파공작 요원으로 차출됐던 것이다.

갈등이 시작된 것은 2006년 법 개정으로 대상자의 범위가 확대되면서. 북파공작 임무수행과 관계없이 UDU에서 훈련받은 모든 사람이 보상받게 된 것이다. UDT 소속으로 UDU에 갔다가 돌아온 사람도 포함됐다. 그러자 UDT 측에서 불만이 터져 나왔다. 그런 기준을 적용한다면 당연히 UDU의 모체이자 '대기부대'였던 UDT 출신들에게도 보상이 이뤄져야 한다는 것이다.

군 관련기록에 따르면 1955년부터 1970년까지 총 395명이 UDT 훈련을 받았다(UDT 1~16기). 이 중엔 타군 소속도 포함돼 있는데 해군 소속으로 훈련을 마친 사람은 332명이다. 이 중 126명이 훈련 후 해군 첩보부대(UDU)로 전속돼 북파공작에 투입됐다. 나머지 206명은 훈련교관이나 직업군인으로 UDT 부대에 남거나 전역했다. UDT 측은 UDT 훈련이 북파공작을 위한 훈련이었으며 특수임무수행자 보상법의 취지가 북파공작훈련을 받은 사람들의 인권유린과 국가공헌에 대한 보상이라는 점을 들어 1971년 이전의 모든 UDT 훈련 이수자에 대해 보상이 이뤄져야 한다고 주장한다.

UDT 관계자들에 따르면 전역해 민간인 신분이 된 사람들 중 상당수가 행방이 묘연하다고 한다. 북파공작에 투입됐다가 사망했을 가능성이 크다는 게 그들의 판단이다. 최근 UDT 동지회가 찾아낸 맹휘강(UDT 7기) 씨는 "제대 후 정보부에서 찾아와 '큰일 하자'고 제안해 북한에 들어갔다 왔다"고 증언했다고 한다.

UDT 동지회는 나아가 1971년 이후 UDT 훈련 이수자들에 대한 보상도 요구하고 있다. UDU에서 비밀리에 북파공작요원을 양성하는 동안 만약의 사태에 대비해 UDT 부대도 똑같은 훈련을 실시해온 것인데 누구에게는 보상하고 누구에게는 보상하지 않는 것은 형평성에 어긋난다는 것이다. 조광현 씨는 "과거 UDT에서 훈련시킨 사람들이 UDU 요원이 됐고 UDU에 결원이 생기면 UDT에서 채웠다는 점에서 보상법이 불공평한 게 아니냐는 논란이 있다"며 "양쪽이 똑같은 훈련을 받았다는 점을 입증하면 보상받을 수 있다"고 말했다.

조광현 씨는 아마도 그간 내가 인터뷰했던 사람들 중 가장 강인한 사람이 아닐까 싶다. 바싹 마른 체구에서 어디서 그런 힘과 에너지가 나오는지 신기하기만 했다. 내가 보기에 그는 죽는 날까지 자신의 몸을 단련할 듯싶다.

이런 사람들은 대체로 '건강한 정신은 건강한 신체에서 나온다'는 말을 금과옥조로 여긴다. 운동을 좋아하고 뱃살이 조금만 나오면 못 견뎌하는 나도 약간 그런 편이다. 육체를 통해 실존을 확인하는 조 씨와는 차원이 다르지만.

조 씨는 천안함 침몰사건 민군합동조사단 조사위원으로 활동했다. 사건이 터졌을 당시 '기뢰 폭발사고'라는 심증을 가졌던 그였기에 나는 그의 판단이 자못 궁금했다. 조사가 끝난 후 내가 진지하게 물어보자 그는 "처음엔 기뢰를 의심했는데, 조사해보니 어뢰 공격이 아니라면 설명이 안 된다"며 국방부 측과 같은 견해를 내놓았다. 조 씨는 요즘 요트에 푹 빠져 있다. 요트로 태평양 횡단도 했다. 몇 차례 큰 바람과 파도를 만나 위험에 처했지만, 길이 1m가 넘는 대형 참치를 잡는 등 신나는 일이 많았다고 한다. 만 72세인 그는 요트 타느라 마라톤 연습을 못했다고 아쉬워했다.

1952년 대구 출생·1977년 7급 교도관·영등포구치소장, 대구지방교정청
장, 서울지방교정청장·법무부 교정본부장·한국법무보호복지공단 이사장
역임

'교도관의 전설' 이태희 법무부 교정본부장
잡을 땐 확실히 잡아라, 설건드리면 욕만 먹는다

'하리마오'. 인도네시아어로 '용맹한 호랑이'라는 뜻이다. 우리나라 교도관들의 우두머리가 하리마오라 불린다는 사실은 나를 가볍게 흥분시켰다. 법무부 고위간부에게서 그 얘기를 듣고 나서 갑자기 그가 보고 싶어졌다. 세상 속 또 하나의 세상이라는 교도소. 그 거친 세계를 헤치고 살아온 사내의 삶의 이력이 궁금했고 그를 통해 그 야만의 세계를 들여다보고 싶었다.

한국 교정(矯正) 행정의 총사령관인 이태희(李台熙) 법무부 교정본부장. '인간 하리마오'를 만나기 전에 두 편의 영화를 봤다. 하나는 사형을 집행하는 교도관들의 고뇌를 다룬 〈집행자〉이고, 다른 하나는 청주여자교도소 재소자 합창단의 애환을 그린 〈하모니〉다.

억센 대구 사투리를 쓰는 그는 전형적인 경상도 사내로 보였다. 말투가 시원시원하고 거침이 없다. 단정히 빗어 올린 머리카락은 각이 잡혀 있다. 내가 기대했던 것보다는 덩치가 크지 않고 인상도 그다지 험악하지 않았지만, 성깔 좀 있을 법한 날카로운 눈매와 운동 좀 했을

191

법한 균형 잡힌 체구로 미뤄 여러 사람 잡았을 게 분명하다고 나는 확신했다. 인터뷰는 2월 3일 오전과 5일 오후 두 차례에 걸쳐 경기도 과천의 법무부 청사에서 진행됐다. 2월 3일 오후엔 안양교도소를, 5일 오전엔 화성직업훈련교도소를 탐방했다.

사형수

사형제도에 대해 어떻게 생각하십니까.
제 경험에 비춰 사형의 집행여부와 별개로 사형제도 자체는 존재해야 한다고 생각합니다. 사형이 확정되면 긴장하고 엄숙해집니다. 혹여 감형이라도 있을까 싶어 열심히 생활하게 됩니다. 종교생활도 하고 남을 위해 헌신도 하고. 이런 사람이 감형되면 생명을 박탈당한 사람이 새 생명을 얻는 것이나 마찬가지입니다. 그런데 처음부터 무기형 받은 사람을 사람 만들려면 5년 걸려요. '나한테 미래가 없구나' 절망하다가, 5년쯤 지나면 '벌써 5년이 갔구나'하고 그때부터 기술을 배우고 사람이 돼 갑니다. 반면 사형수는 무기로 감형되는 순간 바로 사람이 됩니다. 그만큼 사형이라는 형벌의 무게가 무거운 거죠.

수십 년을 재소자와 함께 살아온 교도행정 책임자로서의 자신감인지, 말에 기운이 넘친다.

"일부 사람들이 도입을 주장하는 종신형은 그야말로 희망이 없는 형벌입니다. 외국도 처음엔 가석방 없는 종신형을 시행하다 헌법재판소에서 위헌판결이 난 후 사면을 통해 내보내는 상대적 종신형으로 바꾸고 있어요. 실제로는 무기형보다 못한 거죠."

영화 〈집행자〉 제작을 지원했습니까.

마침 화성직업훈련교도소를 지어놓고 문 열기 전이라 그곳을 사용하
도록 허락했습니다. 좋은 제작자 만났다면 좀더 밀도 있게 잘 만들었
을 텐데 소자본으로 만들다 보니 우리가 봐도 엉성하데요. 군더더기
도 많고.

영화에선 교도관들이 사형 집행을 두고 무척 괴로워하던데요.

과장됐죠. 사형 집행하기 좋아하는 사람이 있겠습니까마는 순번대로
하거든요. 다 따르죠. 교도관 본연의 임무인데 갈등할 이유도 없고. 징
크스는 마음먹기에 달렸어요. 사형 집행하는 날에는 집에 안 들어가고
목욕하고 술을 먹는다는데 나는 바로 집으로 가버렸어요. 허허허. 불필
요한 술은 안 먹겠다고. 허허허. 1990년 부산구치소에서 보안계장 할
때 감독관으로 사형을 집행한 적이 있어요.

사형집행에 대해 얘기하면서 천연덕스럽게 웃다니. 과연 하리마오다.

사형 집행은 딱 한 번 해보신 건가요?

예. 살인죄로 사형을 받은 사람인데, 정신이 좀 희한합디다. 집행할
때 감정의 동요도 없고. 신원확인 질문에 초연하게 대답하고 말없이
사라집디다. 그 모습은 좀 충격적이었습니다.

몇 사람이나 죽였는데요?

가정에 강도짓 하러 들어가 여러 사람 살해했죠.

마지막 말이 기억나십니까.

"할 말 없다"였습니다.

나이는요?
40대 초반.

수형생활은 어땠습니까.
온종일 말없이 앉아 있었습니다. 특별히 말썽 피운 적도 없고. 사형선고
이후 충격을 받았는지 눈에 초점이 없고 정신적으로 문제가 있었어요.

사형을 집행하면서 마음의 동요가 전혀 없었습니까.
대부분의 교도관이 사형수의 행동을 보거든요. 수형생활을 착실히 잘
한 사형수에게는 연민을 느끼고 감형되면 좋겠다고 생각하죠. 반면 반
성의 기미 없이 멋대로 행동해온 사형수에게는 전혀 연민의 정을 느끼
지 않습니다.

이자는 사형당할 만하다고 생각하는 겁니까.
그렇죠. 판결문에 적힌 범죄내용을 보면 극악하기 짝이 없어요. 사형
이 언도되면 집행은 우리 본연의 임무라는 생각이 꽉 박혀 있어요. 연
민이 없을 수는 없지만 공적인 임무를 수행하는 것인데. 세계 어느 나
라 교도관도 마찬가지일 겁니다. 과거엔 늘 수행하던 임무 중 하나였
습니다.

사형수와 친하게 지냈던 교도관이라면 고통스러워할 만도 한데요.
사형수를 직접 대하는 직원은 한정돼 있어요. 다른 직원들은 잘 모르
죠. 그리고 사형 집행은 다른 사람이 하니까. 형장으로 끌려가면서 제
발로 걷는 사람은 없습니다. 전부 공중에 들려가지. 혼이 나가버리는
거죠. 형 집행을 위해 사형수를 형장으로 데리고 오는 직원 마음이 좋
지는 않겠죠. 손발을 묶는 사람도 그렇고.

〈집행자〉에서 교도관 생활 10년째인 종호(조재현 분)는 재소자들을 혹독하게 다스린다. 하지만 강인하기 짝이 없는 그도 사형 집행장에서 사고를 겪은 이후 한순간에 무너진다. 목에 밧줄이 걸린 채 대롱대롱 매달린 사형수가 한 번에 죽지 않자 두 손으로 직접 사형수의 몸을 잡아당겨 숨이 끊어지게 만든 후 정신착란증을 일으킨 것이다.

강해 보이는 교도관도 사형을 집행하고 나서 완전히 무너지데요.
영화니까 그렇지요. 허허허.

영화 속 교도관들의 고뇌가 사실적이지 않나요?
현실은 달라요. 과거에 그런 나약한 사람이 있었는지 모르겠어요. 나는 본 바 없지만. 예전엔 비인간적 범죄에 대해 경각심을 주기 위해 수시로 사형을 집행하지 않았습니까. 종교관과 인생관에 따라 정말 고뇌하는 교도관도 있겠죠. 하지만 대부분 거침없이 집행합니다. 그 후에 괴로워서 술 한잔했는지는 모르지만. 다만 마지막 가는 길이 얼마나 애처롭겠습니까. 면회 왔다고 거짓말하고 데리고 나올 때는 마음이 처연하겠죠.

직접 집행하신 적은 없는 거죠?
간부들은 감독만 하죠. 감독관이 "눌러" 하면 누르는 거죠. 사실 가장 힘든 사람이 의무관이에요. 시신을 만지며 사망을 확인해야 하니까.

영화처럼 집행이 제대로 안 되는 사고가 더러 일어납니까.
1990년 이전에는 영화처럼 교도관 한 명이 포인트(사형집행 레버)를 잡아당겨 사형을 집행했습니다. 형을 집행하는 교도관의 마음이 좋을 리

없죠. 그 고충을 덜어주기 위해 1990년부터는 버튼을 5개 만들어 5명
의 직원이 동시에 누르는 자동화시스템으로 바꾸었습니다. 누구의 손
에 의해 집행되는지 모르는 거죠. 집행할 때는 포승 길이를 잘 조정하
는 게 중요합니다. 줄이 짧아야 집행 대상자가 공중에 매달리게 되는
데 줄이 길면 바닥에 떨어집니다. 허허허. 실제로 그래서 다시 집행한
경우가 있었죠.

　선배들한테 들은 애긴데, 한번은 직원이 발을 빼고 나서 포인트를
눌러야 하는데 빼기 전에 누르는 바람에, 허허허, 사형수와 집행관이
함께 바닥에 떨어진 거예요. 그 직원이 충격을 받아 얼마 지나지 않아
그만뒀다고 하더군요.

영화 속 장면과 비슷하네요.
비슷하죠. 혼이 나갔겠죠. 허허허.

　수형자는 기결수와 미결수로 분류된다. 법무부 통계자료에 따르면
기결수 범죄유형 중 가장 많은 게 절도이고 그 다음이 사기, 강간, 강
도, 살인 순이다. 미결수의 경우 사기가 가장 많고 강간, 폭행이 뒤를
잇고 있다.

사형수는 다 살인죄죠?
그렇죠. 보통 서너 명 죽인 경우죠. 그것도 우발적인 살인은 사형을 안
줍니다. 계획적인 살인만. 판결문 보면 사람도 아니죠. 죽은 사람만 억
울한 거죠.

　　우리나라는 1997년 12월 30일 23명(여자 4명)을 사형한 이후 지금까지 사형을 집행하지 않고 있어 실질적인 사형제 폐지 국가로 분류된다. 2010년 현재 현재 사형수는 모두 59명이다. 이 중 57명은 사형이 확정됐고 나머지 2명은 상고심이 진행되고 있다. 연령대로는 40대가 가장 많고 20대보다는 30대가 많다.

현존 사형수들 중에 감형될 만하다고 생각되는 사람은 없습니까.
1997년 마지막 사형 집행 이후 몇 번 감형이 있었습니다. 지금 남아있는 사형수들은 상대적으로 독하다고 봐야죠. 감형받은 자들도 죄가 가벼운 건 아닌데, 상대적으로 조금 낫다 하는 자들이죠.

사형제 폐지론이나 무용론에는 전혀 공감하지 않으십니까.
사형제도 자체는 존치돼야 한다는 게 저의 소신입니다. 사형집행을 하는 교도관의 괴로움을 덜어주기 위해서라도 사형을 없애야 한다는 해괴한 논리를 펴는 사람들이 있는데, 우린 전혀 그렇지 않습니다. 우린 훈련돼 있습니다. 허허허. 국가의 명을 따르는 것이고요.

1997년 이후 집행이 이뤄지지 않으니 사형수들도 안이한 생각을 갖고 있지 않을까요?
기대감이 있겠죠.

그렇다면 제도의 효용성이 없는 것 아닌가요?
그러나 언젠가 집행될지 모르니 늘 두려움을 갖고 있죠.

오랜 수형생활을 통해 교화돼서 바르게 사는 사람이나 정말 억울한 사람을 사형시키는 건 문제 아닌가요?

오판의 문제인데, 과거엔 수사나 재판이 정확하지 않아 사형수가 죽는 순간까지 억울함을 호소하는 경우가 많았습니다. 정치범들도 그랬고. 하지만 지금은 일반 국민의 법 감정이 사형감인데도 무기형을 선고할 정도로 판사들이 웬만하면 사형을 때리지 않습니다. 또 형사사법제도의 발달로 오판의 여지가 거의 없습니다.

판결도 사람이 하는 일인데요.

모든 것을 증거로 판단하기 때문에 부당하게 사형을 선고할 가능성은 거의 없다고 봅니다. 순화된 사람들에 대해선 감형을 하면 되고요. 그런데 아예 (사형제도를) 없애면 '이제 안 죽겠구나' 싶어 태도가 확 달라집니다. 요즘 사형수는 과거와 달라요. 예전엔 지푸라기 잡는 심정으로 남의 발도 씻겨줬거든요. 쇼도 자꾸 하면 진짜가 되거든. 그런데 지금은 느긋해요. 집행에 대한 두려움이 있긴 하지만 긴장도가 떨어져 있죠.

교도소

영화 〈하모니〉를 보면 과거에 비해 교정시설과 교도행정이 매우 좋아졌음을 알 수 있다. 온돌바닥과 TV, 출입문이 달린 수세식 화장실이 갖춰져 있고 교도관들도 재소자를 인격적으로 대우한다. 〈하모니〉의 실제 모델인 청주여자교도소 재소자 합창단은 1997년에 결성됐다.

영화 〈하모니〉를 봤는데 눈시울이 뜨거워지더군요.

실제로 활동하는 여자재소자 합창단입니다. 실제로 보면 영화보다 더 눈물이 납니다. 한 달에 한 번 가석방 심사회의가 열립니다. 법무부 차관이 위원장이고, 교정본부장과 교수, 판사, 변호사 등이 위원이지요. 외부 심사위원들이 종종 판결문만 보고는 "어떻게 그런 흉악한 범죄자를 가석방할 수 있느냐"고 문제제기를 하기에 제가 "서류만으로 심사할 게 아니라 현장을 보고 심사해보자"고 해서 청주여자교소도를 방문했습니다. 가서 공연을 보는데 여자 위원들은 다 웁다. 그러면서, 현장에서 심사하면 안 되겠다는 거예요. 마음이 약해져서. 허허허. 하여간 앞으로 현장 가석방심사를 자주 하기로 했습니다.

관객석이 눈물바다더군요.

저도 좀처럼 안 우는데, 합창단 공연을 보고 눈물이 납다. 〈하모니〉 찍기 전에 감독이 찾아왔어요. 시나리오를 보내보라고 했지요. 시나리오를 보니 내용이 좋더라고요. 유일한 여자교도소라는 점에서 교정홍보에도 도움이 될 것 같았고요. 다 교도소 안에서 촬영한 겁니다.

영화 장면 그대로인가요? 안에서 TV도 보던데.

그럼요. 한국 사람들은 잘 몰라주는데, 전 세계 교정행정에 관여하는 사람들은 한국에 와보고 다들 놀라 자빠집니다. 세계 최초로 교화방송국도 세웠고요. 웬만한 케이블방송보다 낫습니다. 아나운서, PD, 작가 다 있어요. 거기서 만든 프로그램이 전국 교도소로 방송됩니다. 지난해 초 정식으로 가동했습니다.

일반 방송은 시청을 제한하죠?

범죄소식은 안 좋으니 뉴스는 제한하죠. 다만 사회적응 훈련을 하는 천안개방교도소와 '중간처우의 집'에서는 제한 없이 다 봅니다. 중간처우의 집은 제가 본부장으로 부임해 만든 시설인데 안양교도소를 비롯해 현재 전국 5개 교도소에 설립돼 있습니다. 거기선 인터넷도 맘대로 하지요. 행형 성적이 우수하고 가석방이 6개월가량 남은 재소자들이 들어갑니다. '필요적 귀휴'라고, 주말엔 집에 갔다 오게 합니다. 천안개방교도소는 원래 교통사고 과실범을 수용해 교육하던 곳입니다. 제가 부임한 후 사회적응훈련원으로 기능을 전환시켰죠. 현재 250명이 수용돼 있는데 전부 침대생활을 하고 TV를 보고 인터넷을 합니다. 또 천안소년교도소를 외국인 전담교도소로 바꿨는데, 2월 23일 개청식을 갖습니다. 현재 450명이 수용돼 있습니다. 이를 위해 교도소 내에 국제협력과를 신설하고 외국어 가능한 교도관 15명을 특채했습니다.

보라미 방송

첫날 인터뷰가 끝난 후 이태희 교정본부장과 함께 교화방송센터를 둘러봤다. 2008년 6월 개국한 교화방송센터는 법무부 청사 1층에 있다. 스튜디오, 주조종실, 편집실, 서버실로 구성돼 있고 영상카메라 5대가 갖춰져 있다.

제작한 영상물을 인터넷을 통해 각 교정기관의 수신시스템에 전송해 정해진 시간에 방송이 송출되는 자동화시스템이다. 모니터들 한쪽으로 전국 교정기관이 표시된 대형 현황판이 설치돼 있는데, 특정 교정기관에서 방송 수신에 문제가 생기면 곧바로 경보신호가 들어온다고 한다.

개국 초기엔 TV 방송내용을 편집해 내보내는 송출기능만 있었으나 지난해 PD, 아나운서 등 전문 인력을 채용해 자체 프로그램을 제작하기 시작했다. 교화방송은 '보라미 방송'이라고도 한다. 평일은 9시간, 토요일 및 공휴일은 11시간 반 동안 방송된다. 일반교화, 여성, 교육 3개의 채널이 있고 라디오방송도 실시하고 있다. 영상편지(가족의 소리), 준법교육(법질서 지키기 운동), 독서진흥(책, 함께 읽자), 저명인사 초청강연, 출소자 성공사례 다큐멘터리가 주요 프로그램.

이태희 본부장과 나란히 앉아 〈소망을 나누는 사람들의 보리떡 다섯 개〉라는 프로그램을 시청했다. 마약류 전과자의 출소 후 새 삶을 그린 방송이었다. 짤막한 스토리였지만 밀도 있게 잘 만들었다는 느낌이 들었다. 이어 재소자 가족이 영상편지를 전하는 프로그램을 봤다. 재소자의 어머니와 여동생, 누나, 매형, 조카들이 차례로 등장해 돌아가면서 한마디씩 했다. 재소자가 포함된 어릴 적 가족사진이 비쳐질 때는 가슴이 찡했다.

평소 교정행정에 관심 없던 나에게는 하나같이 신기한 얘기들이었다. 밖에서 인권침해가 어떻고 처우개선이 어떻고 사형제도를 없애느니 마느니 갑론을박이 벌어지는 동안 교정현장에 있는 사람들은 재소자에게 실질적인 도움을 주는 정책을 꾸준히 추진해온 것이다. 한편으로 인권운동가들에게 욕을 먹어가면서 말이다. 화성과 청송에는 직업훈련교도소가 설립돼 있다.

"10년 전만 해도 일본 후추형무소 직업훈련시스템이 부러웠어요. 지금은 우리 것의 반도 못 따라와요. 전 세계 어느 나라도 우리처럼 안 돼 있어요. 우수한 강사와 시설이 갖춰져 있어요. 그런 현장을 보셔야 합니다. 자격증만 따서는 소용없죠. 밖에 나가서 곧바로 취업이 돼야 하거든요. 화성에서 수료한 재소자들은 청송으로 가서 심화교육을 받습니다. 숙련과정이죠. 지난해 처음으로 천안개방교도소에서 수형자 취업박람회를 열기도 했습니다. 보험공단을 통해 조사해 보니 직업훈련을 받은 출소자의 취업률이 33.1%예요."

교도소 밖에서 재소자의 사동(舍棟) 거실까지 가려면 4개의 문을 거쳐야 한다. 전자경비시스템에서는 버튼 하나로 모든 문이 열린다. 현재 전국 교도소의 반 정도에 이 시설이 갖춰져 있다고 한다. 전자경비시스템은 인력 부족을 해소하는 현실적인 방안이기도 하다. 2012년 12월이 되면 경비교도대(警備矯導隊) 병력이 완전히 철수해 교도소 경비와 관리에 큰 차질이 빚어지기 때문이다. 경비교도대가 사라지는 것은 국방부가 군 병력 부족을 내세워 더는 지원할 수 없다는 방침을 세웠기 때문이다. 경비교도대는 그동안 군 훈련소에서 차출된 병력으로 운용돼 왔다.

"앞으론 감시대에서 직원이 총 들고 서 있는 광경이 사라집니다. 누군가 주벽 쪽으로 침투하면 비상벨이 울리고 통제실 카메라가 자동으로 추적합니다. 전에는 문마다 직원이 보초를 서고 있다가 열어주곤 했는데 지금은 각자의 ID카드를 대면 탁탁 열립니다."

교도관들이 재소자들과 물리적 충돌을 빚는 경우가 많지요?

지난 10년간 사회가 시끄러웠잖아요. 교도소도 세상 따라가는 곳이죠. 직원들한테 욕하고 협박하고. 이래선 안 되겠다 싶어 지난해 '수용질서 확립 원년의 해'를 선포하고 기동순찰팀, CRPT(*Correctional Rapid Patrol Team*)을 만들었습니다. 24시간 순찰하죠. 7, 8개월 활동하고 나니 수용질서가 완전히 잡혔어요. 직원들 중 무술유단자와 조사 전문교육을 받은 사람을 선발해 운영하고 있어요. 현재 250명입니다.

저항하지는 않습니까.

전국의 재소자가 4만 8천 명이에요. 95%는 반성하고 순화돼서 잘 생활하고 있습니다. 시키는 대로 하죠. 꼭 5% — 조직깡패하고 성격이상자들이죠 — 가 문제입니다. 그 5%를 단속하기 위해 기동순찰대가 있는데, 전국 교도소 직원들한테 감사의 메일이 많이 날아옵니다.

어차피 질문하려 했는데, 그가 먼저 자살 문제를 끄집어냈다.

"우리나라의 자살률은 OECD(경제협력개발기구) 국가 중 1위입니다. 재소자들도 따라갈 수밖에요. 교도소에서는 심리적 압박이 더 심하지요. 지난해 자살을 기도한 재소자가 모두 115명입니다. 그중 105명을 사전에 막았습니다. 우리 직원들이 다 칼을 갖고 있어요. 캄캄한 새벽에 감시센터에서 지켜보든가 순찰을 돌다가 목매단 재소자를 발견하면 끈을 잘라내 바닥에 뉘어놓고는 인공호흡을 시킵니다. 심약한 직원은 그런 일을 한 번 겪으면 사표 내려 하지요."

주로 목매는 거죠?

그렇죠. 화장실 철 격자를 많이 이용하는데 지금은 다 막아놓았습니다. 요즘은 TV 받침대에 걸어 죽죠. 가장 위험한 게 앉아서 목을 매는 겁니다. 심지어 누워서 제 발로 밀어서도 죽고. 일본과 우리는 잘 방어하는 편입니다. 지난해 10명이 자살했는데 10만 명 기준으로는 20명쯤 됩니다. 선진국은 50명, 100명이 넘어요. 프랑스 같은 데는 엄청나죠.

수감생활이 힘들어 그런 건가요?

막장인생들 있잖아요. 이래도 안 되고 저래도 안 되는. 마누라는 도망가고 자식은 어찌 사는지 모르고. 지은 죄가 있지만 나름대로 열심히 살았다고 생각하는데 교도소 들어오면 인생이 한 방에 무너지거든. 명예도 손상되고. 유서를 보면 대체로 "더 살아 뭣 하나", "먼저 가 미안하다", "아내에게 부모에게 사죄한다" 이런 내용이 많아요. 구구절절하죠. 이제껏 해마다 20명가량이 자살했어요. 지난해에 미친 듯이 달라붙어 10명으로 줄였죠. 올해 들어서만 예방건수가 11건이에요. 해마다 직원들을 대전에 있는 국군군의학교에 보내 응급구조사 자격증을 따게 하고 있는데 상당한 효과를 보고 있어요.

2004년 무기수가 교도관을 구타해 사망한 사건이 있었지요?

쇠몽둥이로 때려 머리가 다 부서졌어요. 원래 무기수인데 그 사건으로 또 무기형을 받았어요. 그런 형벌은 의미가 없지. 사형을 줘야 하는 것 아닙니까. 그 사건 이후 직원 부조회를 만들었어요. 일반직원은 1만 원, 사무관은 1만 5천 원, 본부장은 3만 원씩 내지요. 병으로든 뭐로든 재직 중 죽으면 1억 4천만 원이 지급되니 유족에게 힘이 되죠.

그런 사건이 가끔 일어납니까.

죽은 건 처음입니다. 난동 진압하다가 직원들이 다치는 경우는 많았지만. 과거엔 재소자들이 배가 고파 자주 난동을 일으켰지요.

교정직(矯正職) 이직률이 다른 직종에 비해 높은 편인가요?

특별히 높은 건 아닙니다. 요즘 취업이 쉽지 않으니. 과거엔 아주 높았지만. 만날 새로 뽑았죠. 이직률이 낮아진 데는 처우개선도 영향을 끼쳤어요. 보수나 음식, 시설 등 근무여건이 현격히 좋아졌죠. 다만 직장에 대한 긍지와 소속감을 갖기 힘든 근본적 이유는 대상이 범죄자들이기 때문입니다. 사람 다루는 일이 징그럽거든요. 특히 보안과 직원들의 고충이 심하죠. 사기진작 차원에서 지난해부터는 교정대상(矯正大賞)을 받으면 특진도 시키고 있어요. 직원들끼리 하던 여러 운동시합을 장관배로 격상시켰고요.

성선설과 성악설 중에 어느 쪽을 신봉하십니까.

95%의 인간은 착하게 태어나고 5%의 인간은 소질적으로 나쁘게 태어난다고 봅니다.

5%는 교화될 가능성이 전혀 없나요?

반은 되고 반은 안 될 것 같아요. 머리가 이미 굵어졌기 때문에. 인천소년교도소에서 5년간 근무한 적이 있는데 뭘 가르치면 리트머스 시험지에 잉크가 스며들 듯 그대로 받아들이더군요. 교화가 영 안 되는 친구들은 우리 쪽 용어로 '개선극난'이라고 합니다.

**교도소 무용론도 있지요. 교도소 가서 더 망가지고 재범률이 높다는 이유
로요.**
교도소 무용론은 좌파적 시각을 가진 형사정책학자들의 애기입니다.
모든 범죄는 사회책임이라면서.

**무용론이야 그렇다 쳐도 교화교육이 실효성이 없다는 비판은 일리가 있지
않나요?**
징역 3년형을 받으면 3년 동안은 범죄를 저지를 가능성이 없잖아요.
관점의 차이지요. 3년마다 재복역률을 조사합니다. 현재 23.2%인데
해마다 줄고 있어요. 우리는 잘하고 있다고 봅니다. 선진국은 50%가
넘어요.

　국내 교정기관은 모두 50개다. 서울 대구 대전 광주의 4개 지방교정
청 밑으로 교도소 36곳, 구치소 11곳, 지소 3곳이 있다. 2015년엔 경기
도 안양에 교정병원에 해당되는 의료전문교도소가 세워질 예정이다.
전체 수형자는 기결수와 미결수를 합해 약 4만 8천 명인데 그중 여자
재소자가 4천 명쯤 된다. 여자교도소를 하나 더 세우기 위해 경기도 화
성에 터를 닦고 있다. 현재 교정직 공무원은 1만 5천 명이다.

중간처우의 집

2009년 1월 개소한 안양교도소 중간처우의 집은 주벽(담장) 밖에 위치한, 교도소 아닌 교도소다. 출소 예정자가 사회로 복귀하기 전에 일정기간 머물면서 출소를 준비하는 곳으로 '소망의 집'으로도 불린다. 수용자들은 대부분 잔형이 5개월 미만인 장기수로 가석방 후보자들이다. 10명이 수용돼 있었는데 얼마 전 1명이 가석방으로 나갔다.

　보안시설과 경비병력이 없는 곳이므로 맘만 먹으면 언제든 탈출이 가능하다. 김태규 안양교도소장은 "늘 불안한 요소가 있는 게 사실"이라면서도 "믿지 않으면 내가 불안해 못 산다. 믿어주면 재소자들도 잘한다. 그들을 믿는 수밖에 없다"고 말했다. "설사 도망가는 사고가 일어나더라도 다른 재소자들을 위해 계속 이런 시설을 늘려가야 한다"고 말하는 그의 표정은 밝았다.

　김 소장을 따라 시설을 둘러봤다. 생활실이라 불리는 원룸 5개에 공용 거실 하나로 구성돼 있다. 생활실은 2명이 한 방을 쓴다. 거실 겸 주방엔 냉장고와 에어컨, 싱크대, 식탁이 갖춰져 있다. 인터넷이 가능한 컴퓨터와 TV는 기본. 그밖에 소형 서재, 샤워장, 세탁실, 공중전화기 등이 눈길을 끌었다. 컴퓨터는 한 사람이 한 번에 30분씩 사용하고 하루에 한 번 전화도 할 수 있다. 주말과 공휴일엔 외출·외박이 허용된다. 김 소장은 "이곳은 전국 재소자들의 꿈"이라고 말했다.

　기숙시설 옆에는 '아름다운 자동차 가게'라는 간판이 붙은 카센터가 있다. 수용자 중 5명이 이곳에서 일하고 나머지는 교도소 안 공장에서 일한다. 스팀세차를 하는데 바깥 카센터보다 싸다는 사실이 알려지면서 일반인도 많이 찾는다고 한다.

하리마오

대구에서 태어난 그가 교도관이 된 것은 1978년 11월이다. 만 26세, 교정간부 19기였다. 전해에 치러진 교정공무원 7급 시험에서 30:1의 경쟁을 뚫고 합격했다. 응시생들은 대부분 현직 교도관들이었다. 교도관 경험이 전무한 그를 두고 '순수공채'라고 했다.

특별한 계기가 있었던 건 아니다. "집구석이 무너져 장남으로서 돈을 벌어야 했기 때문"이라고 한다. 경찰 출신인 그의 부친은 "경찰은 바람직한 공무원이 아니다"라며 자식이 다른 길을 가기를 원했다. 자식은 부친과 다르면서도 같은 길을 걸었다. 경찰관이나 교도관이나 법을 집행하는 최일선에 있는 직업이기에. 애초엔 3년만 하려고 했다. 행정고시를 준비했기 때문이다. 어느 순간 욕심을 버렸다.

"신혼 때 공부하던 책을 불살라 버렸어요. 주어진 운명에 승복하고 멋지게 내 인생을 끌고 가자고. 그러자 딴 세상이 나타납디다. 밥 먹는 시간도 아까울 정도로 시간에 쫓겼는데, 직원들과 술도 먹고 직무에 대해 논하기도 하고…."

첫 근무지는 인천소년교도소였다.

"진짜 보람 있었습니다. 꼭 학교 같아서 부모가 와서는 높은 사람을 안 찾고 담임선생을 찾아요. 담당교도관을 담임선생이라고 하거든요. 그때 돌봤던 소년수들 중에 잘된 애가 많아요. 비감한 것은, 세월이 흘러 청송(감호소)에 가보니 인천교도소에서 봤던 소년수가 고참 도둑놈이 돼 있더라고요."

'하리마오'라는 별명을 얻은 것은 청송감호소에서 보안계장을 할 때였다. 1980년대 중반이었다.

"청송에 가보니 참 무질서하더라고요. 재소자들 중에 깡패가 많다보니 직원들 기가 죽어 있는 겁니다. 상사라는 분의 첫마디가 '당신, 참 운 없소. 곧 난동날지 모르는데'였어요. 내 나이 33세 때인데, 분기탱천했지요. '지금 뭐라 하셨습니까. 난동나면 때려잡으면 되지. 교도관이 그거 하라고 봉급 받는 것 아닙니까.' 3일 동안 매일 밤 11시에 퇴근했습니다. 서서히 기율을 잡아나가기 시작했지요. '나를 보는 순간 무조건 동작중지다' 하면서."

반항하지는 않던가요?
그러니 초장부터 잘해야 합니다. 예전에 봤던 소년수들이 거기 가 있었거든요. 이미 소문이 나서 3분의 2는 미리 항복하러 옵디다. 저기 걸리면 뼈도 못 추린다고. 그놈들이 하리마오라는 별명을 붙였지요. 3분의 1이 항복 안 해서 교육 좀 시켰지. 한 달 반 고생하니 딱 잡히더라고요. 처음엔 울면서 갔는데 떠나올 때는 참 섭섭하데. 말 잘 들으면 예쁘잖아요. 딱 잡아놓고 배려해줘야지. 그때 기율을 어떻게나 잡았는지. 강 모라고 김천 깡패가 있었어요. 길에서 만났는데 양복 입은 놈이 "갱생!" 하고 거수경례를 붙이는 겁니다. 얼마나 어색했던지.

〈집행자〉의 조재현 스타일이네요.
깡패를 사람 만들려면 같이 깡패가 돼야 해요. 말도 그렇게 해야 하고. 사기꾼한테는 사기꾼으로. 신창원이 부산교도소에서 도망갔을 때 본부 사무관으로 근무하고 있었어요. 유 모 국장이 나보고 내려가 보라고 해요. 한 사람 보냈는데 겁이 나서 입원해버렸다는 거예요. 나도 뚜껑 열리지. 본부에 있다가 승진하려고 했는데. 명령이니 어떡합니까. 내려가면서 맘속으로 '너희 부산놈들 다 죽었다' 했지요. 첫날 가보니 전부 깡패야. 조직들이고.

힘깨나 쓰는 재소자들과 간부 교도관들이 어울리던 테니스장을 정신교육훈련장으로 바꾼 게 기선제압의 신호탄이었다.

"모 조직 행동대장이 꿇어앉아 울기까지 했는데도 용서하지 않았어요. '너같이 못난 놈이 행동대장을 하니 그 조직이 제대로 굴러가겠냐.' 이후 조용해졌지요."

독방에 처넣는 게 가장 강력한 제재인가요?
비연고지로 날려버리는 거죠. 깡패들은 연고지에서 힘을 쓰니까. 본부에서 깡패들에게 (지도) 반장시키지 말라는 지시가 내려갔는데도 현장에서는 전혀 이행되지 않고 있었어요. 전부 반장 떼버렸지. 출소하는 그날까지 복도에도 안 나오겠다고 맹세하는 놈들만 방에 처넣고 나머지는 전부 날려버렸지. 깡패 청소하고 나니 또 다른 골칫덩어리 하나가 눈에 띄는 거예요. 나이가 60인데 툭하면 투서하는 거야. 한 번 썼다 하면 60장씩. 들어오기 전에 경찰관이었다는데 누구를 총으로 쏴 죽였어요. 동네싸움 하다가. 커피 주면서 "우리 아버지도 경찰관인데 어쩌다 이래 됐소" 하니 죽 살아온 얘기를 합디다. 그러면서 자기 아들이 부산교도소에 있는데 얼굴 좀 보게 해달라는 거예요. 그래서 만나게 해줬지. 그래도 아버지라고 아들한테 한참 뭐라 하데. 하여간 매일 그 사람 방 앞에 갔어요. "영감, 오늘은 안 쓰나. 또 써야지" 하면서.

한 1주일 그러니까 "과장님 떠나면 쓰겠습니다" 하데. (웃음) 그런 식으로 부딪쳐야 해요. 우리 직원들이 재소자를 징그러워하는데, 내가 늘 하는 얘기가 "재소자가 나를 징그럽게 여기도록 만들어라", "저 징그러운 새끼 또 왔구나". 징그러워하고 무서워 피하면 못 잡습니다.

그러려면 물리적 충돌을 감수해야 할 텐데요. 제압할 만한 힘도 있어야 하고.
기싸움에서 다 나한테 지니까. 과거에 대든 놈들을 징그럽게 처벌했던 게 소문났거든요. 독방에서 나오는 그날로 또 꼬투리 잡아서 넣는 거야. 그럼 항복하지. 가장 중요한 건 신뢰예요. 교도소장이나 과장은 재소자가 기댈 수 있는 언덕으로 존재해야 합니다. 징역살이에서 가장 큰 고통이 같은 재소자가 괴롭히는 거예요. 이런 걸 잘 해결해주는 게 훌륭한 교도관입니다.

매번 잘 되지는 않았을 것 아닙니까. 힘들 때도 있었을 테고.
그래서 초장에 잘하는 게 중요해요. 초임 때 강직하고 청렴하고 강인한 인상을 안 심어주면 평생 괴로워요. 나중에 계급 달고 가봐야 재소자들이 인정해주지 않거든요. 저 쪼다가 과장, 소장 됐다고 키득거리죠. 재소자들 반은 고여 있는 물이거든. 들락거리는 놈이 계속 들락거리지. 1년에 12만 명이 들락거려요. 우스갯소리가 있잖아요. 경찰관이나 교도관이 어떤 사람인 줄 알아보려면 길바닥 깡패와 소매치기한테 물어보라고. 무슨 술 좋아하고 가족은 어떻고. 허허허. 걔들 세계에서 만든 족보가 있더라고.

'잡을 땐 확실히 잡아라'는 게 그의 확고한 교정철학이다.

"출소한 재소자들한테 협박전화나 협박편지를 받는 직원이 많습니다. 어제도 (교정본부) 과장들과 막걸리 한잔하며 얘기했지만, 잡을 땐 확실히 잡아야 합니다. 설건드리면 욕먹거든요. 나도 편지를 많이 받았는데 처음엔 뜨끔했습니다. 진주놈인데, 편지를 열어보니 첫 머리가 '존경하는 계장님'입디다. 안에 있을 때는 '대를 두고 복수하겠다'고 말했거든요. '부모도 나를 못 이기고 경찰도 나를 못 이겼는데 계장님이 나를 이겼다. 고로 계장님을 부모보다 존경한다.' 허허, 뭐 이런 내용이었어요. 재소자들은 안에 있을 때는 자기한테 잘해주면 착한 교도관이고 원칙대로 하면 악질로 생각합니다. 그런데 만기자(滿期者)들하고 면담해보면 달라요. '고생 많았지' 하면 '아닙니다' 하면서 '그래도 과장님 같은 분이 있으니 한국이 유지되는 것 아닙니까' 이래요. 허허허. 그러니 존경받는 교도관이 되려면 원칙대로 하라는 거죠."

영화 〈집행자〉에도 그런 대사가 나온다. 잡으려면 설잡지 말고 확실히 잡으라고. 고참 교도관인 조재현이 신참 교도관에게 하는 얘기다. "그거, 본부장께서 코치해주신 게 아니냐"고 묻자 고개를 저으며 껄껄거린다. 그러면서 영화 속 연쇄살인마 사형수 얘기를 꺼냈다.

"거 못된 놈 연기 잘하데. 실제로 지 눈깔 빼는 놈 천지입니다. 쇠젓가락을 3개씩 먹어버린다 아닙니까. 청송에 있을 때예요. 자격도 안 되는 놈이 바깥 일 하고 싶다고. 신○○라고, 아직도 이름을 기억해요. 재소자들 중 일부가 교도소 담 밖에서 농사를 했거든요. 거기 안

보내준다고 젓가락을 먹어버린 거요. 안동병원으로 데리고 가 배를 째 젓가락을 꺼냈어요. 그런 다음 처박아놓았지요. 그랬더니 또 삼켰어요. 다시 수술해주고는 계속 안 들어줬지요. 목에 물을 부어가면서 삼킨다고 하더라고. 세 번째로 삼키고 수술받은 다음 감방에 돌아와서 이렇게 얘기하더래요. 시팔, 나도 독한 놈이지만 보안계장 저 새끼 진짜 독한 놈이라고. 하하하. 끝까지 안 내보내줬지요. 또 처먹고 죽어라, 했거든요. 하하. 안동병원에서 기념으로 그 젓가락을 갖겠다고 해서 쓸데없는 소리 말라고 했지요. 내가 (청송을) 떠난 지 한 달 만에 그놈 내보내줬더라고요. 그 뒤 난동이 한 번 일어났어요. 기율 무너지는 건 한순간입니다. 그런 걸 들어주니 전체 재소자 기가 빠져버린 거죠.

그는 청송에서 3년간 근무했다. 1985년과 1986년에 청송2보호감호소와 청송1보호감호소에서 2년간 보안계장으로 근무한 데 이어 1990년 부산구치소 재직 중 사무관 시험에 수석으로 합격해 승진한 후 청송교도소 서무과장으로 부임했다. 그 바람에 딸이 청송군에 있는 진보초등학교를 두 번이나 다녔다. 그는 딸, 아들 하나씩을 뒀다. 보호감호소 제도가 폐지된 후 청송에는 1교도소, 2교도소와 직업훈련교도소 3개의 교도소가 남아 있다. 이른바 흉악범들은 청송2교도소에 몰려 있다.

한갓진 산골에서 온종일 재소자들과 부대끼며 사는 데는 상당한 인내가 필요하다.

"안동교도소장을 6개월 하고 대구구치소장으로 발령이 났어요. 비가 내리는 날 대구시내로 들어가는데, 아 이제야 사람 사는 데로 왔구나 싶더라고요. 그 산골에 소장 관사 하나 떡 있는데, 새소리, 귀신 소리가 들려요. 외롭죠. 그걸 이기는 법을 배워야 하는데. 토요일, 일요일이 두렵죠. 평일은 일하느라 정신없이 지나가니까. 일요일에는 '저쪽 산 끝에 가보자' 하고 운동화를 신고 무작정 걸어가죠. 눈 똑바로 안 뜨면 자칫 유혹에 넘어갈 수 있으니."

그의 강성 이미지는 이미 초임 때 굳어졌다. 인천소년교도소에 미결수 시설이 있었는데, 깡패가 많았다. 어느 날 미결관구 담당자가 그를 찾아와 "도저히 안 되니 좀 잡아달라"고 했다. 그는 인천에서 가장 유명한 깡패 재소자를 불렀다. 그의 표현대로라면, '제대로 한번 조지려 하니까' 깡패가 무릎을 탁 꿇었다. "앞으로 형님으로 모시고 방에서 안 나오겠습니다" 하면서. 도대체 어떻게 했기에.

"포승줄 들고 가니까 꺼떡꺼떡 나오더니 무슨 생각인지 무릎을 탁 꿇더라고. 벌써 인천바닥에 소문이 났던 거지. 세월이 흘러 1997년 서기관으로 승진해 인천구치소로 갔는데 누가 찾아왔더라고요. 그 친구가 머리 허옇게 돼서 '형님' 하는 거야. (웃음) 어느 소에 발령받아 가보니 상관들이 자네는 순시 돌지 말라는 거야. 그럼 낮에는 가만히 있다가 다들 퇴근한 후 밤에 도는 거지. (웃음) 하여간 질서가 이완되거나 원칙에 안 맞는 건 못 참았어요."

기합을 많이 줬나요?
기합 줄 게 뭐 있어요? 독방에 처넣는 거지.

징벌을 세게 한 모양이군요.
세게가 아니라 원칙대로.

패기도 많이 팼겠군요.
나를 모르는 교도관들은 그렇게 생각하는데, 천만에. 나, 몽둥이로 때
려본 적 없어요.

그럼 도대체 어떻게 했단 말인가.

"다 방법이 있어요. 교도관 규범에 나오는 대로 하면 돼요. 기술만
있으면 법대로 하면서 못 견디게 할 수 있거든. 다른 직원들에게도
전수해줬지요. 나중에 가혹행위라고 소송 걸렸을 때도 책에 있는 행
위라는 게 인정돼 이겼어요. 난동방지를 위해 법대로 묶는 거라고.
또 나도 자신감 있는 게, 고등학교 때 집구석이 무너져 방황한 적이
있는데 그때 내 가방모찌 하던 놈들이 나중에 깡패가 돼 있더라고.
깡패를 해도 내가 더 잘할 텐데. (웃음)"

원래 한가락 하셨군요.
운동을 많이 했지요. 고등학교 1학년 때 경상북도 학교 체육대회가 대
구 수성종합운동장에서 열렸는데, 합기도 시범을 보였습니다. 호신술
을 익혔기에 동년배 3명은 자신 있게 해치울 정도는 되지요. 젊은 놈한
테는 안 되겠지만.

교도현장에서 도움이 됐나요?

도움이 많이 됐지요. 신참 도둑놈들은 뭘 모르고 덤벼들었다가 혼이 났지. 집어던져버리니까. 몸싸움도 많이 했죠. 난동나면 맨 먼저 들어가 두들겨 잡아버리니까. 노태우 정부 시절 화염병이 유행했잖아요. 한번은 공장 안에서 한 놈이 문을 잠근 채 온몸에 기름 뿌리고 라이터 켜고 난동을 부렸어요. 내가 문을 따려고 "빠루 갖고 와라" 소리치니까, 그놈이 "계장님!" 하는 거야. 벌써 구원의 목소리야. "미쳤나 이 자슥아" 하니까 자기 억울한 사정을 얘기하더라고. 그러면서 "저를 처벌하지 않으시면" 어쩌구 하기에 — 이럴 때 "그래" 하면 신뢰를 못 받아요 — "왜 처벌 안 해, 이 새끼야. 사나이가 지 저지른 짓에 대해선 처벌받아야지. 처벌받고 징역 잘 살면 언제 한 번 죽을 일 있을 때 봐줄게" 했지요. "지금부터 셋 헤아리겠다. 하나! 둘!" 하니까 후다닥 문 열고 나오더라고. 신뢰거든. 약속 했으면 나중에 진짜로 봐줘야 하고.

언젠가는 난동이 일어나 진해 깡패가 양재가위 들고 보안과로 쳐들어오는데, 청소하던 재소자 하나가 다리를 걸어 넘어뜨렸지요. 큰 공을 세운 거지. 그래서 "너 줄 건 없고 언제 한 번 죽게 될 때 봐 주겠다" 했어요. 넉 달 지났는데 조사실에서 꽁꽁 묶인 어떤 놈이 나를 찾는다는 거예요. 가보니 그놈이야. 어디서 담배를 받아 피웠더라고. "살려주십시오, 살려준다 했잖습니까" 하기에 없던 일로 해서 살려줬지.

그는 고등학생 때 합기도 2단에 유도 2단, 검도 2단의 실력을 갖췄다. 싸움엔 웬만큼 자신이 있었다.

"직원들한테 호신술이나 합기도를 권하는 것은 그것이 방어적인 무술이기 때문입니다. 나잇살 먹어 멱살 잡히면 흉하잖아요. 그 흉함을 피하게 해주는 운동이지. 손목을 잡아 틀면 아파서 떨어지니까.

상대가 기가 팍 죽지. 재소자들과 몸싸움 할 때가 많거든요. 호신술 익혀놓으면 간단히 제압할 수 있죠. 군포연수원에서 직원들에게 기본기를 가르치고 있어요. 지난해 4단 이상 유단자 80명을 교도관으로 뽑았습니다.”

그는 교도관 생활을 하면서 꾸준히 체력단련을 했다. 아침마다 달리기를 하고 팔굽혀펴기를 했다. 1980년대 초반 영등포구치소에서 주임으로 근무할 때는 아침운동을 하는 교도관이 없었다. 그는 혼자 옥상에 올라가 줄넘기를 하고 완력기로 근육운동을 했다. 안동구치소장을 할 때는 비가 오면 우산을 쓰고 달렸다. 요즘은 의사의 충고를 받아들여 아침마다 달리는 대신 걷는다.

가장 다루기 힘든 재소자가 조폭입니까.
아무래도 일반 범죄자보다는 말썽을 자주 일으키지요. 하지만 더 힘든 건 상습범들이에요. 전과도 쌓였고 성격도 특이해 모든 게 못마땅하죠. 이거 해주면 저거 요구하고. 아무데나 시비를 걸죠. 툭하면 인권위원회에 진정하거나 행정기관에 정보공개 청구하고. 맘에 안 드는 직원은 고소하고.

언제 가장 힘들었습니까.
정치적 혼란기. 5, 6공 시절 집시법 위반자가 많이 잡혀왔잖습니까. 시국사범들이 불식(不食)하고 소요를 일으킬 때는 ‘정말 이 직업 계속해야 하나’ 자신이 없었습니다. 시국사범들과 조폭들이 손을 잡기도 하고요. 그 시절은 정말 힘들었죠. 개들 눈에는 정부가 곧 우리 교도관이니까. 교도관 괴롭히고 투쟁하는 걸 정부에 대한 투쟁으로 여기는 거

죠. 마산교도소에 가보니 마창노련이라고 학생들이 근로자들과 힘을
합해서 기세가 대단합디다. 보안계장으로 근무했는데 근로자들이 출소
하면서 "조국이 해방되는 날, 너를 비롯해 모든 마산교도소 직원에 대
해 징역 200년을 살리겠다" 이러더라고요. 법원에 재판받으러 갈 때 수
백 명이 몰려들고 심지어 재소자를 탈취하려고도 하고. 민주화 물결에
전경들도 데모했잖아요. 좌절감에 하루하루가 힘들었어요. 직업을 잘
못 선택했다 싶을 정도로. 일반 재소자의 경우 '저런 애들도 내가 인간
만들 수 있다'는 의욕을 갖고 대했는데, 시국사범이나 근로자들이 막무
가내로 나올 때는 방법도 없고 정말 무력감이 들더군요.

신념이 강해서 대화가 잘 안 되죠?
그렇죠. 그래도 전담반 만들어 각자 1명씩 붙잡고 대화 노력을 포기하
지 않았습니다. 처우개선을 요구하면 규정 내에서 들어줬죠. 예산이나
인력이 모자라 그렇지 일리 있는 주장도 꽤 있었거든요. 개들은 책대
로 법대로 얘기하니까. 갈등을 겪으면서 친해지기도 하고.

주먹들은 어떻게 시국사범들과 어울리게 되는 건가요?
합세하면 힘이 세지니까 학생들을 이용하는 거지요. 한번은 미결관구
주임이 와서 근무 못하겠다고 하소연하더라고요. 조폭들이 학생들과
합세해 소리를 지르고 해서 순시를 못 돌겠다는 겁니다. 그래서 윗사
람한테 허락받고 제가 진압하겠다고 나섰지요. 진압조, 이송조, 조사
조를 편성해 토요일 오후 진압작전을 벌였습니다. 방어조 직원들에게
는 "물건 날아오면 방패로 막아라"고 일러뒀지요. 절대 한꺼번에 진압
하면 안 됩니다. 한 방씩 잡아나가야지요. 첫 방 문을 여니 깡패놈이
일어나서 덤비더군요. 덤비는 놈들 전부 법에 따라 시승시갑(포승으로

묶고 수갑 채우는 것) 했지요. 두 번째 방에선 반 정도가 달려들더군요. 평소 날 보면 숨도 못 쉬던 놈들이. 세 번째 방에 가니 두 놈밖에 안 달려들고 네 번째 방에 가니 전부 가만히 눈치만 보고 있더군요. 그게 진압방법입니다. 사동 복도에 직원들을 군데군데 세우고 확성기에 대고 "전체 일어섯!" 하고는 재건국민체조를 시켰어요. 네 방을 진압했더니 전체 20방 재소자들이 다 일어나서 따라합디다.

과거엔 교도소 측에서 조폭 두목에게 특혜를 주면서 질서 잡는 일을 맡겼잖습니까.

손 안 대고 코 풀려고 조폭들을 이용한 면이 있었지요. 근본적으로 틀려먹은 방법입니다. 재소자가 재소자 징역을 살리는 꼴이거든요. 지금은 일절 못합니다. 조폭에게 맡기면 문책 당합니다. 공직자 향피(鄕避) 제도처럼 전라도 깡패는 경상도로, 경상도 깡패는 전라도로 보내지요. 조폭들도 그래요. 무기형이나 징역 20년형을 받은 애들은 징역 잘 삽니다. 처신도 잘하고. 서진 룸살롱사건으로 들어온 박 모 같은 경우 참 징역살이 잘했어요. 잡스러운 조폭들이 껍적거리지요. 조폭으로 판결 받았지만 실은 동네 양아치들이에요.

방식이 바뀌긴 했지만 자해를 하거나 난동을 피우는 재소자의 신체를 구속하는 건 예나 지금이나 같다. 시승시갑 대신 벨트에 양손을 끼워 넣는 허리보호대라는 장비로 묶어둔다. 식사 때나 용변을 볼 때는 직원이 풀어준다. 머리를 박거나 소리를 지르는 정신질환자들은 보호실에 수감하고 보호의자에 앉힌다. 보호실은 방음시설이 갖춰져 있어 아무리 소리를 질러도 밖에서 들리지 않는다. 보호의자에 앉으면 수갑을 차게 돼 재소자가 꼼짝 못한다.

2008년 6월 그가 교정본부장에 취임한 이후 바뀐 교정정책은 일일이 셀 수 없을 정도다. 그는 일선 교도관으로 있을 때 문제라고 느꼈던 교정행정을 하나하나 바꿔나가고 있다. 거창한 구호를 부르짖는 것보다 재소자들에게 실질적으로 도움을 주겠다는 게 그의 업무방침이다. 전자영상장비 도입도 그런 실용적 사고의 산물이다. 예전엔 재소자가 입소하면 벌거벗은 채 항문검사를 당해야 했다. 담배나 마약 따위를 숨겨 들여오는 재소자가 있기 때문이다.

"벌리는 사람이나 들여다보는 사람이나 얼마나 고충이 큽니까. 아태교정본부장 회의 참석차 말레이시아에 갔었어요. 재소자가 의자에 앉으면 직원이 밖에서 컴퓨터로 항문을 들여다보는 시스템이 갖춰져 있더라고요. 그래서 그걸 응용한 시스템을 도입했습니다. 재소자는 커튼이 쳐진 곳에서 의자에 앉기만 하면 돼요. 의자 밑에 줌 기능이 있는 카메라가 설치돼 있어 항문 속을 다 비춥니다."

전자영상장비는 2010년 2월 현재 5개 교정기관에서 도입해 운영하고 있다. 조만간 모든 교정기관에 보급할 방침이다.

고가품 반입금지는 그가 일선 교도관한테 메일로 의견을 받아 결정한 것이다.

"재소자들 사이에 위화감이 안 생기도록 해달라는 요청이었습니다. 돈 많은 재소자는 내의나 양말도 비싼 메이커 제품을 착용해요. 없는 재소자는 싼 것도 구하기 힘든데. 지금은 일절 고가품이 못 들어옵니다. 사소한 거지만 재소자들한테는 중요한 거죠. 저도 일선을 떠난 지 제법 됐기 때문에 수시로 일선 교도관들한테 의견을 받습니다. 본부 직원들에게도 현장과 괴리된 공문을 하달하지 말라고 지시합니다."

재소자들의 작업장려금 기부제도도 좋은 반응을 얻고 있다. 작업장려금이란 재소자가 일한 대가로 받는 돈이다. 이 돈을 반성의 표시로 피해자 구호단체에 전달하는 것이다. 물론 희망자에 한해서다. 2009년 10월부터 실시했는데, 2010년 1월 한 달 동안에만 271명이 21개 기관에 3,959만 원을 전달했다.

"가해자와 피해자를 소통하게 하자는 '회복적 사법'의 일환이죠. 그간 재소자들이 반성하고 있다는 걸 표현할 창구가 없었거든요. 올해부터 교화방송을 통해 집중 홍보하고 있는데 재소자 반응이 좋아요. 마음에서 행동이 나오지만 행동이 마음을 이끌기도 하잖습니까."

취재 중 만난 김태규 안양교도소장은 이태희 교정본부장에 대해 "원래 마음이 따뜻하고 정이 많은 분인데 그걸 재소자들에게 안 들키려고 더 엄하게 해왔다"라고 평했다. 이 얘기를 들려주자 그가 껄껄거렸다.

"맞아요. 불쌍한 놈 보면 한없이 눈물 흘리면서도 그런 게 표출되면 안 되기 때문에 겉으로는 모른 체하고 쌀쌀하게 대하죠. 재소자들에게 엄하게 하면서도 '내 힘으로 해줄 수 있는 건 다해주자'는 마음으로 근무해왔습니다. 주임 시절부터 계장, 과장, 소장을 거치며 나중에 '내가 운이 좋아 높은 자리에 가면 이렇게 고치겠다'고 마음먹은 게 많아요. 자리의 한계 때문에 미처 못했던 일을 본부장 돼서 한꺼번에 하고 있는 겁니다. 그런 점에서 난 참 복 받은 사람입니다."

30년 넘는 교도관 생활의 보람을 묻는 질문의 답변은 간단했다.

"저거 사람 되겠나 싶었던 사고뭉치들이 출소해 자리를 잡으면 전화를 걸어옵니다. '과장님', '형님' 하면서 '이제 저한테 술 한잔 얻어먹어도 됩니다' 해요. '니 얼마나 벌었노' 물으면 '2억 됩니다' 해요. '3억 되면 전화해라' 하죠. 여태까지 한 번도 얻어먹은 적은 없지만. 더러 부모들한테 편지도 와요. 자식 잘 건사해줘서 고맙다고."

<h2 style="text-align:center">화성직업훈련교도소</h2>

경기도 화성에 있는 화성직업훈련교도소에 도착하자 세찬 바람이 밀려들었다. 원래 염전부지로 막힌 게 없는 벌판이다 보니 인근 서해의 입김에서 자유롭지 못한 것이다. 정문을 통과하자 아담한 규모의 현대식 건물이 모습을 드러냈다.

　김현석 소장의 안내를 받으며 교도소를 둘러봤다. 교도소 내부로 들어가기 전 방문증을 목에 걸고 휴대전화기를 보안과에 맡겼다. 휴대전화는 외부인은 물론 내부 직원도 갖고 들어가지 못한다. 소장도 예외가 아니다. 이태희 교정본부장이 취임 직후 재소자들의 휴대전화 사고를 방지하겠다며 그런 시스템을 만들었다. 문은 자동으로 열렸다. 문을 하나씩 통과할 때마다 담당 직원들이 "근무 중 이상 없습니다", "계속 근무하겠습니다" 따위의 구호를 외치며 거수경례를 붙였다.

　2009년 5월 문을 연 화성직업훈련교도소는 말 그대로 수형생활을 하면서 직업훈련을 받는 곳이다. 전체 수용인원은 1,100여 명. 그중 훈련생 재소자가 650명이고 시설유지 재소자가 120명, 미결수와 노역수용자, 이송대기자가 350명이다. 훈련생 중에는 10년 이상의 장기수가 280명이나 된다. 장기수를 우선적으로 선발하는 정책 때문이다. 무기수도 35명이 교육받고 있다. 오고 싶다고 다 올 수 있는 건 아니다. 희망자 중 행형성적이 우수하고 적격심사에서 통과한 자들이 선발된다. 징벌 기록이 많으면 무조건 탈락이다.

교육과정은 1년짜리와 2년짜리로 나뉜다. 1년 과정은 기능사, 2년 과정은 산업기사 자격증 취득이 목표다. 15개 직종의 직업훈련공과가 설치돼 있으며 25개 반으로 편성돼 있다. 교실은 강의실과 실습실로 나눠져 있다. 직업훈련교사는 모두 25명. 한국기술교육대를 이수한 사람들이다.

3층으로 구성된 직업훈련시설은 푸른 수의를 입은 재소자들과 기동순찰대만 없다면 일반 학교로 착각할 정도로 교육적 분위기가 물씬 풍겼다. 자동차검사, 자동차정비, 자동차도장 등 자동차 실습장이 맨 먼저 눈에 들어왔다. 이어 CNC(컴퓨터 수치제어) 선반을 가공하는 반, 제과·제빵반, 용접반, 컴퓨터 네트워크 관리반 등을 차례로 둘러봤다.

김 소장에 따르면 젊은 재소자들에게 가장 인기 있는 교육과정은 제과·제빵이다. 정작 취업률이 높은 건 용접기술인데 선호도가 낮다고 한다. 제과·제빵반에는 대형 믹서와 오븐이 갖춰져 있었다. 이날의 실습요리는 프랑스빵. 흰 옷을 입은 훈련생들이 강사의 설명을 들으며 재료를 만지작거리고 있었다. 김 소장과 함께 재소자들이 만든 빵을 먹어보았는데 맛이 좋았다. 아직 일반에 판매할 수준은 아니라고 한다. 실습 중인 재소자들의 표정은 하나같이 진지해 보였다. 호기심에 취재진을 흘낏흘낏 쳐다보기도 했다. 극소수이긴 하지만 교육과정을 소화하지 못해 중도에 포기하고 원대복귀하는 재소자도 있다고 한다.

훈련동에 이어 후생동을 둘러봤다. 취사장 주변으로 목욕실, 세탁실, 이발소가 자리 잡고 있다. 이날 점심 메뉴는 밥과 국에 어묵, 김치, 무채 3가지 반찬이었다. 교육장 못지않게 재소자의 거주공간인 거실이 궁금했다. 점심식사 시간이 돼 거실들이 비어 있었다. 크기는 독거실이 6.3㎡(1.89평), 4~5명이 쓰는 혼거실이 13.74㎡(4.1평)다. 문에 '〈동아일보〉 구독'이 써 붙여진 거실도 있었다. 신문은 자비로 구독한다고 한다.

문을 따고 거실 안으로 들어가 봤다. 온돌바닥에 세면대와 TV가 갖춰져 있다. 화장실 문을 여니 수세식 양변기다. 깔끔하다. 거실 한쪽 벽면으로 줄을 걸어 빨래를 널어놓았다. 천장에는 살수장치(스프링클러)가 설치돼 있다. 화재발생시 자동으로 물이 쏟아진다고 한다. 벽에는 수용자 생활 안내문이 붙어 있다. 수용자 권리구제제도(진정, 청원)에 대한 자세한 설명이 눈길을 끈다. '이동문고 도서원부'에는 수십 권의 책 제목이 적혀 있다. 기상시간은 아침 6시 30분이고 취침시간은 밤 9시다. 직원 한 명이 "외부인은 거실에 들어가기를 꺼리는데, 아무렇지도 않게 들어가는 걸 보고 놀랐다. 기자라서 기가 센 것 같다"고 농을 건넸다.

거실에서 나온 후 중앙통제실로 이동했다. 화성직업훈련교도소는 무인경비 시스템을 갖추고 있다. 모두 200대의 감시카메라가 돌아가고 있는데, 카메라가 보내는 영상을 지켜보는 곳이 바로 중앙통제실이다. 통제실엔 25대의 모니터가 있다. 교도소 곳곳이 비춰지고 있다. 재소자 거실엔 인권침해를 우려해 카메라를 설치하지 않는 것이 원칙이다. 하지만 자살 우려자나 자살 시도자는 영상계호실에 수감해 일거수일투족을 감시한다.

"다른 교도소와 달리 여기는 재소자의 진정이나 자해가 없어요. 직원들에게 늘 '재소자들에게 더 많은 관심을 갖고 훈련에 집중할 수 있도록 최선을 다하라'고 강조하죠."

연말이 되면 재소자들은 각종 자격시험에 응시한다. 김 소장은 "성과가 잘 나와야 할 텐데 걱정"이라며 웃었다.

이태희 법무부 교정본부장과의 인터뷰는 법무부 고위간부가 추천해 성사됐다. 인터뷰 덕분에 나는 교도소 구경을 실컷 했다.

지인인 국가인권위원회 직원이 인터뷰 기사를 읽어본 후 성난 목소리로 내게 말했다. "뭐 그런 개XX가 있어요?" 나는 웃고 말았다. 교도소에서 재소자를 다스려야 하는 사람과 재소자 인권을 중시하는 사람의 시각이 어찌 같을 수 있겠는가.

2010년 6월 교정본부장 임기를 마친 이 씨는 법무보호복지공단 이사장으로 취임했다가 이듬해 4월 사직했다. 교정본부장 재임시절 자신의 친인척이 교도소 직원으로 채용된 사실이 감사에서 드러나자 도의적 책임을 지고 물러난 것이다. 그 스트레스로 목 디스크를 얻어 난생 처음 몸에 칼을 대는 수술을 했다고 한다.

교도관과 재소자의 관계는 선생과 학생의 관계와 비슷해 요즘도 그는 가끔씩 옛 '제자'들로부터 안부전화나 편지를 받는다. 얼마 전엔 대구의 유명한 깡패였던 50대 중반의 전과자가 전화를 걸어와 "목사가 됐다"고 신고하며 눈물을 쏟았다고 한다. "속 좀 썩이던 녀석이었지요. 내가 특별히 손 좀 봐줬었는데… 허허허."

1965년 충북 진천 출생 · 기수양성소 공채 13기 · 2006년 경마 기수부문
MVP · 2009년 다승왕 · 최초 1만 회 기승, 통산 최다승, 최다상금 명예기수

'경마의 신화' 박태종 기수

부상으로 입원해 있을 때 승부조작 유혹 받았다

장면 1

1월 9일(토요일) 오전 10시 50분 과천경마장 예시장(豫示場). 서울 1경주(일반경주, 국내산 6군, 1,300m)에 출전하는 말들이 패션쇼를 하듯이 천천히 장내를 돌았다. 경마정보지를 손에 쥔 수십여 명의 사람이 말들의 몸 상태를 살폈다. 기수들은 무표정했다. 이윽고 5번 말을 탄 박태종(46) 기수가 등장했다.

박 기수의 모습은 그를 태운 밤색의 말 핍스플러스처럼 평범했다. 1만 회 기승(騎乘)이라는 한국경마 사상 초유의 기록을 세웠으니 뭔가 다르지 않을까 하는 나의 막연한 예상은 빗나갔다. 기수를 태운 말들은 마필관리사들에게 이끌려 지하마도를 거쳐 경주로로 나아갔다. 11시 20분에 시작된 경주는 1분 30초도 안 돼 끝났다.

장면 2

경주를 막 끝낸 말들이 속속 장안소 하마대(下馬臺)에 도착했다. 말들의 몸에서 허연 김이 모락모락 솟아났다. 역한 말 냄새가 진동했다. 기수들의 얼굴엔 모래가 묻어 있다. 색동저고리 같은 기수복은 모래와 흙으로 더럽혀졌다. 박태종 기수의 상의는 파란색인데 한가운데에 노란색과 빨간색 줄무늬가 가로로 새겨져 있다. 하의는 다른 기수들처럼 흰색이다. 거기에 노란색이 곁들여진 검은색 장화를 신었다.

박 기수는 검량(檢量) 위원이 지켜보는 가운데 말에서 내린 후 안장을 풀고 말의 목을 가볍게 두들겼다. 이어 안장과 패드 따위를 들고 검량실로 들어섰다. 경기 후 기수의 체중과 마필부담 중량을 재는 후검량을 받기 위해서다. 그의 후검량은 이상이 없었다. 만약 전검량(말을 타기 전 중량)과 후검량이 1kg 이상 차이나면 실격처리 된다. 500g만 빠져도 조교사에게 과태료가 부과된다.

후검량 대상은 7착(7등)까지다. 12마리가 뛴 이번 경주에서 박 기수의 말은 6착으로 들어왔다. 상금은 5착까지만 주어진다. 그의 말은 1,300m를 도는 데 1분 25.3초 걸렸다. 우승마의 기록은 1분 22.6초.

후검량을 통과한 박 기수는 기수 대기실로 가 옷을 갈아입었다. 다음 경주(서울 4경주, 오후 1시 10분 발주)까지는 시간이 많이 남았다. 그는 오늘 2, 3경주에는 출전하지 않는다. 그의 표정이 밝지 않았다.

"중간 이상은 되는 말인데, 순발력이 떨어졌어요. 만족스럽지 못하죠. 3, 4등은 할 줄 알았거든요. 추입마(追入馬)인데 처음부터 워낙에 쫓아가질 못했어요."

추입마는 선행마(先行馬)를 뒤쫓다가 막판 추월을 시도하는 말이다.

경주가 끝나면 곧바로 마사회 홈페이지에 경주 장면이 담긴 동영상이 올라온다. 박 기수는 컴퓨터 앞에 앉아 자신의 경주를 모니터했다. 잠시 후 동료들과 함께 경기장 전광판이 보이는 대형화면을 통해 서울 2경주(11시 45분 발주)를 지켜봤다. 말들이 결승점에 이르자 실내가 소란스러워졌다. 10분쯤 지난 후 왁자지껄한 소리가 나더니 2경주를 마친 기수들이 대기실로 쏟아져 들어왔다. 얼굴과 옷이 모래투성이다. 가벼운 언쟁도 있었다.

"너 거기서 그렇게 파고들면 어떡해!", "앞이 하나도 안 보이더라고". 한 기수가 마필관리사에게 말했다. "형! 밥 사! 1전 1승 했으니."

장면 3

오후 3시 20분. 서울 7경주(일반경주, 혼합 3군, 1,400m)가 시작되기 5분 전이다. 마권을 사들고 4층 관람대로 갔다. 장내는 담배연기가 뿌연 가운데 경마정보지와 마권을 들고 서성거리는 사람들로 발 디딜 틈이 없다. 오늘 박태종 기수의 4번째 경주다. 1경주에서 6등을 했던 그는 4경주, 6경주에서는 두 번 다 2등으로 들어왔다. 나는 단승식과 복승식, 복연승식으로 나눠 박 기수가 탄 13번 말 흑별에 걸었다. 단승식으로는 13번 말에 4천 원, 복승식으로는 13번과 1번 말, 13번과 14번 말에 각 2천 원씩, 복연승식으로는 13번과 1번 말에 2천 원을 밀어넣어 모두 1만 원을 걸었다.

발권이 마감된 직후 경주가 시작됐다. 날씨가 추워선지 대부분의 관중이 실내에서 대형 스크린으로 전광판을 지켜봤다. 그러다 말들이 4

코스(결승점 400m 전)를 돌자 우르르 야외 관람대로 몰려나갔다. 말들 간 격차가 벌어지고 기수들의 엉덩이가 빠르게 들썩거렸다. 결승점이 가까워지자 '두두두두' 하는 말발굽 소리를 삼킬 정도의 거대한 굉음이 일었다. 1~5층 관람대에서 한꺼번에 쏟아지는 함성이었다. 바로 옆에서 "야, 더 뛰어", "야, 새끼야" 하는 고함이 들렸다. 기수들과 말들의 이름이 허공에 거칠게 흩뿌려졌다. 소리들은 눈덩이처럼 뭉쳐져 원래의 형체를 잃어버렸다. 말들이 결승점을 통과하자 환호와 탄식이 쏟아졌다. 흑별은 14마리 중 11번째로 들어왔다.

승마투표(베팅)는 100원부터 할 수 있다. 1회 마권 구입 한도액은 10만 원이다. 투표방식으로는 단승식, 연승식, 복승식, 쌍승식, 복연승식, 삼복승식 6가지가 있다. 단승식과 연승식은 말 1마리를, 복승식 쌍승식 복연승식은 2마리를, 삼복승식은 3마리를 고른다. 단승식은 1등말을 맞히는 것이고 연승식은 투표한 말이 3등 안으로만 들어오면 배당금(환급금)을 받는다. 단승식보다 당첨 확률이 높지만 배당률(환급률)은 낮다. 복승식은 1등말과 2등말을 순서에 관계없이 맞히면 된다.

230

쌍승식은 1등말과 2등말을 순서대로 맞혀야 하므로 훨씬 어렵다. 배당률도 높게 마련이다. 복연승식은 3등 이내로 들어올 말 2마리를 고르는 것이다. 삼복승식에서 배당금을 받으려면 자신이 고른 말 세 마리가 순서에 상관없이 3등 이내로 들어와야 한다.

'경마계의 살아있는 전설', '경마 대통령'으로 불리는 박태종 기수의 첫인상은 촌스럽고 풋풋했다. 옷차림도 수수했다. 검은색 점퍼에 운동복으로 보이는 검은색 바지차림이었다. 1월 11일 오전 10시. 우리는 과천경마장 내 한국경마기수협회 사무실에서 마주앉았다. 가까이서 보니 하관이 빨고 몸이 날렵해 보인다. 새해 첫 경주 성적에 대해 그는 "토요일은 보통이었고, 일요일은 실망스럽다"고 했다. 1월 10일 일요일 경주에서 그는 속된 말로 죽을 쑤었다. 총 11경주 중 8경주에 출전했는데 2착과 7착 두 번, 나머지 네 번은 8, 9, 10, 12착(꼴등)을 기록했다.

1월 9일, 나는 7경주까지만 보고 경마장을 떠났다. 유감스럽게도 그의 성적은 내가 떠난 후로 더 좋았다. 8번, 10번 경주에서 연달아 2착을 했고, 마지막 12경주(일반경주, 국내산 4군, 1,400m)에서는 갈색마 그랜드머니를 타고 우승했다. 총 12경주 중 8경주에 출전해 1착 1회, 2착 4회의 성적을 올렸으니 선전한 셈이다.

경마는 크게 일반경주와 대상경주, 특별경주로 나뉜다. 일반경주는 1년에 1,100회가량 치러진다. 보통 경마경주라 하면 일반경주를 가리킨다. 대상경주는 1년에 20~30회밖에 열리지 않는데, 일반경주보다 상금이 크다. 우승상금의 경우 일반경주가 1천만~4천만 원인 데 비해 대상경주는 6천만~2억 원이다. 대상경주 2착이나 3착이 일반경주의 우승보다 상금이 더 크다. 특별경주의 상금은 일반경주와 대상경주의 중간쯤 된다. 대상경주와 특별경주는 일종의 이벤트다. 상금이 높기 때문에 훨씬 박진감 넘치는 경기가 펼쳐진다.

지역 분류로는 서울경주와 제주경주, 부산경남경주 3가지가 있다. 1월 9일 서울에서는 12경주, 제주에서는 4경주가 열렸다. 부산경남경주는 금요일과 일요일에 열린다.

출전마는 국내산, 외국산, 혼합종으로 구분된다. 이들은 실력에 따라 1~6군까지 분류돼 경기에 출전한다. 처음 출전하는 말은 대체로 6군이다. 상금도 차이가 난다. 1월 9일 일반경주 국내산 6군인 서울 1경주의 우승상금은 1,388만 6천 원이었다. 이에 비해 일반경주 혼합 1군인 서울 11경주의 우승상금은 4,149만 9천 원이었다. 3배 이상의 차이다.

박 기수는 지난해 그랜드머니와 두 차례 짝을 이뤘는데, 우승과 준우승을 했다. 그래선지 1월 9일 서울 12경주에서 그랜드머니에 대한 배당률은 출전마 10마리 중에서 가장 낮았다. 단승식 1.1배, 연승식 1.0배. 맞혀도 본전치기인 셈이다. 반면 8착을 한 5번 말 퍼펙트드리머의 경우 단식과 연식 배당률이 142.2와 18.7이었다. 대체로 배당률이 높은 말일수록 우승 가능성이 낮거나 인기가 없는 말이라고 할 수 있다.

이날 서울 4경주(일반경주, 국내산 6군, 1,000m)에서는 쌍승식에서 무려 배당률 1,559배가 터졌다. 마사회 관계자도 놀라워하면서 "한 달에 한 번 정도 이런 게 터진다"고 했다. 나도 헛발질만 한 건 아니다. 서울 6경주에서 박태종 기수가 탄 8번 말 굿메시지에 연승식으로 2천 원을 걸었다. 배당률은 1.4. 굿메시지는 '정말 고맙게도' 2착을 했고, 생애 처음으로 경마에 돈을 건 나는 2천 8백 원의 배당금을 받았다.

배당률이 100배를 넘거나 배당금이 500만 원 이상인 경우엔 22%의 세금을 뗀다. 이처럼 고액 배당에 대해 세금을 떼는 것에 대해 경마팬들은 이중과세라고 불만스러워한다. 배당률 자체가 전체 금액에서 세금을 뗀 상태에서 정해지기 때문이다. 단승식과 연승식의 세금은 총액의 20%, 나머지 4가지 방식의 세금은 27%다. 다시 말해 총액의 80%와

73%에 해당하는 금액을 기준으로 배당률이 결정되는 것이다. 예컨대 어떤 말에 대해 경마팬들이 복승식으로 건 돈의 총액이 100억 원이라면 실제 배당되는 금액은 73억 원으로, 맞힌 사람들은 이 돈을 나눠 갖게 되는 것이다. 일종의 간접세인 셈이다. 사정이 이렇다보니 101배가 터질 때보다 99배가 터질 때 더 많은 배당금을 받는 모순이 발생한다.

박 기수는 "그랜드머니와 궁합이 잘 맞는 것 같다"는 내 말에 고개를 끄덕이면서도 "다른 말들이 부족했다"고 내세울 일이 아니라는 투로 말했다.

"힘이 아직 덜 찬 말이에요. 장거리(1,700, 1,800m)는 아직 안 뛰어 봤어요. 또 4군 경기니까 뭐…."

그랜드머니보다는 위너프린스 얘기를 하고 싶었던 모양이다. 위너프린스는 그가 이날 10경주(국내산 2군, 1,800m)에서 탔던 말이다. 그는 위너프린스에 대해 각별한 아쉬움을 드러냈다.

"우승을 기대했는데, 힘이 떨어지더라고요. 위너프린스는 끌고 가는 말이거든요. 기수 의지대로 움직여줘야 하는데, 처음부터 힘을 있는 대로 썼어요. 제어가 잘 안 됐죠. (고삐를) 잡아당기면 재갈이 당겨 져 압박을 받는데 그냥 밀고 나가더라고요. 결국 마지막에 힘을 못 썼죠."

위너프린스는 2착으로 들어왔다. 우승마와는 0.4초 차이. 지난해 이 말을 4번 타서 3번 우승했으니 아쉬울 만도 하다. 더구나 이 경주는 우승상금이 1억 원이 넘는 대상경주(〈헤럴드경제〉배)였다. 2착 상금만 해도 4천 4백만 원으로, 일반경주 우승상금의 2배가 넘는 금액이다.

착순상금은 5등까지 주어지는데, 상금의 80%는 마주(馬主)에게 돌아간다. 나머지 20%를 기수와 조교사, 마필관리사가 나눠 갖는다. 기수가 6.5%, 조교사가 6%, 나머지 7.5%는 마필관리사 몫이다. 현재 과천경마장에는 54개조가 편성돼 있다. 각 조에는 조장인 조교사 1명과 10명 안팎의 마필관리사가 소속돼 있다. 마필관리사가 10명인 조에서 우승할 경우 마필관리사 1명에게 돌아가는 상금은 전체 상금의 0.75%인 셈이다.

마주와 계약을 맺고 말을 위탁관리하는 조교사는 일반 운동경기의 감독과 같은 존재다. 기수와는 기승계약을, 마필관리사와는 고용계약을 맺는다. 기승작전 지시, 경마를 훈련하는 조교(調敎) 계획 수립도 조교사의 일이다. 마필관리사는 말먹이와 목욕, 말간(마구간) 청소 등을 맡는다.

기수는 프리기수와 계약기수로 나뉜다. 박 기수와 같은 프리기수는 경주가 있을 때마다 조교사와 기승계약을 맺는다. 계약기수는 특정 조교사와 1년간 전속계약을 맺은 기수다. 자기가 속한 조의 말은 무제한 탈 수 있다. 반면 프리기수는 여러 조의 말을 탄다. 대체로 성적이 좋은 기수들이 프리기수로 활동한다. 프리기수 제도가 생긴 지는 3년 됐다.

일요일 경주의 부진에 대해 박 기수는 이렇게 말했다.

"기대했던 말이 (상금) 착순에도 못 들어왔어요. 초원드림(11 경주)과 시크릿웨폰(10 경주). 나머지는 특출한 말들이 아니었어요. 레이스 운도 안 따랐어요. 마번도 중요해요."

마번은 컴퓨터 추첨으로 결정된다. 번호 순서대로 안쪽으로 서는데 다른 조건이 같다면 아무래도 안쪽에서 출발하는 게 유리하다.

그는 인기마를 탈 때는 부담이 크다고 털어놓았다. 뜻대로 안 되면 엄청난 스트레스를 받는다는 것. 특히 대상경주 때는 상당한 심리적 압박을 받는다고 했다. 관중의 비난도 스트레스를 가중시키는 요인이다.

"사실 경주 때는 관중의 소리가 안 들려요. 그런데 출장 전에는 들리지요. 앞 경주에서 성적이 안 좋으면 팬들이 욕을 합니다. '야, 새끼야. 똑바로 타라!' 괴롭기보다는 듣기 싫죠. 대꾸를 안 합니다. 대꾸하면 팬들이 더 열 받거든요. 한 번은 어떤 선배 기수가 예시장에서 심한 욕을 듣고 '그럼 당신이 한번 타보라'고 대꾸했어요. 신발 날아오고 난리가 났지요. 경주는 변수가 많아 늘 (성적이) 좋을 순 없죠. 그래도 지면 팬들에게 미안하지만."

그가 조금 뜻밖의 얘기를 했다.

"경마는 기록보다는 순위 경주입니다. 전에는 거리별 최단기록에 대해서도 포상을 했는데 지금은 없어졌어요. 그게 있으면 경쟁이 더 치열할 텐데. 끝까지 최선을 다하게 되고. 요즘은 1등으로 달리면 눈치를 봐서 2등과 너무 차이 나지 않게 (속도를) 조절합니다. 기록 차이가 크면 나중에 중량이 늘게 되거든요."

경마에서 중량이란 마필부담 중량을 뜻한다. 말 그대로 경주에서 말이 짊어지고 달리는 무게로 기승중량이라고도 한다. 경주 1주일 전 핸디캡 전문위원회에서 3인 합의제로 결정한다. 말의 성별과 성적, 나이, 산지에 따라 달라진다. 대체로 성적이 좋은 말일수록 기승중량이 크다. 인기마가 매번 좋은 성적을 내지 못하는 데는 말의 상태와 기수의 능력 못지않게 기승중량도 영향을 끼친다.

부담중량에는 기수의 몸무게, 패드, 안장 등이 포함된다. 예컨대 1월 9일 서울 1경주에서 박태종 기수가 탄 핍스플러스의 기승중량은 54kg, 10경주에서 탄 위너프린스는 57kg이었다. 박 기수의 평상시 몸무게가 46kg이므로 핍스플러스는 8kg, 위너프린스는 11kg의 중량을 더 얹어야 한다. 기수의 체중과 안장은 거의 일정하므로 중량이 모자라면 대부분 패드로 맞춘다. 패드는 100g, 500g, 1kg 세 종류가 있다. 중량을 맞추기 위해 몇 장의 패드를 겹쳐 끼우는 경우도 많다.

경주 후 부담중량을 재는 후검량을 통과하지 못하면 실격처리 된다. 실제로 박 기수는 2008년 국산마 1군 경주에서 시크릿웨폰을 타고 우승했다가 후검량에 걸려 실격된 적이 있다. 결승점 100m를 남겨두고 패드가 떨어졌기 때문이다.

어떤 말이 경주에 좋은 말일까. 박 기수에 따르면 골격이 발달한 말이 좋다. 덩치가 작은 말은 등급이 올라갈수록 불리해진다. 부담중량 때문에 힘을 못 쓰기 때문이다.

일정 체중을 유지해야 하는 경기가 다 그렇듯 경마기수에게도 체중관리는 고역이다. 많은 기수가 체중감량으로 힘들어한다. 이 점에서 박 기수는 자신의 표현대로라면 천운을 타고 났다. 아무리 많이 먹어도 살이 안찌는 체질이다. 경주가 있는 날엔 기수대기실에서 김밥이나 과일을 먹는다.

기수생활 24년째인 그는 여러 기록을 갖고 있다. 한국 경마사상 최초의 1만 회 기승 외에 통산 최다승(1,567회)과 최다상금 기록의 소유자다. 대상경주 최다승 기록도 갖고 있다. 나이로는 서울경마장 소속 기수 61명 중 두 번째다. 2006년엔 120회 우승으로 역대 연간 최다승 기록을 세웠으나 이듬해 128회 우승한 문세영 기수에 의해 깨졌다.

다승왕을 차지한 2009년 기록도 눈부시다. 654경주에 출전해 114승을 기록했다. 2착도 100회나 된다. 우승상금도 가장 많아 누적상금이 48억 원을 넘었다. 그중 기수 몫이 6.5%이므로 실제 벌어들인 상금은 세금을 빼면 3억 원이 약간 넘는다. 2008년에도 비슷한 소득을 올렸고, 경기 중 부상으로 몇 달간 입원했던 2007년엔 2억여 원을 벌어들였다.

2010년 1월 11일 현재 그의 통산 승률은 15.7%로 문세영 기수(16.6%)에 이어 2위다. 30세인 문 기수의 출전횟수(2,651회)는 박 기수의 4분의 1이다. 박 기수는 또 최근 1년간 최다우승에 공동 3위의 승률(17.5%)을 기록하고 있다. 승률 비결을 묻자 이렇게 답했다.

"꾸준한 체력관리가 중요하죠. 제 경우는 기승기회가 많아 우승기회가 많았다고도 볼 수 있지요. 조교사들이 좋은 말을 탈 기회를 많이 준 덕분이기도 하고요."

프로스포츠계가 다 그렇듯 경마기수들 간에도 부익부 빈익빈 현상이 심하다. 한 달에 2천만 원 이상의 소득을 올리면 상위권이다. 서울경마장의 경우 5명 안팎의 기수가 이에 해당된다. 올해 서울경주가 치러지는 날은 96일. 하루 평균 1승을 올리면 최상위권 기수다. 1주(2일)에 1승씩만 올려도 상위권에 들어간다. 반면 하위권 기수는 연 수익이 5천만 원에도 못 미친다. 3년간 우승을 못하는 기수도 있다. 그러면 출전 기회가 점점 줄어든다. 조교사들이 꺼리기 때문이다. 악순환인 셈이다.

기수의 주된 소득은 물론 상금이다. 거기에 한 번 출전할 때마다 받는 5만 4천 원의 기승료가 보태진다. 박 기수의 경우 지난해 654경주에 출전했으니 기승료 수입만 해도 3천 5백만 원이 넘는다. 계약기수들에 한해 새벽조교 수당도 나온다. 마사회 관계자는 "아무리 성적이 나쁜 기수라도 월 200만 원 이상은 보장된다"고 귀띔했다.

박 기수가 경주에 처음 출전한 것은 1987년 4월 1일 23세 때다. 그는 "어떻게 경주로를 돌았는지 정신이 없었다"고 회상했다.

"경주 한 번 하고 나면 엄청난 체력이 소모됩니다. 지금은 괜찮지만 데뷔 때는 정말 힘들었어요. 100m를 전력질주한 것처럼 숨이 가쁘고 다리에 힘이 쫙 빠지거든요. 일반인은 보통(비경주용) 말을 1분만 타도 다리가 휘청거리죠. 데뷔전을 치르고 나서 몇 분 후 계단을 내려오는데 다리가 후들거려 난간을 잡았던 기억이 납니다."

그해 10월 첫 우승을 했다. 궁궐이라는 말이었는데 선행으로 달려 1위를 차지했다. 박 기수에 따르면 신인 기수는 대체로 선행마를 타고 우승한다. 추입마로 우승하기 위해서는 기승경력이 많아야 한다. 기술과 노련미가 필요하기 때문이다.

"4코너까지 가봐야 알 수 있어요. 그때쯤 대략 알게 되지요. 말이 힘이 있는지 없는지. 순간의 판단이 중요하죠."

말의 성격도 영향을 끼친다. 그는 "말도 사람처럼 얼굴에 성격이 드러나 있다"고 했다.

"눈을 보면 알아요. 찢어진 눈을 가진 말은 성깔 있어요. 그런 말은 경주 전 허튼짓으로 힘을 다 빼버려요. 혼자 괜히 홍분해 갖고."

20년 이상 함께 호흡해온 만큼 말에 대한 그의 느낌은 각별할 수밖에 없다.

"말은 눈이 맑고 투명해요. 순수하고 해맑은 모습이죠. 덩치는 큰데 겁이 많아요. 소리나 물체에 민감해요. 훈련 중 트랙 자국을 보면 피해갑니다. 옆에서 무슨 소리가 나면 깜짝 놀라고 참새만 봐도 놀라요."

경주가 끝난 후 그가 말목을 가볍게 두들기는 건 일종의 애정표현이다. 1등을 했건 꼴찌를 했건 고생했으니 위로하는 것이다. 그는 말을 다루는 요령에 대해 "특별한 게 없다"며 "애정이 가는 말이 능력 있는 말"이라고 했다. 그에게 경마승부의 매력은 "마지막에 뒤집는 것"이다.

"짧은 시간에 빨리 판단해 빨리 작전을 세워야 합니다. 달리면서 작전을 바꾸기도 하죠. 말들이 다 똑바로만 가는 건 아니거든요. 다른 말들의 상태를 봐가면서 속도를 더 내거나 진로를 바꾸기도 해요. 마지막에 앞서 가는 말을 제치고 우승할 때 짜릿한 느낌을 맛보죠."

그는 가장 극적인 우승으로 1999년 5월 16일에 있었던 국산 1군의 대상경주(코리언더비) 우승을 꼽았다. 당시 가장 강력한 우승후보는 자당이라는 말이었다. 자당은 선행마고 그를 태운 만석꾼은 추입마였다. 어떤 말도 자당을 이길 수 없다고들 했다. 결승점 100m 앞에서부터 치고 나간 만석꾼은 극적인 역전승을 일궈냈다. 그 우승이 더욱 뜻 깊은 것은 그날이 딸의 백일이자 아내가 처음으로 딸을 안고 경주장을 찾은 날이었기 때문이다.

경주 중 가장 신경이 쓰이는 것은 역시 부상이다. 천주교 신자라는 그는 한때 경주에 들어갈 때마다 속으로 "부상 없이 잘 뛰게 해 달라"고 기도했으나 요즘은 안 한다. "(성당을) 쉰 지 오래돼서…"라면서 쑥스러운 듯 웃는다.

지금까지 그는 경주 중 사고로 10여 차례 입원했다.

"진로방해를 한다든가 하는 고의적인 경우는 없어요. 대체로 말 습성 때문이죠. 요동하는 말이 있고 뒤로 까지는 말이 있죠. 그러면 굴러 떨어지고 깔리기도 하는 거죠. 말 뒷발에 명치를 채여 순간적으로 숨이 막힌 적도 있어요. 훈련을 끝내고 마방굴레를 벗기다가 그랬죠."

1989년 뚝섬에 있던 경마장이 과천으로 옮겨온 이후 지금까지 4명의 기수가 경주 중 사고로 사망했다. 대부분 낙마사고다. 말에서 떨어지더라도 말발굽에 머리를 밟히지 않으면 그나마 다행이다. 헬멧을 쓰고 있어도 머리가 터지기 때문이다.

"떨어지는 순간은 잘 몰라요. 밟힌 건지, 차인 건지."

　1월 9일 서울경주에서도 낙마사고가 일어났다. 6경주에서 승률 1위의 문세영 기수가 말에서 떨어진 것. 그 바람에 문 기수는 다음 경주에 결장했고 다른 기수가 대신 출전했다.

　박 기수가 당한 사고 중 가장 아찔했던 것은 2007년의 낙마다. 경주 중 떨어진 직후 말발굽에 몸이 짓밟혔다. 이 사고로 그는 석 달여 동안 입원했다. 늑골과 쇄골이 골절되고 무릎 인대가 파열됐다. 척추압박골절상도 당했다. 재활훈련을 받고서야 복귀할 수 있었다.

"기수생활을 그만두고 싶다는 생각도 들었지요. 하지만 다 나으면 또 하고 싶어져요. 배운 게 경마밖에 없으니 밖에 나가 할 게 없잖아요. 가정을 가진 후로는 예전보다 조심스럽게 타게 되더라고요. 다른 기수의 말이 내 앞으로 밀고 들어오겠다 싶으면 방어 자세를 취합니다. 총각 때는 그 정도는 뚫고 나갈 수 있다는 생각에 무조건 치고 나갔지요. 이제는 속도를 조절해요."

그는 부상으로 입원해 있을 때 승부조작의 유혹을 받았다고 털어놓았다.

"병문안하는 것처럼 찾아와 돈봉투를 내밀더라고요. '단도직입적으로 말하겠는데…' 하면서. 중간에 말을 끊어버렸지요. 집으로 전화하는 사람들도 있었어요. '당신 때문에 돈을 엄청 잃었으니 본전이라도 하게 도와달라'고요. 경마꾼들이지요. 이런 사람들에게 한번 걸려들면 계속 코가 꿰이게 됩니다. 아예 듣지를 말아야지. 저는 경마를 천직으로 여기기 때문에 지금까지 단 한 번도 그런 일에 연루된 적이 없습니다."

그는 "과거엔 모르겠지만 지금은 경마부정이란 게 불가능하다"고 강조했다.

"기수가 누군가에게 '내가 몇 경주에서 우승하겠다'라고 얘기하면 걸려드는 겁니다. 그게 정보거든요. 1960~70년대 뚝섬경마장 시절엔 상금을 타도 생활하기 힘들었어요. 그 시절엔 '누가 우승하게 해주자'는 얘기가 가능했지요. 하지만 지금은 부정이 불가능해요. 예전엔 심사위원이 쌍안경으로 경주를 지켜봤지만, 요즘은 26대의 카메라가 감시해요. 기수 손동작까지 관찰됩니다."

그가 경마기수가 된 것은 그야말로 우연이었다. 서울에서 식품가게를 하는 그의 이모부가 식당에 배달갔다가 벽에 붙어있는 기수 후보생 모집 포스터를 본 것이 계기였다. 이모부는 그에게 "체격도 맞으니 한번 응해보라"고 적극적으로 권했다. 첫해는 떨어졌다. 서류심사와 체력시험은 통과했는데 면접에서 탈락한 것이다. 나는 그의 탈락사유를 듣고 배꼽을 잡았다.

"면접위원이 '경마란 무엇이냐'고 묻더라고요. '경마란 레저스포츠다'라고 대답했지요. 뚝섬경마장 건물에 붙은 포스터에 그렇게 쓰여 있었거든요. 면접위원이 비웃는 것 같더라고요. '경마란 2마리 이상의 말이 시합하여…' 이렇게 대답했어야 했는데, 하필 그때 그 포스터가 생각이 나서…."

그의 고향은 충북 진천이다. 거기서 고등학교까지 다녔다. 키 150㎝인 그는 군 입대 신체검사에서 면제판정을 받았다.

"막상 면제가 되니 서운하더라고요. TV에서 특수부대 훈련을 보면서 해보고 싶다는 생각도 했거든요. 몸무게가 50kg 이하라고 헌혈도 안 받아주더군요."

서울로 올라온 그는 막노동을 하다가 식품가게를 하는 이모부를 도왔다. 운전면허를 따고나서는 포클레인기사 조수 노릇을 했다. 춘천으로 포클레인 면허시험을 보러 갔다가 나이가 어리다는 이유로 퇴짜를 맞았다. 최저연령에서 몇 개월 모자랐다는 것이다. 그는 이 일에 대해 "정말 억울하다"고 했다. 원래 1964년생인데 호적에 1965년으로 기록돼 있어 피해를 보았다면서.

그는 기수양성소 공채 13기다. 1년간 교육을 받고 6개월간 마방(馬房) 실습을 거친 후 기수가 됐다. 요즘은 교육기간이 4년이다. 기수양성소는 경마교육원으로 이름이 바뀌었다. 처음 2년간은 교육만 받고 뒤 2년간은 실습교육을 받으면서 경마교육원 소속기수로 출전도 한다. 말하자면 수습기수인데, 착순에 들면 상금도 받는다.

기수생활은 고됐지만 적성에 맞았다.

"교관한테 기합도 많이 받았어요. 선후배 관계도 엄격했고요. 나이 어린 선배가 수두룩했어요. '줄빠따'를 맞았지요. 요즘은 '빠따'도 사라지고 군기도 약해졌지만 선후배 관계는 아직도 엄격한 편이에요. 마음이 해이해지면 사고나 부상이 생기거든요. 1년에 한 번 단합대회를 갖습니다. 축구도 하고 래프팅도 하고 서바이벌 게임도 해요. 팬들과 함께하는 기수 체육대회도 하고."

　기수인생에서 가장 쓰라렸던 일을 묻자 1993년 9월 과천경마장에서 발생한 대형사고 얘기를 들려줬다. 추석 전 주였다. 케뷔라는 외국산 1군 말이 있었는데 당시 최고의 인기마였다. 그날 마지막 경주에서 케뷔를 탄 그는 출발하자마자 발을 헛디뎌 땅에 떨어졌다.

　"케뷔가 혼자 달려 1등인가 2등인가 했어요. 난리 났죠, 팬들은. 기수가 일부러 떨어졌다고. 그 다음 주는 휴장이었거든요. 명절 전 마지막 경주라 다들 있는 돈 없는 돈 다 걸었던 거지요. 거의 폭동 수준이었어요. 관람대에 불 지르고 소화기 터뜨리고 마사회장실 쳐들어가고…. 맞은 직원들도 있었대요. 결국 경찰이 왔지요."

　그는 2주 동안 말을 못 탔다. 마사회 측에서 사고를 우려해 못 타게 한 것이다. 그는 엽총으로 쏴죽이겠다는 협박까지 받았다. 그 사건 이후 명절 주간의 경주가 폐지됐다. 그는 "내가 마사회 역사에서 큰 공을 세웠다"며 웃었다.

　그 시절 그는 돈을 쓸 줄만 알았지 모을 줄을 몰랐다. 우승이 늘면서 상금도 늘었지만 버는 대로 다 빠져나갔다. 총각 때라 놀러 다니면서 쓰기도 많이 썼지만 어른 모시는 데도 적지 않은 돈이 들어갔기 때문이다. 당시 그는 부모를 부양하면서 각각 9명인 아버지와 어머니의 남매들까지 챙겼다.

　그가 돈을 모은 것은 대부분의 남자가 그렇듯 결혼하고 나서다. 1998년 부상을 당해 입원해 있을 때였다. 팬 10명이 병문안을 왔는데 그중 한 사람이 승마장에서 일하는 여자를 소개해줬다. 두 사람은 사귄 지 6개월도 채 안 돼 결혼했다. 1999년 그의 나이 35세 때였다. 부인은 8세 연하였다. 아내 얘기가 나오자 그의 표정이 한결 밝아졌다.

244

"첫눈에 반했어요. 동기생 중 가장 늦기도 해 안 놓치려고 기를 썼지요. 말을 다룬다는 공통점이 있었어요. 말에 대한 아내의 지식이 상당히 도움이 됐죠. 아내는 결혼상대가 자기보다 말을 잘 타는 사람이면 좋겠다고 생각해왔대요. 그런데 '박태종'은 잘 몰랐대요. 아내가 저보다 한 뼘은 더 커요. 후배들도 대체로 부인들이 커요. 결혼 후 더 좋은 기록을 세우고 집도 사고 상금도 모으게 됐어요. 결혼 전에는 전셋집 살 돈도 없었거든요. 결혼을 안 했다면 아마도 합숙소 생활을 했을 겁니다."

그의 아내는 매니저 노릇을 한다. 전화도 대신 받고 대외적인 약속도 잡는다. 결혼 전에는 그가 출전할 때마다 경주장을 찾았는데 요즘은 대상경주가 열릴 때나 참석한다고 한다. 그는 "정말 도움이 많이 된다. 성적이 안 좋으면 '다음에 1등 하면 된다'며 용기를 준다"고 아내 자랑, 아니 아내 찬가를 이어갔다.

내가 "너무 잡혀 사는 게 아니냐"고 힐난조로 묻자 정색을 하고 "잡혀 사는 게 아니라 맡기는 게 편해서"라고 대꾸했다. 말 타는 일에 전념하기 위해 아내에게 모든 걸 맡긴다는 얘기였다.

올해 여섯 살인 그의 딸은 그림에 소질이 있는데 '말 부부'의 핏줄이 아니랄까봐 특히 말 그림을 잘 그린다고 한다. 그는 딸과의 관계에 대해 "자주 못 놀아줘서 불만스러워하지만 친구들 앞에서 아빠를 자랑스러워하는 것 같다"고 애틋한 감정을 드러냈다.

술, 담배를 전혀 안 하는 그는 규칙적인 생활을 하기로 소문나 있다. 마사회 휴일인 화요일을 빼고는 매일 새벽 4시 반이면 일어나 경마장으로 출근한다. 경주 당일도 마찬가지다. 5시 반부터 조교사가 지정해준 말을 마방에서 끌어내 경주훈련을 한다. 보통 하루에 4마리를 조교하는데 1마리에 40분씩 걸린다. 훈련은 9~10시에 끝난다. 이후는 자유시간. 그는 하루 두 차례씩 웨이트트레이닝을 한다. 오전엔 기수협회 지하에 있는 체육관에서, 오후엔 집 근처 휘트니스센터에서 한다. 주로 스트레칭을 하고 달리기와 근육운동도 하는데 바벨보다는 하체운동에 주력한다.

그에 따르면 많은 기수가 눈병과 허리병을 앓고 있다. 일종의 직업병이다. 눈병이 생기는 것은 경기 중 모래가 눈 속으로 많이 들어가기 때문이다. 경주 다음날 아침엔 눈가에 모래가 덕지덕지 묻어 있다. 며칠이 지나야 다 빠진다. 허리병은 승마자세와 부상 때문. 경주시 기수들은 상체를 납작 엎드려 머리와 허리를 말 등과 평행선이 되게 한다. 당연히 허리가 편안할 리 없다. 게다가 낙마사고로 말발굽에 등이라도 밟히면 척추골절 따위의 중상을 입게 마련이다.

그의 취미는 자전거 타기와 골프. 젊을 때는 산에 오르기를 즐겼는데, 경주 중 부상으로 무릎 인대 수술을 두 번 받고나서는 꺼리게 됐다. 골프를 배운 지는 10년쯤 됐다. 80대 중반을 치는데 두 번 싱글을 했고 홀인원과 이글의 짜릿함도 맛봤다. 아내에게도 골프를 권유해 요즘은 부부가 함께 즐긴다고 한다.

기수들은 매년 면허를 갱신해야 한다. 대체로 건강검진 결과에 이상이 없으면 자동으로 갱신된다. 다만 기승횟수가 마사회가 정한 기준에 미달되면 주의나 경고를 받고 이런 일이 몇 번 되풀이되면 면허가 취소된다. 부정행위나 과오로 여러 차례 제재를 당한 기록이 있어도 마찬가지다.

그는 은퇴 후에는 조교사를 할 생각이다. 과천경마장에 등록된 54명의 조교 중 60%가 기수 출신이다. 또 마필관리사에서 조교로 전향한 사람이 30%쯤 된다. 그밖에 마사회 직원 출신이 몇 명 있다. 이들은 경마교육원 교관으로 8년 이상 재직한 경력을 가졌다.

그는 명예기수여서 지금이라도 기수를 그만두면 조교사를 할 수 있다. 명예기수란 통산 500승 이상을 올린 기수로서 현재 7명이 있다. 그 중 현역은 박 기수뿐이다. 조교사가 되려면 필기, 실기시험을 치르고 면접을 봐야 한다. 하지만 명예기수는 시험이 면제된다. 조교사의 정년(면허 만료시점)은 62세인데 마사회장의 추천을 받으면 2년 더 할 수 있다. 그는 "경마가 사행심을 조장하는 도박"이라는 비판에 대해 덤덤하게 말했다.

"돈이 오가는 곳이니…. 편하게 놀러왔다고 생각하고 (돈을) 쓰면 되는데 자기가 내놓은 돈보다 훨씬 더 많은 돈을 챙기려 하니 문제가 되는 거지요. 무리하지 않는 선에서 적당히 베팅하면 좋겠어요."

끝으로 경마팬들에 대해 한마디 해달라고 하자 판에 박힌 듯한 얘기를 해 속으로 웃음이 나왔다. 하지만 그의 표정은 진지했다.

"그간 팬들이 많이 응원해주셔서 좋은 기록을 세웠는데 앞으로도 응원해 주신다면 그 힘으로 매 경주 최선을 다해 좋은 성적을 내겠습니다."

인터뷰가 끝난 뒤 그의 안내로 기수협회 건물에 있는 기승훈련실에 가봤다. 말 형상의 기승기가 설치돼 있었다. 러닝머신처럼 스위치를 조작하면 기계가 움직였다. 훈련방식은 1~5단계까지 있었다. 그가 익숙한 동작으로 인공마에 올라 5단계로 맞췄다. 요란한 소리가 나면서 기계가 작동되자 경주할 때처럼 납작 엎드린 그의 몸도 격렬하게 흔들렸다. 그는 엉덩이를 들고 말고삐를 바싹 당기고 채찍까지 휘둘러댔다.

그가 내리고 난 뒤 내가 올랐다. 시키는 대로 했지만 생각보다 자세가 잘 안 잡혔다. 내가 3단계로 맞추라니까, 그가 "기왕 하는 건데" 하면서 5단계로 작동시켰다. '말'이 달리기 시작하자 정신없었다. 상체가 앞으로 콱 처박혔다가 뒤로 확 젖혀지는 동작이 빠르게 반복됐다. 다리근육도 팽팽히 조여졌다.

나는 숨을 헐떡거리면서 속으로 '이거 매일 타면 복근운동과 하체운동으로 좋겠다'는 생각을 했다. 어느 순간 등자쇠에 끼웠던 왼쪽 발이 빠져 몸이 앞으로 숙여질 때마다 왼쪽 정강이가 말 옆구리에 세차게 부딪히기 시작했다. "그만, 그만!" 1분도 안 되는 짧은 시간이었지만 말에서 내리자 하체가 후들거렸다.

그가 흐뭇한 표정으로 지켜보고 있었다. 왼쪽 정강이에 붉은 생채기가 나 있었다.

100년에 한 명 나올까 말까 한 천재 기수. 박태종 기수가 얼마나 대단한 사람인지는 마사회 홍보실 직원이 그를 대하는 태도만 봐도 알 수 있었다. 정말 깍듯했다. 지존에 대한 예우로 보였다.

경마에 관심 없는 사람이야 실감이 안 나겠지만, 박 기수는 키 작은 사람들이 경쟁력 있는 이 세계에서 나폴레옹급 영웅이다. 어느 분야든 마찬가지겠지만 최고가 되는 길은 지난하다. 피땀 어린 훈련과 연습, 철저한 자기관리가 뒷받침돼야 한다. 박 기수는 묵묵히 이를 실천하는 사람이다. 그의 무표정한 얼굴엔 '성실'이라는 글자가 새겨져 있다.

최고령 기수인 그는 요즘도 왕성한 활동을 하고 있다. 2012년 10월 21일 현재 총 11,419회를 출전해 1,780회의 우승 기록을 세웠다.

1954년생 · 서울대 의대 의학과 · 서울대병원 흉부외과 교수

'Mini Bottle Collector'
서울대병원 김원곤 교수
자신의 한계를 알고 환자를 스승으로 여기는 의사가 명의

의사라는 직업은 고상하면서도 고달픈 직업이다. 병을 고치고 생명을 구하는 데서 큰 보람과 자부심을 갖지만 인간이라는 나약하고 초라한 존재의 밑바닥을 끊임없이 들여다보는 것은 여간 피곤한 게 아니다. 섬광과도 같은 생명의 명멸을 지켜보는 데 따른 고뇌와 스트레스도 이만저만이 아니다. 그래서 의사를 제대로 하려면 의술 못지않게 인내와 평정심이 필요하다. 체력도 좋아야 한다. 고난도의 수술을 집도하는 외과의사의 경우 더욱 그렇다.

서울대 의대 흉부외과학과 김원곤(金元坤) 교수는 매우 독특한 교수다. 서울대병원 웹진에 "김원곤 교수의 엔돌핀 술 이야기"를 연재하는 그는 자타가 인정하는 술 전문가다. 술 마시기를 즐길 뿐 아니라 술에 대한 지식도 해박해 여기저기서 강연 요청을 받는다. 술병과 종 미니어처(모형) 모으기가 취미다. 그가 모은 술병 미니어처는 1,500여 개에 달한다. 종 미니어처도 300개나 모았다. 누구는 그를 '몸짱 교수'라고도 부른다. 몇 달 전 '누드사진'을 찍어 의사들 사이에서 화제가 됐다. 오랜 웨이트 트레이닝으로 다진 그의 몸은 20대 젊은이 못지않다는 '호

평’을 받고 있다.

그렇다고 그를 ‘날라리’ 의사로 여기는 것은 섣부른 판단이다. 그의 실력을 미심쩍어하는 독자라면 다음 얘기를 듣고 적이 안도할지 모른다. 국내 심혈관(心血管) 분야 권위자인 그는 흉부외과와 심장병, 심장 수술에 관한 책을 8권이나 낸 학구파다. 의사가 번역서라면 모를까, 집필저서를 이렇게 많이 낸 것은 유례가 없다고 한다. 역사에도 관심이 많아 흉부외과와 관련된 역사논문을 수편 썼는데, 한국 최초의 흉부외과 수술환자가 이재명 의사(義士)의 칼에 찔린 이완용이었다는 기록을 처음 발굴하기도 했다(2008년 12월 18일 〈동아일보〉 기사 참조).

기왕 늘어놓는 김에 이 얘기도 하고 넘어가자. 그는 ‘외국어 귀재’다. 5개 외국어를 능통하게 한다. 누구처럼 우리말까지 포함해서가 아니라 진짜 외국어만 말이다. 서울의 강남 학원가에서 ‘정체불명의 외국어 고수’로 통한다. 그는 최근 한 방송사로부터 출연 요청을 받았으나 거절했다. 대선에 출마했던 허경영 씨를 비롯해 ‘엉뚱한 사람’들이 게스트로 출연하는 프로그램이었기 때문이다.

“내가 그쪽에 어떤 키워드로 다가갔는지 모르겠어요. 나를 ‘의료계 기인’으로 보는 것 같아 (출연을) 거절했어요. 내가 독특하긴 하지만 기인은 아니거든요. 지극히 정상적인 사람이죠.”

흉부외과는 생명의 원동력이라 할 만한 심장과 폐를 다룬다. 그런데 서울대병원 흉부외과는 정맥류 치료도 한다. 정맥류 치료가 흉부외과의 영역인 혈관 치료와 일맥상통하기 때문이다. 서울대병원 흉부외과는 정맥클리닉을 운영하는데 그 책임자가 바로 김 교수다.

연구실 문을 두드리자 키가 훤칠한 그가 반갑게 맞았다. 나중에 물어보니 180cm란다. 수북이 쌓인 책들보다 눈길을 끈 것은 안쪽 벽에 걸린 사진이었다. 문제의 누드사진, 상반신을 벗고 근육을 뽐내는 사진이다. 50대 중반이라고는 믿기지 않는 깔끔한 몸매다. 뭣보다도 군살이 전혀 없다. 가슴근육은 균형이 잡혀 있고 복부근육은 매끄러우면서도 탄력적이다. 양팔의 근육도 기운차 보인다. 2009년 5월, 사진이 취미인 흉부외과 레지던트가 스튜디오에서 찍어준 사진이라고 한다. 그는 "주변의 반응이 참 좋다"며 "몇 년 더 몸을 가꿔 60세가 되면 사진집을 낼 생각"이라고 말했다.

"어떤 일을 하고는 싶은데 의지가 약해 잘 진행되지 않는 경우 약속을 공개적으로 해서 그 압박감으로 해내는 경우가 있잖습니까. 2008년 송년회 때 흉부외과 직원들 앞에서 언제까지 옷을 벗은 사진을 보내주겠다고 약속했습니다. 그 약속을 지킨 거죠."

"웨이트 트레이닝과 달리기를 하지 않으면 갖기 힘든 근육"이라는 그의 설명에 공감이 간다. 20대 후반에 나도 해봤기 때문이다. 역기 따위의 도구를 이용한 인공적인 근육은 지속적으로 하지 않으면 쉽게 허물어진다. 또 달리기를 하면 복근이 탄탄해진다는 건 경기 중 윗옷을 걸어 올리는 축구선수만 봐도 알 수 있다.

그가 근육에 관심을 가진 건 학생 시절부터다. 본과 2학년이던 1975년, 그는 서울대 의·치대 역도부를 창설하고 초대 부장을 지냈다. 의과대와 치과대 학생들 중 힘깨나 쓰는 학생들이 역도부로 모였다. 창단부원은 12명. 35년이 지난 지금까지도 신입회원을 받고 있는 장수동아리로 매년 가을 경연대회를 열고 있다. 현 회원은 30명 안팎인데, OB(*Old Boy*) 회원 모임도 활성화돼 있다.

창단 시절의 일화다.

"처음에 운동기구를 살 돈이 없었어요. 학생들이 무슨 돈이 있겠습니까. 그런데 당시 단과대학 대항 씨름대회가 열렸습니다. 대회에서 입상하면 돈 준다고 해서 부원 5명이 출전했습니다. 우승했죠. 상금으로 5천 원인가 받았습니다. 초코바 아이스크림이 30원 하던 때였죠. 우승상금에 조금 더 보태서 운동기구를 사들였습니다."

흉부외과라는 명칭은 흉부 및 심장혈관외과를 축약한 것이다. 가슴과 심장혈관에 있는 모든 병을 외과적으로 치료하는 곳이 흉부외과다. 하지만 진료과의 이름과 장기의 해부학적 위치가 100% 일치하지는 않는다. 장기와 병의 특성에 따라 다르다. 가슴에 있다고 다 흉부외과의 치료대상이 아니다. 예를 들어 유방수술은 일반외과에서 한다. 반면 복부 대동맥 수술은 흉부외과에서 한다. 척추질환을 두고 신경외과와 정형외과가 영역 다툼을 벌이는 것도 그런 맥락에서다.

그가 교수 직함을 갖고 진료한 지는 23년 됐다. 초기 10년 동안은 심혈관 수술에 주력했고 이후 10년은 심혈관 연구에 전념했다. 3년 전부터는 정맥류라는 새 영역을 개척해 선구자 노릇을 하고 있다. 현재 서울대병원 흉부외과의 정맥류 수술은 그가 거의 도맡고 있다. 그렇긴 해도 전공이 심혈관이므로 요즘도 심혈관 계통을 연구하고 관련 책도 집필하고 있다.

김 교수처럼 임상교수로 오래 일했던 의사가 연구교수로 옮겼다가 진료 분야를 바꾼 것은 드문 사례로 꼽힌다.

"새로운 장르를 개척하려는 변화의 시도였죠. 흉부외과의 인기가 과
거에 비해 크게 떨어지지 않았습니끼. 학회 차원에서 새로운 영역을
개척해야 한다는 데 공감대가 형성됐죠. 요즘은 흉부외과에서 정맥
류를 다루는 병원이 많아졌어요."

그가 서울대 의대에 들어간 것은 1972년. 대학병원 의사가 되려면
20년 가까운 지난한 수련기를 거쳐야 한다. 과거엔 학부과정이 예과 2
년, 본과 4년 해서 6년이었다. 요즘 4년제 의학전문대학원에 입학하는
학생은 2년 더 공부하는 셈이다. 학교를 졸업한 후에는 인턴 1년, 레지
던트 4년의 전공의 과정을 마쳐야 한다. 남자의 경우 군복무도 한 과정
이다. 3년 동안 군의관을 하거나 공중보건의로 군복무를 대체해야 한
다. 전공의 과정이 끝나면 전문의 시험에 응시할 수 있다. 전문의가 된
후 특정 분야를 집중적으로 더 연구하기 위해 2~3년간 펠로(*fellow*, 전
임의) 과정을 밟는다. 김 교수는 그중 레지던트 과정이 가장 힘들었다
고 회고했다.

"외과 중에서도 가장 힘든 데가 흉부외과입니다. 레지던트를 할 때
다들 우리가 대한민국에서 가장 바쁜 사람들이라고 생각했습니다.
예를 들어 위험한 상황이 벌어지면 선배가 '너 오늘 환자 옆에서 자!'
라고 지시합니다. 그럼 밤새 병실을 지켜야 합니다. 평일엔 집에도
못 들어가다가 주말에 한 번씩 들르는 정도였습니다. 보람을 느끼지
않는다면 도저히 견딜 수 없는 생활이었습니다."

　그의 애기를 들어보면 요즘 의사 지망생들의 흉부외과 기피현상이 심각한 모양이다. 마치 일반 대학에서 모든 학문의 기본이라는 '문사철'(文史哲)의 비중이 낮아져 '인문학의 위기'라는 말이 생겨난 것처럼.

　"예전에 비해 흉부외과의 인기가 크게 떨어진 것은 웰빙과 여가활동을 중시하는 요즘 세대의 가치관과 맞지 않기 때문입니다. 개인시간을 즐길 수 없는 과에 대한 선호도가 많이 낮아진 거죠. 이것은 사회 전체의 가치관이 변한 것과 관계가 있습니다. (의대생 중) 여학생 비율이 높아진 것도 한 원인입니다. (여학생은) 아무래도 업무강도가 높은 과를 피하는 편이죠. 부모들도 말리고. 몇 년 전 레지던트를 하다가 그만둔 후배가 있었습니다. 결혼할 여자가 흉부외과를 그만두라고 적극 말렸던 겁니다. 나중에 다른 과로 옮겨가 새로 레지던트 과정을 밟는다는 애기가 들리더군요. 이처럼 전국적으로 이탈현상이 나타나고 있습니다. 떠나는 사람이 생기면 남은 사람의 일 부담이 커집니다. 그러면 지망생은 더욱 줄게 됩니다. 악순환이죠."

　그의 표정에 흉부외과 의사로서의 강한 자부심과 세태에 대한 안타까움이 교차하고 있었다.

　"흉부외과는 임상학의 꽃입니다. 모든 과를 돌면서 공부하는 인턴들이 흉부외과를 돌고나서는 다들 '정말 좋은 과이고 임상에서 가장 가치 있는 과'라고 말합니다. 그렇지만 '나는 안 가겠다'라고 하는 게 문제죠. 그래서 우리가 우스갯소리로 '연애는 흉부외과와 하고 결혼은 다른 과와 한다'고 합니다. 우리 때만 해도 성적이 좋은 학생들이 흉부외과를 선택했습니다. 순수했던 시절, 정말 좋아 보였죠. 힘들지만 보람을 느꼈고요. 그 뒤로 운명처럼 세월이 흘러 오늘에 이르렀습니다. 모 대학교 의과대에 가까운 친척이 다니는데, 얼마 전 이런 얘기를 하더군요. 요즘 흉부외과는 공부 못하는 학생들이 간다고요. 정말 큰 충격을 받았습니다."

문득 그의 손에 눈길이 미쳤다. 키에 걸맞게 커다란 손이었다. 손가락도 길었다. 손이 크면 수술하는 데 유리할까.

"예전엔 수술을 전부 손으로 했잖아요. 그래서 손가락이 길면 수술에 유리하다는 농담이 통했지요. 하지만 요즘은 정교한 기계가 손으로 할 일을 대체합니다. 손 크기와 관계없이 손재주가 중요한 거지요."

외과수술에서는 체력도 중요하다. 여자는 물론 남자도 체력이 몹시 약하면 외과를 선택하고 싶어도 하지 못하는 게 현실이다.

"충분히 잠을 못자는 걸 떠나서 일단 수술장에 들어서면 몸을 제대로 움직이지 못합니다. 균이 침투하지 못하도록 고정된 위치에서 몇 시간 동안 서 있어야 하거든요. 긴장 상태는 말할 것도 없고요. 기본 체력이 없으면 곤란하죠."

흉부외과 수술시간은 생각보다 길지 않다. 열 몇 시간씩 한다는 수술은 다른 과 얘기다. 심장에 그냥 칼을 대면 수술 자체가 불가능하다. 곧바로 피가 뿜어져 아무것도 할 수 없기 때문이다. 심장수술을 하려면 일단 심장을 멈춰놓아야 한다. 그런데 심장이라는 게 한정 없이 세울 수 있는 게 아니므로 제한된 시간에 빨리 끝내야 한다. 안전하고도

노련하게 제때 끝내는 게 중요한 것이다. 보통 네댓 시간이나 대여섯 시간 걸리는데, 다른 과 수술과는 긴장의 강도가 다르다는 게 김 교수의 설명이다.

"심장수술 기술이 처음 개발될 때만 해도 유명한 외과의사들조차 심장수술은 불가능한 걸로 생각했습니다. 심장은 바늘 하나로만 찔러도 압력 때문에 피가 천장까지 솟구칩니다. 심장이 피로 차 있으면 안에 아무것도 안 보이죠. 그걸 어떻게 째서 병을 치료하느냐. 불가능하다고 생각했죠."

심장은 산소가 들어있는 피를 우리 몸에 내보내는 장기다. 심장이 멈추면 죽는다. 의사들은 심장 대신에 피를 몸 전체로 내보내는 기계를 개발했다. 수술하는 동안 심장 대신에 기계로 피를 내보내는 한편 심장은 특수한 약으로 마비시켜 기능을 정지시킨다. 그러면 심장 대신 기계가 우리 몸에 피를 공급해준다. 그 사이 의사는 심장을 절개해 수술을 한다. 수술이 끝나면 절개한 부위를 닫고 피를 다시 심장으로 보내 심장을 뛰게 한다.

김 교수가 자신의 주도로 수술을 한 것은 교수가 된 1986년부터다. 그간 수많은 수술을 했다. 가슴 아픈 사연도 많았다. 그는 의술은 인술(仁術)이어야 한다는 생각을 갖고 있다.

"환자가 의사의 가장 큰 스승이죠. 과거엔 환자를 병으로만 대했습니다. 흉부외과의 경우 워낙 환자의 병이 무겁고 바쁘기 때문에 더욱 그랬죠. 많은 의사가 병 고치는 게 최선을 다하는 것이라고 생각합니다. 저 또한 젊은 시절엔 병만 고치면 된다고 생각했습니다. 하지만 요즘은 다릅니다. 병을 떠나 환자의 내면을 보려고 노력합니다. 외래를 볼 때도 어떻게 지냈는지, 생활에 어떤 변화가 있었는지 물어봅니다. 그러면 환자가 사적인 이야기도 하고 직업 얘기도 합니다. 요즘은 환자와의 관계가 다른 의미로 다가옵니다."

인상 깊었던 수술사례를 말해달라고 하자 정맥류 환자 얘기를 꺼냈다. 60대 여성인 이 환자는 정맥류가 심해 다리에 새끼를 두른 것처럼 혈관이 울퉁불퉁 불거져 나왔다. 게다가 귀가 잘 들리지 않아 남편이 옆에서 '통역'해줘야 했다. 정맥류를 앓은 지 오래됐으나 경제적 형편이 좋지 않아 수술시기를 마냥 늦춰온 환자였다.
환자의 의식이 깨어 있는 국소마취 수술을 하는 경우 의사는 환자에게 그때그때 상황을 말해준다. 지금 마취주사를 놓습니다, 조금 따끔합니다. … 그런데 이 환자는 귀가 잘 안 들리는 환자가 아니던가.

"수술 조수에게 종이를 준비하라고 말했습니다. 수술 진행상황을 글로 적어 환자에게 보이도록 한 거죠. 나중에 수술 조수가 말하기를, 환자가 수술을 받으면서 눈물을 흘리더라는 겁니다. 그 애기를 들으니 나도 고맙더군요. 내 노력을 알아주는 것 같아서. 또 하나 놀랐던 건, 나는 그 환자가 미적인 데는 전혀 관심 없을 줄 알았어요. 그토록 오랫동안 고통을 느끼면서도 경제적 어려움 때문에 참아왔으니. 그런데 수술이 끝나자 환자가 수술대에서 일어나면서 — 그때 수술현장에 있던 사람들이 다 즐겁게 웃었습니다 — 큰 소리로 이렇게 말하는 겁니다. '이제 치마를 입을 수 있겠죠?' 이 환자는 치마를 입는 게 소원이었던 겁니다. 그때 다시 한 번 느꼈죠. 아, 환자를 병으로만 치료할 게 아니구나. 요즘 저는 지나칠 정도로 환자와 대화를 많이 합니다.

간호사가 뭐라고 해요. 너무 잘해주면 환자가 고마움을 모른다, 너무 잘해줘도 곤란하다고. 하지만 저는 잘해주고 싶어요.”

그는 이러한 변화에 대해 “세월의 힘이고 인생의 힘”이라고 말했다.

“일반적으로 세월이 흐르고 경험이 쌓이면 용서심도 커지고 이해심도 많아진다고 하잖아요. 그런 게 맞물려 자연스럽게 그렇게 된 것 같습니다. 병 플러스알파가 있다는 걸 절실히 느끼고 있습니다.”

의사와 환자의 신뢰관계를 강조한 그가 기억 속에서 오래된 사건 하나를 끄집어냈다. 17~18년 전에 일어났던 일이다.

“서너 살짜리 아기였어요. 심장수술을 받았는데 이후 수술 부위가 감염돼버렸습니다. 몸 상태가 계속 안 좋아졌죠. 악순환이 시작되면 걷잡을 수가 없어요. 몇 달간 계속 나쁜 코스로 치달았습니다. 결국 결과가 안 좋았죠. 사실 감염은 누구 잘못이라고 꼬집어 말할 수가 없습니다. 아이의 부모는 30대였어요. 아빠는 평범한 직장인이었던 것 같고. 몇 달 동안 아이 돌보느라 생활도 내팽개치고 얼마나 힘들었겠습니까. 그런데 아이가 죽고 난 후 저한테 찾아와 고마움을 표시하더라고요. 그들을 붙잡고 함께 울었습니다.”

그의 눈가가 젖어들었다. 자리에서 일어나더니 티슈가 놓인 탁자 쪽으로 가서 안경을 올리고 티슈로 눈가를 닦았다. 한동안 말을 잇지 못했다. 이윽고 가슴 깊은 곳에서 간신히 기어 나오는 듯한 목멘 소리로 얘기를 마무리했다.

"애도 안됐고, 부모도 안됐고…. 그래서 오랫동안 기억에 남아 있습니다. 흉부외과에는 워낙 위험한 환자가 많습니다. 결과가 그렇게 됐는데도 원망하지 않고 고맙다고 하니…. 의사가 병으로만 치료해서는 안 된다는 걸 새삼 깨달았죠. 인간관계가 얼마나 중요한지를. 치료하는 동안 부모와 많은 대화를 나눴거든요. 그들은 그 애가 가정에서 차지하는 비중이 얼마나 큰지 얘기했고 저는 의료진이 얼마나 최선을 다하고 있는지 설명했습니다. 정말 고마운 일이었죠."

심장수술 후 감염으로 사망할 가능성은 누구에게나 상존한다. 그 가능성이 0.1%라 해도 당사자에게는 100%의 위협으로 다가온다. 요즘은 예전에 비해 감염에 따른 사망사고가 많이 줄었다고 한다.

그가 든 사례는 의사와 보호자가 마음이 잘 통한 경우다. 그러나 실제로는 반대의 경우도 적지 않다. 수술받은 환자의 사망은 종종 의료분쟁의 대상이 된다.

"나는 아직까지 심각한 분쟁을 겪은 적은 없습니다. 거친 항의를 받은 적은 몇 번 있지만 물리적 폭력을 당해본 적은 없습니다. 하지만 주변에서 동료의사들이 그런 일을 당하는 건 더러 목격했지요. 칼, 심지어 엽총으로 위협하는 사건도 있었습니다. 요즘은 그런 물리적 폭력행사보다는 재판으로 가는 경우가 많지요. 수술이 위험할수록 의료분쟁의 소지가 커집니다. 수술은 다 힘들지만 과에 따라 차이가 있습니다. 성형외과 수술을 받다 죽으면 대체로 의료진의 과실 탓입니다. 하지만 흉부외과의 경우 의료진 과실 외에도 변수가 많습니다. 핵심 장기를 다루기 때문이죠. 심장수술은 'safety margin'(安全域)이 작아요. 다른 장기는 재수술이나 재조정이 가능하지만, 흉부외과 수술은 조금만 잘못돼도 치명적인 결과를 낳습니다.”

“그동안 생명을 얼마나 살렸느냐”고 묻자 그는 “많죠”라며 웃었다. 그
에 따르면 흉부외과 의사가 환자를 살린 건 이야깃거리도 안 된다.

“대한민국 흉부외과 의사치고 이런 느낌을 가져보지 않은 사람은 없
을 겁니다. 이 환자는 내가 수술하지 않았으면 죽었을 거라고. 핵심
장기를 다룬다는 자부심이죠. 사람은 심장과 폐만 있으면 일단 삽니
다. 흉부외과 의사는 수술이 아닌 응급상황에서, 즉 주변에서 누군
가 심장이 정지돼 넘어졌다고 해도 웬만해선 내가 살릴 수 있다는 자
신감이 있죠. 심장이 정지되면 4~5분만 늦어도 죽습니다. 병실을
지나가다가 갑자기 쓰러진 환자를 발견하고 내가 살렸다, 이런 일화
는 다들 갖고 있지요. 다른 과 의사는 못 살리는 거지요. 그런데 일
생에 딱 한 번 우연히 그런 것이 아니라 워낙 일상화된 일이기 때문
에 이야깃거리도 안 됩니다. 심폐소생술이라고, 인공호흡 시키고 가
슴을 누르잖아요. 흉부외과 의사는 이런 일도 합니다. 그 자리에서
심장을 절개해 손을 넣어 직접 심장을 주무르는 겁니다. 내부 심장
마사지라고 하죠. 이대로 두면 죽음밖에 없다고 판단될 경우 마지막
수단으로. 경험 많은 의사라면 다 해봤을 겁니다. 특별히 일화라고
할 것도 없지요.”

심장을 만질 때 두렵지는 않을까.

“직업이기 때문에 두렵지 않죠. 이대로 두면 죽는다고 생각되면 자연
스럽게 하게 됩니다. 모든 게 경험이죠. 아침부터 저녁까지 피를 보

는 게 일상이 되면 아무렇지도 않게 심장을 만지게 됩니다. 내가 언제 든지 생명을 살릴 수 있다는 자신감이 흉부외과 의사의 큰 매력이죠. 요즘은 세월이 바뀌어 그런 피 튀기는 일을 하면서 어떻게 살아가느냐고 하지만, 매력이 취약점이 된 거죠.”

심장을 만질 때의 느낌은 어떨까.

“심장은 굉장한 동력을 갖고 있습니다. 정지되면 힘이 없어집니다. 느낌이 묘하죠. 어린아이 심장을 다룰 때는 손을 다 넣지 못해 집게 손가락으로 넣어 만집니다. 심장을 손으로 직접 만질 수 있는 특권을 누리는 사람도 흉부외과 의사밖에 없습니다. 그때마다 생명에 대한 경외심을 갖죠. 심장에서 수축 기능을 담당하는 게 좌심실인데, 그 부위를 집중적으로 눌러줍니다.”

김 교수에 따르면 사망사고가 가장 많이 나는 수술이 심장수술이다. 심장수술은 심장의 박동을 멈추게 한 다음 절개하고 고장 부위를 고친 후 꿰매는 것으로 끝난다. 그런데 이 과정을 심장이 견디지 못하면 사망한다. 원인은 수십 가지다. 심장 자체가 워낙 나빠서일 수도 있고 외부 자극이 원인인 경우도 있다. 출혈이나 감염도 원인이다. 심장이 뛰는 것은 근육이 수축하기 때문이다. 아무리 수술이 잘됐어도 심장 수축력이 회복되지 않으면 살아날 수가 없다. 여기서 의료분쟁이 발생한다. 환자 측은 “수술이 잘못된 게 아니냐”고 따지고, 병원 측은 “여러 원인이 있다. 우리는 최선을 다했다”라고 맞서게 되는 것이다. 이에 대해 김 교수는 “서로 처지가 다르니 그럴 수밖에 없다”라고 말했다.

그에 비해 심장이식 수술은 성공률이 높은 편이라고 한다. 좋은 공

여자, 즉 뇌사상태의 공여자로부터 자신한테 맞는 장기를 얻는 것이 관건이지, 수술의 기술 자체는 난이도가 높지 않다는 것이다.

평생 숱한 죽음을 보면서 살아가는 의사들은 죽음에 대해 어떤 느낌을 가질까. 김 교수는 "정리하기가 쉽지 않은 문제"라고 했다. 아무래도 어린 생명의 죽음이 더욱 안타깝지만, 성인의 죽음이라도 라포르(rapport, 의사와 환자 사이의 신뢰관계를 뜻하는 프랑스어)가 얼마나 형성돼 있느냐에 따라 다르다고 한다. 내면의 사연을 알면 알수록 슬픔의 강도가 커진다는 것이다. 그런데 죽음을 많이 접하면 그만큼 무감각해지지 않을까.

"많이 본다고 무덤덤해지는 건 아닙니다. 자기와의 관계에 따라 다르죠. 이라크나 아프가니스탄에서 폭탄사고로 몇십 명이 죽어도 와 닿지 않다가 주위에서 누가 한 사람이라도 죽으면 견디기 힘든 것과 같습니다. 바로 옆에서 자기와 얼마나 소통하고 관계를 맺었느냐에 따라 다른 거죠. 응급실로 들어와 곧바로 죽으면 아무런 느낌이 없습니다. 반면 몇 년간 소통하고 우여곡절 끝에 죽으면 각별한 느낌이 들죠."

"삶에 대한 허무주의에 빠질 듯도 싶다"는 내 말에 그가 고개를 끄덕였다.

"의과생들이 본과 1학년 때 해부학 실습을 하면서 처음 그런 느낌을 갖게 됩니다. 실습장에 들어서면 포르말린으로 절인 수십 구의 시체가 침대마다 죽 놓여 있습니다. 정말 황량합니다. 그걸 보면 누구나 다 인생이 참 별게 아니구나, 느끼게 되죠. 간혹 그런 걸 못 견뎌

탈락하는 학생도 나오고요.”

흔히 최고의 의술은 인술(仁術)이라고 한다. 몇 년 전 방송드라마 〈허준〉이 크게 인기를 끌면서 사회적 화두가 되기도 했다. 김 교수에게 참된 의사의 길을 물어보았다.

“학생시절 가장 좋은 의사가 누구냐를 묻는 설문조사가 있었습니다. 답변 문항이 여러 개였습니다. 환자에게 친절한 의사, 병을 잘 고치는 의사, 연구·노력하는 의사…. 당시 설문조사를 담당한 교수가 경험이 많은 의사들에게 비슷한 내용으로 설문조사를 했습니다. 뜻밖에도 ‘자신의 한계를 아는 의사’라는 답변이 많았어요. 그게 굉장히 인상 깊었어요. 학생 때는 아직 경험이 없으니. 한계를 안다는 건 우선 자신의 의학적 지식과 기술의 한계를 안다는 뜻입니다. 자기가 할 수 있는 것과 없는 것, 그리고 도움을 받아야 할 것을 정확히 안다는 뜻이죠. 또 하나는 자신의 위치를 명확히 안다는 뜻입니다. 환자가 의사한테 온 건 병 때문이지 의사가 인격적으로 훌륭해서가 아니라는 거죠. 환자와 의사의 관계가 어떻게 형성됐는지를 깊이 인식하면 오히려 환자에게 고마움을 느끼게 되죠. 환자가 의사의 스승이라고.”

의사라면 아무래도 일반인에 비해 건강한 생활을 하리라는 게 일반적인 예측이다. 자신의 건강은 안 챙기면서 남의 건강을 챙긴다는 건 모순이니까 말이다. 그러나 이에 대해 김 교수는 “아는 것과 실천은 다르다”고 말한다.

"의료현장에 있기 때문에 일반인보다 의학적 정보와 검사에 쉽게 접근하기는 하죠. 예컨대 흡연의 폐해를 잘 알기에 좀더 조심하죠. 몸이 조금 이상하면 바로 위내시경을 해본다든지. 하지만 인간의 한계는 어쩔 수 없습니다. 아무리 규칙적 생활을 하려 해도 밤에 잠 못 자고 수술현장에서 불편한 자세로 몇 시간씩 서 있으면 (건강에) 좋지 않죠. 공기도 안 좋은 곳에서. 이론을 알기에 도움이 되기는 하지만 현실은 별개입니다."

의사라고 술 마시지 말란 법은 없지만, 김 교수처럼 술 전문가라는 별명을 얻는 경우는 흔치 않다. "술 전문가라고 소문 나 있다"는 말에 그가 컥컥 웃음을 터뜨렸다. 술에 대한 글을 쓰면서 더욱 그렇게 됐다는 것이다.

앞에서 소개한 것처럼 그는 현재 서울대병원 웹진에 "김원곤 교수의 엔돌핀 술 이야기"를 연재하고 있다. 서울대병원을 찾는 환자들을 대상으로 하는 이 웹진은 20만 명에게 이메일로 발송되고 있다.

2009년 4월부터는 〈신동아〉에 "영화 속 술"이라는 주제로 매달 기고하고 있다. 지난 1년여 동안 〈의학신문〉에 연재한 "미니 술 이야기"는 얼마 전에 끝냈다.

"내 글은 술 자체에 대한 이야기를 하는 게 아닙니다. 술에 얽힌 역사와 문화, 술과 인생의 관계에 대해 쓰죠. 흔히 술 이야기 하면 술 기행(奇行)을 말하는데, 그런 것과 제 글은 전혀 관련이 없습니다."

〈신동아〉에 연재하는 "영화 속 술"은 술 먹다가 문득 떠오른 아이디어였다. 술에 대해선 좀 아니까 인터넷을 뒤지면 쉽게 쓸 수 있을 줄 알았다. 영화관련 소재가 무궁무진할 것 같아서였다. 하지만 착각이었다.

"놀랍게도 술과 관련한 영화 이야기가 인터넷에 겨우 10편 정도밖에 나와 있지 않더라고요. 큰일 났다 싶었죠. 어느 영화에 어떤 술이 나오는지 일일이 알 수 없으니까. 하나하나 찾는 수밖에 없었습니다. 아일랜드 술을 쓰고 싶으면 아일랜드를 소재로 한 영화를 찾았지요. 칵테일 하면 틀림없이 로맨틱 코미디 영화에 나오겠다 싶어 그런 영화를 찾았고요. 사실 고역입니다. 영화를 처음부터 끝까지 안 보면 쓸 수가 없거든요."

최근엔 강연 요청에 시달리고 있다. 전부 술이 주제다.

"몇 달 전 동기인 일반외과 과장이 술 강의를 부탁하더라고요. 학회를 하면 하루 종일 토론이나 발표만 하는 게 아니잖아요. 중간에 여흥프로 비슷한 것도 끼워 넣잖아요. 강의료도 준다면서 하도 부탁해서 응했지요. 〈신동아〉에 싣는 글처럼 '영화와 술'이라는 주제로 강연했는데, 반응이 폭발적이었습니다. 술을 안 마시는 사람도 술 이야기는 좋아하는 것 같더라고요. 또 영화 이야기는 다들 좋아하잖아요. 그게 소문이 나서 저번 달에는 대한의학회 간부 모임에 가서 강연했습니다. 이 달(2009년 12월)에도 강연이 잡혀 있어요. 제가 이렇게 참 요란스럽습니다(웃음)."

주량을 묻자 "좀 마시죠"라는 대답이 돌아온다. "좀 마신다"는 건 프로의 답변이다. 아마추어는 같은 물음에 "소주 몇 병"이라고 대답한다. 남에게 술사는 걸 즐기고 술 잘 마시는 사람을 좋아한다는 그는 자신이 오랫동안 술을 마실 수 있었던 이유로 두 가지를 꼽았다. 지속적인 운동에 따른 강한 체력과 아내의 협조다. 결혼한 남자가 술을 즐기는 건 아내의 협조가 없으면 불가능하다는 게 그의 지론이다.

"내가 술 먹는다고 일을 게으르게 한다거나 딴 짓을 하는 게 아니니까요. 마누라가 그런 걸 잘 아니까 기껏 한다는 얘기가 '12시는 넘기지 말라', '너무 많이 마시지는 말라' 정도죠."

나는 내색하지는 않았지만 속으로 감탄과 부러움을 금치 못했다. 그는 "술 먹고 실수한 적은 한 번도 없는데, 나이 들면서 간혹 '필름'이 끊긴 적이 있다"고 털어놓았다. 술이 건강에 미치는 영향에 대해서는 "의사가 술의 좋은 점을 강조하면 어색하지 않나"라는 내 질문이 무색하게 애주가다운 논리를 전개했다.

"술이 몸에 안 좋다는 일반론은 잘못된 겁니다. 특히 심혈관 계통 질환을 앓는 환자에게는 술이 절대 나쁘지 않습니다. 외국의 건강지수 체크리스트를 보더라도 술은 어느 정도 마시는 것이 좋습니다. 담배는 피우는 양이 적을수록 점수가 높게 나오지만 술은 조금 마시는 경우가 전혀 마시지 않는 경우보다 점수가 더 높습니다. 물론 간처럼 직접적으로 술에 악영향을 받는 장기질환을 갖고 있는 사람이라면 얘기가 다르죠. 할아버지가 알코올성 치매였거나 아버지가 알코올 중독이라면 마시면 안 되겠죠. 술은 조심해야 하지만 무조건 건강에 좋지 않다는 단편적 생각은 버려야 합니다. 술이 몸에 좋은 사람도 있고 나쁜 사람도 있습니다. 폭음은 무조건 안 좋고요. 자기 몸에 맞게 적당히 마시면 삶의 활력소가 되죠. 담배와는 다릅니다."

하여간 이렇게 술을 즐기면서도 외국어 공부를 한다니, 여러 사람 기죽이는 얘기다. 그것도 영어를 뺀 4개 외국어는 쉰 살이 넘어 시작했다. 서울 강남 학원가를 드나든 지 6년째인데 4개 외국어학원을 교대로 다닌다고 한다. 다 고급반 과정이다. 자신의 표현대로라면 "자유자재는 아니지만 그 정도면 괜찮다"는 수준이다. 새해엔 이와 관련한 책도 낼 계획이다. 이미 출판사와 계약을 맺었다고 한다. 가제는 《50대에 시작한 4개 외국어 도전기》.

"책을 내려는 건 사람들에게 즐거운 자극을 주기 위해서죠. 50이 되면서, 더 늦기 전에 못한 걸 해보자는 생각이 들었습니다. 출발이 일본어였는데, 해보니 재미있더라고요. 그 뒤로는 운명적으로 이끌렸습니다. 학원을 6년째 다니다보니 수백 명의 수강생과 강사를 알게 됐습니다. 다들 궁금해 하죠, 제 정체를. 제가 신분을 숨겼거든요. '동네에서 장사하는 사람'이라며 명함을 안 돌렸지요. 그런데 사람들이 기분 나빠하는 것 같더라고요. 그래서 이런 명함을 만들었습니다."

자리에서 일어난 그가 명함을 들고 왔다. 아까 내게 건넨 서울대 의대 교수 명함과는 딴판이다. 직업이 'Mini Bottle Collector'이다. 이름은 영문으로만 적었다. 하지만 얼마 지나지 않아 바꿨다. "당신은 하나만 알고 둘은 모른다. 당신 이름을 인터넷에서 검색하면 당신에 대해 금방 알 수 있다"라는 아내의 지적을 받고 나서다. 그래서 이름을 바꿨다. 'Won-Gon Kim'이 사라진 자리에 'Nicolas Kim'이 들어섰다. 'Mini Bottle Collector'라는 직업은 그대로 둔 채.

마산에서 태어난 그는 부산에서 고등학교를 다녔다. 고교시절 공부는 잘하는 편이었지만 럭비를 하고 폭력서클에 가담한 적이 있을 정도로 껄렁껄렁했다. 자연히 성적이 들쭉날쭉했다. 대학 진학을 앞두고 갈등이 있었다. 자유로운 대학생활에 대한 열망이 있었지만 결국 부친의 영향으로 의대를 선택했다. 의대를 나온 부친은 지방에서 개인병원을 운영했다. 그는 "아버지로부터 물려받은 유일한 장점은 뭐든 시작하면 지속적으로 하는 것"이라고 말했다. 운동을 꾸준히 하는 것도, 어학에 매달리는 것도 다 그런 영향 때문이라는 것이다.

대학에 들어가서는 역도를 비롯해 태권도, 유도 등 여러 가지 운동을 했다. 의대생으로서는 이색적인 행동이 아닐 수 없었다. 자신의 말대로라면 "일탈을 많이 했던" 문제학생이었다. 오죽하면 학생과장 교수가 "사범대 체육과로 전과시켜주겠다"고까지 말했을까.

레지던트시절 결혼했는데, 한 가지 일화가 있다. 그의 처가는 유명한 화학자 집안으로 결혼 당시 장인이 서울대 화학과 교수로 재직하고 있었다. 딸이 결혼하려는 남자에 대해 이런저런 소문을 접한 미래의 장인은 친척 의사에게 뒷조사를 부탁했다. 조사해 보니, 운동을 좋아하고 대외활동에 지나치게 적극적이라는 점이 조금 불안했지만, 다행히 노는 학생은 아니었다. 성적이 좋았던 것이다.

그는 아들 둘을 뒀다. 둘 다 대학생이다. 큰아들은 화학과에 다니는데, 피는 못 속이는지 졸업 후 의학전문대학원에 진학할 계획을 갖고 있다. 둘째는 의대에 다니고 있다. 그는 젊은 날을 돌이켜보며 "학생시절엔 역시 공부를 해야 한다"며 "끝까지 공부의 끈을 놓지 않은 게 나를 지켜준 힘이었다"라고 말했다.

김원곤 교수는 인생을 즐기는 낙천주의자다. 영화, 술, 외국어, 육체미 등 다양한 분야에 관심을 갖고 있다. 또한 철저한 노력파다.

그는 자신과의 약속을 하나하나 지켜나가고 있다. 먼저 외국어. 2010년 3월 그가 펴낸《50대에 시작한 4개 외국어 도전기》는 언론에 소개되면서 큰 화제가 됐다. 이후 2년에 걸쳐 일본어, 중국어, 프랑스어, 스페인어 4개 외국어 능력평가 시험에 응시해 모두 통과했다.

그리고 2012년 11월, 육체미를 뽐내는 누드 사진집을 냈다. 주변 사람들 앞에 공언했던 대로 우리나이로 60세에 해낸 것이다. 사진집을 본 나는 그의 완벽한 복근에 깜짝 놀랐다. 그저 경이롭다는 말밖에 달리 할 말이 없었다. 도전을 통해 자신의 생을 끊임없이 확장해가는 그가 부럽고도 존경스럽다.

'밀리언셀러' 신경숙, 영혼의 고백
사랑은 불편한 현실에서 벗어날 유일한 탈출구

신경숙의 소설 〈엄마를 부탁해〉에는 여러 명의 화자가 등장한다. 그 중 1장과 3장의 화자는 큰딸과 아버지인데, 각각 주어가 '너'와 '당신'으로 시작되는 2인칭 시점의 화법이다.

그대 신경숙(申京淑)을 만나기로 한 날, 조성식 기자는 아침 출근길 승용차 안에서 〈기차는 8시에 떠나네〉라는 곡을 몇 번이고 들었다. 소프라노 조수미 씨가 리메이크한 그리스 노래인데 이 곡에 번안가사를 붙인 사람이 바로 그대다.

함께 나눈 시간들은 밀물처럼 멀어지고
이제는 밤이 되어도 당신은 오지 못하리 당신은 오지 못하리
비밀을 품은 당신은 영원히 오지 못하리

(〈기차는 8시에 떠나네〉, 2절)

　1999년에 나온 그대의 장편 〈기차는 7시에 떠나네〉는 이 노래의 제목에서 따온 것이다. 야학과 노동운동을 하던 주인공 김하진(오선주) 패거리는 동네 다방에서 이 노래가 흘러나오면 그들의 본거지에 모여 '해고노동자를 복직시켜라'는 구호문을 만들거나 야학에 걸어놓을 플래카드를 제작했다. 그런데 그들 중 이 노래를 다방 DJ에게 신청하는 사람은 매번 곡목을 '8시'에서 '7시'로 바꾼다. 일종의 암호였던 것이다.

　이 노래가 조 기자의 가슴에 꽂힌 데는 그대의 소설을 좋아하게 된 계기가 된 작품이 바로 〈기차는 7시에 떠나네〉라는 점이 영향을 끼쳤을 것이다. 사실 그대를 유명하게 만든 것은 몇 년 앞서 나온 〈깊은 슬픔〉과 〈외딴방〉이지만 그는 이 작품이 더 마음에 들었다. 제목부터 멋있지 않은가. 꽉 닫힌 명사형 제목으로 주제를 생경하게 드러낸 두 작품에 비해.

　인터뷰는 그대를 덮친 감기 탓에 하마터면 깨질 뻔했다. 그대는 애초 인터뷰하기로 한 날 아침에 조 기자에게 전화를 걸어 양해를 구했다. 그로부터 나흘 뒤, 기사마감이 임박한 10월 13일 오후에야 두 사람은 얼굴을 맞댈 수 있었다. 장소는 서울 평창동의 한 미술관. 맑은 공기와 떨어지는 것이 두려운 그대는 북한산 자락인 구기동과 평창동 일대에서 20년 가까이 살고 있다.

　의자가 고작 서너 개인 미술관 찻집에서 기다리는 기자 앞에 아래위로 검은 옷을 입은 그대가 긴 머리채를 흩날리며 나타난다. 동화에 나오는 마법사처럼. 이제 인터뷰가 진행되면 알게 되겠지만, 지난 10여 년 동안 그대가 펴낸 장편소설들을 꾸준히 읽어온 기자는 그대의 모습에서 지헌(〈엄마를 부탁해〉)과 리진(〈리진〉), 산이(〈바이올렛〉), 하진(〈기차는 7시에 떠나네〉), 은서(〈깊은 슬픔〉)의 흔적을 찾고 있다. 그들이 그대의 분신이라고, 상징적 의미의 분신이 아니라 실제로 닮았다고 여기

274

면서.

기자는 그대의 인상이 9년 전 처음 만났을 때에 비해 세련됐다고 느낀다. 어느덧 훌쩍 중년에 접어든 그대에게서 원숙한 아름다움을 느낀 건지도 모른다. 인터뷰 중간에 밖에 나가 사진을 찍을 때 그대는 "세련돼졌다"는 기자의 말에 "사람에 대한 경계심이 많이 사라져서 그런지 부드러워졌다는 소리를 많이 듣는다. 사람이 좋아졌다는 거지" 하며 쿡쿡 웃었다. 아픈 탓인지 그대는 오늘따라 얼굴 윤곽이 뚜렷하다. 누군가에게 그대가 '만년 소녀'라는 느낌을 준다면 검고 윤기 있는 머리카락에도 공을 돌려야 마땅하리라. 얼굴에 드리운 세월의 흔적이야 그렇다치고.

그대는 〈기차는 8시에 떠나네〉를 오래 전 방송국에서 음악프로그램 구성작가를 할 때 알았다. 원어로 들어 가사 뜻도 몰랐지만, 처음 듣는 순간 얼음장에 쨍 금이 가듯 가슴이 갈라지는 아픔을 느꼈다. 그리고 언젠가 이를 소재로 소설을 쓰리라 마음먹었다. 자리에 앉은 그대는 가방에서 하드커버 양장본 〈엄마를 부탁해〉 두 권을 꺼내 조 기자와 사진기자에게 기념으로 준다. 맨 뒤 판권에 '초판 100쇄 발행/2009년 9월 14일'이라고 적혀 있다. 언론은 이를 두고 '한국문학 사상 최단기간 내 100만 부 돌파 소설'이라고 요란을 떨었다. 전작들에 비해 대중성이 강하긴 하지만, 순수 문학작품인 이 소설이 100만 부를 돌파하리라고 예상한 사람이 몇이나 있었을까. 그대라고 예상했겠는가.

그대는 가방에서 물통을 꺼냈다. 생강차에 감기약을 탄 것이다. 감기가 완전히 떨어지지 않아서다. 조 기자에게 "이렇게 가까이 앉아 얘기하면 감기 옮길지도 모른다"고 농을 건넨다. 자신도 남편에게서 옮은 것이라며.

이런 몸으로 그저께와 어제 1박 2일에 걸쳐 강원도 양양에 다녀왔다. 〈조선일보〉에서 주최하는 동인문학상 최종심사 때문이다. 양양에서 심사위원들은 합숙하며 장시간 토론 끝에 4편의 후보작 중 한 편을 당선작으로 뽑았다. 아직 신문사에서 공식발표를 안 했기에 그대는 "누가 선정됐느냐"는 조 기자의 물음에 답변하지 않는다.

7명의 심사위원 중 한 명인 그대는 2008년부터 이 상에 관여했다. 심사위원들은 매달 한 차례씩 모여 후보작품들에 대해 토론했다. 오래전 황석영 씨는 이 상에 대해 "거대 언론사의 문인들 줄 세우기"라고 강하게 비난해 파문을 일으킨 바 있다. 기자가 황 씨 사건에 대한 견해를 묻자 그대는 "내가 심사위원 하기 전의 일이라 그 사정을 잘 모른다"며 불쾌한 표정을 짓는다. 그럴 만도 한 것이 이 상의 심사위원을 하면서 배우는 것이 많기 때문이다.

"여러 가지 사정으로 평소 놓치는 작품이 많아요. 그런데 심사를 맡게 되면서부터 매달 새로 출간된 책들을 읽게 됐지요. 한창 활동하는 젊은 작가들의 작품세계와 문학계의 흐름을 알 수 있어 좋아요. 예전에는 80년대 문학이니 70년대 문학이니 해서 어떤 특징으로 묶여 규정됐지만, 요즘은 4·19세대, 386세대, 88만 원 세대 등 여러 세대의 특징이 뒤섞인 느낌이 들어요. 지금 젊은 작가들은 매우 다양하게 써요. 제가 보기엔 진짜 문학의 본질을 다루는 작품이 많이 나오는 것 같아요."

그대는 요즘 온라인서점 알라딘에 〈어디선가 끊임없이 나를 찾는 전화벨이 울리고〉라는 소설을 연재한다. 10월 13일 현재 76회를 맞았다. 인터넷 연재가 처음인 만큼 그대는 독자들이 매회 글을 읽고 보이는 반응, 즉 댓글이 흥미롭기만 하다.

"내 독자들은 참 이상해요. 작품 이야기보다 자신들의 이야기를 많이 해요. 이제는 제가 없어도 자기들끼리 소통하면서 잘 지내는 것 같아요."

연재를 시작할 때 그대는 알라딘 측에 1주일에 두 번은 독자들의 댓글에 화답하기로 약속한 바 있다. 그런데 막상 해보니 그것이 쉽지 않다. 무엇보다도 시간을 많이 잡아먹는다. 그래서 요즘은 2, 3주에 한 번씩 들어가 독자들에게 '나도 함께 하고 있다'는 걸 알리는 정도다. 그대의 눈길을 사로잡는 것 중 하나는 외국에 있는 독자들이 다는 댓글이다. 그대는 캐나다, 미국, 독일, 중국, 일본 등지에 있는 유학생들의 댓글을 통해 그곳 생활을 알게 되는 뜻밖의 소득을 얻기도 한다.

인터넷에 소설을 쓴다고 할 때 주변에서는 걱정을 많이 했다. 주로 악성 댓글에 대한 우려였다. 그러나 그대는 다행스럽게도 아직까지 그런 글을 보지 못했다.

"알라딘이라는 공간은 기본적으로 책을 좋아하는 사람들이 찾아오는 것 같고요. 또 오랫동안 제 작품을 읽어온 분들이 오는 것 같아요. 그래서 얼굴 한 번 본 적 없는데 미묘한 정이 생겨 (댓글이) 오래 안 보이면 궁금하기도 해요. 내가 적극적이지 못해서 아쉽기는 하지만 독자들끼리 서로 메일 주고받고 (오프라인에서) 만나기도 하는 것 같더라고요. 그래서 좋아요."

그대는 평소 밤 11시께 잠자리에 들어 새벽 4시에 일어나 글을 쓰곤 했다. 그런데 인터넷 연재를 하면서부터는 일어나는 시간을 한 시간 앞당겼다. 처음엔 알람소리에 깼지만 지금은 몇 분 전에 저절로 눈이 떠진다. 글쓰기는 오전 9시까지 계속된다. 9시 반쯤 동네 요가원에 가서 한 시간 남짓 요가를 한다. 점심을 먹고 나서 낮잠을 몇 시간 잔다. 약속은 웬만하면 오후에 잡는다. 가끔 영화도 본다. 한때 광화문에 있는 시네큐브 극장에 자주 다녔다.

"새벽 3시에서 아침 9시까지는 순전히 내 작품을 위한 나만의 시간이에요. 그렇게 딱 정해놓지 않으면 글을 쓸 수가 없어요. 모든 것과 단절된 독자적인 시간을."

이제 본격적으로 〈엄마를 부탁해〉에 대해 얘기해 보자. 그대가 어느 인터뷰에서 "실감이 나지 않는다"고 털어놓았듯 100만 부는 누구에게나 현실이 아닌, 상상 속의 수치로 느껴진다. 서울 - 부산 간 고속도로 길이가 416㎞다. 이 책의 세로 길이가 22㎝(0.22m)니 100만 부를 잇대어 늘어놓으면 220㎞에 달한다. 즉, 경부고속도로 시작지점에서부터 책을 늘어놓으면 서울 - 부산의 중간지점까지 깔리는 것이다. 쉽게 계산이 안 된다고? 그대를 만나기 며칠 전에 조 기자가 계산해본 것이니 그냥 믿어도 좋을 것이다.

이 작품은 내용도 내용이지만 색다른 형식으로도 눈길을 끌었다. 모두 4개의 장과 에필로그로 구성돼 있는데, 각 장의 화법이 다르다. 첫 장은 큰딸의 시점에서 얘기를 풀어나가는데 '너'라는 2인칭 화법을 구사하고 있다. 2장은 큰아들의 시점에서 '그'라는 3인칭 화법으로, 아버지가 주인공으로 등장하는 3장은 '당신'이라는 2인칭 화법으로 진행된다. 1인칭 화법으로 전개되는 것은 이 작품의 주인공인 엄마가 화자로 나서는 4장뿐이다. 에필로그는 1장과 마찬가지로 큰딸이 화자인 2인칭 시점이다.

이 작품을 읽으면서 터키 작가 오르한 파묵의 〈내 이름은 빨강〉이라는 소설을 떠올렸다는 조 기자의 말에 그대는 희미한 미소를 지었을 뿐이다. 나중에 기자도 인터뷰를 끝내고 기사를 정리할 때쯤에는, 두 작품이 여러 명이 화자로 등장한다는 점과 추리기법을 사용했다는 점에서 언뜻 비슷하지만 〈엄마를 부탁해〉의 경우 시점과 화법이 다양하고 모든 화자의 얘기가 '엄마'와의 관계 속에서만 전개된다는 점에서 완연히 다르다고 생각한다.

"이 소설의 첫 문장은 '엄마를 잃어버린 지 일주일째다'예요. 서울역이라는 누구나 다 가볼 수 있는 공간에서 나의 내밀한 부분을 다 알고 있는 엄마라는 존재를 잃어버리고 난 다음 가족이 한 사람씩 등장해 엄마와 자신의 관계를 복원해가는 작품이에요. 처음 쓸 때 연극 무대를 생각했어요. 모노드라마처럼 한 사람씩 무대에 올라가 어떤 일이 있었는지, 왜 이렇게 됐는지에 대해 말하고 그것을 통해 잃어버린 것, 잊어버린 것을 복구하는 거죠."

그대는 왜 엄마만 '나'라는 1인칭 화법으로 말하게 했을까.

"나라는 존재를 수만 개로 분화해 살 수밖에 없는 존재가 바로 엄마인 것 같아요. 엄마는 다른 가족에 비해 '나'라는 말보다 '우리'라고 말하면서 사는 시간이 훨씬 많아요. 그래서 이 소설 안에서는 엄마한테만 '나'라고 말할 수 있는 시간을 줘야겠다고 생각했어요. 사실

엄마라는 존재가 얼마나 소중하냐면, 엄마를 얘기하면 다른 존재들의 삶이 다 이끌려 나와요. 이 소설도 그렇잖아요. 다들 엄마 이야기를 하는 것 같은데, 딸은 어떤 존재인지 아들과 아버지는 어떤 사람인지 저절로 드러나요. 관계에서 가장 중심을 이루는 존재가 엄마이기 때문일 거예요. 그래서 내가 작가로서 이 세상 엄마들에게 드릴 수 있는 말이 '나'였어요."

엄마에 대해 그대는 정말 할 말이 많다. 그대는 엄마를 양파껍질 같은 존재라고 생각한다. 엄마라는 존재는 이렇게 말해도 저렇게 말해도 다 드러나지 않는다. 엄마와 딸, 엄마와 아들, 엄마와 아버지의 관계에서 말을 해도 부족하다. 따라서 엄마 스스로 얘기를 하지 않으면 엄마가 완성되지 않는 것이다.

100만 부나 팔렸지만 조 기자의 아내도 아직 이 책을 읽지 않았다. 주변에서 읽어본 사람들이 슬픈 얘기라며 읽지 말라고 했다나. 그대에게는 답답한 얘기로 들릴지 모르겠지만.

　오랫동안 뇌졸중을 앓아온 '엄마'는 서울역에서 지하철을 타기 직전 아버지를 놓치고 난 뒤 행방불명된다. 뇌 이상으로 정신을 놓고 기억력을 완전히 상실한 것이다. 4장에서 엄마는 '봄날 새싹들처럼 정신없이 솟아나는 기억들을' 주체하지 못해 자식들과 남편이 사는 집을 차례로 돌며 지난 일들을 회상하고 끝내는 자신이 태어난 집을 찾아가 죽은 엄마를 만나기에 이른다. 기자는 이것을 이승을 떠나기 직전 혼의 방황이라고 생각하는데, 그대의 해석은 어떤가.

　"환상이에요. 삶과 죽음의 경계인 거죠. 이 작품은 슬프라고 쓴 게 아니에요. 읽으면서 울었다면 슬퍼서 운 게 아니라 각자 자기 내면에 갇힌 엄마하고 대화하느라 울었을 거예요. 이 세상의 어떤 존재든 엄마를 생각하는 시간은 나쁜 시간이 아니에요. 엄마와 굉장히 사이가 안 좋은 사람일수록 더욱 그래요. 엄마를 생각하다보면 결국 자신을 생각하게 되고 자신의 문제가 뭔지 깨닫게 되죠. 엄마에게는, 정말 편한 관계이기 때문에 함부로 말하고 예의도 지키지 않아요. 타인에게는 비치지 않는 나의 못난 모습이 엄마와의 관계에서는 다 드러나죠. 그래서 저는 이 소설을 읽고 울었다면 슬픔이 아니라 마음의 치유나 정화 때문이라고 생각해요. 아니, 그런 의미이면 좋겠다고 생각합니다."

　그대는 언제부터 엄마의 얘기를 쓰려고 맘먹었던가. 열여섯 살 때였
던가. 그대는 고향(전북 정읍)에서 중학교를 졸업하고 1년간 집에서 쉬
고 있었다. 그해 6월 엄마와 함께 서울로 올라갔다. 고등학교를 알아
보기 위해서였다.

　"서울에 도착한 날 밤 내 앞에 앉아 꼬박꼬박 조는 엄마를 바라보는
순간 이 작품이 잉태된 거예요. 집필은 1년 동안에 이뤄졌지만 내 마
음 안에서는 오랫동안 쓰였다 지워졌다 했지요. 4장의 마지막에 엄
마가 자기를 낳아준 엄마의 무릎에 누워 말하는 장면이 나오잖아요.
그러니까 그 마지막 문장이… ."

　기자가 끼어든다. "'나에게도 엄마가 필요하다는 것을, 엄마는 알고
있었을까' 아닌가요?"

　"맞아요. '엄마는 알고 있었을까. 나에게도 일평생 엄마가 필요했다
는 것을'. 이 문장은 10년 전에 제 마음 안에서 완성된 것이에요. 열
대여섯 살 때 생각한 엄마와 나이 들면서 생각하는 엄마가 달랐지
요. 내 마음속 엄마가 자꾸 바뀌면서 여러 차례 갈등을 겪는 바람에
뒤늦게 작품을 쓰게 됐어요."

　기자가 슬쩍 '아버지' 얘기를 꺼낸다. 이 작품에 등장하는 아버지는
한국 남성의 전형으로 그린 것이냐고. 가부장적이고 자기중심적이고
허허롭고 무심하고… . 그대는 "우리 시대에는 그런 아버지 모습이 보
편적이었다"고 말한다. 항상 (엄마와) 나란히 걷지 않고 마음은 어떤지
모르지만 사랑이나 따뜻한 감정을 표현하는 법이 없고… .

"엄마를 영원히 그 자리에 있는 존재라고 생각해서 더 무심한 건지 모르지요. 아버지도 많은 풍파를 겪으며 한 시대를 통과해온 존재잖아요. 시대 분위기가 낳은, 장점과 결점이 다 있는 보편적인 모습이라고 생각해요. 저는 소설 속 아버지가 참 좋아요. 솔직한 모습이죠. 누구를 억압하는 아버지는 아니잖아요. 방랑기가 있어 집에만 있을 수 없었던 아버지가 보여준 최상의 모습이라고 봐요, 나는."

기자는 뜻밖이라는 듯 다시 질문한다. 여성으로서 밖으로 나돈 아버지가 이해된다는 건가. "그렇다"고 그대는 거듭 말한다. 그대의 발언은 어쩌면 가정에 대해 근원적인 죄책감과 중압감을 가진 상당수 남성에게 위안이 될지도 모른다.

기자는 내색하지 않고 다른 얘기로 넘어간다.

작품에서 엄마의 비밀은 엄마의 존재를 한층 실존적으로 부각시킨다. 엄마의 비밀은 다름 아닌 다른 남자와의 만남이다. 외도는 아니지만, 오랜 세월 쌓인 정이 두텁다. 엄마는 그 남자와 깊이 교감하고 소통한다. 아버지에게선 느끼지 못했던 감정들이다. 마음으로는 서로 사랑하는 관계라 해도 무방할 것이다. 이 장면이 삽입됨으로써 작품의 완성도가 한결 높아졌다는 게 기자의 판단이다. 평범한 소재와 줄거리가 단단해졌다고. 그 장면을 굳이 넣은 이유가 뭐냐는 기자의 질문에 그대는 웃음을 보이면서, 그러나 정색해 말한다.

"굳이 넣은 게 아니고요. 그 장면이 저에게는 매우 중요했어요. 작품을 시작할 때부터 제 마음속에 있었던 장면이에요. 왜냐. 우리는, 마치 엄마는 처음부터 엄마로 태어난 사람인 줄 알잖아요. 이름도 없고 (작품에서) 엄마 이름을 '박소녀'라고 지은 것도 일부러 그런 거예요.

엄마로만 인식되면서 제거돼버린 여성, 엄마이기 이전에 한 인간인 엄마의 모습을 보여주고 싶었어요. 우리가 흔히 하는 말 있잖아요. 엄마가 돼서 왜 그래. 이런 말들 때문에 가려진 엄마의 욕망이나 꿈을 보일 수 있도록 한 거예요. 그리고 우리가 엄마를 다 아는 것 같지만, 실제로는 그렇지 않다는 것. 엄마도 우리가 모르는 비밀을 가진 존재라는 것, 그런 걸 보여주고 싶었어요."

여기서 기자와 그대의 대화를 순서대로 옮겨보자.

"저는 그 대목에서 전율을 느꼈어요. 인간은 누구나 자신만의 비밀을 갖고 있다는 거지요. 부모 자식 간에도, 부부 간에도."
"그렇죠. 그리고 엄마가 나만 위로해주는 사람이 아니라 엄마도 누군가의 위로가 필요한 사람이라는 것, 그런 소통과 관계를 유지하고 싶어한다는 것, 내가 그렇듯이 엄마도 그렇다는 것을 말하고 싶었어요."
"아버지의 외도 — 작가의 다른 작품들에서도 나타나는데 — 를 물타기하는 장면이 아닌가 싶어요."
"(웃음) 아니, 물타기가 뭐예요? 그리고 그게 무슨 외도예요? 사랑이지요. 사랑이고 꿈이고 삶이죠. 우리가 꿈꾸고 욕망하는 것을 엄마한테도 부여한 거지요."

아버지의 외도는, 1993년에 출간된 그대의 단편집 〈풍금이 있던 자리〉에 포함된 같은 이름의 작품에서도 중요한 소재였다. 아버지가 집에 들인 새 여자의 캐릭터와 자식들 간의 묘한 갈등관계가 〈엄마를 부탁해〉와 꼭 닮았다.

기자가 이를 지적하자 그대는 "그런가" 하고 만다.

"작가의 시선이 아버지의 외도를 비난하는 것 같지는 않네요."

"누가 누구를 비난할 수 있겠어요?"

"자식들에게 외도를 하는 아버지는 비난의 대상 아닌가요?"

"그래서 비난하나요, 그 자식들이? 나는 그렇게 간단하게 해석될 문제가 아니라고 봐요. 그 속에 우리가 모르는 수많은 상황이 개입되어 있을 거라고 보지요."

"〈풍금이 있던 자리〉에 나오는 그 여자(아버지의 새 여자)에 대해서도 거부감보다는 따뜻한 시선을 유지하는 것 같던데요."

"엄마와 그 여자에게 각각 다른 의미를 부여한 거예요. 엄마에게는 생존을 위해 노동하는 삶을, 그 여자에게는 엄마가 노동하면서 잃어버린 여성성을 부여한 거지요. 아름다움의 개념이랄까요. 두 개가 하나가 돼야 (참된 여성이) 완성되는 거죠. 둘 다 여성의 내면에 들어 있는 것인데, 각각 볼 수 있게 분리해놓은 거예요. 그 여자도 엄마가 될 가능성이 있고 엄마도 그 여자가 될 가능성이 있다고 본 거지요. 서로에게 거울이 아닐까, 이런 생각도 해봤어요."

그대는 그 여자의 떠남을 '윤리적 선택'이라고 규정한다.

"집에 온 엄마가 갓난아이한테 퉁퉁 불은 젖을 먹이고 뒷문으로 나가는 걸 본 다음날 그 여자가 떠나잖아요. 말하자면 더 큰 사랑이지요."

기자의 머릿속에는 오래전 그대의 장편 〈바이올렛〉을 읽고 나서 주인공의 '답답한' 캐릭터에 대해 화가 났던 기억이 남아 있다. 그는 그대의 장편소설들에 나오는 여주인공들의 성격이나 이미지, 상처받은 내면이 엇비슷하다고 여겨왔다. 내성적이고 소극적이고 수동적이고 말수 적고 나약하고 피해의식에 사로잡혀 있고 심한 자의식에 갇혀 있고 ···. 〈깊은 슬픔〉의 은서는 이루지 못한 사랑에 절망해 자살한다. 〈기차는 7시에 떠나네〉의 김하진은 오선주로 불리며 노동운동에 참여했던 시절 단 한 번의 관계로 사랑하는 사람의 아이를 뱄는데, 경찰의 폭행으로 유산하고 고문 충격으로 기억상실증에 걸린다. 자신에게 아이를 배게 했던 노동운동 동지는 다른 여자의 남편이 된다. 꽃집에서 일하는 〈바이올렛〉의 오산이는 단 한 번 눈길을 준 사진기자에 대한 그리움으로 열병을 앓다 엉뚱하게도 화원 손님에게 성폭행을 당한다. 프랑스 외교관과 결혼한 조선 후기의 궁녀 리진은 프랑스에서 결혼생활을 하다 남편에게 버림받아 귀국한 후 자살한다.

하지만 그대는 기자의 의견에 동의하지 않을뿐더러 '오독'(誤讀)이라고 언짢아한다. 자신의 소설 속 주인공들은 결코 수동적이거나 나약하지 않다면서. 언뜻 약해 보이지만 현실을 꿋꿋하게 살아내는 강인한 정신력을 갖고 있다고 말이다. 자전적 소설이라 할 만한 〈외딴방〉에 대해 "작가의 자폐적 기질이 보인다"라는 평이 있었다. 이에 대해 그대는 "글에 몰두할 때 작가들은 다 자폐아처럼 보인다"라며 마뜩찮은 표정을 짓는다.

그대는 정말 이런 논쟁은 하고 싶지 않다. 그래서 어쩌란 말인가. 그런데 기자의 질문은 질기다. 〈풍금이 있던 자리〉에서 유부남을 사랑한 주인공이 함께 해외로 떠나기로 한 약속을 깨고 그 남자를 떠나는 것도 소극적인 성격 때문이 아니냐고. 적극적인 여성이라면 그 사랑을 이루려 하지 않겠느냐고.

감기 때문에 밍밍하게 가라앉은 그대의 목소리가 뜨거워진다.

"아니요. 나는 성찰하는 인간을 그리는 게 글 쓰는 사람의 기본 임무라고 봐요. 그 여자는 소극적인 성격이라서가 아니라 정말 깊이 성찰한 끝에 적극적인 행동을 취한 거예요. 그것이 자기 자리로 돌아오는 것이고. 그 남자와 함께 떠나는 것이 가장 하고 싶은 일이지만, 고향마을에 갔다가 어린 시절 엄마의 자리를 잠깐 차지했던 그 여자에 대한 추억을 떠올리면서 떠날 수밖에 없었던 그 여자의 마음에 가까이 간 거지요. 그런 성찰에 따른 적극적인 행동이었다고 나는 생각해요, 그 작별이."
"그런데 현실에서는 그런 선택 때문에 슬프고 힘들잖아요?"
"그런 시간은 견뎌내야지요. 그 남자를 따라 떠났다고 해서 힘들고 슬픈 시간이 없었을 것 같아요? 천만에요. 그러니까 어떤 상황에서 어떤 선택을 하느냐의 문제지요."
"그렇겠죠."
"도덕교과서 같은 이야기로 들릴까봐 걱정인데, 나는 이 여자가 진짜 자기가 할 수 있는 사랑에 가장 가까이 가는 방법을 택했다고 봐요."

기자가 "이타적인 사랑이네요" 하자 그대는 고개를 끄덕인다. 이제 감정을 식힌 듯 차분히 말을 잇는다.

"내 소설에 일관되게 흐르는 감정은 연민이 아닌가 싶어요. 서로를 밀쳐내고 저항하는 것보다는 좀 안되게 여기고…. 내 소설의 주인공들은 보통사람들이에요. 자신의 일을 꼼꼼하고 성실하게 해내는 이들이에요. 결코 약자가 아니에요. 은서만 해도 그래요. 〈깊은 슬픔〉의 첫 문장이 '사랑이 불가능하다면 살아서 무엇 하나'예요. 결국 사랑이 불가능하다는 걸 깨달은 여자가 자기 갈 길을 간 거지요. 그 여자가 왜 약하다는 거예요? 오히려 고집스럽고 강하지요. 그렇잖아도 은서를 죽여서 미안해 죽겠는데 … 문학 텍스트 안에서는 어쩔 수 없는 죽음이었지만. 작품을 일반화해 보면 안 된다고 봐요. 작가마다 특성이 있고 추구하는 세계가 다르기 때문에."

조 기자를 화나게 했던 〈바이올렛〉은 단편 〈배드민턴 치는 여자〉를 증보해 장편으로 만든 것이다.

"〈배드민턴 치는 여자〉에서는 이름도 없이 그냥 '그녀'로 표현되지요. 어느 날 내면에 소통되지 않는 사랑의 욕망을 품게 된 그녀의 일상을 시적 언어로 꼼꼼히 추적해가죠. 10년 후 〈바이올렛〉이라는 제목으로 다시 쓰면서 그녀에게 '오산이'라는 이름을 지어줬어요. 그 소통되지 않은 사랑의 욕망이 현대사회에서 어떻게 굴절돼 가는지, 느닷없는 폭력 앞에 어떻게 쓰러져 가는지를 오산이의 30년도 채 안 되는 인생 속에서 펼쳐봤어요. 오산이를 식물성의 상징으로 생각하며. 마지막에 포클레인 위에 올라가서 흙으로 스스로를 매장하면서도 노트에 한 문장 한 문장 글을 쓰지요."

그렇다면 리진의 죽음은 뭔가. 이건 좀 경우가 다르다. 리진은 겨우 A4 용지 한 장밖에 되지 않은 기록으로 존재하는 여자였다. 그걸 그대가 생생한 역사적 인물로 살려냈다. 리진은 근대와 봉건을 한 몸에 지닌 인간이다. 조선에서는 궁녀로, 파리에서는 외교관의 아내로 살았으니 말이다. 사료에 따르면 리진은 조선으로 돌아와 다시 옛날 신분으로 돌아가야 하는 데에 절망해 금종이를 먹고 자살했다.

"나는 리진을 한 나라의 왕비이면서 상상할 수 없는 죽임을 당한 명성황후와 정신적인 모녀관계를 유지하는 존재로 처음부터 설정했어요. 어머니의 죽음이 제대로 밝혀지지 않고 왜곡되는 것을 보며 그 진실을 전달하기 위한 애도의 방법으로 죽음을 선택하죠. 궁을 떠날 때 입은 옷을 입고 불한사전 속에 독을 묻혀 그 종이를 한 장씩 먹으면서 죽죠. 근대와 봉건을 한 몸에 담은 채로."

기자가 또 묻는다. 〈리진〉이나 〈바이올렛〉, 〈깊은 슬픔〉, 〈기차는 7시에 떠나네〉의 공통 코드는 이루지 못한 사랑, 혹은 비극적인 사랑이다. 그대는 사랑의 본질이 비극이라고 보는가. 혹은 사랑은 비극적이어야 아름답다고 보는가.

"문학 자체가 비극으로부터 출발한 것이고, 세계와 개인의 불화 때문에 글쓰기라는 게 유지된다고 저는 봐요. 모든 것이 잘 이뤄지고 문제가 없다면 사회를 향해서든 개인을 향해서든 질문이 성립되지 않잖아요. 그러니까 글쓰기 자체가 비극에 의지하는 셈이지요. 패배

할 수밖에 없는 운명이고. 이 해결되지 않는 것들을 위한 작업이 나는 문학이라고 봐요. 그러나 사랑은 해야 한다고 봐요. 아무리 불가능해도. 그것만이 우리가 이 불편한 현실에서 벗어날 수 있는 유일한 탈출구일 거라 생각하죠.”

그대의 작품세계는 흔히 ‘슬픔의 미학’이라는 말로 집약된다. 이에 대해 그대는 “내가 궁극적으로 닿고자 하는 것은 슬픔이 아니라 아름다움인데 거기에 이르는 과정인 것 같다”고 말한다. 그대에게 문학은 어떻게 다가왔던가.

“문학은 정말 나한테 꿈을 꾸게 해줬어요. 책 읽기를 좋아하는 오빠들(그대는 4남 2녀 중 넷째로 위로 오빠가 셋 있다)이 저한테 큰 영향을 끼쳤어요. 그들의 어깨너머로 책을 읽었는데, 어느덧 나만 읽고 있더라고요. 보잘것없고 누추하고 결핍되고 말해질 수 없는 것들에 대해 더 강한 조명을 비추는 것이 문학이어서 더욱 의지했던 것 같아요. 의지하다보니 나도 글을 쓰고 싶다는 꿈이 자연스럽게 자라났던 것 같습니다. 내게 글쓰기는 부수거나 싸우지 않고, 배려하고 껴안고 사랑하고 견디면서 한 발자국씩 앞으로 나아가려고 노력하는 것일 뿐 어떤 문제를 해결해주는 게 아닙니다. 이것이 나도 절망스러워요. 동시대에 함께 겪는 문제들에 대해 답을 찾아보려고 나 자신을 코너로 몰아가는 것이 내겐 글쓰기이기도 해요. 어머니까지도 껴안아주는 가장 큰 어머니 마음 가까이 가는 것이 내겐 문학입니다.”

그대는 이런 말도 덧붙였다.

"나는 내가 쓰는 소설이 반성문 같다는 생각을 할 때가 많아요. 아마 (고등학생 시절) 내가 쓴 반성문을 읽은 선생님한테 소설을 써보란 얘기를 처음 들어서인지도 모르지요. 어떤 반성문을 써내려가든 궁극적으로는 '인간은 아름답다'라는 얘기를 한다고 생각해요."

이제 그대 문학의 자양분이 된 유년시절로 되돌아가보자. 그대는 초등학교에 다닐 때 매일 10리 길을 걸어 다녔다.

"학교 가는 길이 하나뿐이었어요. 6년 동안 매일 같은 길을 오고갔다고 생각해 보세요. 세세하게 다 기억날 수밖에요. (웃음) 어디에 어떤 나무가 있고 어디에는 묘지가 있고… 그리고 샛길로 걸어 다녔기 때문에 보리가 나거나 밀이 익는 걸 다 경험하고 느꼈지요. 자연이 얼마나 무서운지도 일찍 체험했고. 제가 학교를 여섯 살 때 들어갔어요. 혼자 집에 있기 심심하니 오빠들 따라 간 거죠. 키도 컸고. 일곱 살에 다시 1학년에 들어갔어요. 그러니까 1학년을 두 번 다닌 셈이에요. 그게 저한테는 큰 도움이 됐어요. 다른 애들이 1년 동안 배운 글쓰기를 2년간 했으니."

그대가 살던 마을은 그대가 중학생일 때 전깃불이 들어올 정도로 한갓진 시골이었다. 그대의 부모는 농사를 지었는데 부유하지는 않았지만 그런대로 넉넉한 편이었다. 〈엄마를 부탁해〉의 엄마처럼 그대의 부모는 오빠들에게 정성을 쏟으면서도 딸들에게도 교육을 받게 하려고 애썼다. "부모님은 자식 모두를 교육시키는 데 일생을 바치신 것 같다.

너무나 감사하다"고 말하는 그대의 눈가에 그리움이 깃들어 있다.

기자가 짐작한 대로 그대의 집안사정은 〈엄마를 부탁해〉와 비슷했다. 이 소설에서 검사는 가문의 영광이요 출세의 상징으로 그려져 있다. 아버지의 새 여자 때문에 집을 나갔던 엄마가 밖에서 만난 큰아들로부터 "검사가 되겠다"는 얘기를 듣고 너무 기뻐서 그길로 집으로 돌아올 정도였으니. 실제로 그대의 첫째, 셋째 오빠와 남동생이 법과대학에 진학했다. 하지만 소설 속과 마찬가지로 검사가 되지는 못했다. 둘째오빠는 사관학교에 들어갔다.

그대의 집안내력이 어수선한 것도 소설과 한가지다. 6·25 전쟁 당시 할아버지 형제 중 한 분이 경찰관이었다. 그 탓에 집안이 쑥대밭이 됐다. 다들 죽고 그대의 아버지만 살아났다. 죽창에 목이 뚫리면서도 운 좋게 살아났다. 그대는 "아유, 별 얘기 다 하네" 하면서도 말을 거두지 않는다.

"그래서 아버지가 세상에 대한 겁이 많으세요. 열다섯 살 이전에 가까운 사람들을 전염병으로도 잃고 전쟁으로도 잃고…. 아버지 형제가 위로 세 분이 있었는데 모두 전염병으로 돌아가셨어요. 그 바람에 넷째인 아버지가 장남이 돼버렸지요. 할아버지가 하나 남은 아들마저 잃을까봐 아버지를 학교에 안 보냈어요. 할아버지가 한의사였거든요. 집에서 아버지에게 한문을 가르치셨죠."

중학교를 졸업한 그대는 서울로 올라가 영등포여고 산업체 특별학급에 진학했다. 야간인 이 학급엔 산업체 근로자만이 들어갈 수 있었다. 그래서 그대는 먼저 직업연수원에 들어가 두 달간 연수를 받고 모 전기회사에 취직했다. 나이가 어려 이력서에 나이를 올려 적었던 기억이 난다. 당시 이 회사에서 진학을 희망한 근로자는 800명 가까이 됐다. 시험을 치러 그중 10명만 진학의 혜택을 받았다. 갓 중학교를 졸업한 그대를 빼고는 다들 대학 졸업할 나이였다. 전기회사에는 학교에 들어가기 전 6개월, 졸업하기까지 3년간 몸담았다.

"그때 많은 걸 경험했죠. 노동자의 삶뿐 아니라 당시의 사회상황이 개인을 어떻게 억압하고 삶을 경직시키는지요. 그래도 놀라웠던 것은 그 속에서도 누군가는 꿈을 꾸고 사랑을 한다는 것이었죠. 그 시절의 경험이 작가가 된 지 10년 만에 〈외딴방〉을 쓰게 했어요."

기자가 묻는다. 그대의 첫사랑엔 아픔이 없었냐고.

"첫사랑요? (웃음) 없었는데요."
"왠지 뜨겁게 연애했을 것 같지는 않은데요."
"왜 안 그랬겠어요. 늘 누군가를 좋아했던 것 같은데요."

그대는 싱글싱글 웃으며 대답한다.

"첫사랑은 이뤄지기 어렵다고들 하죠."
"안 이뤄졌어요."
"상처가 오래갔습니까."

"아니에요. 상처를 곱씹을 시간도 없이 다른 상황에 내몰려서 거기
에 몰두했던 것 같은데요."

자신을 객체로 삼는 화법을 구사하다니.

"다른 사랑이 나타났나요?"
"아니, 그렇지 않나요? 죽을 것처럼 괴로워하다가도 시간이 지나면
새로 시작하고. 저라고 뭐 달랐겠어요? 이뤄진 관계보다 이뤄지지
않은 관계가 훨씬 많지요. 사랑에 몰입해 있을 때는 내가 어떤 사람
인지를 알게 되죠. 자기가 하고 싶은 일을 하고 사랑하는 사람과 가
족을 이루며 사는 것, 그 두 가지만 이뤄지면 다른 사람에게 좋은 영
향을 끼치는 삶이 된다고 봐요."

삶의 외로움과 쓸쓸함을 어떻게 견디느냐는 기자의 질문에 그대는
"외롭지 않을 때가 없는 것 같다"고 답한다. 이건 무슨 소리인가.

"어느 때 찾아올지는 모르지요. 글이 잘 안 될 때뿐 아니라 글이 잘
될 때에도 그런 걸 느낄 때가 있거든요. 나는 까마득히 잊어버렸다
고 생각하는 것들이 섬뜩하게 다가와서 외롭게 할 때도 있고요. 요
즘은 신문에서 감당하기 힘든 뉴스를 만났을 때 외로움을 느껴요.
상처를 받아요, 진짜. 그런 일을 할 수 있는 게 우리 인간이라는 것
에 대해. 소설이 지향하는 것도 궁극적으로는 소통이잖아요. 그런데
소통 자체가 불가능하다는 생각이 들 때 정말 고독을 느껴요."

다시 기자가 묻는다.

"인생이 아름답다고 생각하세요?"
"인생이라기보다, 사람마다 묘한 아름다움을 갖고 있다고 봐요."
"저는 인생이 근본적으로 비극이라고 봅니다."
"나도 그렇게 생각해요. 그렇지만 비극은 아름답다니까요. (웃음)"
"아름답다는 말에는 희망이 내포된 거지요?"
"희망이 있어도 비극은 존재하죠. 나는 세상에 좋은 사람, 아름다운 사람이 더 많다고 봐요. 나쁜 뉴스를 보고 고독에 빠졌다가도 아름다운 일을 하는 사람들을 보면 다시 회복이 돼요."
"삶 자체는 외롭고 슬픈 것 아닌가요?"
"사랑한다는 것이 슬픈 생각이 든다, 이런 표현이 있죠. 슬픔 때문에 끊임없이 예술이라는 것이 창조되고 글쓰기가 계속되는 게 아닐까 생각해요."

그대는 글을 쓰면서 절망에 빠진 적이 없던가. 있다. 아니, 늘 절망스러웠다. 새벽 3시에 깨어날 때마다 낯익은 절망과 대면한다.

"책상에 앉아 있을 나를 생각하면 너무 절망스럽죠. 내가 또 해낼 수 있을까, 이것을 또 뚫고 나갈 수 있을까 하는 불안감에. 정말 소설 쓰는 일은 그것에 대해 충만한 느낌을 갖는 게 끊긴다면 계속할 수 없는 일인 것 같아요. 작품을 새로 시작할 때마다 공포를 느끼는 지경까지 가요. 끊임없이 그래요. 그래도 이 일을 하는 건 뭔가 자신이 행복해지기 때문이겠죠."

혹시 그대는 글을 쓰지 않을 삶은 상상해본 적이 없나.

"해본 적이 없어요. 그냥 여기서 다 쓰고 갈 거예요. 대신 다음에 내게 다시 생이 주어진다면 작가로는 안 태어날 거예요. (웃음)"
"오래 전에 조계종 총무원장을 돌아가시기 몇 달 전에 인터뷰했는데, 그분이 그러더라고요. 다시 태어나면 중질은 절대 안 한다고. 너무 힘들다면서."
"그래요? 저는 그 경지는 아니지만… (웃음) 이 생에서 남김없이 다 쏟아낼 거예요. 그런데 나는 행복한 축이에요. 이를테면 〈엄마를 부탁해〉만 해도 내가 예상할 수 있는 모든 걸 뛰어넘어 수많은 독자와 만났잖아요. 외국 출판사의 편집자들한테 받은 편지를 읽을 때는 웃음이 나와요. 번역 발췌본만 보고 편지를 쓸 텐데 어쩌면 그리 국내 독자들이 표현하는 느낌과 똑같은지. 그런데 힘든 건 사실이에요, 쑥스럽지만. (웃음) 그만해요. 감기 다시 들겠어요."

후
기

신경숙 작가와의 인터뷰는 아슬아슬한 줄타기였다. 불편한 질문을 하면 언짢아하는 기색이 뚜렷했다. 어쨌거나 나로서는 그런대로 만족스러운 인터뷰였다. 감기로 컨디션이 좋지 않은 상태임에도 그녀가 성의를 다해 답변한다는 걸 느낄 수 있었다.

한 가지 해프닝이 있었다. 사실 이 인터뷰 기사는 세상에 못 나올 뻔했다. 인터뷰를 진행한 날이 마감 이틀 전이었기 때문에 나는 심리적으로 쫓기고 있었다. 급하면 실수가 나오는 법. 결국 사고가 터졌다. 오후에 인터뷰를 끝내고 회사로 돌아와 mp3형 녹음기를 작동한 나는 기겁했다. 두 개의 녹음파일 중 하나가 저장이 안 된 채 날아간 것이다. 컴퓨터 업무를 지원하는 회사 직원과 녹음기 제조회사 직원에게 도움을 청했으나 소용없었다.

별 수 없이 나는 그녀에게 전화를 걸어 사실대로 말하고 한 번 더 만날 것을 요청했다. 비가 부슬부슬 내리는 가운데 그날 저녁 그녀의 자택 근처 한 찻집에서 다시 만났다. 같은 질문에 다시 답변하고 기억을 살리고 해서 원래의 인터뷰 내용을 거의 복원했다. 귀한 시간을 두 번이나 내준 신 작가에게 이 지면을 빌려 감사드린다.

1938년 부산 출생·가톨릭대 신학과·부산 전포성당, 삼랑진성당, 부산 당감성당, 부산 서대신동성당 주임신부·부산 인권선교협의회장, 부산 민주시민협의회장, 부산 교회사연구소장, 민족문제연구소 이사, 진실·화해를 위한 과거사정리위원장 역임

노무현의 정신적 스승 송기인 신부

국회의장한테 물병 던지고 대통령 화환 짓밟고… 도대체 뭐하는 짓인가

"이제 그만하자. 간다."

그가 훌쩍 자리에서 일어섰다. 닭 쫓던 개가 이런 심정일까. 녹음기와 취재수첩을 주섬주섬 챙기면서 고작 한마디 붙여본다는 게, "어디로 가시는데요"였다. 사실 그가 어디로 가든 무슨 상관이란 말인가. 인터뷰 시간을 더 빼내는 게 중요하지. 그는 "모처럼 서울 올라왔으니 만날 사람도 있고…"하면서 내가 자리에서 채 일어서기도 전에 잰걸음으로 계산대로 갔다.

한 40분쯤 이야기했을까. 만약 이게 처음이자 마지막 인터뷰였다면 나는 깊이 상심하고 어쩌면 절망했을 것이다. 이 직업을 계속해야 할지 심각한 회의에 빠져들었을지도 모른다. 다행히도 두 번째 만남이다. 첫 인터뷰는 8일 전 그가 사는 경남 밀양시 삼랑진읍의 촌구석에서 이뤄졌다. 밥 먹은 시긴 포함해 2시산쯤 얘기한 것 같다. 그때도 그는 몇 번이나 "이제 그만해", "할 얘기 없어"라고 수박씨 뱉듯 툭툭 내뱉어

299

많은 이야깃거리를 끄집어내는 것이 직업인 나를 곤혹스럽게 했다.

그런데 이런 태도는 꾸밈이 아니다. 타고난 성격이다. 무뚝뚝하고 퉁명스럽고 무례하다. 그를 아는 많은 사람의 한결같은 증언이니 틀리지 않을 것이다. 오래 알고 나면 따뜻한 인간미를 느끼게 된다는 첨언이 붙긴 하지만.

부산 민주화운동의 대부라는 송기인(宋其寅) 신부. 아마도 그가 노무현 전 대통령 영결식 때 가톨릭 대표로 집례하지 않았더라면 인터뷰를 요청할 맘을 먹지 않았을 것이다. 노 전 대통령에게 세례를 준 것으로도 유명한 그는 '노무현의 정신적 스승'으로 불린다.

삼랑진 밤꽃향기

밀양역에서 내려 택시로 30~40분 갔을까. 송 신부가 산다는 삼랑진읍 용전리가 나타났다. 산지로 둘러싸인 한적한 시골마을이다. 그의 집은 노인회관 바로 뒤편에 있었다. 기와를 얹은 흙담집이 오래 묵은 간장냄새처럼 고향마을에 대한 향수를 일으켰다. 저런 흙집에서 태어나고 자란 나는 성년이 된 이래 아파트라는 콘크리트집에 갇혀 지내고 있다.

송 신부의 집엔 아담한 정원이 꾸며져 있었다. 마거리트, 장미, 작약, 채송화, 그밖에 이름 모를 꽃들이 은은한 향기를 풍겼다. 쩍쩍 새소리가 들려왔다.

그는 앞마당 나무의자에 앉아 우리(나와 사진기자)를 기다리고 있었다. 자그마하지만 단단해 뵈는 체구다. 첫 만남에 서로 인사하고 예절을 차리는 격식 따위는 무시됐다. 각진 얼굴과 안경, 날카로운 눈매, 짙은 눈썹 … 차갑고 강한 인상을 주는 요소를 골고루 갖추고 있다. 말수마저 적으니 편하게 대화하기는 애초 그른 것 같다.

2005년 6월 사목(司牧) 직에서 은퇴한 송 신부는 4년 전부터 이곳에 거주하면서 묘지기 노릇을 하고 있다. 조선 최초의 천주교 순교자인 김범우의 묘가 이 동네에 있다. 그래서 자칭 '능참봉'이다. 그가 삼랑진에 정착한 데는 그만한 연고가 있다. 1978년 삼랑진성당 주임신부로 임명돼 4년 반 동안 근무했다.

"지금 내 머리가 비어 있거든. 대통령 돌아가시고 나서 머리가 뻥 뚫린 기분이야. 그래서 정리를 못해. 구체적으로 물어보면 기억나는 대로 답할게."

송 신부는 모 심다가 들어온 참이라고 했다. 자주색 반팔 셔츠를 입었는데 가슴에 흙 자국이 있다. 제시카로 불리는 중년여성이 음료를 내왔다. 송 신부에게 식사시중을 하는 신도였다.

언제 처음 사망소식을 들었나요.
그날 아침(5월 23일) 아는 부산시민이 연락을 해왔어. 9시 반께. 신부님, 뉴스 봤냐고. 대통령 돌아가셨다고 해서 깜짝 놀랐지. 바로 양산부산대병원으로 달려갔지. 여기서 승용차로 30분쯤 걸려. 검시(檢屍)한다고 좀 기다리라고 하더라고. 11시쯤 냉동실에서 시신을 살펴봤지.

그가 자신의 어깨와 목 부위를 만지며 말을 이었다.

"여기가 멍이 많이 들었는데. 얼굴은 깨끗하고. 내가 옛날에 이마에 물을 부었잖아. 세례. 이번에 다시 이마에 손을 얹고 기도했지."

내가 "뭐라고 기도했냐"고 묻자 그가 라틴어로 뭐라 한참 중얼거렸다. 사람이 죽었을 때 하는 기도문으로 "편안히 하느님 품으로 가시라"는 뜻이란다.

처음 소식 접하고 어떤 느낌이 들던가요.
사람이 멍해지지.

나름대로 걱정된 바가 없었는지요.
검찰 수사와 관련해 권양숙 여사가 어떻게 될까봐 걱정은 했지. 대통령은 전혀 ….

대통령 얼굴이 평온하던가요.
평온하고 깨끗하더라고. 평상시와 똑같아. 기분 좋게 자는 것처럼.

자살은 기독교에서 큰 죄악 아닌가요.
가장 큰 잘못으로 간주하지. 자살자에 대해선 교회가 영례를 박탈해버려. 성당에 시신을 모실 수도 없고 묘지에 다른 신도들과 함께 묻히는 것도 거부당하지. 그런데 노 전 대통령의 경우는 극도로 고심하다 자살했다기보다는 문제해결의 방편으로 자살했다고 보기에 조금 다르게 생각하지.

그게 구분이 됩니까.
되진 않지만, 그래도 우리가 그렇게 생각하는 거지.

송 신부가 노 전 대통령과 가까워진 계기는 1982년 3월 부산지역 대학생들이 일으킨 부산미국문화원 방화사건(부미방사건)이다.

"내가 노 변호사를 변론인으로 끼워 넣었어. 한 명이 모자라서. 박찬종을 빼고. 월요일마다 재판이 열렸는데 재판이 끝나면 함께 저녁식사를 했어. 그 자리에서 많이 가까워졌지."

그는 '노무현의 정신적 스승'으로 불리는 데 대해 "스승은 무슨, 친구지" 하고 자신을 높이는 것을 경계했다.

"아무래도 내가 가장 큰 책임을 느끼지. 그렇게까지 아픈 마음을 어루만져주지 못했으니…. 봉하(마을)에 전화하니, 자기가 연락한다 하고는 안 하더라고. 그러다 저런 일이 벌어졌지. 내가 만난 지 꽤 됐어. 대통령 물러나고서 그 집에 세 번 갔어. 혼자 간 게 아니라 다른 사람들과 함께. 그 양반이 여기 와서 점심 한 번 했고. 그게 다야. 이 집에 와 보고는 자기 집하고 바꾸자고 하데. 신부님 집이 더 좋다며. 아이고, 나는 그런 집 청소 못해, 했지. 내가 책을 보낸 적도 있어. 《백낙청 전집》 5권짜리. 나는 읽기 지루해서, 에이 너나 봐라 하고 … ."

그가 노 전 대통령을 마지막으로 만난 건 2008년 겨울. 검찰수사가 시작되기 전이었다. 하지만 나중에 드러났지만, 이때쯤 이미 검찰은 커다란 올가미를 만들어 노 전 대통령 쪽으로 던질 채비를 하고 있었다. 그것은 어둠 속에서 움직이는 닌자의 은밀한 공격과도 같은 것이었다.

당시 봉하마을 분위기는 어땠던가요.

여남은 명이 가서 저녁을 같이 했지. 그때도 자기 얘기를 많이 하더라고. 자세히는 기억나지 않는데 지방분권 문제였던 것 같아. 나는 반주를 하는데, 노 대통령은 술을 안 좋아하잖아. 그래서 술대접할 줄을 몰라. 내가 포도주 갖고 오라고 하자 (사저 직원이) 뛰어가서 포도주를 사 왔는데, 한잔 따라놓기만 하고 마시지 않더라고. 사실 나는 소주를 더 좋아하는데. 내가 지금 한 가지 아쉬운 게, 검찰 수사가 불거진 다음에 한번 가봤어야 했는데 그렇게 못했다는 거지.

자살을 선택할 만한 성격이라는 평가도 있습니다.

그렇지. 그럴 수도 있는 성격이지. 자신이 당하는 건 어렵지 않아. 내가 1970년대 (중앙)정보부에 잡혀가 있을 때도 옆사람 괴롭히는 게 더 견디기 힘들더군. 나 때문에 주변사람들이 다친다는 생각에. 정보부에서 전화만 와도 끔찍하던 시절이잖아. 권(양숙) 여사에 대해서도, 애들에 대해서도 그랬던 것 같아. 그런 걸 참아내기가 어려웠던 것 같아. 봉하마을에 사는 김○○이라는 사람이 나한테 전화해 자살이 아니라고 우기더라고. 화장하면 안 된다는 거야. 부검해야 한다는 거지. 하지만 유서 보면 이의를 달 수도 없잖아.

경복궁 집례는 가족의 요청이었나요.

천주교 예식에 들어 있지. 대체로 해당지역의 본당 신부가 하는 건데, 장의위원회에서 높은 사람을 원치 않더라고. 나보고 하라기에 정진석 추기경한테 전화해 "추기경께서 하시는 게 좋지 않겠느냐"고 했더니 나보고 하라고 하시더라고.

　노 전 대통령은 1986년 송 신부한테 세례를 받았다. 세례명은 유스토. 가톨릭교의 관습대로 유스토라는 성인의 이름에서 따온 것이다. 유스토는 라틴어로 정의, 올바름이라는 뜻이다. 세례를 받으려면 교리학습을 거쳐야 한다. 그런데 노 전 대통령은 거꾸로 세례를 먼저 받고 학습에 들어갔다. 그나마 학습도 엉터리였다.

　"어느 날 재판이 끝나고 저녁 먹으면서 대화를 나눴는데, 하도 머리가 비상하기에 내가 성당에 나오라고 권했어. 그랬더니 '대학을 못 나왔는데 성당은 받아줍니까' 묻더라고. 내가 '성당은 문이 열려 있으니 언제든지 오라'고 했지. 그래서 부인과 함께 입학했어. 6개월 동안 모두 52시간 가르쳐야 했는데, 그 양반 4시간 출석하고 끝이야. 당연히 심사에서 떨어졌지. 그래서 노 변호사 사는 동네(부산 남천동) 신부에게 전화해 '인수'하라고 했지. 다시 가르쳐 세례를 그쪽에서 주라고.
　그랬더니 그 신부 말이 내가 먼저 세례를 주면 가르치겠다는 거야. 세례받을 때는 대부, 대모가 필요하거든. 마침 한 아파트 같은 동에 사는 신도가 있어 대부, 대모로 보내주더라고. 그래서 그들이 입회한 상태에서 세례를 주고 그 지역 성당으로 가서 신부와 함께 다섯이서 저녁을 먹었어. 그 신부가 바로 지난해 돌아가신 정명조 주교야. 노 변호사가 그 성당에 나간 건 그걸로 끝이었어. 그 뒤론 안 나갔으니까. 그래서 말이 많았지. 욕도 먹고. 한번은 노 변호사한테 얘기했어. '당신 때문에 내가 곤욕을 치른다, 사람이 그러면 쓰나' 하고. 그랬더니 '신부님이 성당에 가는 게 중요한 게 아니라 착하게 사는 게 중요하다고 가르치지 않았습니까' 하는 거야. 그러면서 '저, 착하게 사는데요' 하더라고. 할 말이 없는 거라. 하여간 세례만 받고 성당엔 안 다녔어. 권 여사는 취미도 없었고."

인간 노무현의 매력을 꼽는다면.
노상 촌놈이야. 기교가 없지. 꾀를 못 부리고. 직선적이야.

송 신부의 평에 따르면 노 전 대통령의 매력 포인트는 반대로 결점이 기도 하다.

"지도자로선 핸디캡이지. 자기 생각을 그대로 표현할 뿐 돌려서 부 드럽게 표현하는 능력이 없어. 한마디로 세련되지 못한 거지. 그것 도 병이라. 다른 사람의 의견을 종합해서 판단하는 게 아니라 자신 의 생각만으로 결정하는 경우가 많아. 내가 다 알고 있고 남보다 더 많이 알고 있다고 여기는 거지. 그런 건 대인관계에서 마이너스야. 하여간 책을 많이 읽어선지 많이 알긴 해."

대통령이 되기 전까지 노무현은 송 신부를 깍듯이 대했다. 송 신부 는 말을 놓았고 노무현은 말을 올렸다. 송 신부는 "대통령 되고 나서는 내가 호칭을 하질 않았다"며 웃었다.

"청와대에 있는 동안에는 공식적인 만남 외 사적으로는 만난 적이 없 어. 인수위 시절 호텔에서 같이 아침을 먹었어. 그때 내가 말했지. 앞으로 특별히 잘못하지 않는 한 안 만날 거다. 청와대에 있는 동안 몇 가지를 잘 지키라고 당부했어. 첫째, 돈을 절대 모으지 말라. 둘 째, 친인척은 특수감옥에 가둬라. 격리하라는 뜻이었지. 셋째, 개혁 은 끝까지 해야 한다. 나는 노 전 대통령이 임기 중 그런 노력을 했고 대체로 잘 지켜졌다고 생각해. 박연차, 이런 건 상상도 못했고. 그런데 박연차 문제도 증거가 있는 건 아니지. 조사단계에서 (검찰이) 떠들어버려서 그렇지."

정상문 전 청와대 총무비서관을 통해 권 여사에게 돈이 건네진 건 확인되지 않았나요.
노 전 대통령이 알았는지에 대해선 증거가 없잖아. 그런데 그렇게까지…. 법적인 문제는 잘 모르겠지만.

동네 이장이 확성기를 통해 방송을 했다. 무슨 소린지 자세히는 모르겠는데 남자들보고 나눠줄 게 있으니 연못 양어장으로 모이라는 얘기 같았다. 언뜻 여자들이 목욕하는 날이라는 얘기도 들렸다. 송 신부에게 물으니, 동네에 조그만 찜질방이 하나 있는데, 홀숫날은 여자들이, 짝숫날은 남자들이 이용한다는 것이다. 송 신부에 따르면 이 동네 인구는 38명. 22가구라고 하니, 한 가구에 2명도 안 사는 턱이다.

"혼자 사는 할머니가 많아. 대부분 노인네지. 그래도 내가 여기서 나이가 가장 많아. 우리 나이로 72세인데, 앞집이 나와 동갑이야."

어둑어둑 황혼이 드리우고 있었다.

"제시카, 기자들이 한양에서 와서 목이 마르다. 물 한 잔씩 더 줘."

제시카가 "식사 준비됐다"고 대꾸하자 송 신부는 "밥 먹자"며 뚜벅뚜벅 안으로 들어갔다.

거실이 생각보다 넓고 깔끔했다. 38평(125㎡)이란다. 교구에서 관리하는 집인데, 송 신부가 죽으면 다른 신부가 살게 된다고 한다. 통나무로 들보와 서까래를 짰고 천장이 높아 시원하게 느껴졌다. 벽 쪽으로 중후한 느낌을 주는 오디오 세트가 자리 잡고 있었다. 감미로운 피아노 소나타가 흘러 나왔다.

생선과 계란튀김, 상추, 고추 따위가 어우러진 밥상이 소담스러웠다. 식사 전 송 신부가 대표기도를 올렸다. 제시카와 더불어 일손을 도와주러 온 중년남성 한 명이 합류해 식탁에 빙 둘러앉았다. 오랜만에 보는 고즈넉한 풍경이었다.

식탁에서 단연 눈길을 끈 것은 넉넉한 소주잔이었다. 일반 소주잔보다 조금 크고 넓었는데 반의 반 잔가량 더 들어가지 않을까 싶었다. 송 신부는 이 잔을 부산의 한 시장에서 직접 골랐다고 한다. 이 투박한 잔에 그는 부산 일대 소주시장을 주름잡는 시원(C1) 소주를 쏟아 부었다. 우리에게도 잔을 건네고 술을 채웠다.

"자, 들어, 들어."

칠순의 송 신부는 한두 번에 잔을 비웠고 나와 사진기자는 서너 번에 나눠 마셨다. 꼴깍꼴깍 그의 목울대 소리가 경쾌했다. 인터뷰할 때와 달리 목소리가 쾌활했고 정이 느껴졌다. 장난기도 있었다. 그는 "이 잔으로 마시니까 기분 좋지" 하면서 연신 술을 권했다. 잠깐이라도 술잔이 비면 참지 못하는지, 앞사람 수고를 덜어주기 위해선지 자작(自酌)을 즐겼다. 식사가 끝나기 전 소주 2병이 후딱 비워졌다. 하지만 거기까지였다. 더는 마시지 않았다.

송 신부는 "벼농사는 적자야. 그래도 땅을 놀리기보다는 모를 심어야 한다"고 말했다. 그 얘기를 하다가 영화 〈워낭소리〉가 화제에 올랐다.

"내가 영화를 자주 보거든. 〈워낭소리〉는 한마디로 고집이지. 그런 지조가 있어야 해. 부산에서 스무 명 넘는 사람이 같이 그 영화를 봤어. 저녁 먹으면서 나보고 건배하라기에 '안 팔아!' 했지. (웃음)"

식사를 마치고 술 진열장을 구경했다. 와인이 빼곡히 들어차 있었는데 위 아래로 위스키와 브랜디 따위의 독주가 밀착해 있었다. 우리는 거실 소파에 나란히 앉았다. 피아노의 우아한 청음이 첼로의 묵직한 허스키로 바뀌었다.

노 전 대통령이 신부님한테 고민을 털어놓은 적은 없나요.
별로 그런 것 없어. 동아대나 부산대 교수들이, 학생들이 감옥에 가면 가장 먼저 나한테 연락해. 그럼 내가 변호사들한테 연락해 가보라고 하지. 김광일, 이흥록, 문재인, 노무현 중에 누군가 걸리는 거지.

그런 일을 제안받을 때 노 전 대통령은 어떤 반응을 보였나요.
촌놈이지. 거절 못하고. 알겠습니다, 하고 간단하게.

수임료도 없었을 텐데요.
물론이지. 학생들과 노동자들한테 무슨 수임료? 다른 사건에서 많이 버는 수밖에 없지.

이른바 386 참모들에 대해 능력이 부족하다는 평이 많았습니다.
능력이 부족한 건 사실이었어. 하지만 본심과 의욕은 순수했다고. 일하는 데 실수야 있었지만 심지가 곧았다고. 지금의 집권층, 기득권자들보다는 낫다고 생각해.

의욕이야 좋았는지 모르지만 성과나 업적은 빈약하지 않았나요. 국론분열도 심했고.
그 원인을 조 기자는 어떻게 생각해?

인터뷰이가 곤란한 질문으로 되받아칠 때는 침묵이 제일이다.

노 전 대통령의 경우 국정 수행에 부적절한 언행도 많았습니다.
노 대통령이 당선될 때부터 발목이 잡혔잖아. 당선된 후 문재인의 첫마디가 "기득권층이 인정하지 않을 것"이었어. 실제로 그랬지. 나는 대표적인 기득권층이 조중동이라고 생각해. 노 정권의 발목을 잡은 세력이 조중동 아닌가. 우리나라의 장래보다는 일류신문이 되는 것만 생각해. 그 문제로 〈조선일보〉 사장과 술 마시고 엄청 싸웠어. 당신들이 진정 나라를 생각하고 신문을 만드는 것이냐고. 그랬더니 자신은 신문은 어떻게 만드는지 모르고 경영만 한다는 거야. 기업을 튼튼하게 키우는 게 자신의 1차적 책임이라면서. 여기 내려온 후에도 〈조선일보〉 사장과 만나 몇 번 술을 마셨어. 술만 먹는 게 아니라 내가 그런 쓴소리를 많이 하지. 〈중앙일보〉 주필을 지낸 문창극 대기자와도 몇 번 만났지.

그에게는 노무현 정부의 실정(失政)보다는 성과가 더 돋보이는 듯싶었다. 거듭 의도나 의지의 순수성을 높이 평가했다.

"역대 대통령 중 제대로 일해 본 사람은 노무현밖에 없다고 생각해. 파격이랄까. 일반적인 대통령의 처신과 달랐지. 민심이나 국가경영 면에서 이명박 정부보다 나았다고 생각해. 노무현이 오기정치 한다 고들 비난했지만, 운하 밀어붙이는 걸 보면 더하잖아. 국민과 어긋 나게 가잖아."

그는 "김영삼, 김대중 시대와 비교하면 노무현 때 변화의 폭이 훨씬 더 컸다"며 노 정권에 대한 후한 평을 이어갔다.

"많은 사람이 하는 얘기지만, 권력을 손에서 놓았잖아. 그거야말로 혁명이야. 검찰, 너희가 알아서 해라. 국정원, 보고하지 말라. 국세 청, 세무조사 알아서 해라. 역대 그런 대통령이 없었잖아. 그리고 돈 가지고 당선될 생각을 못하게 만들었어. 정치자금 문제에 관한 한 우리나라가 일본이나 미국보다 낫다고 생각해."

노 전 대통령의 비극은, 보수층의 공격이야 어차피 예상됐던 거고 지지세 력의 상당수가 등을 돌리게 됐다는 데 있지 않을까요.
내가 (이라크) 파병은 반대했지. 노무현도 힘이 거기까지는 미치지 못 한 거야. 한국 대통령으로서의 한계지. 나는 그걸 이해하지 못해서가 아니라 국민여론의 힘을 업고 미국에 맞서보라는 뜻에서 반대한 거지.

대연정 제의는 현실성도 없을뿐더러 국론 분열만 일으킨 것 아닌가요.
결과적으로 그랬지.

여러모로 실망한 국민이 많았습니다.
지금 이 사람들이 하는 걸 보면 나라가 정상적으로 발전한다는 생각이 들지 않아. 노무현의 모험과 의욕이 우리나라 발전에 바람직한 영향을 끼쳤다고 생각해.

달빛과도 같은 바이올린 선율이 흐른다. 밖은 이제 어둠에 완전히 점령당했다. 도대체 노 전 대통령은 왜 그 칠흑 같은 죽음의 길을 걸어 갔을까. 검찰수사에 대한 항의? 도덕적 자부심이 무너진 데 따른 자괴감? 더 이상의 수사를 막으려는 고육책? 판을 뒤집으려는 마지막 정치적 승부수? 송 신부의 진단을 들어보자.

"항의지. 내 생각엔 검찰에 대한 불만 표시인 것 같아. 전직 대통령이니 집에 찾아와 조사하는 게 맞지. 게다가 증거도 없는데. 망신을 실컷 주자는 작전이었지. 그걸 견뎌내기가 힘들었던 거야."

전두환 노태우 두 전직 대통령도 다 불러다 조사하지 않았나요.
그들과 같이 취급된다는 게 더 견디기 어려웠겠지. 그 사람들은 몇 천억 해먹었잖아. 그런데 노 대통령의 경우 옛날부터 후원하던 사람한테 돈 받은 건데…. 강금원 회장 말마따나 늘 도와주던 관계였지. 어쨌거나 이게 우리나라 발전의 한 단계인지 몰라.

노 전 대통령이 죽어서 살았다는 평가도 있습니다.
그래. 국가 차원에서 보면 득이 될 수도 있어.

국민통합이나 국가발전에 밑거름이 될 수 있다는 거죠? 자기 몸 던져서.
문제는 그 가치를 어떻게 수렴하느냐지. 서로 양보해 그 뜻을 살려내면 국가발전의 좋은 계기가 될 거고. 그런데 민주당은 바득바득 자기이득 챙기려고만 해. 한나라당도 양보할 수 없다는 거고. 이래서야 도루묵이지. 좋은 계기를 놓치는 거지. 국회의장한테 물병 던지고 대통령 화환을 짓밟고 … 도대체 이게 뭔 짓인지. 막지도 못해. 문재인 말도 안 먹히더라고. 우리 사회가 이렇게 편을 가르면 안 되지.

유서의 뜻과도 안 맞는 것 아닌가요.
안 맞지.

그가 안으로 들어가더니 A4 용지 하나를 들고 나왔다. 유서 원본이라면서.

"이게 그날 노 대통령 집 컴퓨터에서 처음 뽑은 거야. 대학병원에서 봤는데 내가 가져왔지."

윗부분에 '5시 10분'이라고 연필글씨로 적혀 있었다. 누군가 유서가 작성된 시간을 기록해놓은 걸로 짐작됐다.

그가 갑자기 "그만하고 가!", "할 얘기 없어" 하면서 쫓아내려 했다. 서울에서 비싼 KTX 타고 왔는데, 이 정도로 물러설 순 없지.

예전 얘기 좀 더해주세요.
노 전 대통령은 어느 시점까지는 인생을 즐기는 편이었어. 변호사로서 잘나갔지. 돈도 벌고. 그러다 인권운동, 민주화운동에 뛰어들면서 거기에 몰입하게 된 거지. 거리 아스팔트 바닥에 나하고 자주 어깨를 겯

고 앉았었지. 우리나라에서 현실에 가장 적합한 표현을 가장 빨리 생
각해내는 사람이 한승헌 변호사야. 그 다음으로 노무현이 잘할 거야.
쉽게 핵심을 찔러 말하지.

두 분의 인연이 또 없나요.
특별히 생각나는 건 없고. 이런 약속이 깨졌지. 2002년인가, 문재인이
운전하고 이호철(전 대통령민정수석비서관)이 안내해 넷이서 티베트 가
자고 약속했거든. 그런데 노무현이 청와대 가는 바람에 깨졌지. 내년
에나 갈 생각이야. 노무현이 없어도.

대통령 재임 중 끝내 부산시민의 마음을 얻는 데 실패했다고 생각되는데요.
한나라당 조직이 무서워. 딱 틀이 잡혀 있어. 다 이해관계로 얽혀 있
지. 학교동창, 집안사람 등. 다른 당이 끼어들 여지가 전혀 없어. 그리
고 노무현의 가치지향점은 오늘이 아니라 내일이야. 오늘을 추구하는
사람들에겐 뜬구름 같은 얘기지. 미래지향적인 정견으로는 시민들 맘
을 잡기 어려워. 사람들이란 현실적인 이해를 따지지, 이상적인 사회
만드는 데는 관심이 없거든.

**대체로 자기 지역 출신 정치인은 밀어주는 편인데, 부산과 노무현의 관계
는 특별했다고 봐야겠군요.**
바닥에서는 좋아하는 정서도 꽤 있었지. 대통령으로서 바른 정치를 한
다는 여론이….

부산에서 변호사를 할 때 갈등을 느낀 적은 없었나요.
그런 것 없어. 변호사 자격정지될 때도 태연하더라고.

1987년 8월 노무현 변호사는 대우조선 노사분규와 관련해 일시 구속됐다. 최루탄을 맞고 사망한 대우조선 노동자 이석규 씨 사체부검과 임금투쟁을 돕다가 제3자 개입혐의로 구속되면서 변호사 업무 자격정지 처분을 받았던 것.

당시 노 변호사와 함께 인권변호사로 활동했던 김광일 전 의원은 뒷날 정치노선을 달리했다. 김 전 의원은 2002년 대선을 앞두고 "노무현 후보는 사이비 인권운동가, 위장서민, 지역감정 이용자로 대통령이 돼선 안 된다"고 비난해 눈길을 끌었다.

김 전 의원 얘기가 나오자 송 신부가 일화를 들려줬다. 1988년 13대 국회의원 선거 때 노무현 변호사는 부산 동구에서 통일민주당 후보로 출마해 당선됐는데, 그 배후에 자신이 있었다는 것이다.

"YS(김영삼 전 대통령)가 나한테 전화했어. 부산 시민운동권에서 국회의원 후보 4명을 추천해달라고. 변호사 모임에서 내가 '국회의원 되고 싶은 사람' 하자 김광일만 손들더라고. '노 변호사, 니는 생각 없나' 묻자 '저는 안 합니다. 지금 생활이 좋습니다' 하는 거야. YS 쪽에서 한 사람 더 찾아달라고 해서 노 변호사를 일부러 만났지. 서울에서 활동하면 훨씬 더 효과적일 거라고 설득했지. 생각해보겠다고 하더라고. 얼마 후 노 변호사한테 연락이 왔어. 출마는 하겠는데 선거운동 하는 재미로 하려는 거지 당선될 생각은 없다는 거야.

그래서 김광일은 중구에 추천하고 노무현은 남구에 추천했어. 당에서 그대로 발표했는데, 나중에 노 변호사가 나한테 찾아와 남구가 아니라 동구로 나가야겠다고 하는 거야. 안 바꿔지면 그만두겠다면서. 그래서 부랴부랴 최성묵 목사를 YS한테 보내 사정을 설명했지. 다행히 YS가 바꿔줘 동구에서 허삼수와 붙었지. 그런데 당선된 거야.

당시 감히 허삼수와 붙어 이기리라고 생각한 사람은 없었어. 그래서 정계에 나간 거지. 그게 나한테는 짐이 됐고. 이후 계속 떨어졌잖아. 변호사 잘하고 있는데 괜히 내보냈구나 싶더라고.”

부산에서 계속 낙선했는데, 출마를 말리진 않았나요.
한 번도 말린 적 없어. 부산 강서에서 출마했을 때인가 자기 유세 한번 들어보라고 권하더라고. “그럴 시간이 어디 있노” 하고 거절하는데도 계속 권하는 거야. 가보니 시시하더라고. 촌놈들 보통 떠드는 것처럼. 다만 시민들에 대한 호소력은 있는 것 같더라고. 쉽게 얘기하니까.

대통령에 당선됐을 때는 보람을 느꼈겠습니다.
애를 우물가에 보낸 것처럼 걱정되더라고.

어떤 점이 걸렸나요.
너무 함부로 얘기하는 것. 그런 게 늘 걸렸어. 결정은 마지막에 해야 하는데 이 양반은 늘 결정부터 해버리니. 설사 어떤 속셈을 갖고 있더라도 끝까지 숙고한 뒤에 결정해야 하는데 그런 성격이 아니었지. 경박함과는 다른데, 자신감이 지나쳤다고나 할까. 내치에선 실패한 게 많지만, 외교에서는 잘했다고 생각해. 미국에 우리가 뻣뻣할 순 없지. 그래도 할 말을 한 유일한 대통령이었다고 생각해.

대표적으로 욕먹은 분야 아닌가요. 자존심은 세웠는지 몰라도 실속 없었다고.
욕을 먹긴 했지. (전시)작전권 문제는 내가 옛날부터 주장했던 거야. 작전권도 없는 나라가 나라냐고. 그전에 평양과 얘기가 돼야 하는데…. 지금 가장 후퇴한 게 남북관계야. 완전히 단절됐잖아. 내 생각이

틀릴 수도 있겠지만, 작전권 문제는 뒤집을 수 있을지 몰라도 남북관계를 이렇게까지 악화시키는 건 우리의 미래를 생각할 때 서글퍼. 이제 그만 얘기하자. 자꾸 쓸데없는 얘기만 하게 되네. 빨리 가!

재산이 많던데. (그가 진실·화해를 위한 과거사정리위원회 초대위원장이던 2007년 신고한 재산액은 7억 7천만 원이다)
참 많아. 검찰에서 간접적으로 들었는데, 내 통장이 38개래. 다 시민단체들이 내 이름을 빌려 만든 통장이야. 그중 2억 원이 어떻게 됐다는데, 검찰에서 부른 적이 없으니 잘 모르겠어. 전화 온 적도 없고.

대우건설 인수과정에 개입해 돈을 받았다는 얘기도 들리던데요.
대우건설에서 (부산)교구에 청소년회관을 지어준 적이 있어. 나하고는 상관없고. 대우건설 인수는 처음 듣는 얘기야.

집 밖으로 나오니 검푸른 하늘에 초승달이 걸려 있다. 밤이슬과 꽃향기, 새소리에 심장이 한껏 맑아지는 기분이었다. 같이 저녁식사를 한 남자가 자가용으로 읍내 가는 길에 삼랑진역까지 태워다줬다. 사진기자와 나는 서울로 올라가는 마지막 KTX를 타기 위해 택시를 타고 밀양역으로 향했다.

인사동 사람향기

송 신부가 6월 9일 모처럼 서울 나들이를 한 것은 다음날 서울광장에서 열릴 6·10 민주항쟁 기념식에 초청받아서다. 그가 인사동에서 점심약속이 있다고 해서 식사 후 근처에서 만나기로 약속했다. 한낮의 인사동엔 활기가 넘쳤다. 사람들의 뒤태가 여유로워 보였다. 인근 찻집에서 그와 재회(이런 표현을 쓰는 게 적당한지 모르지만) 했다.

이날 만난 것은 그의 삶을 들여다보기 위해서였다. 삼랑진에서는 노 전 대통령과 관련된 얘기만 나눠 아쉬움이 있었다. 그동안 나는 그의 은경축(사제서품 25주년) 및 회갑 기념문집인 《신부님이 거기 있었네》를 읽어봤다. 문인, 교수, 법조인, 정치인 등 70여 명이 자신과 송 신부와의 인연을 소개한 이 책은 그의 발자취를 더듬는 데 도움이 됐다.

그가 태어난 곳은 부산 북구 구포동. 3형제 중 막내였다. 부산에서 고등학교를 졸업한 후 서울 혜화동에 있는 가톨릭대학 신학과에 입학했다. 신부로서 첫발을 내디딘 것은 유신헌법이 선포된 1972년 12월. 부산중앙성당에서 '일어나 가자'라는 표어로 사제 서품을 받았다. 부산중앙성당 보좌신부이자 부산교구 학생담당 신부가 첫 보직이었다.

찻집에서 인사를 나누자마자 송 신부가 대뜸 "물어봐" 하기에 신부의 길을 걷게 된 특별한 계기가 있었는지부터 물어봤다.

"모든 사람은 자신이 의도한 대로 일하고 싶어하지 않나. 이런 점에서 성직자가 다른 직업보다 낫다고 생각했어. 내가 하고 싶은 일을 하기 위해 성직자를 택한 거지, 거룩한 성직자가 되겠다는 생각은 없었어. 공부하면서, 이 길이 쉬운 길이 아니구나, 느꼈지. 자기 수련을 많이 해야겠다고."

우리 나이로 33세에 대학을 졸업했으니 많이 늦은 편이다. 가정이 어려워 고등학교도 늦게 졸업한 데다 대학재학 중 군에 갔다 왔기 때문이다. 공군 사병으로 입대했는데 1년간 헌병으로 근무하기도 했다. 그는 "내가 지금도 교통(신호)을 잘한다"고 하면서 수신호 시늉을 했다. (웃음)

1973년 부산 전포성당 주임신부가 된 그는 이듬해 부산 인권선교협의회를 만들었다. 내막은 이렇다.

"어느 날 심응섭 목사가 찾아왔어. 시국이 어수선하니 부산에서도 성직자모임을 만들자는 거야. 서울에는 성직자들이 결성한 반유신모임이 몇 개 있었거든. 선배 신부를 찾아가 상의했더니 미적미적해. 그래서 우리끼리 하기로 하고 신부 2명과 목사 2명에 평신도 댓명을 끌어들여 부산 인권선교협의회를 만들었지. 심 목사가 초대위원장을 맡았다가 나한테 물려줬어. 그게 부산 반유신모임의 씨앗이야. 그해 7월 지학순 주교가 정보부에 구속된 사건이 있었어. 우리가 선교회를 만든 건 12월이고. 1975년 정월 성당에 현수막을 내걸었어. '지 주교를 석방하라.' 이것이 부산 반유신운동의 효시야. 정보부가 경찰을 시켜 철거했지. 그 복사본이 현재 부산민주공원에 보존돼 있어."

현수막 사건 이후 송 신부는 '문제 신부'로 당국의 감시를 받았다. 정보부는 툭하면 그를 연행했다가 풀어주곤 했다.

"전두환 때 (안기부 직원들이) 내 방에 있던 책들을 가져가고는 불온 서적 소유 포기각서를 쓰라고 요구한 적이 있어. 내가 끝내 안 쓰자 되돌려줬지. 그때 알았는데, 내가 그동안 경찰과 정보부, 검찰에 연행된 게 모두 48번이더라고. 그 사람들이 기록해둔 거야."

1978년 한국앰네스티 부산지부장을 맡아 양심수 지원운동을 이끄는 그를 박정희 정권은 가만히 두지 않았다. 압력을 받은 부산교구는 그를 보호한다는 명분으로 삼랑진성당으로 보냈다. 부산지역 대학생들과 격리할 속셈이었다. 하지만 그는 부산대 교정 내에 있는 수녀원에서 매주 월·화요일 두 차례 미사 보는 걸 활용해 학생들과의 접촉을 유지했다.

당시 박정희를 어떻게 생각했나요.
전체를 모르고 한 가지만 아는 외골수, 성격 독한 독재자로 여겼지.

뒷날 박정희에 대한 평가 중 바뀐 부분은 없습니까.
도덕적으로도 매우 형편없었다는 사실을 새로 알게 됐지. 일본군 시절 그의 머릿속엔 민족이라는 개념이 없었어. 만주에서 독립군 토벌에 적극적으로 나섰고 여순사건 때는 동료를 고발하고 살아남았지. 우리 사회가 무질서하고 부패해서 혁명을 했다는 건 거짓말이야. 5·16을 일으키기 전에 이미 두 차례나 쿠데타 음모를 꾸몄기 때문이지. 유신만 안 했어도 국민이 참을 만했어. 유신 치하는 사람이 상식적으로 살아갈 만한 사회가 아니었어. 겪어보지 않아 그렇지, 숨도 크게 못 쉬었어.

박정희의 뛰어난 리더십이 있었기에 한국의 경제성장이 가능했다는 평도 있습니다.

박정희 아니면 안 됐다는 데 동의할 수 없지. 우리 역사에서 가장 민주주의를 꽃피웠던 정권이 바로 박정희가 엎은 2공화국이야.

독일의 유명한 신학자 본 회퍼는 히틀러 암살음모를 꾸미다 실패해 처형당했다. 당시 송 신부 주변에는 본 회퍼를 본 따 박정희를 죽이려고 생각한 성직자도 있었다.

성직자가 사람을 죽여도 되나요.

안중근도 죽였잖아. 그도 독실한 신자였지.

가톨릭에서 그런 게 허용되나요.

허용되지는 않지만 묵인은 돼야 해. 더 많은 사람이 죽어가는 걸 한 사람의 죽음으로 막을 수 있다면. 요한 바오로 2세가 이미 그렇게 말했어. 많은 희생을 막기 위해 한 사람을 죽이는 건 묵인돼야 한다고.

이 말을 끝내고 그는 "그만하고 가자"며 자리에서 일어났다. 나는 "조금만 더 얘기하면 된다"고 주저앉혔다.

1980년 5월 광주민주화운동이 벌어졌을 때도 그는 삼랑진성당에서 시무하고 있었다.

"광주 분위기가 너무 살벌해 외지인이 들어갈 수 없다는 소문이 파다했어. 5월 24일인가, 차에 신부 둘을 태우고 내가 운전해 광주로 향했지. 섬진강 다리를 건널 수 있을지 걱정했는데 군인이 서 있기만 하고 막지는 않더라. 순천성당에 들어갔다가 '광주에서 시민들이 경상도 사람이라면 다 때려죽이고 차도 때려 부순다'는 얘기를 들었지. 광주에 들어가 가톨릭센터를 찾아갔어. 벽에 걸린 대형 그림이 찢어지고 난간이 총탄에 맞아 깨졌더라고. 관장 신부를 만났는데 이 양반이 정신이 멍한 거야. 그 신부가 자신 있게 말한 게 광주에서 질서가 지켜지고 있다는 거였어. 200만 원인가 300만 원인가 전달하고 돌아왔지."

1981년 9월 부산지역 민주인사 22명이 이적 표현물을 학습했다는 죄목으로 구속된 이른바 부림(釜林) 사건이 터졌다. 송 신부는 옥에 갇힌 구속자를 면회해 위로하는 한편 고문에 의한 조작사건임을 국내외 인권·종교단체에 알렸다. 이때 이들을 무료 변론했던 변호사가 바로 문재인·노무현이었고, 이호철은 구속자 중 한 명이었다.

이듬해엔 부산 미국문화원 방화사건이 발생했다. 이때도 송 신부는 교도소를 돌며 구속자들을 면회하고 격려했다. 1985년 부산 당감성당 주임신부였던 그는 부산민주시민협의회를 결성하고 회장을 맡았다.

"우리가 만든 단체 중에 가장 잘됐다는 소릴 듣는 게 부산민주시민협의회야. 거기서 훈련된 사람들이 1987년 6월 민주항쟁 때 부산국민운동본부(국본)를 주도했지. 당시 국본 집행위원장이 바로 노무현이었어. 민주시민협의회 이사였지."

1987년 6월 민주항쟁 당시 그는 한국에 없었다. 1986년 말 전두환 정권의 압력을 받은 부산교구의 결정으로 미국 유학길에 올랐던 것. 명분은 신부 재교육이었다. 1987년 1월 보스턴대학으로 연수를 떠났던 그는 전두환 정권이 끝난 이듬해 2월 귀국했다.

이후에도 민주화운동에 대한 그의 열정은 식지 않았다. 1989년 부산

민주항쟁기념사업회장을 맡았고 1991년부터는 민주주의민족통일전국연합 부산본부 상임지도위원으로 활동했다. 1996년엔 부산 민주공원조성 추진위원회 집행위원장을 맡아 부산 민주화운동의 성과를 역사적 유산으로 남기는 데 힘을 쏟았다. 2000년엔 민주화운동정신계승 부산연대 공동대표를 맡았다.

2005년 12월 그는 임기 2년의 진실·화해를 위한 과거사정리위원장을 맡았다. 그의 이력에서 유일한 정부 감투다. 그해 6월 그는 정년을 앞당겨 사목직에서 은퇴한 처지였다. 앞서 언급한 대로 그 무렵 그가 신고한 재산액은 7억 7천만 원이다. 내가 재산문제를 다시 끄집어내자 그는 "고것밖에 안 돼?" 하면서 거꾸로 축소의혹(?)을 제기했다.

"양산 땅만 계산해도 그보다 많을 텐데. 가톨릭 정관에 신부는 부동산을 못 가지지. 내 재산 중에 토지가 많은데 다 교구 것이야. 과거사위원장할 때 관계기관에서 세밀하게 조사했어."

그는 자신이 소유한 것은 자동차가 유일하다고 밝혔다. 개인 통장은 하나인데 예금액이 150만 원쯤 된다고 했다. 나는 "노무현 정권에서 가진 자와 가지지 못한 자에 대한 편 가르기가 심했다"고 슬쩍 찔렀다. 그가 대수롭지 않게 대꾸했다.

"잘하려다 그리 된 거지. 노무현의 생각은 다 잘 살자는 거였어. 처진 사람들을 일으켜 괜찮게 살게 해주자. 그러려면 잘 사는 사람에게 세금을 더 거둬야 했지. 현 정권은 가진 사람의 세금은 낮춰주고 없는 사람은 직장에서 쫓아내고 있어."

내가 겪은 바로도 그렇지만 송 신부의 성격이 별나다는 것은 많은 사람의 증언으로 확인된다. 1981년 부림사건으로 구속된 이호철 씨는 1983년 시국사범 출소자 환영식 자리에서 송 신부와 첫 대면을 했다. 교도소에 수감돼 있을 때 송 신부한테 카드를 받은 인연이 있었다.

> 송 신부님은 별로 친근하지도 않았고 연배도 별로 차이가 나지 않는 것 같은데 반말을 툭툭 하셨다. … 내가 아는 한 신부님은 친절하며 아주 부드러울 것이라고 생각했는데 특이하고 이상했다. … 용건만 말해야지 주섬주섬 전후사정을 설명하면 말이 사정없이 잘리고 만다.
>
> (《신부님이 거기 있었네》 중에서)

1980년 7월 시국사범 수배자로 송 신부에게 은신처를 제공받았던 박계동 전 의원도 첫 만남이 불만스럽긴 마찬가지였다.

> "니가 박계동이가? 정 신부한테 들었다." 이 한마디만 불쑥 내던지고 이내 잔디에 다시 눈길을 돌려 잡초 뽑는 일에만 신경을 쓰셨다. …"아무 생각 말고 잠이나 푹 자는 기다." 어디다 숨겨주실 것인지, 무엇을 해야 할 것인지, 더군다나 주의 한 말씀 없었다. "푹 자는 기다"는 모든 것을 감당해주시겠다는 송 신부님 식의 표현이었다. (《신부님이 거기 있었네》 중에서)

송 신부는 칸트 뺨치는 시간 엄수로도 유명하다. 혼배미사 때 제 시각에 오지 못한 신랑 신부 자리를 비워둔 채 그대로 진행했다는 일화가 있다. 또 미사시간에 지각하는 신자는 아예 입장을 시키지 않았다고 한다.

책(《신부님이 거기 있었네》)을 보니 다들 신부님 성격을 좋지 않게 평하더라고요. 딱딱하고 정 없고 사람 무안하게 하고 … .
못됐지. 거만하고 친절하지도 않고. 지금 보는 그대로야. 친절하게 하려면 한도 없이 길어져. 시간을 절약하려고 그러기도 해. 그러나 할머니들한테는 잘해. 할머니들이 나를 좋아해. 뭔 얘긴지 못 알아들으니. (웃음)

독신으로 살아왔는데, 여자와 사랑에 빠진 적은 없나요.
지금 그런 것 같아. 유혹을 당해. (웃음) 지금까지는 싸우느라 바빠서 그럴 시간이 없었지. 정신없이 살았으니까. 지금은 어떤 사람을 보면 예쁘다는 생각이 들어. 저 여자, 참 예쁘구나 하고.

인간이 성욕을 억누르고 사는 건 참 힘든 일 아닌가요.
신학교 다닐 때 그런 훈련을 충분히 하지. 그래도 실패하는 사람이 있지만.

살아가면서 한 번도 사랑에 빠지지 못했다면 불행 아닙니까.
비정상이지. 이제부터 해볼 생각이야.

신부님 좋다고 쫓아다닌 여자는 없었나요.
속으로는 모르지만, 나한테 전달된 건 없었어.

그는 지금까지 650회가량 결혼식 주례를 섰다고 한다. 그가 즐겨 쓰는 주례사 중에 이런 말이 있다.

행복은 임무를 받아들이는 데에 있다.

(생텍쥐페리, 〈야간비행〉)

그는 2008년 부산 〈국제신문〉에 연재한 "역사와 진실 앞에서"라는 글에서 "아름답게 늙는다는 것은 무엇일까. 욕심을 벗어던지고 가볍게 지내는 것은 아닐까"라고 늙음에 대해 초연한 자세를 내비쳤다.

그가 죽는 날까지 가볍기를 바란다. 그의 '참을 수 없는 가벼움'이 '참을 수 없이 무겁게' 살아가는 이 시대 사람들에게 죽비가 되길 바란다.

노무현 전 대통령의 죽음은 충격과 허탈 그 자체였다. 민심이 흉흉하고 전국적으로 추모 분위기가 고조된 가운데 〈신동아〉는 노 전 대통령 서거에 따른 특별기획을 준비했다. 송기인 신부 인터뷰는 그 중 하나였다. 일면식도 없는 사이라 인터뷰가 잘 될지 걱정이 앞섰다.

송 신부를 만난 것은 노 전 대통령 서거 후 일주일이 지나서였다. 격정이나 분노를 드러낼 법도 하건만 그의 목소리는 시종 차분했고 말투는 딱딱하고 건조했다. 그의 말들은 사막을 건넜고 나는 조급해졌다. 무미건조하고 무뚝뚝한 말투가 부담스러웠는데, 이상하게도 시간이 지나면서 왠지 모를 정겨움 같은 게 느껴졌다.

밤꽃향기가 진동하던 삼랑진 시골집에서 그와 소주잔을 부딪치던 광경은 흑백사진처럼 내 기억 속 깊은 곳에 인화돼 있다. 다시, 사람이 그리운 시절이다.

1962년 대전 출생 · 경찰대 · 경찰청 수사권조정팀장, 대전서부경찰서장, 서울지방경찰청 형사과장, 서울지방경찰청 송파경찰서장, 경찰청 수사기획관, 경찰수사연수원장

한국 경찰의 자존심 황운하
경찰은 정치권력에 굴종하고 알아서 기는 습성 버려야

'한국 경찰은 정치권력의 주구(走狗)다. 한국 경찰은 검찰의 종이다. 한국 경찰은 언론의 밥이다. …'

황운하(黃雲夏) 총경은, 조금 과장하자면 경찰에 대한 이런 부정적 평을 깨고자 분연히 일어선 독립군이다. 위계질서 면에서 둘째가라면 서러워할 경찰조직에서 그는 돈키호테처럼 창을 휘둘러왔다. 조직에서 튀면 이단아, 꼴통이라 불린다. 아무리 옳은 소리라도 혼자 외치면 꼴통 소리를 듣게 마련이다. 그래서 꼴통은 외롭다. 욕먹기 일쑤다. 하지만 의식 있는 꼴통은 그 외로움과 비난을 시시포스의 운명처럼 고스란히 껴안고 살아간다. 그 길을 포기하는 순간 자신의 영혼이 죽는다는 것을 알기 때문이다. 그 정신의 바닥에는 강렬한 프라이드와 나르시시즘이 깔려 있다.

현직 경찰관 중 황 총경만큼 언론에 많이 오르내린 사람도 없다. 자부심 가득한 경찰대 1기 출신인 그는 경찰 지휘부를 공개적으로 비판해왔다. 그 대가는 '당연히' 인사 불이익이었다. 2006년 대전서부경찰서장이던 그는 경찰 내부통신망을 통해 "지휘부가 수사권 독립에 미온적"이라고 비판한 직후 경찰종합학교 총무과장으로 좌천됐다. 2007년엔 한화그룹 김승연 회장 보복폭행사건에 대한 수사축소 의혹과 관련해 이택순 경찰청장의 사퇴를 주장했다가 감봉 3개월의 징계를 받았다.

황운하라는 이름이 경찰 안팎에 알려진 것은 10여 년 전으로 거슬러 올라간다. 1999년 6월 서울 성동경찰서 형사과장이던 그는 검찰에 파견된 소속 경찰관들에게 복귀명령을 내렸다. 경찰관이 검찰에 파견돼 수사를 보조해야 할 법적 근거가 없다는 이유에서였다.

사상 초유의 '항명'사태에 검찰은 당황했고 경찰은 환호했다. 경찰 수뇌부는 조마조마한 심정으로 그의 거침없는 행보를 주시했다. 거의 모든 언론이 이 사건을 다뤘고 〈동아일보〉를 비롯한 몇몇 매체는 인터뷰 기사까지 실었다. 비급(秘笈)을 품고 중원에 홀연히 나타난 무림고수처럼, 황운하는 그때부터 경찰수사권 독립을 상징하는 인물로 떠올랐다. 조직의 상부에서는 위험한 인물로 낙인찍혔으나 하부에서는 경찰개혁의 선봉장으로 떠받들어졌다. 누군가는 그에게 '수사권 독립군'이라는 별명을 붙였다.

그의 트레이드마크인 수사권 독립투쟁사는 뒤에 다시 살펴보기로 하고, 최근 얘기부터 해보자. 3월 하순 그는 대전중부경찰서장에서 대전경찰청 생활안전과장으로 전보됐다. 수사권 독립투쟁의 전사(戰士)가 생활안전과장이라니. 왠지 어울리지 않아 보인다.

그를 만난 5월 11일, 대전은 후텁지근했다. 대전경찰청은 청사가 따로 없어 모 증권회사 건물에 세 들어 있다. 이곳이 본관 턱이고 인근에 있는 폐교 건물이 별관으로 쓰이고 있다. 2년 전 충청남도 경찰청으로부터 독립하면서 새 청사를 마련하지 못한 탓이다.

황 총경의 얼굴은 몇 년 전 경찰청 수사구조개혁팀장으로 일할 때와 비교하면 한결 편안해 보였다. 그는—내 생각엔 굳이 그럴 필요가 있을까 싶은데—생활안전과 직원은 정복 근무가 원칙이라며 정복으로 갈아입고 인터뷰에 응했다. 원칙과 규정을 준수하는 그답다. 그가 사람들에게 고지식하고 반듯한 느낌을 주는 것은 이런 면모 때문이기도 하다. 그를 오랫동안 알고 지낸 사람이라면 대부분 동의할 텐데, 그의 언행은 과격한 글과는 달리 점잖고 온순한 느낌을 준다.

그는 수사통이다. 경정시절 서울 시내 여러 경찰서의 형사과장을 지냈다. 대형사건 수사를 통해 경찰이 검찰 못지않은 실력을 갖췄음을 입증하고 싶어하는 그는 지난 인사 때 수사부서, 곧 서울경찰청 광역수사대장과 수사과장을 지원했다. 지방경찰서장을 두 차례나 지냈기에 서울로 들어갈 순번이기도 했다. 하지만 경찰 상부는 여러모로 부담스러운 그를 서울로 불러들이지 않았을 뿐 아니라 수사와는 관련 없는 부서로 보냈다.

"지방청 참모는 처음이다. 그런데 막상 와서 보니 그 나름대로 재미가 있더라. 서장을 할 때는 관할구역 내에서만 움직일 수밖에 없었다. 지난해 유천동 성매매 집결지를 단속하면서 유성과 둔산 지역의 성매매업소는 건드리지 못해 아쉬움이 있었다. 비효율적이고 형평성에도 어긋났다. 그렇지만 내 관할이 아니라 어쩔 수 없었다. 지금은 대전 전역에 걸쳐 단속할 수 있다. 대전 전역에 파급효과가 미치는 경찰시책을 펴나가는 것에 대해 재미와 보람을 느끼고 있다."

'부당한 인사'에 이골이 난 탓일까. 원칙주의자적인 기질 때문일까. 속내야 어쨌든 자신의 뜻이 무시된 인사에 대해 그다지 낙담하지 않는 태도다. 하긴 생활안전과장 발령을 얼토당토않은 인사라고 단정할 수도 없는 게 그의 말마따나 업무 관련성이 있기 때문이다.

생활안전과의 주요 업무는 성매매업소와 불법오락실 단속이다. 지난해 그는 대전중부경찰서장으로 근무하면서 속칭 '방석집'으로 유명한 유천동 성매매 집결지를 해체하는 성과를 거뒀다. 몸이 몇 개로 잘려도 죽지 않고 꿈틀거리는 뱀처럼 여간해 근절되지 않는 게 성매매업소지만, 적어도 유천동에서는 완전히 자취를 감췄다. 당시 그의 활약상을 보도한 일간지 기사 중엔 이런 구절이 있다.

이번 단속이 관심을 끄는 것은 경찰이 거의 30년 만에 처음으로 이 거리의 완전 해체를 공언한데다 황 서장이 경찰 내부에서 소신파로 통하는 인물이기 때문.

(〈동아일보〉, 2008.8.1)

황 총경이 새 임지로 와서 내건 표어가 '성매매 없는 클린 대전'이다. 성매매 유형은 업소형과 비업소형으로 나뉜다. 업소형은 안마나 마사지 등의 간판을 내걸고 성매매를 일삼는 것이다. 인터넷 채팅으로 만나 성매매를 하는 건 비업소형으로 분류된다. 업소형은 다시 전업형과 겸업형으로 구분된다. 전업형은 집창촌이나 마사지업소 등 성매매를 주영업으로 하는 곳이고, 겸업형은 룸살롱이나 안마시술소 등 주영업 행태가 따로 있고 이른바 '2차'가 부업인 곳이다.

그가 성매매와의 전쟁을 선포하게 된 계기는 뭘까.

"유천동 업소에서 빠져나온 여성들이 여성단체 상담과 언론 접촉 등을 통해 감금과 갈취 실태를 폭로했다. 경찰을 불신하기에 신고나 고소 같은 건 없었다. 지역주민들 사이에서 '경찰은 뭐 하냐'는 소리가 나왔다. 인권유린 실태가 심각한데도 성매매 집결지를 방치하는 건 업소와 유착했기 때문이 아니냐는 비난이었다. 유천동 집결지가 존속하는 한 경찰의 자존심과 명예를 얘기하지 못하겠더라. 그래서 재임 기간 중 유천동 집결지를 없애야겠다고 다짐했다."

공교롭게도 유천동은 그가 태어나고 자란 중구 산성동의 바로 옆 동네다. 고향친구들 중에 업주의 친구도 있었다. "밤길 조심하라"는 업주의 협박성 발언이 전해졌다. 경찰 내부에서도 냉소적 시각이 있었다. 밖에서는 경찰과 업소의 유착 의혹, 업주의 강력한 저항 등을 들어 실패할 거라 예상했다. 그의 고집을 과소평가한 탓이었다.

그가 진두지휘한 성매매와의 전쟁은 두 달 만에 승리로 끝났다. 30년 전부터 1년 365일 내내 불이 꺼진 적 없던 유천동 업소가 암흑가로 변한 것. 처음엔 서장이 바뀔 때마다 벌이는 의례적 행사로 여겼던 업주들은 황운하가 어떤 사람인지 알고 나서는 하나 둘씩 업소 문을 닫고 떠났다. 네온사인과 대형간판이 내려지고 반라의 여성들이 '진열'돼 있던 쇼윈도가 텅 비워졌다. 경찰의 끈질긴 단속과 지속적인 감시 외에 구청과 세무서, 소방서, 시민단체 등 외곽단체의 지원사격도 한몫했다. 그 결과 전체 67개 업소가 모조리 문을 닫았고 300여 명의 여성이 떠났다.

"성매매업소는 부패의 온상이다. 서울경찰청 광역수사대장을 맡으면 강남지역의 대형 성매매업소를 완전히 거덜 낼 작정이었다. 수억 원에서 수십억 원을 투자한 불법업소를 계속 운영하려면 경찰의 협조가 불가피하다. 경찰이 집요한 로비에 시달릴 수밖에 없는 이유다. 유천동 집결지 해체로 우리 사회 부패의 한 축, 부패의 큰 서식처 하나가 제거됐다. 국민에게 '클린 경찰'의 이미지를 심어주는 데 큰 역할을 했다고 자부한다."

유천동 업주들 중 일부는 서장이 바뀐 후 영업을 재개할 속셈으로 경찰간부 인사를 눈 빠지게 기다렸다. 서장의 임기는 통상 1년. 황 총경이 떠나긴 했지만 상황은 더욱 나빠졌다. 그가 다른 곳도 아닌 하필 성매매 단속을 총괄 지휘하는 대전경찰청 생활안전과장으로 부임했기 때문이다. 오는 6월 대전경찰청 신청사가 들어설 지역은 황 총경이 유성과 더불어 2차 성매매 전쟁의 표적으로 꼽고 있는 서구 둔산동이다. 둔산동은 대전에서 가장 번화한 신시가지이고 유성은 관광지다. 연구단지가 많이 들어선 유성구는 전반적으로 청정한 이미지를 풍기는데, 유흥업소가 밀집한 봉명동에 성매매업소가 즐비하다. 두 지역에서 벌일 성매매 전쟁은 유천동과는 다른 양상을 띨 것이라는 게 황 총경의 조심스러운 예상이다.

"두 지역에는 신종·변종 성매매업소가 범람한다. 완전한 근절은 어렵겠지만 적어도 업소형 성매매는 뿌리 뽑으려 한다. 하지만 유천동에서처럼 시민들의 큰 공감을 끌어낼지는 알 수 없다. 유천동 집결지를 척결하는 명분은 인권이었다. 유성과 둔산의 성매매 양상은 그와는 조금 다르다. 지역경제 위축을 내세워 경찰의 단속을 무력화하려는 시도도 예상된다. 또 안마시술소 단속은 시각장애인들의 생존권과 충돌할 수 있다.

일단 유천동처럼 인권 차원에서 접근하려 한다. 돈을 벌기 위해 자발적으로 성매매업소에 종사하는 여성도 있겠지만, 그렇지 않은 경우가 더 많을 것이다. 비행환경 속에서 자라나 어쩔 수 없이 성매매 하는 것을 자발적이라고 할 순 없다. 사회가 책임져야 할 일이다. 최근 그 지역의 한 안마시술소를 조사했는데, 여종업원을 감금하고 시범이라며 '삼촌'들에게 성적 서비스를 강요하고 구타를 자행한 사실이 적발됐다."

유흥업소에서 '삼촌'이란 일본말 '기도'라 불리는 관리직원을 일컫는다. 경찰력을 투입해 집중단속을 펼치는 한편 대전시의 지원을 받아 성매매 근절 캠페인을 대대적으로 벌인다는 것이 황 총경의 복안이다. 아울러 구청과 소방서, 세무서 등 유관기관과 협조체제를 구축해 업소들을 압박할 계획이다.

그는 대전에서 경찰서장을 두 차례 지냈다. 2006년 3월 경찰청 수사구조개혁팀장이던 그가 대전서부경찰서장으로 부임한 것은 그의 뜻이 아니었다. 2006년 1월 경찰수사권 독립을 강력히 추진하던 허준영 경찰청장이 농민시위대 사망사건으로 퇴진하는 일이 없었더라면 인사이동이 없었을지도 모른다. 그는 수사구조개혁팀에서 더 일하길 바랐지만 새 수뇌부는 그의 열정을 식히기로 결정했다. 이후 수사권 독립운동은 추동력을 잃고 표류하다 결국 흐지부지됐다.

황 총경은 생애 첫 경찰서장직에서 6개월 만에 하차했다. 수사절차 문제로 대전지검과 갈등을 빚고 수사권 독립에 소극적이던 경찰 지휘부를 강하게 비판한 것이 원인이었다. 한직인 경찰종합학교에서 1년 6

개월간 '묻혀 지내던' 그는 2008년 3월 또다시 대전지역의 서장으로 부임했다. 이번엔 중부경찰서장이었다. 두 차례나 같은 도시의 경찰서장으로 부임하는 것은 매우 이례적인 인사다. 그런데 이번엔 자원이었다. 모친의 병을 수발들기 위해서였다. 폐암 통보를 받은 모친은 그가 부임한 지 2개월 만에 사망했다. 그는 모친에 대해 "동네 아주머니들한테 두루 좋은 평을 들었다"고 회상했다. 합리적이고 지혜로워 분쟁 조정에 능숙했다고 한다.

황 총경은 대전이 고향이긴 하지만 토박이는 아니다. 그의 집안이 대전에 터를 잡은 것은 6·25 전쟁 때다. 황해도가 고향인 그의 부친이 구월산 유격대원으로 활동하다 월남했던 것. 3남 1녀 중 막내인 그의 저항적인 기질은 어릴 때부터 돋보였다. 자존심 강하고 고집 센 모범생이었다. 공부도 잘하고 부모나 교사 말도 잘 듣는 편이었지만, 한번 틀어지면 좀처럼 돌아서지 않았다. 아버지 상에 놓인 반찬을 먹다 꾸중을 들으면 아예 밥 먹기를 거부했다. 자신의 자존심을 상하게 한 친구와는 여간해 화해하지 않았다.

고교 2학년 때는 교사와 자존심 싸움을 벌이다 두들겨 맞기도 했다. 윤리시험에 단답형 주관식 문제가 출제됐는데, 황운하가 쓴 답은 윤리교사가 제시한 정답과 달랐다. 황운하는 "이것도 답이 되지 않느냐"고 따졌다. 교사가 아니라고 했으나 황운하는 "내 생각엔 이것도 맞다"고 물러서지 않았다. 나중엔 "선생님이 틀린 것 같다"며 정면대결을 벌였다. 자존심이 크게 상한 윤리교사는 황운하를 교무실로 불러 매질을 했다. 그의 부친도 동네에서 고집 세기로 소문난 사람이었다. 옳다고 여기는 것에 대해선 물러서지 않았다. 소년 황운하는 아버지가 사람들과 싸우는 걸 자주 목격했다. 그의 집안은 가난한 편이었다. 반 학생들을 경제적 척도로 상중하로 나눌 경우 하에 속했다. 부친은 지역 신문사를 그만둔 뒤 막노동으로 겨우겨우 생계를 꾸려갔다. 자존심이 강해 남 밑에서 고분고분 일하지 못하는 게 문제였다. 나중엔 자신의 형이 운영하는 과수원 일을 거들기도 했다. 부친은 2004년에 유명을 달리했다.

황운하는 중학교 때 전교 10등 밖으로 벗어난 적이 없었다. 그가 다닌 중학교에서는 대전 최고의 명문인 대전고에 한 해 40명씩 진학했다. 우등생이던 그는 뜻밖에도 대전고 입학시험에 떨어져 후기인 서대전고에 들어갔다. 거기서 3년 내내 전교 1등을 놓치지 않았다. 그 무렵 경찰사관학교를 표방하고 탄생한 경찰대는 가난하고 공부 잘하는 학생들에게 큰 서광이었다. 당시 경찰대 커트라인은 서울대 중위권 학과와 비슷했고 고려대 법대보다 높았다.

"꼭 가난 때문에 경찰대에 진학한 것은 아니었다. 고등학생 때부터 사회문제에 관심이 많았다. 10·26 사태가 터진 고2 때 〈신동아〉와 〈월간조선〉을 사서 읽을 정도였다. 과외가 금지된 고3 때는 이념서적에 가까운 《민주주의의 자살》, 《민족경제론》 따위를 탐독했다. 경찰이 되면 사회문제를 직접 다루면서 정의로운 일을 할 수 있을 것 같았다."

경찰대 3학년 때 형사소송법을 배우면서 그는 수사권 문제에 눈을 떴다. 수사권 독립이 조직의 숙원이라는 점을 알게 됐고, 그 염원을 이루는 것이 경찰대 1기생의 역사적 사명이라고 여겼다.

경찰대를 졸업하면 초급간부인 경위 계급장을 단다. 2년이 지나면 경감 승진시험 기회가 주어진다. 그를 비롯한 1기생들은 졸업 직후 모임을 갖고 향후 5년간 승진시험을 보지 않기로 결의했다.

"'조직원으로서 분노할 만한 당면과제가 쌓여 있는데 승진만 해서 뭐하냐. 승진 빨리 하기 위해 경찰대에 들어온 게 아니지 않은가' 하는 자성의 목소리가 높았다. 그에 따라 대부분의 동기생이 2년 후 첫 승진시험에 응하지 않았다. 반면 제때 시험을 봐 승진한 몇몇 동기는 이후 진급에서 다른 동기들보다 한두 단계 앞서나갔다."

경찰대 졸업생은 매년 120명. 졸업 후 24년이 지난 1기생들의 평균 계급은 총경. 그중 2명은 경찰에서 셋째로 높은 계급에 해당하는 치안감까지 진출했다. 희귀한 경우지만 아직 경위 계급장을 단 1기생도 있다. 24년 동안 제자리에 머물고 있는 셈이다. 경찰에선 계급정년제가 경정부터 적용된다. 참고로 경찰관 계급을 순서대로 나열하면 순경 - 경장 - 경사 - 경위 - 경감 - 경정 - 총경 - 경무관 - 치안감 - 치안정감 - 치안총감(경찰청장) 이다.

고속승진 기회를 제 발로 차버린 1기생들은 초급간부 시절 다양한 경험을 쌓는다는 뜻에서 최소한 경위 5년, 경감 5년은 해야 한다고 뜻을 모았다. 황 총경의 경우 경위로 6년, 경감으로 4년을 보냈다.

"1985년에 졸업해 1995년에 경정을 달았는데, 그것도 일반 경찰관에 비하면 빠른 승진이었다. 33세에 경정이 됐으니. 경찰대 출신은 여러 부서를 돌면서 조직에 기여해야 한다. 경무관 승진은 50세 이후에나 하고. 그래야 조직이 안정된다."

경찰 안팎에서는 경찰대 폐해론, 나아가 폐지론이 끊임없이 제기된다. 승진 특혜, 사조직화, 엘리트주의로 인한 출신 간 갈등심화 등이 주요 이유로 꼽힌다. 이에 대한 황 총경의 반박이다.

"허준영 전 청장도 말했듯 어느 조직이든 발전을 주도하는 핵심그룹이 있게 마련이다. 또 어느 조직이든 우수자원의 확보가 필요하다. 그런 점에서 경찰대 출신이 경찰조직의 중추가 될 수밖에 없다. 실제로 조직발전에 기여하는 바도 크다."

그는 경찰의 당면과제로 3가지 독립을 꼽았다. 먼저 정치권력으로부터의 독립.

"정치권력은 경찰을 이용하지 말아야 하고 경찰도 권력에 알아서 기는 습성을 버려야 한다. 통치권은 존중돼야 하지만 그것이 경찰의 중립성을 해쳐선 안 된다. 한국 경찰은 전통적으로 센 권력에 굴종적인 자세를 취해왔다. 정치권력의 부당한 압력이나 간섭에 대해선 수뇌부가 맞서 싸워야 한다. 그렇지만 지금까지 한국 경찰 수뇌부 중엔 그런 사람이 없었다. 반면 일본의 역대 경찰 수뇌부 중에는 정치권력과 맞서 싸운 인물이 많다. 일본에서는 민간인으로 구성된 공안위원회가 정치권력과 경찰 사이에서 완충작용을 한다. 경찰 고위직 임명과 해임 과정에 실질적인 권한을 행사한다. 우리도 비슷한 기구로 경찰위원회가 있지만 제 구실을 못하고 있다."

두 번째는 검찰권력으로부터의 독립. 한마디로 수사권 독립이다. 나머지 하나는 자본과 언론권력으로부터의 독립이다.

"수사지휘권을 가진 검찰이 경찰의 영역을 인정하지 않고 경찰을 지배하려 한다. 통제가 아니라 지배다. 또 언론은 경찰을 함부로 공격한다. 비판 수준을 벗어나 모욕하는 경우가 많다. 언론이나 검찰에 철저히 무시당하는 경찰이 국민한테 존중받을 순 없다. 자긍심이 부족하면 사고를 많이 칠 수밖에 없다."

초급간부로 근무하면서 그는 경찰대 재학 중 이론적으로 인식했던 수사구조의 문제점을 피부로 느꼈다.

"1992년 대전동부경찰서 형사계장으로 일하면서 경찰수사가 무시당하고 불신받는 것이 너무 원망스러워 반드시 내 손으로 이를 바로잡겠다고 다짐했다. 검찰의 행태는 수사지휘가 아니라 경찰에 대한 전인격적인 지배였다. 그런 현실에 피가 끓어올랐다. 수사권 독립과 조직개혁을 필생의 과업으로 삼겠다고 다짐했다. 그러다 보니 조직 내부와 외부에서 충돌이 빚어졌다. 그 때문에 종종 불이익을 받았으나 내 신념을 양보할 순 없었다."

그의 말은 빈말이 아니다. 그는 행동으로 자신의 신념을 지켜왔다. 1999년 '검찰 파견 경찰관 복귀명령'으로 파문을 일으킨 그의 이름이 또다시 언론에 등장한 것은 노무현 정부 출범 직전인 2003년 1월. 당시 경찰대 총동문회장이던 그는 경찰대 동문회 홈페이지에 경찰 수뇌부를 맹렬히 비판하는 글을 올렸다. 수뇌부가 '수사권 독립에 소극적'이며 '패배주의적 자세를 취하고 있다'는 게 요지였다. 당시 사건에 대해 그는 "성공적이었고 보람을 느꼈다"고 자평했다.

"경찰 수사권 독립은 노무현 대통령 당선자의 대선공약이었다. 내가 글을 올린 시점은 경찰청이 대통령직인수위원회에 수사권 문제와 관련한 보고를 하기 직전이었다. 경찰 수뇌부가 절도와 폭력, 교통사고 등 민생범죄 수사에 국한해 검찰 지휘를 받지 않겠다는 방안을 마련했다는 얘기를 듣고 가만히 있을 수가 없었다. 그래서 작전을 짰다."

'거사'는 성공했다. 그의 글이 언론에 보도되는 바람에 경찰 내 여론이 들끓자 수뇌부가 방침을 바꿔 전면적인 수사권 독립 추진으로 돌아선 것이다. 경찰개혁에 대한 그의 꿈에 날개를 달아준 사람은 허준영 전 경찰청장이었다. 허 전 청장은 2005년 2월 경찰청에 수사구조개혁팀을 신설하고 팀장에 황 총경을 임명했다. 황 총경은 자신의 염원이던 경찰수사권 독립을 쟁취하기 위해 여한 없이 일했다. 팀원들과 매일같이 회의하고 토론하고 보고서와 보도자료를 작성하는 한편 언론과 국회, 학계, 법조계 인사들을 상대로 왕성한 홍보활동을 펼쳤다.

이 시절 그는 전국 경찰서에 검사가 직접 수사하는 사건의 피의자에 대한 호송지휘를 거부하라는 공문을 내려 보냈다. 이 사건 역시 언론에 크게 보도됐다. 검찰의 강력한 반발에 부딪힌 경찰청은 5일 만에 이 지시를 보류했다. 하지만 강릉경찰서 장 모 경정이 이 공문에 의거해 검찰의 피의자 호송지시를 거부했다가 직무유기와 직권남용 혐의로 불구속 기소되는 사건이 벌어지기도 했다.

2006년 3월 대전서부경찰서장으로 자리를 옮긴 후에도 그의 독립군 활동은 멈추지 않았다. 구속 전 피의자를 검찰청사에 인치하라는 대전지검의 요구를 공개적으로 거부한 것이다. 이번에도 황 총경의 무기는 법이었다. 경찰이 검찰의 피의자 인치 요구를 따라야 할 법적 근거가 없다는 것. 9월 들어선 대전지검이 절도미수 피의자에 대해 구속영장 청구 전(前) 면담을 요구하자 이 또한 법률적 근거가 명확하지 않다며 거부했다. 그 와중에 이용훈 대법원장이 사법개혁 방향을 두고 갈등을 빚던 검찰을 강도 높게 비난하는 사태가 발생했다. 황 총경은 이에 동조해 경찰 내부통신망을 통해 경찰 지휘부가 수사권 독립에 미온적이라고 비판했다. 황 총경 문제로 검찰의 항의에 시달리던 경찰 지휘부는 마침내 그를 인사조치했다. 서장 임기가 6개월 남은 상태에서 경찰종합학교 총무과장으로 발령 낸 것. 이택순 당시 경찰청장은 기자들에게 "경찰간부로서 할 말이 있으면 계통과 체계를 밟아서 내부적으로 보고하는 것이 도리"라면서 "현장으로 내려간 지휘관이 맡은 일에 주력해야지 노점상처럼 소리를 질러서야 되겠느냐"고 황 총경의 언행을 비판했다.

황 총경에 대한 징계성 인사에 대해 경찰 내 여론은 엇갈렸다. 경찰 내부통신망에는 "지휘부가 검찰에 굴복했다"는 중·하위직 경찰관들의 성토가 쏟아졌다. 반면 고위간부들 사이에선 "황 총경의 '튀는 언행'이 수사권 독립에 도움이 되지 않는다"고 우려하는 목소리가 나왔다.

이처럼 그의 언행은 늘 경찰의 화젯거리였다. 그의 지지자들은 그를 '한국경찰의 자존심'으로 떠받들며 방패막이로 나섰다. 2007년 8월 한화사건과 관련해 경찰청장 퇴진을 주장한 그에 대해 경찰 수뇌부가 징계방침을 정하자 현직은 물론 전직 경찰관들까지 반발하고 나섰다. 전·현직 경찰관 모임인 무궁화클럽은 기자회견을 열고 황 총경에 대한 징계방침 철회를 요구했다. 경찰대 총동문회와 개혁성향 중·하위직 경찰관들의 온라인 커뮤니티인 '폴네띠앙'도 크게 반발했다. 애초 강도 높은 중징계 방침을 천명했던 경찰 수뇌부는 경찰 안팎의 비판여론을 의식해 '감봉 3개월'이라는 경징계를 내렸다. 조직의 위신을 실추시켰다는 게 징계사유였다.

황 총경이 그토록 염원했던 수사권 조정은 노무현 정부에서 끝내 이뤄지지 않았다. 이명박 정부 출범 후에는 아예 거론되지도 않는다. 경찰 내부도 언제 그런 소동이 있었냐는 듯 잠잠해졌다. 약자(경찰)에 대한 동정과 강자(검찰)에 대한 견제심리로 경찰수사권 독립에 우호적이던 시민단체나 학계, 정치권, 경찰 유관단체 등 외곽의 지원사격도 멈췄다. 황 총경의 쓰라린 진단이다.

"참여정부 시절이 수사권 조정의 적기였다. 노무현 대통령은 역대 어느 대통령보다도 검찰개혁 의지가 강했다. 지나치게 비대해진 검찰권을 견제하기 위해 공직자비리수사처 신설과 상설특검제 도입을 검토했다. 검·경의 수사권 조정도 검찰개혁 방안 중 하나였다. 그런데 임기 말 노 대통령이 경찰의 날 기념식에서 수사권 독립과 관련해 '나는 하려 했는데 여러분의 조직이 받아들이지 않았다', '경찰이 무리한 요구를 했다'고 언급하는 걸 보고 배신감이 들었다. 대선 때 경찰 표를 의식해 공약으로 내걸었을 뿐 수사권 조정에 대한 깊은 철학이나 실천계획이 없었던 것이다. 검찰의 강력한 반발을 제압하려면 청와대와 의회권력에 기댈 수밖에 없었다. 하지만 국회도 검찰에 포위돼 있었다. 수사권 조정에 관한 법률안은 검사 출신들이 포진한 법사위의 높은 장벽을 넘지 못했다.

이명박 정부 들어와 잇따른 경찰관 비리사건과 청와대 행정관 로비사건, 장자연 사건 수사에 대한 실망감이 겹치면서 경찰의 수사력에 대한 불신이 높아진 게 사실이다. 센 권력에 약한 모습을 지켜보면서 마음이 아팠다. 나한테 한번 걸리기만 해봐라, 본때를 보여주겠다고 다짐하기도 했다. 내가 자꾸 수사부서에 가려는 것도 그런 이유에서다. 지금과 같은 왜곡된 수사체계에서는 경찰 수사력이 향상할 수 없다.”

그에게 경찰수사권 독립은, 그의 표현대로라면 경찰관으로서 존재하는 이유이자 삶의 목표다. 그는 이와 관련해 경찰 내부에 팽배한 패배주의에 대해 크게 우려했다.

“국민 신뢰가 우선돼야 한다는 시기상조론이나 여건이 성숙하지 않았다는 상황론은 비겁함과 소신 부족에서 나온 것이다. 소신이 부족하니 열정이 안 생기고 열정이 없으니 비겁해진다. 수사권 독립이 정치권력의 선물에 의해서만 가능하다는 시각도 문제다. 전략적 고려가 아니라 수사권 조정의 본질을 제대로 이해하지 못했거나 소신이 부족해 하는 얘기다. 그런 논리라면 영원히 이룰 수 없다. 경찰 내부동력이 결집되지 않는 게 안타깝다.”

그렇다고 그가 비관론에 함몰된 건 아니다. 그는 “결국 수사권 독립이 이뤄질 것으로 본다”고 낙관했다. 우리 사회가 각자의 자율적 영역을 존중하는 방향으로 발전하기 때문이라는 것이 희망의 근거다. 그는 “수사권 독립이 이뤄지면 경찰이 비약적으로 발전할 것”이라고 내다봤다.

2008년 들어와 그는 경찰 안팎의 일부 지지자들로부터 욕을 먹었다. 그가 모 인터넷 언론과의 인터뷰에서 미국산 쇠고기 수입반대 촛불시위에 대한 강경진압과 종교편향 시비 등으로 퇴진 압박을 받던 어청수 당시 경찰청장을 감쌌다는 이유에서다. 네티즌들은 그가 경찰 내부에 공감대가 형성되지 않았다는 이유로 어 청장을 옹호한 것은 경찰 이기주의적인 발상이라고 비난하며 그에 대한 실망감과 배신감을 표출했다. 경찰 내부의 공감대와 국민의 공감대가 일치할 수는 없는 법인데 황 총경답지 않게 국민의 정서보다 경찰의 정서를 앞세웠다는 것이다. 그의 반론을 들어보자.

"이택순 청장 퇴진을 요구할 때는 경찰 내부에서도 그의 행동을 부끄러운 처신으로 간주하고 조직의 명예를 위해 퇴진해야 한다는 여론이 우세했다. 하지만 어청수 청장의 경우 달랐다. 조직 내부에서 퇴진 사유에 공감하는 여론이 조성되지 않았다. 물론 경찰 내부 공감대가 국민의 공감대보다 중요하진 않다. 그렇다고 특정세력이 청장을 물러나라 할 때마다 갈아치우면 임기제 청장의 의미가 없지 않은가. 이는 결코 조직보호 논리가 아니다. 정치적 공방에 의해 임기제가 무력화되는 건 막아야 한다. 사실 조직 내 신망도로 치면 어 청장보다 용산참사로 취임조차 못한 김석기 청장 내정자가 훨씬 더 높았다. 그렇더라도 어 청장을 밀어내고 취임하는 방식은 옳지 않았다."

지난 2월 경찰 고위직 인사 두 사람의 상반된 퇴임사가 화제가 됐다. 용산참사에 대한 책임을 지고 사퇴한 김석기 전 서울경찰청장은 퇴임사에서 "경찰은 좌고우면하지 말고 불법과 불의에 더욱 엄정하게 대응해야 한다"고 경찰의 강경진압이 정당했다는 점을 우회적으로 강조했다. 그로부터 일주일 뒤 경찰을 떠난 박종환 전 경찰종합학교장은 "법질서 확립을 강조한다고 해서 현장에서 법집행을 함에 있어 무조건 강경대응을 해도 된다는 것으로 잘못 이해해서는 절대로 안 된다"고 공권력 남용에 대한 우려를 나타냈다.

황 총경은 상반된 두 퇴임사에 대한 의견을 묻자 "두 분 다 상관으로 모셨다"며 곤혹스러워했다. "법질서 확립과 인권보호는 경찰을 이끄는 수레의 두 바퀴"라는 원론적인 말부터 꺼냈다.

"노무현 정부에서는 인권 쪽에 더 비중을 뒀고, 이명박 정부에서는 법질서 확립과 엄정한 공권력 집행을 강조한다. 두 쪽 얘기가 다 맞다. 정당한 법집행에 대해선 이론의 여지가 없다. 다만 박종환 씨의 얘기는 6명이 희생된 용산참사에서 교훈을 얻어야 한다는 뜻으로 읽힌다. 좀더 철저한 안전대책을 세우고 진입했더라면 참사를 막을 수 있지 않았겠느냐는 것이다. 경찰의 강경진압이 정부의 강경대응 방침을 의식한 탓이라는 여론도 있기 때문이다."

경찰은 미국산 쇠고기 수입반대 촛불시위 참가자들을 수사하면서 이른바 '유모차 부대'를 조사해 과잉수사라는 비난을 들었다. 순수한 주부들이 아니라 일부 불순세력이 아기들을 방패삼아 운동권 방식으로 투쟁했다는 게 경찰 판단이었다. 하지만 밝혀진 건 아무것도 없었다. 이에 대해 황 총경은 "법과 원칙을 강조하는 태도라기보다는 현 정권에 대한 코드 맞추기로 비친 면이 있다"고 조심스럽게 말했다.

"비판론자들에게는 국민의 눈높이가 아니라 권력자들의 눈높이에 맞춘 것으로 비쳤다. 그 점에서 촛불시위 수사과정에 무리한 면이 있었다고 생각한다. 법질서 확립은 경찰의 당연한 의무다. 지난 정권의 공권력은 무력했고 반대로 지금은 강경 일변도다. 경찰이 균형감각을 갖고 국민의 공감을 얻는 법집행을 해야 한다. 권력은 결코 경찰의 편이 될 수 없다. 경찰의 지지기반은 힘없고 돈 없는 사회적 약자다. 경찰이 평소 강자에게 비굴하고 약자에게 군림하는 자세를 보이지 않았더라면 용산참사 때 그토록 비난받지는 않았을 것이다."

직무에 대한 그의 책임감은 "오버한다"는 소리를 들을 정도로 투철하다. 경찰청 수사구조개혁팀장을 맡았을 때는 1년 동안 집에서 잔 날이 손가락으로 꼽을 정도였다. 그는 숙식을 집무실에서 해결했다. 야전침대가 그의 잠자리였다. 주말에만 집에 들러 빨랫감을 갖다놓고 새로운 옷가지를 챙겨왔다.

"경찰의 60년 숙원사업을 우리 팀이 맡았다는 데 큰 압박감을 가졌다. 검찰이라는 거대권력과 싸우는 것이라 잠시도 긴장을 늦출 수 없었다. 일제 강점기 독립투사의 심정이었다."

나는 이 얘기를 들으며 그도 대단하지만 그의 아내도 대단하다는 생각이 들었다. 당시 그의 집은 서울 명일동에 있는 전세 아파트였다. 그의 부인은 남편이 '공식적인 외박'을 일삼는 동안 대전에 있는 친정집과 전남 목포와 서울 목동에 있는 두 여동생 집에 번갈아가며 머물렀다.

"언론보도를 통해 남편이 무슨 일을 하는지 알고 이해해줬다. 당시 딸이 첫돌을 맞았는데 주변에 알리지 않고 우리끼리 조용히 치렀다."

두 사람이 결혼한 것은 1999년. 황 총경의 경찰대 후배인 이 모 경정이 다리를 놓았는데, 만난 지 100일 만에 결혼에 이르렀다. 나는 그가 팔불출의 전형이라는 사실에 경악했다.

"착하고 예쁘고 이해심 많은 아내는 남자들의 로망 아닌가. 그런 여자를 찾느라 결혼이 늦어졌는데, 딱 들어맞았다."

내 짐작대로 그의 장모는 결혼에 반대했다고 한다.

"직업도 별로인데다 인상도 맘에 들지 않으셨던 모양이다. 상견례 때 내 표정이 굳어 있어서 무서운 느낌을 받으셨다는 것이다. 당시 일선서 형사과장을 맡고 있었으니 그럴 만도 했다. 자상한 이미지의 사위를 원했는데 그렇지 않으니 실망스러워하셨다. 하지만 결혼한 후에는 생각이 달라지셨다."

그는 3월 1일에 결혼한 데 대해서도 남다른 의미를 부여했다. 검찰로부터 경찰이 독립한다는 뜻으로 3·1절을 택했다는 것이다. 그의 아내가 경찰관의 삶이 불안한 건 간부라고 예외가 아니라는 사실을 깨닫는 데는 그리 오랜 시간이 걸리지 않았다.

신혼의 달콤한 꿈에 젖어 있어야 마땅한 그해 6월 서울 성동경찰서 형사과장이던 남편은 검찰과 맞짱을 떴다. 앞서 소개한 검찰파견 경찰관에 대한 복귀명령 사건이다. 경찰 수사권 독립 투쟁사에 기록될 만한 이 사건으로 황 총경은 유명세를 탔지만 부인은 불안하기만 했다. 공무원 신분이라 안정적일 줄 알았는데 그렇지 않았던 것이다. "검찰이 남편을 가만두지 않을 것"이라는 얘기가 바람을 타고 들려올 때면 자신도 모르게 움찔했다. 이 대목에서 나는 또 한 번 그의 '닭살 멘트'를 들어야 하는 고역을 치렀다.

"지금은 이골이 나서 많이 이해해주는 편이다. 정말 장가를 잘 간 것 같다. 남자들이 착하고 예쁘고 이해심 많은 여자를 찾지만 꼭 어느 하나가 안 맞지 않은가."

그는 아직까지 집을 산 적이 없다. 인사명령에 따라 서울과 지방을 전전하며 전세로만 살아왔는데, 전세자금 중 일부를 빼내 차이나 펀드에 투자했다가 쫄딱 망했다고 털어놓았다. 현재 전세자금 포함해 전 재산이 3억 원가량 된다고 한다. 지난 3월 인사 때 서울로 발령 날 줄 알고 미리 목동에 전셋집을 구해놓았다가 다시 물리는 소동도 있었다. 그는 일각에서 제기되는 정계 진출설에 대해 단호히 부인했다.

"내가 정말 억울한 것이 그런 의심을 받는 것이다. 튀는 행동으로 인지도를 높여 정치권으로 진출하려는 것 아니냐는 것이다. 그런 얘기는 내 행동의 순수성을 훼손하는 것이다. 나는 경찰관으로서 성공하고 싶을 뿐이다."

　황 총경에 대한 경찰 내 평가는 대체로 우호적이다. 그렇지만 우려와 비판의 목소리도 만만찮다. 특히 고위간부들 사이에서 그렇다. 2006년 9월 그가 경찰종합학교로 좌천될 때는 "영웅주의에 젖은 미운 오리새끼"라는 비아냥거림도 있었다. 개인의 '돌출행동'은 조직 발전에 도움이 되지 않는다고 혀를 차는 사람도 있다. 그로선 억울할지 모르지만 자신의 염원인 경찰개혁을 이루고자 한다면 참고해야 할 쓴소리가 아닐까.

한 전직 경찰청장은 황운하 경무관에 대해 "한국 경찰의 보물"이라고 극찬했다. 그의 튀는 언행을 못마땅해하는 사람들도 그의 능력은 인정한다.

그는 일선서 형사과장과 경찰서장, 서울경찰청 형사과장, 경찰청 수사기획관을 지내면서 굵직굵직한 사건을 많이 다뤘다. 그가 수사하거나 지휘한 사건은 대체로 좋은 평가를 얻었다.

그는 고지식해 보일 정도로 언행이 반듯하고 정의감이 투철하다. 경찰의 가장 큰 '상전'인 검찰에 조금도 굴하지 않는다. 그래서 따르는 후배가 많다.

2012년 11월, 경찰은 다단계 사기꾼 조희팔의 비리를 수사하는 과정에 서울고검 김광준 검사의 뇌물수수 혐의를 포착했다. 그러자 검찰은 특임검사를 임명해 재빠르게 수사에 나섰다. 이중수사 논란이 일고 '수사 가로채기'라는 비난 여론이 고조됐으나 검찰은 아랑곳하지 않았다.

총리실은 경찰에 검찰과 수사협의를 하라고 주문했다. 검찰이 수사지휘권과 수사권을 가진 현 형사소송법 체계에서 수사협의를 하라는 건 검찰 지휘를 따르라는 얘기나 다름없었다. 그 직후 경찰청 지휘부는 이 수사를 지휘한 황운하 경무관을 경찰청 수사기획관에서 한직인 수사연수원장으로 전보시켰다. 언론은 이를 두고 황 경무관에 대한 검찰의 반감을 반영한 '청와대 인사'라고 해석했다. 조현오 전 경찰청장은 2012년 4월 퇴임 직전 나와 한 인터뷰(〈주간동아〉 834호)에서 "2010년 말 황운하를 경무관으로 승진시키려 했으나 검찰 출신 인사들이 포진한 청와대 민정라인의 반대로 무산됐다"고 털어놓았다.

1954년 전북 전주 출생·연세대 신학과, 순복음신학원 신학과·연세대 연합신학대학원(석사), 미국 웨스트민스터신학교 대학원(석사), 미국 템플대 대학원(종교철학박사)·1982년 목사 안수·미국 워싱턴순복음제일교회, 일본 순복음동경교회, 미국 LA순복음교회 목사·여의도 순복음교회 담임 목사

'조용기 후계자'
여의도 순복음교회 담임목사 이영훈
가진 자가 안 내놓는 게 문제, 재벌이 자세 바꾸면 노사문제 풀려

일요일인 4월 5일 오전 11시. 돔형의 오페라하우스를 닮은 여의도 순복음교회 본당은 신도들로 발 디딜 틈이 없었다. 등록교인 78만 명에 출석교인 30만 명으로 단일교회로는 세계 최대 규모라는 이 교회의 예배 열기는 10여 년 전 내가 조용기 목사에 대한 호기심으로 둘러봤을 때나 지금이나 별 차이가 없다.

열기의 발화점은 음악이다. 예배시작 전 신도들은 단상에 선 남녀 혼성 성가대의 주도로 손뼉을 치거나 손을 흔들며 찬양에 몰입했다. 관현악단의 웅장하고도 섬세한 선율은 염탐꾼처럼 주변을 흘깃거리는 나의 강팍한 마음을 뒤흔들어놓기에 충분했다.

관현악단과 대규모 성가대의 화력으로 예배분위기를 돋우는 것은 오늘날 잘나가는 국내 대형교회의 공통적인 특징이기도 하다. 쇼펜하우어는 일찍이 "음악은 다른 모든 예술처럼 현상의 모사(模寫)가 아니라 의지 그 자체의 직접적인 모사"(《의지와 표상으로서의 세계》)라고 갈파한 바 있다. 기독교 역사라 할 만한 중세 유럽의 역사만 보더라도 종교와

음악의 관계는 불가분이다. 종교음악을 빼놓고는 음악의 발전사를 거론할 수 없을 정도다. 종교가 인간의 약점을 찌르고 감싸 안는 것이라면 그 수단으로 음악만큼 적절한 것도 없으리라.

2008년 5월부터 조용기 목사 후임으로 이 거대한 '종교왕국'을 이끌어가는 이영훈(李永勳) 목사의 설교는 강하면서도 부드러웠다. 설교 도중 예배당 곳곳에 설치된 폐쇄회로TV(CCTV)에는 특정 용어를 설명하는 자막이 올라왔다. 한글은 물론 영어와 일본어, 중국어 자막이 차례로 떴다.

예배가 끝나고 2층에서 바깥으로 연결된 통로를 지나면서 알았는데, 좌석이 모자라 바닥에 돗자리 같은 걸 펴고 예배 본 사람들이 있었다. 낮 1시에 시작하는 4부 예배의 설교자는 조용기 원로목사. 아직 40분쯤 남았는데, 예배당으로 들어가려는 신도들의 줄이 밀려 있었다. 나는 이 괴이한 풍경에 고개를 흔들며 탈출하듯 밖으로 나왔다.

벚꽃축제를 코앞에 둔 윤중로에는 인파가 넘쳤다. 회사로 가기 위해 택시를 집어탔다. 북한이 로켓을 발사했다는 뉴스가 해일처럼 라디오를 덮치고 있었다. 택시기사가 "미사일이 아니고 로켓인데 뭐가 문제냐"며 내가 순복음교회에 머무는 동안 일어난 세계적 사건에 대해 열을 내며 얘기했는데, 내게는 딴 세상 애기처럼 들렸다.

이영훈 목사와의 인터뷰는 4월 7일 오후 2시간 동안 진행됐다. 취임 후 첫 공식 인터뷰라고 했다. 집무실 중앙 벽면에는 조용기 원로목사의 대형사진이 걸려 있다. 조 목사가 지켜보는 가운데 인터뷰하는 모양새가 됐다.

봄날이 화창한데 벚꽃 구경 좀 하셨습니까?

사람 구경하지요. (웃음) 제가 지난주에 미국에서 돌아왔어요. 이번 주가 고난주간이라 특별새벽기도회도 있고 해서 조금 바쁜데, 중요한 인터뷰이기 때문에 ….

가까이 있으면 외려 안 보게 되지요?

그렇지요. (차로) 지나가면서 보는 정도죠. 제가 워싱턴에서 10년 가까이 살았는데, 백악관 안에는 한 번도 안 들어가 봤어요. 매번 백악관 앞까지만 가고. (웃음)

실은 엊그제 예배에 참석해 목사님 설교를 들어봤습니다. 모처럼 안 졸았습니다.(웃음) 이렇게 큰 교회의 담임목사시니 개인시간을 갖기 힘들 것 같은데요. 가족과 함께 보내는 시간도 많지 않을 것 같고요.

되도록 가족과 함께하는 시간을 많이 가지려 노력합니다. 너무 바쁘다 보면 가정에 소홀하기 쉬운데, 가정생활도 목회의 한 부분이라고 생각하거든요. 그밖에 개인적인 시간은 거의 못 가져요. 모임도 다 교회일과 관련된 것들이지요.

취미활동을 묻자 이 목사는 "한국에 들어온 뒤 운동을 배워 월요일에 가끔 치고 있다"고 밝혔다. 내가 "작대기 휘두르는 거요?" 묻자 웃으며 고개를 끄덕였다.

"가끔 나가는데 잘 안 되더라고요. 야구는 날아오는 공을 때리는데도 잘 맞는데, 이것은 놓고 치는데도 잘 안 맞더라고요. 공을 치는 것보다는 몇 시간 동안 잔디 위를 걷는다는 생각으로 가끔씩 가까운 목사님들과 교제를 합니다."

그에 따르면 머리 올린 지 2년 됐는데, 아직 100타 안쪽으로 들어오지 못한 '비기너'(beginner)다. 90타 중반이 목표이고 그 이상 잘 치고 싶지는 않다고 했다.

여의도 순복음교회 교인 수

2008년 발간된《여의도 순복음교회 50년사》에 따르면 여의도 순복음교회 등록교인은 765,301명이다(2007년 기준). 1958년 서울 서대문구 대조동에서 5명의 신도로 출발한 순복음교회가 여의도에 자리 잡은 것은 1973년. 1985년 12월 신도 수 50만 명을 넘어섰고, 1993년 2월 기네스북에 70만 신도를 보유한 세계 최대의 교회로 기록됐다. 하지만 실제로 70만 명을 넘어선 것은 1996년이다. 2003년 78만 8천여 명으로까지 늘었다가 노무현 정부 시절 계속 감소해 2006년엔 75만 명대로 떨어졌다.

여의도 순복음교회의 본당 좌석 수는 1만 2천 개. 거기에 지하 부속성전, 교육관, 세계선교센터 등의 좌석 수가 1만 개다. 다 들어차면 한 번에 2만 2천 명이 예배를 보는 셈이다. 7부 예배까지 있으니 일요일 하루 동안 최대 15만 4천 명이 예배에 참석한다고 볼 수 있다. 교회 관계자에 따르면 주일예배 평균 참석인원은 13만 명이다. 여의도 순복음교회의 교역자(목사·전도사)는 600여 명이다. 그런데 그게 다가 아니다. 시간과 장소의 제약으로 본당에 오지 못하는 신도들이 23개의 지교회와 180개의 기도처에서 위성을 통해 똑같은 설교를 듣는다. 출석교인 수가 30만이라는 것은 이 인원을 다 합해서다. 어느 교회든 출석교인 수는 등록교인 수의 절반쯤 된다. 그런데 실제로 여의도 순복음교회 예배에 참석하는 인원은 그보다 많다. 전국에서 600개의 교회가 위성 예배에 동참하고 있기 때문이다. 그 중에는 다른 교단에 소속된 교회도 많다고 한다.

설교 준비는 어떻게 하십니까?

목사의 삶은 곧 설교의 삶이라 할 정도로 모든 생활의 초점이 설교에 맞춰져 있습니다. 주일 설교가 끝남과 동시에 다음 주일 설교를 구상합니다. 늦어도 수요일까지는 윤곽을 잡고 목요일이나 금요일에 원고를 정리합니다. 거의 일주일 내내 설교 준비를 하는 셈이지요. 설교내용에 맞는 예화도 찾아야 하고 시사적 사건도 참고해야 합니다. 그래서 책방에 자주 갑니다. 기독교 서적뿐 아니라 신간서적과 시대 흐름을 알 수 있는 책들을 살펴봅니다. 성도들의 삶에 실제로 도움이 되고 변화를 일으키는 설교를 준비하기 위해섭니다.

지난 주일 설교에서 마리아가 옥합을 깨트려 예수의 발에 비싼 향유를 쏟은 것을 나 자신의 모든 것을 깨트리고 내던지는 것으로 비유하셨는데, 단순한 듯하면서도 가슴에 와 닿더라고요.

그게 가장 힘든 부분 같아요. 지금 우리나라가 겪고 있는 정치·사회적 어려움도 다 각자의 자아나 아집을 포기하지 않기 때문이에요. 절대 양보하지 않는 습성이 한국사회에 깊이 뿌리박혀 있지요. 종교적 갈등도 인간의 아집에서 빚어지는 거죠. 그런 것들을 우리가 깨트려야 한다는 거죠. 옥합을 깨트려야 향유가 나오는 것처럼 우리 사회의 지도자들이 자신을 내려놓고 깨트리면, 아집을 포기하면 얼마나 좋을까요. 이명박 대통령도 지금 그 점이 가장 힘드실 것 같아요. 국민의 절대적 지지를 받아 대통령이 됐지만, 지난 1년여 동안 겪었던 어려움을 보면 아집이 강한 것 같아요.

이 대통령이 말이죠?
모두가. (웃음) 서로 조금씩 양보하면 해결될 문제가 많거든요. 노사문제나 친이·친박 싸움이나. 그걸 기독교 신앙에서는 자신을 깨트려야 한다고 표현하는 것이고요. 자신을 비우고 포기하는 것이 모든 문제를 푸는 실마리가 아닐까 생각합니다.

마리아를 예수의 연인으로 보는 신학적 해석도 있던데요.
성경엔 마리아가 많아요.

설교 때 언급하신 마리아 말입니다.
신앙 없는 사람들이 비약해 말하는 것입니다. 상상으로 만들어낸 얘기죠. 본질이 아닌 것에 매달리면 본질이 훼손돼요. 그냥 이런 일이 있었구나 하고 넘어가는 게 좋아요.

일요일 예배 때 2층 한가운데에 앉았던 나는 CCTV 스크린을 통해 비친 그의 얼굴이 김대중 전 대통령과 닮았다고 생각했다. 인상이 비슷하고 화법과 말투도 흡사했다. 이에 대해 이 목사는 "그분이 달변 아니냐. 좋게 봐주신 것으로 알겠다"며 겸연쩍게 웃었다.

여의도 순복음교회는 2010년 1월 1일을 기점으로 23개 지교회 중 19개를 독립시킨다는 계획을 추진하고 있다. 지교회는 여느 교회와 다르다. 재정과 인사·행정권이 본교회, 즉 여의도 순복음교회에 귀속돼 있다.

이 목사는 지교회 독립에 상당한 의미를 부여했다.

"그간 한국 교회들이 개교회주의, 물량주의, 성장주의라는 비판을 받아왔는데 우리는 '사회 속으로 들어가는 교회가 돼야 한다'는 조용기 목사님 뜻을 받들어 교회를 나누고 신도를 분리하기로 했습니다. 이런 일은 한국 교회역사상 처음이에요. 몸집 불리기에만 힘을 써왔지 나누는 일은 없었거든요."

이 목사의 담임목사 취임은 순복음교회 역사뿐 아니라 한국 교회사에서도 상당한 의미를 갖는다. 한국 교회사상 처음으로 전 교인의 투표로 담임목사가 결정됐기 때문이다. 당회에서 두 차례 투표로 결정한 후보에 대해 전 교인이 인준투표를 실시했다. 지교회 신도들은 위성을 통해 투표에 참여했다. 이 목사의 말이다.

"대형 교회들이 (담임목사) 세습이니 뭐니 해서 공격을 받아왔는데, 우리가 신선한 충격을 줬다고 봐요. 좋은 모델이 된 거죠. 물론 목사님의 자제분이 후임으로 임명되는 것 자체가 잘못됐다는 얘기는 아니고요. 그럴 수도 있고 저럴 수도 있는데, 우리같이 큰 교회에서 모든 절차를 투명하게 공개한 것은 굉장히 바람직한 일이었죠."

순복음교회에 대해 한국교회 대형화의 상징으로 물량주의와 기복신앙의 대명사라는 비판이 제기돼왔는데요.
기복신앙을 꼭 부정적으로 볼 필요는 없어요. 모든 사람에게 있는 보편적인 정서입니다. 문제는 그것이 어떻게 표출되느냐죠. 사머니즘처럼 개인주의나 이기주의로 나타나느냐, 아니면 사회로 환원되는 사회복지의 형태를 띠느냐. 국민의 청교도정신으로 부강해진 미국은 어렵고 가난한 사람들을 도와주는 선교대국이 됐습니다. 여의도 순복음교회의 초기 교인들은 대체로 빈민층이었어요. 가난에서 벗어나 잘살아보겠다는 사람들이 교회에 와서 복을 받고 삶이 변화된 것입니다. 기복신앙 자체가 문제가 아니라 복을 받은 후 그것을 어떻게 사회로 환원하느냐가 중요한 거죠. 예수 믿고 복 받아 잘 살게 돼서 가난한 사람들을 섬기는 게 유럽이나 미국 기독교 정신의 근간입니다. 부를 추구하는 것 자체만 보기 때문에 왜곡된 면이 있습니다. 그것은 우리 사회가 성숙해가면서 탈피해야 할 문제라고 봅니다.

〈한겨레〉 김선주 논설위원은 "순복음교회 따라잡기"라는 칼럼에서 이렇게 지적했다.

불광동 천변의 가난한 사람들 사이에서 급성장한 순복음교회를 처음에는 이단시하던 우리나라 교회들은 너도나도 순복음교회 따라잡기에 나섰다. 신자를 모으면서 물질의 축복을 약속하고 교세를 확장해서 성전을 크게 지으면 그 큰 성전 속에 성령이 충만해진다는 환상을 교인들에게 심어준 것이다. 즉, 교인들의 십일조로 물질의 축복을 충만하게 받은 교회들이 "이것 봐라, 너희들도 물질의 축복을 받을 것이다"라고 했기 때문이다.　　　(〈한겨레〉, 2008.8.25)

이 목사에게 이 글을 읽어주고 의견을 물어봤다.

"우리가 세상에서 잘사는 목적이 뭔지, 분명한 목적의식이 있으면 됩니다. 순복음교회에 대해 기복신앙과 물질 축복만 보고 비판하는 것은 유감입니다. 그 다음 단계를 봐야지요."

교회를 통해 부를 사회로 되돌린다는 거죠?

그렇죠. 사회 속으로 들어가는 것, 섬기는 것, 환원하는 것 그런 일들을 우리가 활발하게 펼치고 있어요.

그는 "큰 교회의 순기능과 역기능이 있는데, 사람들이 자꾸 역기능만 얘기한다"며 언론에 대해서도 가볍게 불만을 나타냈다.

"언론이 큰 교회의 순기능을 제대로 알리지 않고 공격만 하면 큰 교회는 피해의식을 갖게 됩니다. 불필요한 소모전을 치르게 되고. 교회가 부흥하고 커졌기 때문에 그런 엄청난 일들을 할 수 있는 겁니다. 그런 면에서 순복음교회는 사회에 긍정적인 영향을 끼치는 바람직한 방향으로 가고 있다고 생각해요."

지금은 사라졌지만, 예전엔 순복음교회를 두고 이단시비가 있었죠. 신유나 이적, 성령체험을 신앙의 본질인 양 지나치게 강조한다는 점과 시한부종말론, 종교다원주의, 조상제사 허용 등이 대표적인 시빗거리였죠?

1983년부터 1993년까지 장로교 통합교단 측에서 사이비 논의가 있었습니다. 지금 말씀하신 내용이 그때 지적됐죠. 1993년 사이비 논의가 해제됐는데, 당시 조사위원들이 1년간 연구해 내놓은 조사결과보고서에서 순복음교회가 속한 오순절 교단의 신학적 특수성이 인정됐습니다. 오해에서 비롯된 일이었고 상대 교단에 대한 이해가 부족한 상태에서 벌어진 논쟁이었지요. 요즘은 문제되는 게 없습니다.

다만 조용기 목사님이 제사 문제를 진보적으로 해석하신 건 사실입니다. 이미 가톨릭은 그 문제를 완전히 해결했잖습니까. 다 수용하는 걸로. 조 목사님께서는 신주만 빼면 제사가 문제될 게 없다고 보셨어요. 절하는 것을 조상에 대한 인사로 보신 거죠. 문제가 돼서 나중에 철회했습니다만, 사실 그것은 신학적 이슈라기보다는 민족의 관습이나 전통의 문제거든요. 한국 기독교가 아직 문을 닫고 있는 게 주초(酒草, 술과 담배) 아닙니까. 그런데 유럽 교회에서는 그런 걸 문제 삼지 않아요. 프랑스 교회에서는 식사할 때 와인을 마십니다. 유럽의 문화죠. 한국은 초창기 선교사들이 청교도적인 신앙으로 주초를 금한 것이 지금까지 영향을 끼치고 있어요. 이처럼 문화적 차이를 이해하는 게 중요합니다.

조용기 목사님과의 관계가 궁금합니다. 교회 홈페이지 담임목사 인사말을 보니, 조 목사님에 대해 "나의 영적인 아버지요 스승"이라고 표현하셨던데요. 조 목사님이 여전히 설교도 하시던데요.
원로목사로서 주일 낮에 한 번만 설교하십니다. 조 목사님이 뒤에서 저를 후원해주고 격려해주고 칭찬해주시는 덕분에 제가 잘 해나가고 있다고 생각합니다. 저는 46년 전부터 이 교회에 출석했습니다. 10세 때였죠. 제가 여기서 성장할 때 조 목사님이 영적인 아버지로서 저를 길러주셨습니다. 개인적으로 깊은 애정을 갖고 있어요.

다른 교회들 보면, 원로목사가 되면 뒤로 물러나지 않나요?
예.

그런데 조 목사님의 경우 설교는 물론 대외적으로 대형 기도회를 주도하는 등 여전히 왕성하게 활동하시지 않습니까. 교인들이 혼란해하거나 불편해하지는 않나요?

아니요. 오히려 성도들이 하나로 결속하는 데 큰 도움을 준다고 생각해요. 조 목사님은 교회의 행정권, 재정권, 인사권을 다 위임하셨어요. 대체로 은퇴한 목사님들이 손을 놓은 후 교회와의 관계에서 힘들어하곤 하는데, 조 목사님은 다른 권한은 다 내놓고 설교만 하니 편하신 것 같아요. 숨이 다하는 날까지 설교하는 것이 목사의 삶이니까. 미국에서는 목사의 정년이 없습니다. 종신제예요. 모든 교단이 그래요. 한국사회의 특수성 때문에 70세로 정년이 정해져 있습니다만, 조 목사님이 계속 설교를 하시니 성도들이 좋아해요. 저도 목사님이 계속 설교하실 수 있도록 뒷받침하고 도와드리려 합니다.

현재 이영훈 목사는 2부 예배(오전 9시)와 3부 예배(오전 11시), 조 목사는 4부 예배(오후 1시) 설교를 맡고 있다.

3부 예배 때 2층까지 꽉 차던데, 조 목사님이 설교할 때는 사람이 더 많나요?
비슷비슷합니다.

궁금하더라고요. 누구 설교 때 더 많이 모이는지.
다 많이 모입니다. (웃음)

　최근 순복음교단은 조용기 원로목사의 성명서 파동을 겪었다. 조 목사는 2008년 12월 29일 〈국민일보〉에 교단의 통합을 촉구하는 성명을 냈다가 올 2월 5일 이를 철회하는 성명을 실었다. 과거의 순복음교단은 기하성(기독교대한하나님의성회)과 예하성(예수교대한하나님의성회)으로 분열돼 있었다. 예하성을 이끌던 조용목 목사(경기도 안양 은혜와진리교회)는 조용기 목사의 동생이다. 두 교단이 기하성으로 통합된 후 이번엔 재단 재산권과 통합총회장 임기 문제 등을 놓고 내분이 생겼다. 그것이 바로 기하성 통합 측과 기하성 수호 측의 대립이다. 조 목사가 두 교단의 통합을 촉구하는 광고를 신문에 냈다가 철회하는 소동을 빚은 것은 어느 한쪽을 편드는 내용이라는 반발이 있었기 때문이다. 두 교단의 대립은 정통성 논쟁으로 비화하고 있다.

역사가 그리 길지도 않은 순복음교단에서 분열이 생긴 이유가 뭐죠?
사실 어느 교단에나 있는 문제예요. 재단 재산권 분쟁이지요. 대부분의 교회가 재단에 소속돼 있잖아요. 교단이 분열되다 보니 재단 재산 관리를 어느 쪽이 하느냐로 갈등을 빚고 있어요. 재단 총회에서 개별 교회의 목사를 바꾸는 권한을 갖거든요. 감리교는 더욱 심각합니다. 왜냐하면 그쪽은 교단 소속 모든 교회가 재단에 들어가 있거든요. 그런데 우리 순복음교단에는 재단에 안 들어간 교회도 꽤 있어요. 여의도 순복음교회는 워낙 규모가 크기 때문에 별도의 재단을 갖고 있고요. 안타까운 일이지요.

자리에 대한 욕심이나 권력욕은 종교 지도자라고 예외가 아니라는 생각이 듭니다.
우리 모두 깊이 생각하고 반성해야 할 점입니다.

싸움의 당사자들이 마리아처럼 옥합을 깨트리면 될 텐데요. 그걸 못하네요, 목사님들이.(웃음)
안타까운 현실입니다.

목사님은 여의도 순복음교회가 한국 교회사에서 어떤 의미를 갖는다 보십니까?
한국 교회가 세계 교계에 알려진 것은 두 가지 면에서입니다. 하나는 민중신학이에요. 1970년대 암울했던 시절 정부에 저항할 수 있는 힘이 있었다는 거지요. 또 하나는 순복음 성령운동입니다. 민중신학이나 성령운동이나 핵심은 소외계층을 품는 것입니다. 그런데 순복음교회는 실제로 소외계층을 품으면서 급성장했고 민중신학은 민중을 위한 신학이면서도 엘리트 중심의 정치적 저항운동으로 끝났어요. 민중신학의 참뜻이 순복음교회의 성령운동을 통해 실현됐다고 생각합니다.

순복음교회의 급속한 성장은 한국은 물론 세계 교계에서도 연구대상입니다. 성장의 비결을 꼽는다면요?
물론 신앙적으로는 하나님 주권의 역사지만, 순복음교회 특유의 희망의 신학, 절대긍정의 신학이 원동력이지요. 사람들이 안 된다, 어렵다, 힘들다고 부정적인 얘기를 할 때 우리는 할 수 있다, 하면 된다는 절대 긍정의 복음을 전파했습니다. 조용기 목사님의 메시지가 바로 절대 긍정입니다. 고난조차 축복으로 나아가는 하나의 과정으로 본 것이죠. 당장 파산했어도 여의도 순복음교회에 와서 설교를 듣고 있으면 속이 후련해지고 주먹을 불끈 쥐고 일어나는 힘이 생겼거든요. 우리 교인들 중에 재벌이 되거나 크게 성공한 분들은 다 그렇게 실패를 거쳐 일어난 분들입니다.

거기에 맞물린 것이 병 고치는 역사였습니다. 마음의 병, 육신의 병이 있는 사람들이 와서 병 고침의 은혜를 체험했어요. 그동안 한국 교회에서는 그런 것들을 소홀히 여겼기 때문에 사람들이 순복음교회로 쏠릴 수밖에 없었습니다. 쏠림현상이 있었지요. 1907년의 평양 부흥운동이 순복음교회의 영성운동과 비슷합니다. 통성기도 하고 밖에 나가 열심히 복음 전하고.

또 하나는 종말신학입니다. 곧 예수님이 다시 오시니 최선을 다해 살아가자는 거죠. 종말신학의 긍정적인 면은 오늘에 최선을 다하는 겁니다. 내일 지구의 종말이 온다 해도 오늘 나무를 심겠다는 정신인데, 그것이 순복음교회에서 집대성됐어요. 장로교나 감리교가 덮어뒀던, 사람들 의식의 저변에 있는 그런 갈망을 순복음교회가 건드려 충족시켜준 겁니다. 물량주의나 기복주의가 아니라 한국 교회의 전통이라고 볼 수 있죠. 연세대 신과대학장을 지낸 민경배 교수가 "순복음교회에는 한국 교회의 모든 영성운동의 원형이 담겨 있다"고 말씀한 바 있어요.

요즘도 병 고치는 교인이 많나요?
예. 병 고침은 하나님이 하시는 거예요.

예전에 이단 의혹이 제기된 몇몇 목사를 보면 개인의 영적 능력으로 병을 고치는 것처럼 비쳤잖아요?
개인의 능력이 아니라 처음부터 끝까지 하나님의 능력입니다. 개인한테 초점을 맞추면 문제가 생깁니다. 신앙의 본질이 변질될 위험이 있죠.

제 주변에 통일교를 수십 년 동안 믿었다가 순복음교회에 다니는 분이 있습니다. 그분 얘기가 교인들에게 신처럼 떠받들어진다는 점에서는 문선명 총재나 조용기 목사나 차이가 없는데, 한 사람은 스스로 신이라고 주장하고 — 예수보다 위라고 주장하니까요 — 한 사람은 목자의 위치에서 벗어나지 않았다는 점에서 갈라진다고 분석하더군요.

열심히 하다 보면 존경을 받게 되지요. 이단이 생기는 이유는 창시자 본인이 하나님의 위치에 올라서려 하기 때문입니다. 그런데 조용기 목사님은 폐병을 고치고 목사가 된 이래 초지일관 하나님의 역사를 강조하고 하나님께 영광을 돌렸기 때문에 그런 문제로 오해받을 일이 전혀 없었어요. 굉장히 소탈하고 정 많고 좋은 분입니다.

종교의 사회적 기능이 뭐라고 보십니까?

몇 가지가 있습니다. 하나는 정신적인 지주로서 모든 사람의 마음에 평안을 주고 하나로 묶는 거죠. 장로교가 국교인 스코틀랜드는 모든 국민이 장로교 신학으로 뭉쳐 있어요. 독일은 루터신학으로 하나가 돼 있고. 또 하나는 사회의 아픔을 끌어안고 치료하는 기능입니다. 한국에 기독교가 처음 들어올 때 교회는 교육시설과 의료시설을 설립했습니다. 서구문명이 도입되던 개화기에 한국의 교육환경과 의료환경의 변화를 기독교 선교사들이 주도한 거죠. 앞으로도 한국 교회는 치료하는 교회, 섬기는 교회로서 사회적 고통을 해소하는 일을 감당해야 합니다.

그리고 한국 교회가 더 멀리 내다보고 더 큰 관심을 기울여야 하는 게 북한문제입니다. 북한문제는 정치적 방법으로 해결되지 않습니다. 동서독의 교회가 모여 기도하고 교류함으로써 베를린 장벽을 무너뜨렸듯이 종교의 힘으로 북한 사람들의 마음을 움직여야 합니다. 옷을 벗기는 게 햇볕정책인데, 그것은 물질이 아니라 사랑으로 가능합니다.

신앙의 힘으로 벗길 수 있거든요. 순복음교회가 지금 평양 중심부에 심장병원을 세우고 있습니다. 남북관계가 경색돼 모든 게 철수되고 휴전선 통로가 닫혀도 병원 건축에 필요한 자재들이 계속 올라가고 있습니다. 북한에서는 인력과 모래를 댑니다. 제가 평양에 두 번 갔다 왔는데, 평양 시민들이 그 병원을 남한의 교회에서 짓는다는 것을 잘 알고 있습니다.

여의도 순복음교회 사회복지사업

여의도 순복음교회는 2008년 조용기 목사 목회 50주년을 맞아 '사랑과 행복 나눔'이라는 복지재단을 설립했다. 출연금은 500억 원. 저소득층, 빈민층 구제가 주요 사업이다. 가난한 사람들의 주택 개·보수와 의료비를 지원하고 65세 이상 독거노인과 소년소녀가장, 장애인에게 후원금을 지급한다. 또 외국인 근로자에 대해 무료 법률지원을 한다.

사회복지활동 중 가장 돋보이는 것은 심장병 무료시술 지원이다. 1984년 시작됐는데 2007년 시술환자 수가 4천 명을 넘어섰다. 최근엔 베트남, 캄보디아 등 동남아에서도 무료시술 지원을 받기 위해 찾아온다고 한다. 2007년 순복음교회는 평양에서 '조용기 심장전문병원' 착공식을 가졌다. 지하 1층, 지상 7층의 이 병원에는 남측 의료진 60여 명이 상주하고 병원 내에 원목 사무실과 예배실이 들어서게 된다. 1988년 준공한 엘림복지타운은 미취업 청소년을 대상으로 직업전문학교를 운영하고 무의탁 노인을 돌보는 노인전문요양원을 갖추고 있다. 두 시설 모두 전액 무료다.

그밖에 순복음 호스피스가 있다. 여의도 순복음교회 복지사업국 산하기구로서 초교파적으로 말기 암이나 말기 질환으로 고통받는 환자와 가족을 돌보는 봉사활동을 하고 있다. 1999년 창립예배를 본 이래 매년 호스피스 자원봉사자 정규교육을 실시해왔고, 2008년 제 9기 수료생을 배출했다.

얼마 전 김수환 추기경이 선종했습니다. 많은 국민의 애도와 추모로 장례가 국민장이나 다름없었습니다. 그분이 그토록 존경받은 것은 종교지도자로서 불의한 정치권력에 맞서는 용기를 보여줬기 때문이지요. 천주교에 비해 개신교는 개인의 구원문제에 치중하고 사회문제는 외면했던 것 아니냐, 그래서 국가적으로 존경받는 지도자가 나오지 않는 것 아니냐는 견해가 있습니다.

개인 구원과 사회 구원의 차이인데, 교회가 성장하는 과정에 개인 구원이 선행되는 건 사실입니다. 그러나 교회가 성숙하면 당연히 사회 구원을 지향해야죠. 교황을 정점으로 한 단일체제인 가톨릭은 결집된 힘을 발휘합니다. 이에 비해 개신교는 다양한 교파가 있고 각 교파의 특성 탓에 결집력이 약한 게 사실이죠. 가톨릭의 특징은 획일성이고 개신교는 다양성입니다. 그런데 개신교도 교회 규모가 커지고 힘을 얻으면서 그동안 소홀히 다뤘던 사회부조리에 대해 적극적으로 관심을 기울이고 있습니다. 그 점에서 저는 한국 교회에 희망이 있다고 봅니다.

2007년 나는 서울 강북에서 가장 큰 교회인 금란교회 김홍도 목사를 인터뷰한 적이 있다. 당시 김 목사는 교회 1년 재정에 대해 문자 '비밀'이라며 알려주지 않았다. 같은 질문에 대해 이영훈 목사는 망설이는 기색도 없이 "1,800억 원"이라고 말했다. 전체 예산의 20%를 사회구제사업에 쓴다고 한다.

"큰 교회라서 재정이 불투명하지 않나 의심하는데 그렇지 않아요. 매달 재직회에서 재정과 인사 관련사항을 당회에 보고하면 당회에서 심의한 후 예산안과 결산안을 통과시킵니다. 산하 각 위원회는 예산 규모 안에서 사업을 집행하지요."

정치권력에 대한 종교의 견제와 종교의 정치참여는 다른 차원의 문제입니다. 2007년 대선 당시 일부 저명한 기독교 목사들이 노골적으로 장로 후보를 지지하는 언행을 보여 물의를 빚었습니다. 공개석상에서 당선을 비는 기도를 하고 예배시간에도 그랬죠. 이런 일을 어떻게 보십니까?
미국에서는 그런 일이 흔합니다. 목사들이 노골적으로 특정후보를 지원하죠. 교회 본연의 임무는 아니지만, 나라 정치가 잘되도록 기도하고 바른 정치를 할 수 있는 사람을 뽑도록 후원하고 협력하는 것은 수위가 문제지 그 자체로는 크게 나쁘다고 생각지 않습니다. 바른 지도자, 바른 사회를 만드는 데 교회가 많은 노력을 기울이고 압력을 넣어야 한다고 생각해요. 잘못된 것에 대해 침묵해서는 안 되죠.

선거에 개입하는 것과는 조금 다른 차원의 얘기 같은데요.
그것은 수위를 조절해야 합니다. 교회의 본질이 그런 것은 아니니까 지나치게 깊이 관여하는 건 지양해야죠.

기독교 장로라는 이유로 지지하고 예배시간에 많은 신도 앞에서 지지를 천명하는 것은 문제 아닌가요?
사람들의 선호도지요.

목사의 뜻은 교인들에게 심대한 영향을 끼치지 않나요?

아니, 요즘 다들 지혜로워서…(웃음) 우리 교회에서도 한나라당, 민주당, 선진당 표가 골고루 나왔으니까. 우리는 그렇게 노골적으로 앞장서지도 않았지만요. 기도하는 정도였지요. 하나님이 기뻐하시는 지도자를 세워달라고 하는 정도.

하나님은 아무래도 장로 후보를 기뻐하시겠지요.

뭐 하기 나름이지요. '이왕이면 기독교 장로가 대통령이 됐으니 정말 모든 백성이 원하는 정치를 하면 좋겠다'하는 바람이 있지요.

이명박 정부가 기독교 편향이라는 논란이 일었는데요.

그간 불교 편향이 심해 조금 궤도수정을 하려니 그쪽에서 반발한 거죠. 문화체육관광부의 문화재기금만 해도 70~80%가 불교재단에 넘어간다고 하더라고요. 한 가지 유감스러운 건 기독교인 대통령이 취임사할 때 "하나님의 은혜가 여러분과 함께하시기를 바란다"거나 "신의 은총이 함께하기를 바란다" 정도는 말할 수 있다고 보는데 불교계를 배려해 안 한 것 같거든요. 저는 거꾸로 (정권이) 불교를 지나치게 배려하고 있다고 봐요. 지난번에 (대통령께서) 법회에 참석하시는 걸 보고 이건 종교편향이 아니다, 오히려 기독교가 역차별 받고 있지 않나 하는 생각이…(웃음) 그렇게 말할 수 있습니다.

불교계에서 들으면 화내겠는데요.(웃음)

사실이 그렇지요. 객관적으로 보자는 거예요.

　감기 끝물 탓이겠지만 나는 자꾸 목이 말랐다. 이 목사가 자신의 물잔을 내밀었다. 마시지 않은 거라면서. 그의 잔은 충만했고 나의 잔은 빈약했다.

종교다원주의와 관련해 가톨릭은 일찍이 방향을 정리했죠. 다른 종교를 통해서도 구원이 가능하다는 쪽으로. 개신교는 안 그렇지요? 예수를 믿지 않고서는 구원받을 수 없다는 거죠?

그렇죠. 구원의 본질은 바뀔 수 없죠. 다만 종교 간 대화와 협력은 필요합니다. 인류평화와 사회복지를 위해서. 그런데 한국사회에는 양극화가 심해요. 동 아니면 서, 좌 아니면 우. 서로 융화하려는 노력이 필요합니다. 외국에서는 각 종교의 지도자가 모여 공동목표를 놓고 대화하고 협력하지 상대를 개종시키려 하지 않아요. 신앙과 교리의 문제로 자꾸 부딪치면 정작 중요한 일과 선한 일을 못하게 됩니다. 사람이 아파 죽어 가는데 교리를 따지면 뭐합니까. 우선 사람을 고치고 봐야죠. 사회부조리도 그렇고 남북통일 문제도 마찬가지입니다. 용산참사도, 노사문제도 그렇습니다. 핵심문제에 대해 종교 지도자들이 입을 다물면서 교리 문제로 충돌해서야 사회가 발전하겠습니까. 미국은 기독교 국가지만 종교가 사회적으로 중요한 일을 할 때는 이슬람교나 불교나 힌두교나 예외가 아닙니다. 모든 종교가 참여하는 커뮤니티를 만들어 함께 활동합니다. 한국의 종교들도 사회적 이슈에 대해 종교 간 대화를 통해 공동대책을 세워야 합니다. 인권 사각지대에 있는 분들을 어떻게 보듬을지, 정부가 해결하지 못하는 문제를 어떻게 풀지….

　저는 버림받은 아이들에 관심이 많습니다. 우리 교회가 농어촌 교회를 지원하기 때문에 자주 전국을 돌게 되는데 깜짝 놀란 게 두메산골이나 농촌에 부모 없는 아이가 많은 겁니다. 사연을 알아보니 이래요. 요즘 부부가 이혼하면 아이를 고아원에 맡기는데, 고아원이 만원이라 다 못 들어간대요. 그래서 시골에 있는 할아버지 할머니한테 아이를 맡겨 놓고는 찾으러 오지 않는다는 겁니다. 이렇게 버림받은 애들이 전국 두메산골에 흩어져 있어요. 폭탄을 안고 자라나는 이런 아이들에 대한 대책이 전혀 없어요. 이처럼 정치가 해결하지 못하는 문제를 종교가 끌어안는 노력이 필요합니다.

길거리나 전철 안에서 "예수 천당, 불신 지옥"을 외치는 사람들, 올바르게 믿는 겁니까?
자기 나름대로 열심히 믿는 거죠. 어디나 극보수가 있고 열성분자가 있듯이.

원래 가톨릭이 보수적인데, 구원문제에 관한 한 개신교가 훨씬 더 보수적이고 독선적이라는 비판이 있지요. 저는 몇 년 전 어느 유명한 교회에 갔다가 설교 잘하기로 소문 난 그 교회의 젊은 담임목사가 다원주의를 인정한다는 이유로 가톨릭을 사탄으로 규정하는 걸 보고 놀란 적이 있습니다. 구원에 관한 한 종교마다 나름의 기준이 있지요. 예수를 믿어야만 구원받는다는 전제는 가톨릭이라고 다르지 않다고 봐요. 다만 가톨릭은 불교 속에서도 예수라는 구원의 개념이 있다고 보는 거죠. 어느 종교나 구원의 진리는 갖고 있다고 보기 때문에. 그런데 기독교(개신교)는 기독교 신앙의 전통을 지키는 거죠. 이런 것은 논쟁할 문제가 아니라고 봅니다. 중요한 것은 종교 간 대화와 협력이죠.

예수의 피를 통한 죄 사함으로 인간에게 구원의 길이 열렸다는 게 기독교 신앙의 핵심이죠. 이와 관련해 흔히 제기되는 질문이, 예수 이전에 살았던 사람들이나 예수를 모르고 살았던 사람들, 지금도 예수를 알 수 없는 곳에 사는 사람들은 구원을 받을 수 없느냐는 겁니다.

성경 『로마서』 2장을 보면, 하나님께서 모든 사람에게 양심을 주셔서 올바르게 산 사람들은 예수를 몰라도 구원받을 수 있는 길을 열어놓았습니다. 지금 외딴 섬에서 문명을 접촉하지 못해 예수를 모르는 사람들도 죄 없는 삶을 살면 양심의 심판에 따라 구원받을 수 있습니다.

그것을 유추 해석하면, 다른 종교를 믿더라도 올바른 양심으로 살면 구원받을 수 있다고 할 수 있겠네요.

그건 조금 어려운 얘긴데요. (웃음)

우리는 함께 웃었다.

물질문명은 계속 발전하지만 인간의 정신적 삶은 점점 더 각박해집니다. 자살자가 넘쳐나고 기아는 여전히 해결되지 않고 전쟁이나 테러, 자연재해의 위협이 갈수록 커져 인류의 미래가 불안하기만 합니다. 이 시대에 예수의 복음이 갖는 의미는 뭔가요?

저는 늘 이렇게 설교합니다. 모든 문제의 해답은 예수님에게 있다고. 그리스도의 삶이 인간의 모든 고난을 경험한 것이었기에 기독교 신앙으로 그러한 정신적 고통과 절망을 극복해야 한다고. 그런 점에서 신앙의 위대성이 있다고 봅니다. 죽음조차 뛰어넘는 신앙의 힘이 기독교 2천 년 역사를 이끌고 온 거죠.

이 목사는 "세상의 종말이 올 때까지 악이 점점 더 기승을 부릴 것"이라고 내다봤다. 기독교에서 종말은 예수의 재림을 뜻한다. 과거 순복음교회는 인류역사를 6천 년으로 잡고 2000년대에 인류종말이 온다는 이른바 세대주의 종말론을 표방했다. 종종 사회적 물의를 일으킨 시한부종말론도 세대주의 종말론의 일종으로 볼 수 있다. 하지만 이 목사는 "시한부종말론과는 차이가 있다"고 구분했다.

"한국에 기독교가 처음 들어올 무렵 선교사들이 다 세대주의 종말론을 폈어요. 창세기의 하루를 1천 년으로 계산해 인류역사가 7천 년의 주기를 갖는다는 거죠. 성경적으로는 지금의 인류가 나타난 게 6천 년 전이라고 봅니다. 구약 4천 년, 신약 2천 년 해서 6천 년째 인류의 종말이 오고 이어 천년왕국이 열린다는 겁니다."

그래서 2000년을 종말시점으로 본 거죠?
꼭 2000년이라기보다는 그런 구도에서 보면 2000년 정도가 하나의 기준이 된다는 거죠. 어떤 신부님은 그걸 재미있게 표현하던데, 종말시점을 계산할 때 예수님의 생애 30년을 빼야 한다는 거예요. 그래서 2030년이라는 겁니다. (웃음) 그런데 그렇게 때를 정하는 것은 성경을 잘못 해석하는 겁니다. 성경에 보면 그 때와 시는 누구도 모르고 징조를 보고 안다고 돼 있어요. 마태복음에 천국의 복음이 세상 끝까지 전파된 후에 끝이 온다고 했기에 저희는 그때가 가까워졌다고 생각하는 거죠.

조용기 목사님은 예전에 종말이 곧 닥칠 것으로 설교하지 않았습니까?
종말이 임박했다고 설교하신 건 맞습니다. 임박한 종말론의 장점은 주
님 오실 날이 멀지 않기 때문에 하루하루 헛되이 보내지 않고 최선을
다해 살게 된다는 거죠. 종말시점을 정한 게 아니라 늘 깨어 있어야 한
다는 걸 강조한 말씀입니다.

종말론의 부정적 면이 더 크지 않나요? 예전에 다미선교회의 휴거 소동도
있었습니다만, 세상의 끝이 오니 모든 재산을 갖다 바치라는 얘기가 나오고
삶에 최선을 다하는 게 아니라 오로지 하늘로 올라갈 준비만 한다는 거죠.
그게 시한부종말론과 임박한 종말론의 차이점입니다. 시한부종말론은
날짜를 못 박는 거예요. 1992년 10월 28일 밤 12시로 못 박았잖아요.
『데살로니가후서』에 보면 바울같이 신령한 분도 자신이 살아 있을 때
예수님이 오신다고 믿고 마지막 순간까지 최선을 다했어요. 그게 바로
올바른 신앙인의 자세인 것 같아요. 늘 깨어 있는 것이 종말론의 초점
이지요.

　인터뷰의 종착지가 가까워지고 있었다. 이제 그의 삶의 궤적과 신앙
적 여정을 살펴보는 일이 남았다. 그의 온화한 표정은 변함이 없다. 아
무리 퍼내도 비워지지 않는, 늘 충만한 샘물과 같은 청량한 기운이 느
껴진다. 좋은 향기를 내는 사람이 그리운 시절이다.
　이 목사는 지독한 모태신앙인이다. 4대째 기독교 집안이다. 증조부
는 평양에 처음 들어온 선교사의 전도로 크리스천이 됐다. 평양 서문
밖교회 장로이던 할아버지는 1948년 8자녀를 데리고 38선을 넘었다.
　나는 그의 집안 소개를 들으며 기절할 뻔했다. 목사가 자그마치 몇
명인지. 장로로 평생 여의도 순복음교회를 섬긴 부친은 명함을 못 내

밀 정도다. 먼저 외가 쪽. 외조부, 외삼촌, 외사촌이 목사다. 고모부와 고모부의 아들도 목사다. 작은 아버지도 목사인데, 그 사위들까지 목사다. 그의 동생도 목사다. 현재 케냐에 선교사로 파견돼 학생들을 가르치고 있다. 그의 표현대로라면 사돈의 팔촌까지 예수 믿지 않는 사람이 없다.

이토록 철저한 기독교 환경에서 자란 그가 순복음교회를 찾은 것은 열 살 때인 1964년. 신앙의 전환점이었다. 그때 조용기 목사는 총각이었는데, 이듬해 결혼을 했다.

"제가 순복음교회에서 받은 충격은 엄청났어요. 당시만 해도 그처럼 뜨겁게 통성기도하고 박수 치고 북 치는 교회가 없었거든요. 내가 이상한 데 온 게 아닌가 싶을 정도로…. 굉장히 당황했는데, 2년 후 성령체험을 하고 나서는 뜨거운 복음이 신앙을 역동적으로 만들 수 있다는 확신을 갖게 됐어요. 말씀 교육을 통해 성도를 훈련시키는 장로교의 전통과 성령운동을 하는 순복음교회의 체험적인 신앙이 잘 어우러져 매우 유익했어요."

그는 학교도 기독교 계통만 다녔다. 대광중·고등학교를 졸업한 후 연세대 신학과에 들어갔다. 유신치하이던 1970년대 중반이었다. 대학생 시절 그는 에큐메니칼 운동(*Ecumenical movement*, 교회일치 운동)에 관심을 갖는가 하면 철거민촌에 가서 봉사활동을 하기도 했다. 전기도 수도도 없는 철거민 집단촌에서 '같은 서울 아래 이렇게 사는 사람들이 있구나' 하고 고통을 느꼈다고 한다.

그가 걸어온 길은 완전히 '바른생활 교과서'다. 신앙에 회의가 들거나 잘못된 길로 빠진 적은 없을까. 그의 답변은 실망스러웠다.

"어머니께서 워낙 기도를 세게 해 곁눈질할 틈이 없었어요. 제 주변에 술·담배를 하는 사람이 없었으니까요. 중학생 때 친구네 집에 놀러갔다가 담배 피우는 걸 보고 충격을 받았던 기억이 납니다. 가장 가까운 친구였는데 가정에 문제가 생기니 담배를 피우더라고요. 하여간 교회 일을 열심히 하다 보니 옆을 구경할 기회가 없었어요."

내가 재미없어 한다는 걸 눈치 챘는지, 그가 "한 가지 재미있는 얘기가 있다"며 덧붙였다.

"미국에서 목회할 때의 일입니다. 할머니 권사님이 제 손을 꼭 붙잡고 이렇게 말하더라고요. '아이고, 젊은 양반이 세상구경도 못하고….' (웃음) 세상 재미가 어떤 건지는 모르겠지만, 저는 목사로서 예수님을 잘 섬기는 것보다 더한 기쁨이 없다고 생각하고 최선을 다하고 있습니다."

그는 체험적 신앙을 강조했다. 아무리 성경 지식이 많아도 성령을 체험하지 못하면 삶을 변화시킬 수 없다는 것이다.

고 김수환 추기경도 성령 체험을 못했다고 고백하신 걸로 아는데요. 그 체험이 없으면 자신을 붙잡는 힘이 약할 수밖에 없어요.

교회 용어로, 한 번도 시험 든 적이 없습니까. 뭐 여자 문제라든가….(웃음) 시험 든다기보다도…. (웃음)

웃을 얘기가 아닌 게, 실제로 많은 목사가 여자문제를 일으키고 있잖아요?
그렇죠. 부단한 노력으로 자신을 지켜야죠. 그러니 곁눈질 말아야지.
뭐가 있나 하고 넘겨봤다가는 문제가 복잡해질 것 같아요. (웃음)

다른 인생을 꿈꾼 적은 없습니까?
아버님이 사업을 하셨어요. 사춘기시절 아버지처럼 사업해서 돈 많이
벌어 멋있게 쓰면 좋겠다는 생각이 스쳐지나간 적은 있어요. 소외계층
을 위해서 말이죠.

　이 얘기를 하면서 그는 할아버지에 대한 기억을 떠올렸다. 서울 상
도동에 살 때였다. 집이 없는 가난한 사람들은 산과 언덕에 토굴을 짓
고 살았다. 그의 할아버지는 밤마다 몰래 토굴 앞에 쌀자루를 갖다 두
곤 했다. 누가 한 일인지 뒤늦게 알게 된 토굴인들은 쌀이 떨어지면 아
예 쌀자루를 들고 집으로 찾아왔다. 할아버지는 거절하지 않고 자루를
채워줬다.

“기독교인은 절대 혼자 잘 먹고 잘살려 하면 안 됩니다. 교회도 구제
하는 일을 게을리 하면 안 돼요. 우리나라는 가진 사람이 내놓지 않
는 게 큰 문제예요. 내놓을 줄 알아야 진짜 재벌인데 우리나라 재벌
은 움켜쥐고만 있어요. 노사문제만 하더라도 먼저 재벌의 마음자세
가 바뀌면 풀릴 수 있다고 봅니다.”

마지막으로 묻겠습니다. 순복음교회는 지금 가난한 사람들의 이웃이라고 단언하실 수 있나요?

그렇죠. 영원히 가난한 자의 이웃인 교회로 존재할 겁니다. 순복음의 정체성이 바로 가난하고 소외받는 사람들의 교회라고 생각합니다.

한 하늘 아래 두 개의 태양은 없는 법. 한 교회에 담임목사가 둘일 수는 없는 법. 순복음교회의 담임목사는 이영훈이지만, 조용기는 울트라 담임목사다. 애초 분열의 씨앗이 뿌려져 있던 셈이다.

이 인터뷰가 있고나서 2년쯤 지나 순복음교회는 엄청난 내분에 휩싸였다. 순복음교회가 대주주인 〈국민일보〉 회장과 사장, 자선재단 이사장 자리를 놓고 조용기 목사와 부인, 두 아들, 사돈 사이에 볼썽사나운 싸움이 벌어졌다. 급기야 장로들이 조 목사 가족의 퇴진을 촉구하는 서명운동까지 벌였다. 2011년 12월 파업에 들어간 〈국민일보〉 노조와 조 목사 가족 간에는 물고물리는 소송전이 벌어졌다.

그 와중에 이영훈 목사를 못마땅해하는 세력이 이 목사를 음해하는 내용의 투서를 교회 안팎에 뿌려 분란을 키웠다. 조 목사 지지세력과 반대세력은 서로 신문광고를 통해 상대방을 비난했다.

이영훈 목사는 창립 후 최대 위기에 빠진 세계 최대의 교회를 침착한 태도로 이끌어간다는 평을 듣고 있다. 내가 보기엔 유연한 리더십 덕분이 아닐까 싶다. 그는 조 목사 반대세력의 지지를 받으면서도 조 목사를 존중하는 자세를 유지해왔다.

조용기가 불이라면 이영훈은 물이다. 조용기처럼 강하고 화려하지 않지만 인동초(忍冬草)와 같은 단단함과 끈기가 느껴진다. 이 목사가 순복음교회 내의 갈등을 무난히 해결하고 화합을 이뤄낼 때 한국 기독교계는 새로운 지도자를 맞게 될 것이다. 내가 특히 주목하는 건 그의 균형 잡힌 종교관과 사회관이다. 골수 우익보수인 조 목사와 확연히 차이나는 점이다.

1941년 전남 목포 출생·서울대 미학과·1964년 한일수교회담 반대투쟁·1974년 민청학련사건으로 사형 선고·'생명과 평화의 길'이사장·명지대 문예창작과·국문학과 석좌교수, 동국대 생태환경연구센터 석좌교수·아시아 아프리카 작가회의 로터스 특별상, 위대한 시인상·주요 저서: 〈오적(五賊)〉, 〈밥〉, 〈대설 남(南)〉, 〈타는 목마름으로〉, 〈애린〉, 〈생명〉, 〈흰 그늘의 길〉, 〈시 삼백〉, 〈남조선 뱃노래〉

시인 김지하, 시대를 논하다
박근혜 '인혁당 인식', 민주주의 기본도 몰라

1974년 1월을 죽음이라 부르자
오후의 거리, 방송을 듣고 사라지던
네 눈 속의 빛을 죽음이라 부르자
좁고 추운 네 가슴에 얼어붙은 피가 터져
따스하게 이제 막 흐르기 시작하던
그 시간
다시 쳐온 눈보라를 죽음이라 부르자
모두들 끌려가고 서투른 너 홀로 뒤에 남긴 채
먼 바다로 나만이 몸을 숨긴 날
낯선 술집 벽 흐린 거울 조각 속에서
어두운 시대의 예리한 비수를
등에 꽂은 초라한 한 사내의
겁먹은 얼굴
그 지친 주름살을 죽음이라 부르자
그토록 어렵게

사랑을 시작했던 날

찬바람 속에 너의 손을 처음으로 잡았던 날

두려움을 넘어

너의 얼굴을 처음으로 처음으로

바라보던 그날

그날 너와의 헤어짐을 죽음이라 부르자

바람 찬 저 거리에도

언젠가는 돌아올 봄날의 하늬 꽃샘을 뚫고

나올 꽃들의 잎새들의

언젠가는 터져나올 그 함성을

못 믿는 이 마음을 죽음이라 부르자

아니면 믿어 의심치 않기에

두려워하는 두려워하는

저 모든 눈빛들을 죽음이라 부르자

아아 1974년 1월의 죽음을 두고

우리 그것을 배신이라 부르자

온몸을 흔들어

온몸을 흔들어 거절하자

네 손과 내 손에 남은 마지막

따뜻한 땀방울의 기억이

식을 때까지

(김지하, 〈1974년 1월〉 전문)

인터뷰가 끝난 후 김지하(金芝河) 시인이 겸연쩍은 표정으로 말했다.

"내가 무지하게 말 많이 했지요? 이렇게 말 안 하는데 …."

누군가에게 많은 얘기를 하고 나면 허전한 법. 그 공허함이 나에게 고스란히 밀려왔다. 그의 말대로 그는 인터뷰에서 과거와 현재, 미래를 넘나들며 많은 얘기를 했다. 인터뷰 계기가 된 인혁당(인민혁명당) 사건으로 출발한 대화는 정치, 경제, 역사, 문화 등 다양한 방면으로 옮겨갔다. 현실정치에 대해 좀처럼 언급하지 않는 것으로 알려진 그가 여권을 신랄하게 비판하고 이명박, 박근혜 등 유력 대선후보들에 대한 평을 마다하지 않은 것은 뜻밖이었다.

2월 8일 그를 만나러 경기도 일산으로 가는 동안 시대의 혼돈처럼 안개비가 내렸다. 〈타는 목마름으로〉, 〈애린〉, 〈밥〉, 〈대설 남(南)〉, 〈생명〉 등 오래전에 읽었던 그의 작품이 기억의 저편에서 꼬물거렸다. 이미 한 시대의 전설이 된 그에게는 시인, 투사, 사상가라는 꼬리표가 붙어 있다. 1970년대 대표적인 저항시인으로 유신정권에 온몸으로 맞서 싸웠던 그는 1980년대 이후 생명운동을 주창하면서 사상가로 거듭났다.

그가 사는 오피스텔은 대로변에 있었다. 거주한 지 4~5년 됐다고 한다. 시인이 오피스텔에 살고 있다니…. 왠지 어색하다. "불편하지 않냐"고 묻자 그가 껄껄 웃으며 말했다.

"외국 기자들이 그러더군. 조그만 채마밭 딸린 데서 사는 줄 알았다고. 내가 원래 그런 데를 좋아하긴 하죠. 해남에 내려가 있을 때는 그런 집에서 살았죠. 그런데 큰 도시에 올라오니 단독주택에 살기가 어려워요."

그는 말을 할 때 눈살을 찌푸리는 습관이 있었다. 숯덩이 같은 눈썹에서 발산되는 거칠고 강인한 기운을 온화한 눈빛과 여유로운 말투가 지그시 누르고 있었다. 세월은 흐르고 사람은 늙는다. 시인도 투사도,

그 누구도 예외가 아니다. 시간은 어느덧 그를 삶의 내리막길로 이끌고 있다. 나이 든다는 것은 어떤 의미인가.

"자꾸 외롭고 쓸쓸해져요. 아, 그래서 자식을 낳는구나, 그런 생각을 해요. 자식이 있는 것과 없는 것은 차이가 큰 것 같아요. 자식이 있다는 것에서 내 생명이 이어진다는 느낌을 받거든요. 자식한테 무슨 도움을 받는다든가 하는 차원을 떠나…. 나이 들수록 생명이 무엇인가, 시간이 무엇인가 자꾸 생각하게 돼요. 젊은 시절의 용기도 사라지고 마음도 약해지고. 그래선지 요즘 평론가들이 내 시에 외롭다는 표현이 많다고 지적해요. 아이들을 보면서 '내가 이 세상에 나온 자취는 남겠구나' 하는 생각을 하지요. 젊은 시절엔 그저 살다 가면 그만이지 생각했는데, 나이 드니 그렇지 않더라고요."

강물처럼 흘러가 만질 수 없는 시간의 기억을 우리는 과거라 부른다. 최근 법원의 재심 판결로 화제가 된 인혁당 사건은 과거가 뭔지 역사가 뭔지 새삼 되돌아보게 한다. 32년 전에 사형당한 사람들에 대해 무죄가 선고됐다. 시간의 부질없음, 삶의 덧없음, 역사의 허망함을 이보다 더 극명하게 보여줄 수 있을까.

"내가 일전에 영남대에서 강의를 끝내고 나오는데, 키가 무지 큰 여자가 자꾸 울더라고. 왜 우냐고 물으니 하재완 씨 딸이라고 해요. 세월이 30여 년 흘렀는데 참, 가슴이 아프다고 하기도 뭣하고…. 훤칠한 처녀가 자꾸 그렇게 울더라고."

그가 인혁당 사건을 회고하면서 꺼낸 일화다. 하재완은 1975년 4월 8일 대법원에서 사형이 확정된 지 18시간 만에 형장의 이슬로 사라진 인혁당 사형수 8인 중 한 사람이다. 이 사건은 1964년의 1차 인혁당 사건과 구분해 2차 인혁당 사건 또는 인혁당 재건위 사건이라 불린다.

김 시인도 이 사건 피해자 중 한 사람이다. 그는 인혁당 사건과 '형제관계'인 민청학련(전국민주청년학생연맹) 사건에 연루돼 사형선고를 받았다. 1974년 4월 중앙정보부는 학원가 반(反)체제 조직이라는 민청학련 사건 수사결과를 발표하면서 그 배후로 북한과 연계됐다는 인혁당 재건위를 지목했다. 대구·경북 지역의 혁신계 인사들이 1964년에 적발돼 와해됐던 인혁당을 재건해 민청학련의 유신반대 투쟁을 조종하고 북한의 사주를 받아 정부 전복활동을 했다는 것이다. 말하자면 민청학련의 상부조직이 인혁당이라는 얘기였다.

민청학련·인혁당 사건으로 구속된 사람은 253명에 이른다. 긴급조치 4호 위반, 국가보안법 위반, 내란 예비음모, 내란 선동 등의 혐의였다. 1, 2심은 군사재판(비상군법회의)이었다. 인혁당과 관련해 기소된 사람은 모두 23명. 그중 8명에 대해 사형선고가 확정됐다. 민청학련 관련자들도 사형 등 중형을 선고받았으나 나중에 모두 감형되거나 무죄로 석방됐다.

김 시인의 경우 사정이 조금 복잡하다. 당시 민청학련 주모자급으로 기소된 그는 사형선고를 받았으나 무기징역으로 감형된 후 1975년 2월 대부분의 민청학련 관련자와 함께 형집행정지로 석방됐다. 하지만 석방 직후 〈동아일보〉에 "고행 … 1974"라는 옥중수기를 실었다가 반공법 위반혐의로 재구속돼 1980년 형집행정지로 풀려날 때까지 6년간을 복역했디. 김 시인은 2006년 9월 인혁당 사선 재심 법정에 승인으로 출석했다. 이 사건에 대한 재심의 길이 열린 것은 2002년 9월 의문사진상규

명위원회가 '중앙정보부가 조작한 사건'으로 규정하면서다. 2005년 12월 국정원 진실위원회는 "인혁당 재건위는 실재하지 않았던 단체"라는 조사결과를 발표했다.

이를 근거로 법원은 재심 청구를 받아들였고 2006년 3월 첫 재심 공판이 열렸다. 2007년 1월 23일 서울중앙지법 형사합의 23부(재판장 문용선)는 인혁당 사건으로 사형당한 8명에 대해 수사기관의 조작, 고문 등을 인정해 무죄를 선고했다.

김 시인은 당시 구치소에서 인혁당 관련자인 하재완, 이수병 두 사람의 애기를 듣고 사건이 조작됐음을 직감했다고 한다.

"하재완 씨한테는 두 번 들었어요. 구치소에서 내가 위층에 있었고 하재완 씨가 아래층에 있었어요. 나는 그때 하 씨를 몰랐어요. 그런데 자꾸 내 이름을 부르며 통방(通房)을 시도하더라고요. 그래서 무슨 일이냐 물으니 인혁당 관련자라고 자기를 소개하면서 '사건이 고문으로 조작됐다'는 거예요. 그 후 구치소 복도에서 진찰받을 때 만나 자세한 애기를 들었어요. 고문으로 내장이 파열됐다는 거예요. 장이 파열될 정도면 아주 심한 고문이거든요. 하 씨 말이, 신직수 중앙정보부장이 '정치 문제니까 조금만 참아달라'고 했다는 거예요. '학생들 때문에 그러니 조금만 참아라. 너희들 절대 사형 안 시킨다'고."

그가 사건이 조작됐다고 판단한 또 하나의 근거는 이른바 공작금이었다. 당시 정보부는 인혁당이 민청학련의 상부조직이라는 유력한 근거로 공작금을 내세웠다.

"여정남 씨는 하재완 씨 집에서 가정교사를 하던 사람입니다. 경북대 운동권 출신인데 이 사람이 서울대생 이철을 만나고 돌아가면서 2,500원을 줬는데, 이게 공작금이라는 거예요. 조직의 상부와 하부는 자금으로 연결되잖아요. 그런데 교통비밖에 안 되는 2,500원을 공작금으로 줬다는 게 말이 돼요? 그 사실을 알게 된 순간 아, 사건을 조작하려 하는구나 싶었죠."

김 시인에 따르면 인혁당 재건위는 정보부가 만들어낸 단체지만, 민청학련은 어느 정도 실체가 있는 조직이었다.

"유인태, 이철, 서중석, 나병식, 김병곤 등이 주축이었지요. 그렇지만 정부가 발표한 것처럼 무슨 어마어마한 체계와 조직계보가 있었던 건 아니었어요. 전국 각 대학에서 반유신 데모를 연합해서 하자는 논의가 진행되는 과정이었죠."

당시 반유신 투쟁을 벌이던 민주인사들 사이에서는 대학가와 종교계를 중심으로 민주세력을 결집해 총궐기해야 한다는 공감대가 형성돼 있었다. "무슨 지하당을 만들어 국가를 전복하자는 게 아니라 헌정질서를 회복하자는 게 목표였다"고 한다. 당시 가톨릭에 몸담고 있던 김 시인이 원주의 지학순 주교로부터 2백여만 원을 받아 조영래 변호사를 통해 대학가(서중석, 유인태)와 기독교(나병식) 측에 투쟁자금으로 전달한 것도 그러한 민주세력 통합 움직임의 일환이었다. 또 윤보선 전 대통령에게도 박형규 목사를 통해 30만 원이 전달됐다.

정보부에 잡혀 들어간 김 시인은 처음에는 이 사실을 숨겼다. 하지만 조사받은 지 닷새째 되는 날 민청학련을 인혁당과 연결하려는 정보부의 공작을 간파하고 이를 저지할 속셈으로 가톨릭 측으로부터 돈 받은 사실을 털어놓았다. 당시 정보부는 인혁당을 반국가단체로 규정하면서 민청학련의 배후조직으로 몰아가고 있었다. 여정남을 이철과 유인태에게 공작금(2,500원)을 줬다는 이유로 하재완과 더불어 인혁당 재건위 조직원으로 규정한 상태였다.

그런데 가톨릭 돈을 받아 학생들에게 투쟁자금으로 전달했다는 김 시인의 진술이 나오자 정보부는 부득이 수사노선을 수정할 수밖에 없었다. 그에 따라 지학순 주교, 박형규 목사, 윤보선 전 대통령 등 종교계와 정계 인사가 민청학련의 상부선(上部線)이 됐고, 인혁당의 역할은 중간에 개입한 정도로 축소됐다.

"공작금이 한쪽은 2백여만 원이고 한쪽은 2,500원이에요. 도대체 비교가 안 되잖아요. 내가 돈 받은 사실을 실토한 것은 가톨릭, 개신교, 야당을 물고 들어가기 위해서였어요. 가톨릭이 일어나면 개신교와 불교도 일어날 수밖에 없을 거라 생각했죠."

김 시인을 비롯한 민청학련 관련자들은 이른바 '슬라이딩 태클' 전술을 구사했다.

"말 그대로 '발 걸어 같이 자빠지자'는 뜻이죠. 잡히는 대로 혐의사실을 불어버려 피해범위를 확대하자는 작전이었어요. 우리 진술 때문에 조금이라도 피해 본 사람은 다 반유신 활동가로 나설 거라는 계산이었죠."

김 시인에 따르면 인혁당 관련자에 대한 사형집행은 베트남 공산화와 밀접한 관계가 있다고 한다. 두 사건은 비슷한 시기에 일어났다. 인혁당 관련자 8명에 대한 사형이 집행된 것은 1975년 4월 9일이고, 베트남이 패망한 것은 그해 4월 30일이다.

"지금 와서 하는 얘기지만, 당시 정부도 다 풀려고 했어요. 분위기가 그랬어요. 자기들 잘못을 시인했죠. 사건이 애초 자기들이 구상한 대로 안 되고 잡탕이 됐거든요. 그런데 베트남이 자빠지니 반공(反共)국가체제를 강화한다는 명분으로 사형시킨 거예요. (그 직전에) 나도 다시 구속되고. (베트남 패망사실을) 미리 알고 있었던 거죠. 몇 달 전부터 중국을 통해 협상이 진행되고 있었으니. 그러니 얼마나 불쌍해. 정말 억울하지. 법관들은 (사건기록을) 보면 (조작여부를) 알 텐데. 사법살인을 한 거지. 인혁당 사람들이 희생된 거요, 완전히."

민청학련·인혁당 사건 당시 재판 분위기는 어땠을까. 김 시인에 따르면 "한마디로 코미디"였다. 김병곤은 사형이 구형되자 이렇게 최후진술을 했다. "20대에 반국가단체 수괴로 취임시켜 주셔서 영광입니다."
　김지하 시인의 뒷줄에 앉아 있던 서경석 목사는 김병곤에게 사형이 구형되자 "웃기네" 하고 내뱉었다. 서 목사는 당시 해군장교로 사건에 연루돼 재판을 받고 있었다.

"그러니 법이 뭐가 됩니까. 법치가 안 되는 거죠. 민주주의체제에서 법의 위엄이 사라지면 뭘로 통치합니까. 박정희라는 사람이 우리나라의 민주적 법질서를 땅에 떨어뜨린 거야. 그게 가장 큰 과오였어요. 헌정질서를 유린해 법을 웃음거리로 만든 거지."

김 시인도 사형이 구형되는 순간 이렇게 쏘아붙였다고 한다.

"참새도 죽을 때 쩍 하는데, 사람이라고 쩍 소리 못할까보냐. 법을
이렇게 끌고 가면 앞으로 어느 미친놈이 법을 지키겠느냐. 법이 없
어지면 뭘로 민주주의를 보장할 거냐. 군인들이 다 할 거냐."

김 시인을 비롯한 민청학련 관련자들은 다들 항소를 포기하기로 뜻
을 모았다. 죽이려면 죽여라 하는 배짱이었다. 그러자 군법회의는 선
고 일주일 만에 사형을 무기징역으로 낮추는 등 감형조치를 했다.

"사형선고 받은 놈이 항소 포기하는 것 봤어요? 얼마나 웃기는 판결
이라 생각했으면 항소를 포기했겠어요."

1975년 2월 형집행정지로 풀려난 지 한 달 만에 반공법 위반으로 재
구속된 김 시인은 서대문구치소에 수감됐다. 그곳엔 인혁당 사건으로
사형을 선고받은 8명이 갇혀 있었다. 그들이 사형당하는 날 구치소 당
국은 수감자들을 자리에서 일어나지 못하게 했다. 사형장으로 가는 모
습을 못 보게 하기 위해서였다.
인혁당 재심 무죄판결이 나온 후 뉴라이트전국연합 공동대표 제성호
교수는 "조작된 사건이 아니라 법규정을 잘못 적용한 사건으로 봐야 한
다"고 발언해 물의를 빚었다. 이에 대해 김 시인은 "궤변"이라고 잘라
말했다.

"그 말이 그 말이지. 법 적용을 잘못했다면 오심했다는 얘기지. 당시
재판에 관련된 사람이 수백 명이고 정보부 애들한테 따귀 맞은 사람
만 해도 1천여 명인데, 그렇게 말하면 안 되지. 뉴라이트건 뉴레프
트건."

한나라당 박근혜 전 대표도 "지난번에도 법에 따라 한 것이고 이번에도 법에 의해 이뤄진 것인데, 그러면 두 법 중 하나가 잘못된 것 아닌가"라고 말해 논란을 일으켰다. 김 시인은 박 전 대표의 발언에 대해서도 호되게 비판했다.

"그 사람은 내가 보기에 대권 근처에 갈 사람이 아니야. 그렇게 말한다는 것은 법을 잘 모른다는 거지. 나도 법은 잘 몰라요. 하지만 이건 기본 아닌가. 민주주의의 기본이 뭡니까. 법 아닙니까. 내가 미국에 가보니 모든 게 법에 의해 결정돼 따를 수밖에 없더라고. 우리도 법의 엄정성에 대해 심각하게 생각할 필요가 있어요. 그렇게들 함부로 말하면 어떻게 해요?"

그는 긴급조치 위반자에 대해 실형을 선고했던 판사들의 명단공개에 대해 "당연한 일"이라고 찬성했다.

"긴급조치 위반이라는 게 이런 거예요. 생활에 쪼들린 사람이 술 한 잔 하고 '에이 씨팔 못 살겠다'고 말했다고 감옥으로 보냈어요. 이런 판결을 해놓고 지금 와서 변명하는 사람은 제 정신이 아니야. 봐주고 자시고 할 게 없어. 명백한 오심이었으니 비판받는 게 당연하지. 그들에게 법이 뭔지 물어야 해. 그 사람들, 법철학을 다시 공부하든지 법대(法大)로 되돌아가든지 해야 해요. 법관을 존중하는 이유가 뭡니까. 오차 없는 정확성 때문 아닙니까. 그런데 명백한 오류를 범하고는 그 자리에 계속 비비적거리며 앉아 있으려 해요? 법관은 다시 뽑으면 돼요."

참여정부의 과거사 규명작업은 국론을 분열시켰다. 여와 야가 대립하고 보수와 진보가 부딪쳤다. 과거에 발목 잡히지 말고 미래지향적인 통합의 길로 나아가야 한다는 반대여론이 만만찮았다. 그러다보니 지지부진 속도가 나지 않았다. 이에 대해 그는 두 가지 문제점을 거론했다. 첫째는 시기 선택이 잘못됐다는 것.

"'IMF 사태'의 후유증이 굉장히 심각한 상태에서 이 정권이 출범했어요. 그러면 경제문제부터 다뤘어야지. 국보법이나 과거사법같이 민감한 문제는 조금 뒤로 미뤄놓고 경제 쪽에서 훈풍이 불어왔을 때 밀고 나갔어야 해요. 그런데 초장부터 숙청 분위기를 조장했어요. 그건 굉장한 실수예요. 서툴러도 그렇게 서투를 수가 없어. 화염병 던지던 시대와는 다르잖아. 정치하겠다고 나섰으면 어른이 돼야지."

두 번째는 실행방식의 문제다.

"과거사 정리처럼 윤리·도덕이 결부된 일에는 공론, 정론을 세우는 일이 앞서야 해요. 지금 우리 사회엔 그게 없어요. 누구나 인정할 수 있을 때 쳐야지. 예컨대 친일 규명의 경우 일본이 왜 우리에게 원수인지를 명확히 밝히는 작업이 선행됐어야 해요. 일제 때 잘살았던 사람들이 뉴라이트 이론으로 설치는 판에 무조건 숙청 분위기 조성한다고 되겠어요? '5·16은 혁명이고 4·19는 학생운동'이라는 소리가 나오는 분위기에서 과거사가 제대로 정리되겠느냐고요. 하나에서 열까지 서툴기 짝이 없는 아마추어들의 행진이라고."

그는 수감생활 중 정신착란을 겪었다. 기나긴 독방생활의 후유증이었다. 육영수 여사 저격범 문세광이 거쳐 간 방으로, 모니터가 설치돼 있어 24시간 감시당했다. 1979년 여름 그는 참선을 시작했다. 꼭 100일째 되는 날 박정희 대통령이 사망했다. 그 소식을 들은 직후 그의 마음속에서 세 마디의 말이 줄지어 풍선처럼 떠올랐다. 첫째 풍선은 '인생무상', 둘째 풍선은 '안녕히 가십시오', 셋째 풍선은 '나도 뒤따라갑니다'였다.

"내가 아는 기독교인이 그 소리를 듣고 '니가 원수를 용서했다'고 하더라고요. 하지만 나는 용서한 적이 없거든. 그럼 뭘까. 허무를 느낀 거예요. 당신이나 나나 별수 없이 가야 한다, 때가 되면. 장례식 때 김수환 추기경이 추도사를 하는데 첫마디가 '인생무상'이었어요. 참 신기한 일이라고 생각했죠."

박정희 정권과의 모진 악연이 끝나는 순간이었다. 그는 박 정권 치하에서 모두 세 차례 옥살이를 했다. 서울대 문리대생이던 1964년 한일회담 반대투쟁에 앞장서다 체포돼 4개월간 수감된 게 그 첫 번째였다. 두 번째는 1970년 〈사상계〉에 권력상층부를 비판한 시 〈오적〉(五賊)을 실었다가 반공법 위반으로 100일간 투옥된 것. 그리고 세 번째가 바로 민청학련 사건이었다.

한일회담 반대시위 주모자로 몰려 도피 중일 때는 그의 부모가 대신 잡혀갔다. 그에 따르면 박 정권과 싸운 것은 민주주의에 대한 신념 때문이었지만 개인적인 원한도 작용했다. 그의 아버지는 전기고문 끝에 '반병신'이 됐다고 한다. 전기기술사였는데, 고문 후유증으로 일을 못하게 됐다. 그는 이를 악물었다. '내 눈에 흙이 들어가기 전에 반드시 박정희를 쓰러뜨리고 말겠다’고 다짐했다. 그의 표현대로라면 ‘박정희는 원수’였다.

한 개인이 거대한 국가권력에 맞서는 것은 웬만한 용기로 될 일이 아니다. 그라고 두렵지 않았으랴.

“물론 두려웠지요. 나는 참 마음이 약한 사람이에요. 시 쓰는 놈치고 독한 놈 봤어요? 마음이 약하니 시를 쓰는 거예요.”

그럼에도 그는 싸웠다. 그것도 지독하게 싸웠다. 그 모진 저항의 힘은 어디서 비롯된 걸까.

“끝없이 생각하는 거지. 내가 이걸 해야 한다고, 맞아 죽더라도 해야 한다고. 만날 그렇게 마음을 다잡으면서 억지로 한발 한발 내딛는 거지. 그게 길어지다 보니 투사가 된 거고. 그런데 나는 투사자격이 없는 사람이야. 마음이 약해서. 그래서 감옥에서 나온 후 여성성 애기를 하고 부드러운 시를 쓴 거야. 그때 나보고 변절자, 배신자라고 욕했는데, 나는 원래의 그 부드러움으로 되돌아갔을 뿐이라고.”

죽은 지 30년 가까이 지났지만 박정희 전 대통령은 ‘산 중달을 쫓는 죽은 공명’처럼 여전히 한국 정치에 영향을 끼치고 있다. 박 전 대통령을 어떻게 평가하느냐는 보수와 진보를 구분하는 잣대 중 하나다. 김 시인은 박 전 대통령에 대한 평가를 중도(中道)의 관점에서 풀었다.

“동학의 기본 논리가 불연기연(不然其然)이에요. 아니다, 그렇다. 그렇다, 아니다. 디지털 논리와 똑같지요. 예스, 노, 노, 예스. 온, 오프. 오프. 온. 컴퓨터가 뇌 운동의 모방이잖아요. 뇌 운동은 또 참선과 같아요. 시커먼 극단에서 하얀 극단으로, 지독한 혐오감에서 지독한 그리움으로 왔다갔다 합니다. 동양에서 말하는 기(氣)의 흐름도 음과 양, 양과 음의 반복이에요. 상생과 상극, 상극과 상생. 내가 중도를 얘기하는 것도 이런 맥락입니다. 역사도 중도적 관점에서 봐야 해요. 우리 현대사를 평가할 때 가장 중요한 두 가지 기준이 산업화와 민주화 아닙니까. 산업화 과정에 잘한 게 있고 못한 게 있어요. 민주화운동도 마찬가지예요. 잘한 것만 있습니까. 문제도 많지요?

우리가 대학 다닐 때 5분의 1이 결핵환자였어요. 밥 세 끼 다 챙겨 먹는 게 힘든 시절이었지요. 그토록 가난했어요. 그런 상태에서 경제 개발 방식을 두고 학생들과 박 정권의 생각이 달랐어요. 그 차이가 한일회담반대 시위로 나타난 거예요. 일본 앞잡이 노릇한다고 시위 했던 게 아니에요. 치열한 경제논쟁이 있었어요. 우리 논리는 협업적 농업을 중심으로 하고, 자생적 경공업을 규합하고, 선택적으로 중공업을 배양한다는 것이었고 박 정권은 그 반대였어요.

하여튼 뭘 한답시고 해서 밥은 먹게 했어. 분명 긍정적인 면이 있는 거죠. 그렇지만 잘못한 게 또 많아. 농업만 하더라도 토지를 전부 산성화해 화학영농이 성행하게 했어요. 그때부터 토지오염, 수질오염, 대기오염이 시작됐어요. 강물과 바닷물이 오염됐어요. 환경문제가 거기서 비롯된 것 아닙니까. 이처럼 박정희를 평가할 때 '예스'와 '노' 양면에서 잘한 건 인정하고 잘못한 건 비판해야죠."

지난 몇 년간 박 전 대통령은 역대 최고 대통령을 묻는 여론조사에서 늘 수위를 달렸다. 경제적 업적에 대한 대중의 향수임에 분명하다. 하지만 학계에서는 박정희식 개발독재의 폐해를 지적하는 목소리가 높다. IMF 구제금융 사태를 빚은 환란(換亂)의 뿌리라는 것이다. 김 시인도 비슷한 평가를 했다.

"(박정희를 평가할 때) '예스'에 해당되는 부분이 바로 경제적 업적이에요. 그렇지만 경제적인 면에도 '노'가 있어요. 'IMF 사태'가 왜 일어났습니까. 관(官)과 재벌이 유착해 관치금융을 만들었어요. 그 바람에 경제체질이 허약해졌습니다. 지금 경제가 좋지 않은 데는 노무현 정부의 잘못도 있지만, 성장잠재력의 문제점을 파고들면 박정희 시대의 경제체질론이 기어 나와요. 이런 얘기가 이번 대선에서 제대로 나와야 할 겁니다."

화제가 이명박 전 서울시장의 한반도 대운하 개발 프로젝트로 이어졌다. 박정희식 개발논리의 전형으로 얘기되기 때문이다. 학계에서 찬반 의견이 엇갈리는 가운데 환경론자들은 강하게 반대하고 있고 해당 지역 주민들은 지지를 나타낸다. 김 시인의 생명운동은 환경운동과 맞닿아 있다.

"이명박 씨는 나와 6·3(1964년 6월 3일에 일어난 한일회담 반대시위) 동기입니다. 고려대 데모꾼이었지요. 장점이 많은 사람이에요. 실물경제를 잘 알고 추진력 있고 또 일을 열심히 하는 편이지요. 자기 말마따나 잘난 사람이에요. 그런데 이 운하 문제에 대한 비판엔 상당히 설득력이 있어요. 우리는 대륙국가가 아니거든요. 유럽 같은 대륙국가에서 성공한 운하개발을 —그것도 200년 전에— 우리 같은 반도국가에 그대로 적용할 수는 없어요.

우리나라의 강은 모두 유속이 빠르고 수심이 얕아요. 그리고 한

강, 낙동강, 영산강이 모두 수평으로 흐르지 않고 굴곡이 심해요. 산지도 그렇고요. 그런데 이걸 찔러 관통하겠다는 것 아닙니까. 높낮이 차이가 심한 만큼 상당한 보완조치가 필요하죠. 그래서 댐이니 보(洑)니 늪이니 터널이니 오만 가지가 들어가야 합니다. 이 좁은 나라에서 그렇게 복잡한 형태로 생태계를 부수어놓으면 뒷날 발생할 자연재앙을 어떻게 감당할 것이냐는 거죠. 예를 들어 소양호가 있는 춘천 주변에는 호흡기 환자가 굉장히 많아요.

대구가 항구가 된다? 부산에서 컨테이너가 서울까지 간다? 멋있어 보이죠. 그런데 부산의 컨테이너 업자들한테 한번 물어보세요. 대형 수송선으로 부산-인천을 직항하는 사람들 얘기를 들어보면 운하 파 갖고 득볼 게 하나도 없다는 겁니다. 지금 거대 수송선과 쾌속정이 많아요. 부산에서 인천, 중국의 다롄, 칭다오, 상하이까지 굉장히 빨리 갑니다. 운하, 그거 옛날 얘기예요.

물은 절대 함부로 할 게 아니에요. 청계천도 시민분과위원회의 활동 덕분에 그나마 친환경적으로 개발됐지만, 지금 조금씩 썩어가고 있어요. 물이 얼마나 복잡한 건데. 정해진 방향으로만 흐르는 게 아니라 역류가 있고 폭발이 있고 선회가 있어요. 그러니 정화되면서도 썩는 거예요. 여권이 워낙 개판이라 반사이익을 누리는데다 추진력이 뛰어나다고 자꾸 칭찬해주니까 운하를 밀어붙이고 있는데, 치명적인 거예요. 곧 직격탄 맞을 겁니다. 주변사람 통해 "제발 좀 침착하게 재검토하라"고 얘기해줬어요. 그런데 안 들어요."

세간의 평에 따르면, 그는 1980년대 들어 저항시인에서 서정시인으로, 투사에서 생명운동가로 변신했다. 하지만 이런 이분법적인 규정은 실제와 맞지 않는 경우가 많다. 예컨대 1980년대 중반에 나온 그의 시집 〈애린〉만 해도 이전의 시집들에 비해 서정성이 두드러져 보이지만 그렇다고 저항성이 사라진 건 아니다. 어쨌거나 운동권에서는 "변절했다"는 비난이 흘러나왔다. 그가 정치투쟁의 현장에서 빠져나온 건 기존 노선에 대한 반성과 수정일까. 아니면 삶의 철학이 근본적으로 바뀐 것일까.

"두 가지를 봅시다. 하나는 문학이에요. 이미 20대 초반에 썼던 시에 생명사상이 깔려 있어요. 최근 조선대의 한 학생이 "김지하의 초기 시에 나타난 생명사상"이라는 석사논문을 제출했어요. 매사에 표면과 이면이 있습니다. 대부분의 문학평론가는 내 시의 표면만 본 거야. 투쟁의 이면에 생명과 죽음 사이의 대결이 놓여 있는데 그걸 놓친 거예요.

　다른 하나는 사상적인 면이에요. 내가 감옥에서 정신이 왔다 갔다 했어요. 어느 날 꿈에 하얀 민들레 씨가 창살 사이로 막 날아드는 거야. 벽이 다가서고 천장이 내려오고. 반 미친 거지. 허공에서 생명, 생명, 생명… 이라고 메아리가 울려요. 그때 이런 깨달음을 얻었어요. 저 민들레 씨도 감방 밖에서 안으로 들어오는데, 고등생명체인 내가 잘만 깨닫는다면 여기서 바깥에 있는 우리 애들이랑 마누라랑 같이 앉아 있을 수도 있는 것 아니냐. 생명을 깨달아야 내가 산다. 그래야 저들에게 항복하지 않고도 견딜 수 있다. 그래서 참선을 시작한 거예요."

그는 참선 이후 본격적으로 공부를 시작했다. 생태학, 환경학, 불교에 이어 테이야르 드 샤르뎅의 고생물학 책을 읽었다. 그 책을 보다 그 원리가 동학에 있다는 걸 알게 돼 '사상의 본거지'를 동학으로 옮겼다. 그의 증조부와 조부는 모두 동학운동을 하다 죽었다. 동학을 공부하는 것은 곧 집안의 신앙을 회복하는 것이었다. 그게 생명운동의 시작이었다.

그는 운동권에서 그를 '변절자'라고 비난한 데 대해 "잘들 몰라서 하는 얘기"라고 했다.

"내가, 그들이 생각하는 혁명적인 사상가, 좌익 혁명가라면, 한 번도 어떤 조직에 들어가지 않은 이유가 설명되지 않아요. 4·19 직후 친구들이 전부 민통련(민족통일학생연맹)에 들어갔어도 난 안 들어갔어요. 나는 문화 쪽에서, 민족문화운동으로 동참하겠다면서. 한일회담 반대투쟁 때는 민비련(민족주의비교연구회)이라고 있었는데, 거기도 안 들어갔어요. 그 후로도 조직에 들어간 적이 없어요. 그러기에 나는 무슨 이스트(-ist, ~주의자)가 아니에요. 공부했을 뿐이지. 중도사상도 이미 23세 때 접한 거예요. 강원도 원주에서 가톨릭 농민운동을 하면서 여운형의 제자이자 조봉암의 친구였던 장일순 선생에게 배웠지요."

중도는 그의 사상의 핵심이다. 1월 10일 보수와 진보진영의 시민사회단체 인사 100여 명이 한자리에 모여 화제가 됐는데, 자리를 마련한 단체가 바로 그가 관여하는 '화해상생마당'(운영위원장 이부영 전 의원)이라는 중도모임이다. 이날 행사에서 그는 중도를 지향하는 내용을 담은 시 〈허공은 신〉을 낭독했다.

'그렇다. 아니다.
아니다, 그렇다.'
두 끝도 아니요

가운데도 아닌 모든 것
함께 손잡고
한 차원을 뛰어넘자
허공은 도약
(중략)
허공은 삶
허공은 앎
허공은 그리고
신
다아 그렇다

(〈허공은 신〉 중에서)

시에 불교적 냄새가 짙다고 지적하자 예상했다는 듯 그가 설명을 시작했다.

"(시 중간 부분에서) 진보와 보수, 영남과 호남, 노인과 청년, 남과 북 관계의 중도를 말했는데, 사실 이 시의 사상적 기반은 신에 대한 신앙과 공(空)에 대한 순행이에요. 종교의 중도를 말한 겁니다. 허공은 불교적 개념이지요. 내가 중도를 말하면 목사님들은 불교 아니냐고 해요. 그런데 내가 보기엔 기독교도 중도예요. 원수를 사랑하라는 게 바로 중도예요. 반대되는 것끼리 상호 보완하는 것이니. 신은 기독교의 상징이잖아요. 그래서 시 마지막이 '허공은 신'이라고 끝난 겁니다.

내 생각엔 기독교의 가장 중요한 말씀은 "마음이 가난한 자에게 복이 있다"는 거예요. 비어 있어야 복이 온다는 얘기지. 비어 있으면 오른쪽도 보이고 왼쪽도 보여요. 여당도 보이고 야당도 보여요. 다 보고 가자는 얘기지요. 지금 우리한테 필요한 게 바로 이겁니다. 불교는 동양종교이고 기독교는 서양종교예요. 하지만 그 사상적 근본을 따져보면 같은 종교라는 거죠."

그의 중도론이 현실정치로 옮겨갔다.

"중도는 디지털 논리와 같아요. 예스, 노. 노, 예스. '온'하면 '오프'하고 '오프' 하면 '온'하는 거예요. 엘리베이터가 천장을 치면 바닥으로 내려가고 바닥을 치면 천장으로 올라가는 원리지요. 이처럼 양쪽을 다 보고 중간도 보고 전체를 들어 올리자는 거예요. 공자가 '시중'(時中)이라는 말을 했지요. 중용의 조건은 시중입니다. 중용은 균형이고 시중은 중심이 이쪽으로 갔다 저쪽으로 갔다 하면서 기우뚱하는 거예요. 이것을 기우뚱한 균형 또는 역동적 중도라고 합니다. 움직이는 중도라고도 하고. 그런데 중도라고 일의 선후가 없는 건 아니에요. 예컨대 시장과 분배, 성장과 복지가 맞설 경우 양쪽 다 끌어안되 상황에 따라 더 중요한 쪽을 배려해야 한다는 거죠. 성장과 분배가 결합된 것이 일자리예요. 그런 것을 손학규 같은 사람이 얘기하니 내가 좀 점수를 쳐주는 거지. 비즈니스 공부를 열심히 했거든요. 그 비즈니스가 옳은 건지 그릇된 건지 따지고 들면 복잡해지지만."

그의 중도론은 노사문제와 남북관계에도 적용된다.

"경총과 민노총, 조직 노동자와 비조직 노동자, 정규직과 비정규직 사이에 갈등이 큽니다. 이런 문제를 화해와 상생의 방향으로 부드럽게 해결할 방안이 없는지 따지는 게 중도입니다. 남과 북 사이에도 중도의 원리가 적용돼야 해요. 당근과 채찍이 다 필요해요. 인도주의적 지원을 하더라도 핵 문제에 대해서는 가차 없이 때렸어야 해. 왜 그것을 병행하지 못해요? 조여가야 해요. 칠 때는 쳐야지. 그게 다 중도입니다. 가운뎃길로 가면서 적당히 타협하는 게 중도가 아니에요. 이변비중(離邊非中). 양 극단을 떠나되 가운데도 아니라는 거죠."

그가 참여하는 중도모임은 그의 제안에 따라 오는 5월 음악회를 열예정이다.

"젊은이들에게는 문화가 키워드예요. 그들은 중도를 몰라요. 대신 퓨전이 있어요. 크로스오버도 있고. (중도모임에서는) 우리 민족의 전통음악과 미국의 랩이나 팝, 록을 뒤섞는 큰 음악제를 열자는 얘기도 나오고 있어요. 아날로그와 디지털이 결합하는. 지금 10대, 20대, 30대가 전체 인구의 75%를 차지해요. 이들의 정치결정력과 문화결정력이 굉장히 큽니다. '중도' 하자면서 이 세대를 외면하면 안돼요. '꼰대'들의 잔치가 되면 안 된다는 거죠."

그의 분석에 따르면 우리의 현대사는 중도세력 실패의 역사다. 임시정부 말기 좌우합작 노선이 주류를 이뤘지만 광복 이후 뜻을 펼치지 못했다. 김구와 여운형의 좌우합작 노선 실패는 그들의 죽음으로 이어졌다. 장덕수, 송진우 등 자유주의자들도 합작노선에 다가설 무렵 암살당했다. 북한에서는 현준혁과 조만식이 남북합작 통일정부를 구상하다가 죽임을 당했고 함흥의 유명한 노동운동가 오기섭도 남북합작을 지지한다는 이유로 숙청됐다. 이승만 정권 때는 혁신계 조봉암이 국가보안법 위반 혐의로 사형당했다. 4·19 직후 출현한 민족노선들도 다 깨졌다. 이처럼 중도적인 개혁을 추구했던 사람들은 모두 짓뭉개졌다. 그래서 남과 북 양쪽 다 극단주의자가 판을 쳤다.

그는 진보를 표방한 노무현 정부의 '실패'를 '우리나라가 잘 되려는 징조'로 해석했다. 위기는 기회라고, 위험은 늘 비약하려 할 때 날카로워진다며.

"우리 역사에서 중도세력이 다시 살아나야 해요. 지금 한반도를 둘러싼 국제정세가 구한말과 비슷한데, 중도적 외교로 우리 국익을 챙길 수 있는 탁월한 전략이 나와야 합니다. 남북관계도 그렇고. 중도적 위치에 설 때 비로소 우리의 살 길이 열리고 역사적으로 짓밟혔던 평화세력이 되살아날 수 있어요. 앞으로 지금보다 더 어려워지지는 않을 거예요. 원래 동 트기 전이 밤보다 더 새카맣잖아요."

그의 중도적 관점으로는 노무현 정부가 잘못한 게 너무 많다. 그중에서도 가장 못한 것은 경제정책이다. 집권세력의 자질이 주요 원인이다.

"화염병 던지며 민주화운동한 건 '예스'지. 그러나 공부 안 한 건 '노'예요. 집권하면 경제부터 시작해야 하는데 경제학 개념도 모르는 사람들이 자리에 앉았어요. 열린우리당도 '개판'이야. 경제가 뭔지도, 숫자가 뭔지도 몰라. 마르크스주의를 공부했다면 최소한 경제학에는 밝아야 하는 것 아니에요. 마르크스주의가 뭐예요. 사회경제사학 아니에요. 그런데 깡통이에요. 그런 실력으로 어떻게 정권을 잡았는지. 투쟁하느라 시간이 없어 공부 못했다면 집권한 후 밤새워서라도 공부했어야지. 또 색채가 좀 다르더라도 전문가를 모셨어야지. 이런 애기 (언론에) 처음 하는 건데, 하는 짓이 하도 꼴같잖아 그래요."

열린우리당의 신당 창당 움직임도 비판했다.

"분당 전에 신당을 만들어야 하는 것 아니요? 그런데 천정배파, 김한길파, 김근태파, 정동영파 다 찢어놓고 무슨 신당을 해. 그렇게 상식 밖의 짓을 하니 내 입에서 이런 말이 나오는 거예요. 다들 후배니, 솔직히 나는 좋은 쪽으로 말해주고 싶어요. 같이 감옥에서 공부한 놈들, 웬만하면 욕하겠냐고. 워낙 엉망이니 그렇지."

그는 또 "문화적 안목도 없어 한류(韓流) 발전을 가로막는다"고 비판의 목소리를 높였다. 국회에서 문화관광부 예산이 400억 원이나 삭감됐다면서.

"요즘 세대, 특히 신세대의 키워드는 정치·경제가 아니에요, 문화지. 우리 시대엔 막걸리 한 되, 밥 한 그릇이 중요했지만, 요즘 애들은 CD와 비디오, 영화야. 한류 문화산업 수출총액이 재작년에 63조 원에 이르렀어요. 이 중요한 시기에 관련 예산을 작년보다 깎다니. 도대체 마인드가 없는 거지."

문화는 그의 사상적 기반이자 지향점이다. 젊은 시절부터 그가 꿈꿔온 혁명은 정치혁명이 아니라 문화혁명이었다.

"처음부터 나는 문화 쪽에서 투쟁에 이바지하겠다고 생각했어요. 독일의 프리드리히 실러는 정치와 경제, 자연과 도덕 중심의 프랑스혁명은 실패한 혁명이라고 심하게 비판했습니다. 프랑스혁명을 모델로 삼은 것이 바로 러시아 10월 혁명이에요. 이것 역시 정치·경제 중심으로 했기에 망했죠. 인간에게 가장 중요한 것이 뭘까. 실러는 문화, 종교, 유희, 예술… 이런 쪽에서 교양을 쌓은 사람들 중심으로 혁명이 일어나야 한다고 주장했어요. 물론 마오쩌둥의 문화혁명 같은 건 혁명이 아니라 깡패들 난장판이지만. 조금 나은 게 유럽의 68혁명이에요. 거기서 후기 포스트모더니즘이 나왔지요.

그러나 내가 보기엔 그것도 완전하지 않아요. 동아시아에서 나와야 됩니다. 태평양을 사이에 두고 아메리카에서 결집한 서양세력의 하드웨어와 아시아를 압축한 이 한반도의 콘텐츠가 결합해야 돼. 이것이 바로 문화혁명이에요. 문화를 통해 세계를 바꾸는 거죠. 그렇지 않으면 지구 온난화 문제, 어떻게 해결할래요? (이대로 가면) 100년 안에 지구는 끝장인데, 70억 인구가 많은 동식물과 함께 행성으로 이동할 수 있는 우주항공기술이 개발될 가능성이 있느냐, 그건 꿈이에요. 미국으로 압축돼 있는 유럽의 사상이 고유의 정신을 잃지 않고 한국의 문화와 합작하는 것. 그런 점에서 이것도 중도입니다. 그것을 이룰 중심세력이 바로 붉은 악마 세대이고 한류 세대이고 디지털 세대라는 거죠."

그는 대선후보들에 대한 쓴소리를 부탁하자 "공부 많이 해야 한다"고 주문했다.

"공부, 지독하게 해야 해요. 지금 우리나라 형편 보세요. (대통령이 되려면) 생각 많이 하고 고민 많이 하고 의논과 토론을 많이 해야 해요. 저 잘났다고만 떠들지 말고. 이 김지하가 이렇게까지 말하는 것은—사실 나 이런 말 잘 안하거든요. 해도 간단히 몇 마디 하고 말지—그만큼 어려워졌다는 얘기야, 이 세상 끌고 가기가. 껍데기만 봐서는 참 힘들어요.”

그는 현재 두 군데 대학에서 석좌교수로 강의하고 있다. 영남대에서 ‘생명학 탐구’, 한국예술종합학교에서 ‘한류미학개론’을 가르치고 있다. 올봄 신학기에 강의가 하나 더 생긴다. 홍익대에서 가르치게 될 ‘생명학’이다. 그의 젊은 시절은 시위와 도피, 구속, 재판, 옥살이의 연속이었다. ‘타는 목마름으로’ 밤새껏 ‘민주주의 만세’를 외치던 뜨겁고 어두컴컴했던 날들. 인생의 후반부에 접어든 지금 그 젊은 날의 여정은 그에게 어떻게 비칠까.

“과거에 대해 물어보면 ‘바보였다’는 말밖에 안 나와요. 그렇게 안 해도 이해할 수 있었고, 글 쓰는 사람으로서 적정선을 지키며 대작도 쓸 수 있었을 텐데, 마구 대갈박치기를 해대 집사람을 무지하게 고생시켰죠. 내가 정신병원에 들락거리는 바람에 집도 자주 옮겨 다녔어요. 해남에서 광주로, 서울로. 애들이 공부할 틈이 없었지요. 그래서 둘 다 대학에 못 갔어. 그러나 워낙 잘난 놈들이라 하나는 영국 유학가 있고 하나는 지금 연세대 강사로 있어요. 걔들 볼 때마다 내가 얼마나 미안한데. 안 미안할까? 아, 내가 민주화운동 했으니 잘났다? 천만에. 나는 그렇게 단순한 사람이 아니에요. 민주화운동을 잘못했다는 게 아니라, 그렇게 대갈박치기하고 7년간 독방에 사는 그 지랄 안 했어도 폼 잡는 놈들 세상에 쌔고 쌨는데, 뭐 할라고 그랬는지…. 바보가 아니냐.”

이건 뭔가. 겸손인가, 위악인가. 설마 세상을 잘못 살았다는 뜻은
아니겠지.

"내가 바보라는 말을 왜 하겠어요? 뭐 그렇게 잘난 것도 없다, 이 말
이지."

공자는 '학이시습지 불역열호'(學而時習之 不亦說乎)라 했다. 요즘 김
시인의 낙은 무엇일까.

"내가 술도 끊었잖아요. 15년이 지났지요. 담배도 끊은 지 10년 됐
고. 그러니 뭐 낙이 없는 거라. 그저 글 쓰고 책 읽는 것밖에 없어
요. 그리고 생명평화운동 하고. 앞으로 포럼이 많을 겁니다. 워싱턴
에서도 열릴 예정이고, 대구와 경기도에서도 하게 될 것 같아요."

여기서 인터뷰를 끝냈다. 머리가 무거웠다. 3시간 가까이 꼬박 앉아
많은 얘기를 들은 탓이겠지만, 그가 한 얘기를 온전히 소화하지 못한
탓도 있으리라. 거실 서가에 빼곡히 들어선 책들의 예리한 시선을 느
끼면서 그의 집을 나섰다. 거리는 거대한 어둠으로 뒤덮여 있었고, 아
스팔트에서 안개비의 체취가 올라왔다.

후기

박근혜 대통령은 한나라당 대선후보 경선에 나섰던 2007년 초 인혁당 관련 발언으로 논란을 일으켰다. 그해 1월 23일 인혁당 재심 판결이 나오자 "지난번에도 법에 따라 한 것이고 이번에도 법에 의해 이뤄진 것인데, 그러면 두 법 중 하나가 잘못된 것 아닌가"라고 말했던 것. 김지하 시인 인터뷰는 그 직후 이뤄졌다. 인터뷰에서 김 시인은 그녀의 인혁당 관련 발언에 대해 "민주주의 기본을 모르는 사람"이라고 강하게 비난했다.

그로부터 5년이 흘러 그녀는 새누리당 대선 후보로 선출됐다. 하지만 역사관은 바뀌지 않았다. 그녀는 2012년 9월 인혁당 사건에 대해 "대법원 판결이 두 가지로 나오지 않았느냐"고 말했다. 자신의 소신을 사법부 판결보다 중시하는 것으로 비치는 발언이었다. 2007년 인혁당 관련자들에게 무죄를 선고한 재심 판결을 대법원 판결로 오인했거나 재심의 사법적 의미를 이해하지 못한 데 따른 실언으로 볼 여지도 있었다. "사법부를 무시한 초헌법적 발상"이라는 비난이 쏟아지고 여론조사에서 지지율이 하락하자 위기의식을 느낀 박 후보는 "사법부 판결은 존중한다"고 한 발 물러섰다. 하지만 "역사의 판단에 맡겨야 한다"는 소신은 굽히지 않았다.

한 달 지나 흥미로운 일이 벌어졌다. 김 시인이 모 종합편성채널과의 인터뷰에서 안철수 후보를 비판하며 여성 대통령론을 펼친 것.

사실 김 시인의 사상의 궤적을 아는 사람들에겐 특별히 놀랄 일은 아니었다. 2011년 나는 〈신동아〉 창간 80주년을 맞아 '한국지성에게 미래를 묻다'라는 제목의 지식인 릴레이 강연회를 기획해 진행했다. 그때 첫 강사로 내가 섭외해 모신 사람이 바로 김 시인이었는데, 강연 주제가 '모심에 대하여'였다. 모심은

'모신다'(侍), 또는 '어머니 마음'(母心)이라는 뜻이었다. 김 시인은 강연에서 '여성성에 의한 구원'을 강조했다.

대선 막판에 김 시인은 공개적으로 박근혜 후보를 지지했다. 새누리당은 크게 환영했다. 한때 박정희의 최대 정적으로 불릴 만큼 유신시대에 고통의 삶을 살았던 그가 박정희의 딸을 지지하다니 …. 참으로 돌고 도는 역사다.

1956년생·성균관대 경영학과·미국 조지아주립대 신문방송학 석사·미국
위스콘신주립대 신문방송학 박사·MBC PD·전북대 신문방송학과 교수·
주요 저서: 《김대중 죽이기》, 《노무현과 국민사기극》, 《이문열과 김용옥》,
《이건희 시대》, 《강남좌파》, 《한국현대사 산책》

아웃사이더 강준만 교수의 분노
죽는 날까지 지식인의 위선 벗기겠다

거침없는 글쓰기로 성역과 금기에 도전해온 전북대 신문방송학과 강준만(康俊晩) 교수는 전투적 자유주의자로 불린다. '강준만 현상'이란 그의 독특한 글쓰기 방식과 그 글에 담긴 도발적인 메시지(지역주의 비판, 서울대 망국론, 〈조선일보〉 제몫 찾아주기 등)를 둘러싼 충격파를 일컫는다.

우리 사회 주류의 언저리를 맴돌던 이 충격파는 시간이 지날수록 자장이 커졌고 마침내 학계, 출판계, 언론계 등 이른바 지식인 사회의 몸통 한가운데를 꿰뚫는 데까지 이르렀다. 그가 고발하는 '지식인의 위선'이 시대의 중요한 화두로 사람들의 머릿속을 점령해버린 것이다.

올 들어 〈당대비평〉, 〈문화과학〉, 〈문예중앙〉, 〈문학과 사회〉, 〈emerge 새천년〉 등 각종 계간지와 월간지들이 앞다퉈 '강준만 현상'을 분석하고 지식인들 사이에 '강준만식 글쓰기'의 미덕과 해악을 두고 불꽃 튀는 논쟁이 이는 것은 그가 10년 동안 벌여온 작업의 사회직 의미와 폭발성을 감안하면 뒤늦은 느낌마저 있다.

그가 일찍이 언론을 '카멜레온과 하이에나'로 규정하고 맹렬히 비난하지만 않았더라도 '강준만 현상'은 진작 뒷골목에서 빠져나와 광장으로 나아갔을 것이다. 강 교수는 그 동안 인터뷰 사절 방침을 철저하게 지켜왔다. 숱한 인터뷰 요청을 뿌리치는 대신 꾸준한 글쓰기를 통해 자신의 생각을 내비쳐 왔을 뿐이다. 그런 점에서 이번 인터뷰는 그의 첫 공식 인터뷰인 셈이다. '고립된 성채(城砦)'에서 나와 눈부신 햇살이 쏟아지는 광장 한가운데 선 그는 가슴을 활짝 펴고 사람들을 향해 외치기 시작했다. "당신들은 왜 분노를 잃었습니까!"

"아니, 진짜로 쳐들어오면 어떡합니까."

내가 신분을 밝히자 강준만 교수는 화들짝 놀란 표정이었다. 잠시 망연히 바라보기만 했다. 10월 4일 오후 3시 20분. 전북 전주시 덕진동 전북대 신문방송학과 강준만 교수 연구실. 강 교수는 2시부터 시작한 한 시간짜리 강의(국제커뮤니케이션)를 끝내고 연구실로 돌아와 한 학생과 상담을 막 마쳤다. 애초 인터뷰가 성사되리라는 기대를 품고 찾아간 것은 아니었다. 평소 기자들에게 그 흔한 '전화 멘트'조차 허용하지 않을 정도로 언론 기피증을 보여온 강 교수다. 신문방송학과 사무실에서 전화받는 학생에 따르면 얼마 전에도 모 매체가 인터뷰를 시도했으나 뜻을 이루지 못했다는 것이다.

나는 전주로 내려가기 며칠 전 그에게 팩스를 보냈다. "이번에도 (인터뷰에) 응하지 않으면 쳐들어갈 테니 가부간 답을 달라"는 요청이었다. 그러나 아무런 답장이 없었다. 슬그머니 오기가 일었다. 무작정 찾아갈 결심을 한 데는 그런 이유도 있었다.

그에겐 놀랄 일이 한 가지 더 기다리고 있었다. 내가 조금 전에 끝난 강의를 몰래 들었다고 하자 그의 큰 눈이 더욱 커졌다(그는 강의시간에 국내 시사월간지들의 문제점을 비판했다).

강의 시작 10분 전 수강생으로 꾸미고 강의실 뒤쪽에 자리 잡았던 나는 하마터면 강 교수를 몰라볼 뻔했다. 2시 정각이 되자 티셔츠 차림의 누군가가 들어와 교단에 섰는데, 그가 출석을 부르며 유인물을 나눠주지 않았다면 교수가 아닌 줄 알았을 것이다.

그는 내키지 않지만 어쩔 수 없다는 듯 불청객을 연구실 안으로 들였다. 잠시 어색한 침묵이 흘렀다. 나는 강의 내용을 화제 삼아 그의 말문을 열려 했다. 그는 "강의를 듣고 있는 줄 알았다면 그런 얘기(시사월간지 비판)는 안 했을 것"이라며 겸연쩍게 웃었다. 얼마 후 밖에 나가 자판기 커피를 뽑아온 그는 담배를 물었다. 흐늘거리는 담배연기처럼 그가 흔들리고 있음을 느낄 수 있었다. 20분 가까이 고민하던 그는 "참 미치겠네요"라는 말로 인터뷰에 응했다.

먼저 9월 28일 방영된 MBC 〈100분 토론〉(안티조선운동, 언론자유 침해인가, 소비자 운동인가)에 대해 얘기하다가 몇 년 전 강 교수가 모 방송사의 〈인물초대〉 프로그램에 출연했던 일이 화제에 올랐다.

〈100분 토론〉이 끝난 후 그 프로그램 홈페이지의 '토론의 장'에 들어가 보니 하룻밤 새 1천 건이 넘는 글이 올라와 있던데, "강준만 나와라"는 의견도 많더라고요. 예전에 TV에 한번 나가신 적이 있지요?
그때 받은 항의가 "너 다시는 나가지 말라"였습니다. 그때 항의했던 독자들이 지금 제 발목을 잡는 거죠.

어떤 항의였어요?

촌스럽고 우악스럽고. TV에는 전혀 적합지 않으니까 TV에 얼씬거릴 생각은 하지 말라는 거예요. 역효과가 난다는 거죠.

특별히 사투리를 쓰시는 건 아닌데.

전라도 억양보다는, 제가 봐도 말할 때 차분하지 못하고 얼굴 근육이 움직이면서….

녹화해서 보셨어요?

몇 번 봤죠. 그 전에도 TV에 여러 번 나간 적 있었거든요. 보면 전혀 안 어울려요. 예를 들어 〈100분 토론〉 같은 경우에는 자신이 없어서 안 나가는 거죠. 역효과 난다고 그러고. 활자매체 체질로 갈 수밖에 없는 핑계가 되죠. 그게 얼마나 비극인데요.

〈100분 토론〉을 보면서 저도 새삼 느꼈는데, 글 잘 쓰는 것과 토론 잘 하는 것은 별개 문제인 듯싶습니다.

기대 수준이 높아서 그렇지 제가 보기엔 잘한 것 같던데요. 그리고 토론의 룰을 안 지켰다고 하는데, 룰이라는 건 상대적인 겁니다. 수준 이하의 발언이 나오는데 (룰을 지키는 게) 쉽지 않지요. 그런 모습이 오히려 자연스럽게 보였어요. 오히려 진지해 보이잖아요? 능수능란하게 너스레 떨어가며 말발로 제압해달라는 이야기인데, 그건 엔터테인먼트죠.

사회자가 "왜 안티조선을 하는지에 대해 말해 달라"고 주문했는데, 그걸 차분하게 설명하지 못하던데요.

그런 점도 있고, 또 많은 분들이 TV에서 그 문제를 거론한 것 자체가 대단한 일이라고 말씀하시는데, 저는 양면성이 있다고 봐요. 〈조선일보〉 홍보해주는 효과도 있거든요.

그가 교수가 된 것은 1989년이다. 그로부터 11년 동안 그는 단행본 《인물과 사상》 시리즈를 비롯해 모두 75종(편역·공저 포함)의 책을 펴냈다. 1998년 5월 창간호가 나온 월간 〈인물과 사상〉 시리즈(2000년 10월 현재 통권 30호)를 합하면 지난 11년 동안 연평균 10권의 책을 세상에 내보낸 셈이다. 1998년 이후 월간 〈인물과 사상〉에 실은 글들을 재편집해 단행본으로 묶어낸 경우가 많다는 점을 감안하더라도 그의 저술 활동이 국내 출판계에서 하나의 신화를 만들고 있음은 분명하다.

그의 독서량 또한 일반의 상상을 뛰어넘는다. 그의 글들을 보면 그가 국내에서 출간되는 웬만한 단행본과 각종 정기간행물을 샅샅이 훑고 있음을 알 수 있다.

강준만 교수를 떠올릴 때 사람들이 갖게 되는 궁금증은 어떻게 그렇게 많이 읽고 많이 쓸 수 있느냐는 점입니다. 강의 준비는 언제 하고… 게다가 강연회도 많이 다니지 않습니까?
그러니까 질이 떨어지죠. 요즘엔 강연은 안 해요.

하루에 몇 시간이나 주무시는지?
잠은 원 없이 자요. 다만 자는 시간을 뺀 나머지 시간은 모두 그쪽 활동에 바치지요. 서울에 있으면 사실 이렇게 못 하죠. 만날 사람도 많고 참여해야 될 자리도 많을 테고. 서울에 있으면서 이렇게 미친 척할 수 있겠습니까. 지방에 있으니까 가능한 거죠.

주말에는 좀 쉬시나요?
쉬지 못하죠.

취미생활은 거의 못하실 것 같은데요?
등산하고 자전거를 타는데, 출퇴근을 자전거로 합니다. 아내는 자기 차를 가지고 있어요. 저는 배낭 메고 자전거 타고 다니고.

건강은 어떻게 유지합니까?
일주일에 산에 두 번씩 다녀요.

한 달에 원고를 얼마나 쓰세요?
세어 보질 않아서 모르겠어요.

책 내는 속도나 양으로 보면 몇 백 장은 쓰실 것 같은데.
그 정도는 쓰죠.

상당히 많은 책을 읽으시는 것 같은데 비결이라도 있습니까?
책을 많이 읽다 보면 속독을 하게 되죠. 가벼운 책은 하루에 몇 권씩 읽을 수 있고. 요즘 파시즘과 관련된 책을 원서로 보는데 그건 한 이틀 걸리겠더라고요. 어저께도 그 책을 보다가 새벽 4, 5시경에 잤나….

'강준만식 글쓰기'에 대한 논쟁은 언론매체와 각종 잡지를 통해 찬반 양론이 뜨겁게 맞서는 가운데 최근 언론에도 소개된 홍윤기 교수(동국대 철학과)의 '원고망명 사건'으로 절정에 달했다. 이 사건은 계간 〈당대비평〉(주간 문부식)의 편집위원인 홍 교수가 '강준만식 글쓰기'를 분석한 자신의 글("우리 시대의 권력 비판과 권력 감수성")이 다른 편집위원과의 의견 차이로 〈당대비평〉 가을호에 실리지 못한 데서 비롯됐다. 홍 교수는 그 원고를 강 교수가 발간하는 월간 〈인물과 사상〉 10월호에 싣는 한편 〈당대비평〉의 편집위원직을 그만두었다.

'강준만식 글쓰기'에 대한 논쟁이 최근 부쩍 잦아지는 양상인데요. 홍윤기 교수의 '원고망명 사건'을 비롯해 여기저기서 논쟁이 벌어지고 있지요. 공공연하게 '강준만 현상'이라는 말도 나오고. 한국 지성사 또는 비평사의 흐름에 새로운 지평을 열었다는 찬사가 있는 반면 도덕적 기반이 결여된 인신공격이라는 등 비판론도 만만찮습니다. 글쓰기의 목표·전략·전술이 있다면 어떤 것입니까?

그렇게 체계적이지는 않은 것 같아요. 가만히 생각해보니까, 지금 언론개혁운동 하는 것도 그래요. 서울에 있는 교수들은 지방대 교수들이 자꾸 나선다고 그런단 말이에요. 지방대 교수들이 서울에 올라오지 못한 것에 한이 맺혀서 그런다고 사석에서 그래요. 그리고 그 정서가 의외로 널리 퍼져 있습니다.

제 이야기는 그 말이 맞다는 거예요. 왜 그러냐, 서울에선 유혹을 너무 많이 받다 보니까 기존 언론구조에 편입돼 버리는 겁니다. 저는 한국언론학회가 한국의 언론 발전에 기여하지 못한다고 봐요. 오히려 언론을 정당화해주고 유착체제로 가고 있는 게 한국 언론학자들의 큰 흐름이 아닌가 봐요. 그러나 지방에 있으면 중앙의 그러한 흐름에 대해 문제의식을 가지고 볼 수 있다는 거죠.

저 같은 경우 학부 전공과 대학원 전공이 다른 게 큰 요인인 것 같아요. 학부에서 경영학을 한 탓에 학연이 없어요. 저도 만약 학연 덕을 보고 학연에 안주할 상황이라면 잘못된 줄은 알지만 세상이 다 그런 거지, 하고 그냥 그대로 갔을 거란 말이죠. 저는 한국의 지식인들이 다 알고 있을 거라고 봐요. 왜 몰라요. 세상이 다 그런 건데 네가 문제 삼는 게 이상하다는 거죠. 문제 삼는 것 자체가 자신의 욕구 불만에서 비롯된 개인 한풀이 차원이 아니냐는 시각이 강하다는 겁니다.

그런데 제 얘기는 개인 한풀이가 뭐가 나쁘냐는 겁니다. 모든 문제의식이라는 것이 그렇죠. 한국 지식계에서 노른자위를 차지한 사람들에 대해 노른자위에 들어가지 못한 사람들이 갖는 문제의식을 배가 아파서 그런다고 매도해버리면 새로운 비판이 어떻게 나올 수 있느냐는 겁니다. 저 같은 경우 문제의식이 분명히 제 개인적인 입장에서 출발했을 거다, 그렇게 보죠. 동기유발도 그렇고. 저라는 사람이 그렇게 순수하진 않아요.

"한풀이는 중요하고 정당하다"는 강 교수의 독특한 '한풀이론'은 호남인들의 정치적 정서에도 적용된다.

"과거에 호남사람들이 김대중한테 몰표 주면서 한풀이한다고 그랬잖아요. 저는 그걸 정당한 한풀이로 보죠. 한풀이라고 욕하지 말라는 겁니다. 다만 오늘날에 와서 밥그릇 싸움의 양상으로 변질되는 것에 대해서 혹독하게 비판하긴 하지만 한풀이라는 것이 무조건 매도되어야 할 것은 아니라는 거죠."

'강준만식 글쓰기'의 특징을 말하자면, 실명 비판, 독설, 메타 비판 — 곧 비판에 대한 비판이 많다는 점이죠. 교수님 자신은 어떻게 생각하세요? 저는 제 글쓰기를 '콜럼버스의 달걀'로 보거든요. 제 작업은 대단한 지적 능력을 요구하는 것이 아니에요. 누가 먼저 (달걀을) 깨 가지고 세우냐의 문제일 뿐이라는 거죠. 무슨 말이냐 하면 한국 지식계가 언론계보다 '침묵의 카르텔'이 더 강해요. 마땅히 내부 비판이 있어야 할 곳에 내부 비판이 없는 것을 '썩었다'고 표현한다면 언론계보다는 지식계가 훨씬 더 썩었다는 거예요. 직무유기 차원이죠.

과거에 군사독재정권을 예찬하고 참여했던 교수들이 지식계 내부에서 비판의 형식으로나마 응징을 받아본 적이 있느냐는 거예요. 없어요. 그때 그들이 차지하고 있던 대학 내의 위상 덕분에 제자들 가운데 진보적이고 개혁적인 지식인들이 많아도 갈등이 별로 없어요. 과거 청산이 있습니까, 비판이 있습니까. 아무것도 없어요. 제가 어떤 존경받는 지식인을 탐구하기 위해서 그 사람에 관해 나온 글을 다 확인해 보면 비판과 반론이 거의 없어요.

한국 사회에서 지식계의 논쟁이라는 건 백낙청(서울대 영문학과 교수, 계간 〈창작과 비평〉 편집위원)과 손호철(서강대 정치학과 교수)의 분단체제에 대한 논쟁처럼 자기들은 빼놓은 공리공론에 관한 논쟁이에요. 특정인을 논할 때 그 사람의 사상이나 주장에 대한 비판까지 안 들어간다는 거죠. 그런 풍토가 지배적이기 때문에 제가 하는 실명 비판을 인신공격으로 보는 건 기존 풍토에 비춰보면 정당하다는 거예요. 저는 그 풍토를 바꾸자는 거죠. 언제까지 '침묵의 카르텔'을 유지하면서 내부 상호비판은 안 하고 사회를 향해서만 비판할 거냐는 거죠.

강 교수의 실명비판 방식을 비난하는 사람들이 가장 문제 삼는 것 중 하나는 그것이 비판의 정도를 넘어 대상자에게 모욕감을 준다는 점이다. 이와 관련, 홍윤기 교수는 〈인물과 사상〉 2000년 10월호에서 "강준만은 타도나 응징이나 적발이 아니라 모욕에 너무나 많은 지면과 정력을 소모하고 있다"고 비판했다.

홍 교수 주장의 타당성과는 별개로 지난 10년 동안 강 교수가 써온 글에서 비판 대상자가 '모욕적으로 여길 만한' 표현을 찾는 것은 그다지 어려운 일이 아니다. 몇 가지 예만 들어보자.

- 그렇다. 바로 교활함이다. 나는 이문열 씨를 표현할 마땅한 단어를 찾지 못해 고민했는데 (이 씨를 교활하다고 한) 김명숙 씨의 글을 보고 손뼉 쳤다.
- 이인화는 홧김에 오입하나…. 그에겐 영웅 콤플렉스뿐 아니라 촌놈 콤플렉스도 있다. 그는 촌놈 출신으로 어린 나이에 크게 출세했다.
- 잡글에 대해 그리 자학하지 마십시오. 손 교수님의 글은 논문도 잡글식이던데 뭘 그러십니까. (손호철 교수에 대해)
- 참 큰일 낼 사람이다. 더 큰일 내기 전에 따끔하게 손을 봐야겠다. (한양대 사학과 임지현 교수에 대해)

이런 지적에 대해 강 교수는 "한국 지식계가 정상이 아니기 때문에 그런 방식으로 비판할 수밖에 없다"고 강변한다.

"저는 홍 선생님(홍윤기 교수)께 한국 지식계에 '침묵의 카르텔'이 있다는 것을 인정하시냐, 그게 바람직하다고 보시냐, 묻고 싶어요. 그분은 기존 풍토에 비춰 내 비판방식이 모욕적이고 인신공격적이고 상처를 주는 것이라고 말씀하시는 겁니다. 제 주장은 모욕받아 마땅한 짓을 했으면 모욕당해야 하고, 상처받아 마땅한 짓을 했으면 상처받아야 한다는 거죠. 그건 정당한 응징이라는 겁니다.

모욕이란 건 주관적인 감정이기 때문에 정당한 비판도 모욕으로 받아들인다면 그건 어쩔 수 없죠. 주관적인 느낌까지 어떻게 책임을 지겠습니까. 이런 얘기가 나오는 건 한마디로 말해 한국 지식계에 내부 비판이 없었다는 거죠, 여태까지. '콜럼버스의 달걀'이라고 표현한 건 제가 인사이더로서 큰 흐름에 속해 있었더라면 저도 그렇게 못했을 거라는 의미예요. 한국의 지식계 문화는 누구든지 이래선 안 되겠다 싶어 흠집을 내려고 들면 쉽게 할 수 있습니다. 너무 엉망진

창이니까.

제가 글을 양산할 수 있는 것도, 너무 쉬우니까, 그 사람의 말이나 글을 인용해놓고 몇 마디 툭 던지고 넘어가면 되기 때문이에요. 말하자면 방이 너무 어질러졌으니까 치우고 정리하는 게 급하지 인테리어는 나중 문제라는 거죠. 그러니까 저의 글쓰기는 아직 인테리어로 들어갈 단계가 아니라는 겁니다. 너무 거칠고 양산에 따른 질의 문제는 인정하죠. 조금 더 뜸들이고 손질하면 훨씬 매끄럽고 좋은 글이 되지 않겠어요? 그러나 열불 터지게 하는 사건이 너무 많이 벌어지니까 그럴 여유가 없습니다. 특히 제가 열 받는 게 YS 정권에 참여했던 지식인들의 행태입니다. 정말 나빠요. 한국 지식계는 정말 반성해야 합니다. YS가 저렇게 깽판 치는데 어떻게 입을 봉하고 있어요? 거기에 대해선 입을 다물고 있으면서 언론매체에 한국 사회를 개탄하고 비판하는 글을 써댑니다. 이게 마피아 집단이지 뭐냐 이거예요. 자기가 충성했던, 자기에게 한 자리 줬던 전직 대통령에 대해서는 말 한마디 못하면서 … 이건 의리의 문화가 아니에요, 깡패문화지. 친DJ 지식인들도 마찬가지죠.

김 아무개인가, YS 정권에서 청와대 수석 하던 사람이 김대중 대통령에게 보내는 고언을 언론에 기고했던데, 한 대 때려주고 싶더라고요. 말은 다 옳아요. 김 대통령도 반성해야죠. 그런데 지금 김영삼 씨가 지역주의로 나라를 갈가리 찢고 있는데, 거기에 대해 여태까지 말 한마디 한 적 있어요? 당시 재야세력을 YS 문중으로 끌고 들어간 사람이. 그러고선 〈생활성서〉(월간)에는 매달 자기가 민주화 투쟁한 것을 자랑하고 있더라고요. 그런 걸 보면 정말 화가 나서 글을 안 쓸 수가 없습니다."

말하자면 분노가 글쓰기의 원동력이군요.

분노죠. 그나마 언론계는 일부 신문이 나름대로 내부 비판을 하잖아요. 그런데 학계에는 그런 게 없어요. 조금만 실명으로 비판하면 10대 소녀들처럼 상처를 받아요. 온실에서 과보호 받아서 그래요.

객관적으로 심하다 싶은 표현이 여러 번 있었던 것 같아요. 예를 들면 임지현 교수의 경우만 하더라도 "큰일 낼 사람"이라느니, "손 좀 봐야겠다"느니 하는 표현은 자존심 상할 만하지 않습니까?

사람들이 제 글을 다 읽지 않아 그러는데, 제 글은 상대편이 한 발언의 어이없는 정도에 따라서 비판의 정도가 달라집니다. 가령 언론개혁에 동의하지만 방법에 대한 의견 차이가 있을 수 있죠. 그 경우 어떻게 감히 독설을 합니까. 어림도 없는 이야기죠. 임 교수님에게 제가 화가 나는 이유는 좌파라는 분이 말이 안 되는 행태를 보이고 있기 때문입니다.

그분은 자꾸 왜 네 생각만이 옳다고 그러냐, 다른 방법이 있을 수 있지 않으냐고 묻는데 저는 그게 이 길로도 갈 수 있고 저 길로도 갈 수 있는 문제라고 볼 수 없다는 거죠. 〈당대비평〉에 쓴 글을 읽어보면 표현은 안 했지만, 총선연대의 낙천·낙선 운동도 일상적 파시즘적인 방법이라고 보는 분이에요. 말도 안 되는 얘기죠. 좌파적 담론을 깔면서 그런 얘기를 하니까, 나는 그분이 정말 큰일 낼 사람이라고 보는 거예요.

좌파 지식인으로 분류되는 임지현 교수와의 논쟁은 〈인물과 사상〉 2000년 2월호에 강 교수가 "임지현, 당신의 조선일보관이 일상적 파시즘이다"라는 제목의 글로 임 교수를 먼저 공격하면서 시작됐다. 강 교수는 그 글에서 임 교수가 〈조선일보〉에 체 게바라(쿠바 혁명가)에 대한 글을 기고하고 〈조선일보〉 편집국에서 강연한 것을 두고 "〈조선일보〉의 극우 이데올로기와 양립할 수 있는 주제로 글을 기고해 〈조선일보〉의 상품성을 높여줘도 괜찮다고 보는 생각"이라며 맹렬히 비난했다.

이에 임 교수는 3월호 〈인물과 사상〉에 반론을 실었다. 곳곳에 '노여움'이 서려 있는 이 글의 제목은 "두더지의 슬픈 초상". 두더지는 물론 강 교수를 비아냥거린 표현이다. 그는 강 교수의 조선일보관을 '조잡한 지면 결정론'으로 깎아내리는 한편 "글쓰기를 통해 〈조선일보〉 독자의 일부라도 전유하는 것은 지식인으로서의 사회적 책무를 짊어지는 것이라 생각한다"고 반박했다.

강 교수는 같은 잡지의 4월호에 실린 재반론을 통해 좌파 지식인의 〈조선일보〉 기고를, 유신 또는 5공 정권 참여에 비유했다. 한편 임 교수가 편집위원으로 있는 〈당대비평〉은 가을호에서 "〈조선일보〉의 극우 냉전적 논리와 갈등하고 대립하는 논리를 전파할 수 있다면 기고를 굳이 마다하지 않겠다는 개인의 선택을, 매명주의나 보신주의라는 딱지를 붙여 일거에 매도해선 안 된다"고 강 교수에 대한 공격을 재개했다.

일부러 독설을 퍼붓는 건 아닙니까? 말하자면 효과를 높이기 위해서 ···. 그러면 모든 글을 그렇게 써야 되는데, 어떤 글은 너무 공손하다고 욕 먹잖아요. '야, 어쩌면 이런 생각을 할 수 있는가' 하고 생각되는 사람에게만 독설을 퍼붓는 거죠.

교수님을 싫어하거나 비난하는 사람들 중 상당수는 교수님이 김대중주의자로서 모든 비판에 그 잣대를 들이댄다고 생각합니다. 지역주의나 〈조선일보〉, 진보적 지식인에 대한 비판도 결국 김대중이라는 잣대와 연결된다고 보는 것이죠.

정권교체 후 한국의 지식인 가운데 김대중 정권을 가장 혹독히 비판한 사람이 누구인지 따져보죠. 저예요. 제가 다 확인해봐서 압니다. 저를 김대중주의자로 보는 사람은 제가 김대중을 비판한 글을 읽지 않습니다. 《김대중 죽이기》(1995년)라는 이미지 하나로 저를 때려잡거든요. 책 한 권 분량이 되지 않을까 싶어요. 그 동안 김대중 정권을 비판한 글들이.

강 교수의 '해명'은, 속마음이야 어떻든 적어도 글만 봐서는 사실에 가깝다. 《인물과 사상》 단행본 시리즈와 월간 〈인물과 사상〉을 꾸준히 읽은 사람이라면 그가 '누명'을 쓰고 있다고 생각할지도 모른다. 실제로 그는 1997년 대선 전까지는 정권교체의 당위성을 역설하는 데 정열을 바쳤지만 김대중 정권이 들어선 후로는 비판을 그치지 않았다. 심지어 올 1월에 출간한 〈인물과 사상〉 13권에선 '김대중 정권의 몰락'을 선언하기도 했다. 그는 이 글에서 "언론과 전라도 사람들, 개혁세력이 김대중 정권을 망친다"며 김대중 대통령에 대해서는 이렇게 비판했다.

그는 정권을 잡기 위한 권모술수에는 탁월한 재능을 보였는지 몰라도 사방이 적으로 둘러싸인 상황에서 정권을 잡은 다음 어떻게 성공적인 국정운영을 할 수 있을 것인가 하는 점에선 너무나도 '평범한' 모습을 보여왔다.

교수님의 '김대중 비판'은 애정이 있는 비판이지요?

한국 사회에서 '김대중 죽이기'만큼 야비한 짓이 또 있었습니까. 그야말로 관민합동 차원에서 특정한 편견을 갖고 죽이려 든 사람 가운데 김대중보다 심한 경우가 있었습니까. 그런데 거기에 대해 "너무했다"라고 문제 제기한 사람을 김대중주의자라고 몰아붙인다면 도대체 남아날 사람이 누가 있습니까. 그 동안 한국 지식인들이 정치를 대해온 태도가 맞다면 저는 김대중주의자가 맞죠. 그러나 지금 한국 지식인들의 정치담론이 크게 잘못됐다고 본다면 — 이를테면 보신주의, 어용 콤플렉스 같은 것 말이죠 — 제가 옳은 거죠. 저는 지식인들이 정치적 편향성을 드러내지 않는 것이 더 나쁘다고 봅니다.

대부분의 사람들이 세상을 사는 체념의 지혜를 터득하고 있죠. 저도 터득했던 사람이에요. 그런데 언제부터인가 글쓰기에 가속도가 붙더라고요. 처음에는 이렇게까지는 아니었어요. 그런데 계속 하다 보니까 분노도 더욱 강해지고 관심을 갖고 지켜볼수록 부정적인 모습이 더 눈에 들어와요. 그래서 가끔 가다 머리를 식힐 필요가 있겠구나, 하는 생각을 합니다.

어쨌든 정치성향을 드러내는 게 당당하다는 건데, 정치적 편향을 공공연히 드러낸다면 비판의 공정성에 시비가 일지 않을까요?

공정성의 잣대를 들이대면 이런 문제가 생기죠. 과연 이데올로기가 공정성의 문제냐는 겁니다. 저는 편향성의 문제라고 봅니다. 〈조선일보〉도 편견이 있고 〈한겨레〉도 편견이 있고 누구나 편향성이 있다는 거죠. 가령 〈조선일보〉 김대중 주필의 글에 대해선 분통을 터트리면서 〈한겨레〉 논설위원의 글에 호감을 표시한다면 '조선' 쪽에서 보면 분명 편향된 겁니다. 공정하지 않은 거죠. 그건 제 이데올로기죠.

그러니까 극우적인 생각을 갖고 있는 사람이 저에게 너 공정하지 않다, 편향돼 있다, 편견에 가득 차 있다고 한다면 그건 맞는 말이죠. 그런데 자기가 좌파이거나 진보적인 척하거나 개혁지향적인 척하면서 저한테 편향됐다고 한다면 말이 안 된다는 거죠. 저는 김대중 대통령을 지지하느냐 안 하느냐, 민주당을 지지하느냐 안 하느냐로 누구를 비판한 적은 없습니다. 그 사람의 정치적 행위를 가지고 이야기했을 뿐이죠. 지금 말씀하신 공정성은, 이념적인 정치적 성향의 문제는 그 잣대로 따질 수 없는 것이므로, 다르게 적용해야겠죠. 제 글이 객관적 저널리즘은 아니잖아요. 일종의 주관을 드러내는 글쓰기니까.

〈인물과 사상〉 2000년 5월호에 정권교체의 의미를 다섯 가지로 설명하셨더군요. •남북문제에 대한 김대중의 탁견과 용기, •김대중의 지도자적 자질, •역사에 대한 보상, •이지메에 대한 보상, •지역주의 문제 해결, 이 다섯 가지지요. 김대중 대통령의 지도자적 자질을 여전히 높게 평가하십니까?
실망스럽죠. 가장 큰 문제는 이분이 기존 정치 패러다임을 바꾸지 않고 가려 했던 데 있어요. 현실 정치인으로서 기존 패러다임을 바꿀 때 비용이 크게 들 것이라는 계산을 했겠죠.

그런 점에서 정권교체의 당위성이라던지 역사적 의미가 많이 퇴색한 것 같은데요.
100을 기준으로 봤을 때 실망스러운 점은 20 정도라고 봅니다. 그런데 20을 90인 양 말들 하죠. 왜냐하면 이 정권은 국민 40%의 지지를 받고 태어났거든요. 다시 말해 이 정권의 탄생을 원치 않았던 사람이 훨씬 더 많다는 거죠. 만약 정권교체가 안 됐더라면 제가 볼 때 호남인들이 느꼈을 좌절은, 이 나라가 영원히 찢어지는 아픔 같은 것입니다. 왜 그 생각은 안 하냐는 거예요. 그건 엄청난 거죠. 그리고 남북문제에 대해 어느 정도 상식을 갖고 판단한다면 이 정권의 장점이 분명히 있죠. 게다가 요즘은 야당이 공작정치를 하고 있잖아요. 얼마나 민주화가 된 겁니까. 대통령 비판이 얼마나 자유롭습니까.

김대중 대통령도 결국 정치 지도자 중 한 명이고 권력의 속성이란 건 어느 정권에서나 마찬가지 아닐까요. 그런 점에서 보면 교수님이 정권교체의 당위성을 지나치게 강조한 것 아니냐는 생각도 드는데요.

저는 두 가지 측면을 혼동한다고 보는데요. 임지현 교수님이 말한 일상적 파시즘과 통하는 문제이기도 합니다. 행태는 같다는 거예요, 진보나 극우나. 〈한겨레〉 기자들과 〈조선일보〉 기자들의 일상적인 행태는 다를 게 없어요. 그걸 깨야 한다는 임 교수의 선의를 이해합니다. 마찬가지로 행태로 보면 여당이나 야당이나, 군사독재정권에 몸담았던 사람이나 민주화 투쟁하던 사람이나 똑같다는 거죠. 정권교체의 의미가 없다, 김대중 정권에 실망했다고 말하는 것은 바로 그 행태에 초점을 맞춘 겁니다. 뭐가 달라진 게 있냐. 예전의 그놈이나 지금의 이놈이나 똑같다는 애기거든요. 그런데 〈조선일보〉 기자와 〈한겨레〉 기자의 일상적인 행태가 같다고 해서 어떻게 두 신문이 같다고 이야기할 수 있겠어요.

권력을 향한 질주, 권력에 대한 욕심, 권력을 잡기 위한 권모술수, 그건 똑같다는 거죠. 그런데 이데올로기는 별개로 존재하는 거라고요. 장원(전 녹색연합 사무총장)이 아무리 깽판치고 못된 짓하고 일상적인 삶에선 다른 모습을 보였어도 그가 가진 이데올로기에 대한 평가는 별개로 해줘야죠. 실망스러운 점이 드러났다고 모든 걸 부정하려 들면 한국사회에서 개혁은 100년, 200년이 가도 안 됩니다.

(정권 교체의) 의미 퇴색은 당연하다고 보는데, 솔직한 애기로 당장

저부터라도 김대중 정권에 대해 분통을 터트릴 때 어떻게 쓰느냐에 따라 달라집니다. 그런데 지금 영남 시장이 훨씬 더 크고 민심의 대세가 지역주의로 가니까 (정권을) 조져야 신문이 팔리지 않겠어요. 현 정권이 실망스러운 건 분명하지만 국민이 느끼는 체감도는 사회의 여론을 좌지우지하는 신문 논조에 따라 달라지거든요. TV의 정권홍보, 그건 별 효과도 없어요. 아주 미련한 수법을 쓰고 있죠. 뭐 하러 노조 반대를 무릅쓰고 해요. 무슨 효과가 있다고.

김대중 정권이 가진 개혁성보다는 지역주의 문제와 맞물린 역사의 보상 측면에 더 의미를 부여한 건 아닌가요?
역사에 대한 보상이 문제가 아니고요. 김대중을 포함해서 과거에 민주화 투쟁했던 사람들이 강도질하다가 감옥 가서 시련을 겪은 건 아니잖습니까. 제가 말하는 보상은 그쪽이 도덕성 면에서 우위에 있다는 것을 전제로 한 거죠. 당했으니까 보상해줘야 된다, 그런 식으로 격하하면 안 되죠.

현 정권이 도덕적 우월성을 갖고 있다는 거죠?
있죠. 민주화 투쟁한 사람들이 내부적으로 개판 치고 과거에 야당 할 때 불미스러운 모습을 보이긴 했어도, 군사독재 정권의 도덕성보다는 낫지 않습니까.

그런 측면에서 보면 YS 정권과 공통분모가 있네요.
있죠. 제가 YS 정권 초기 (정권을) 옹호하는 글을 얼마나 많이 썼는데요.

그의 정치적 성향 또는 정치관을 이처럼 단순명쾌하게 드러내는 말도 없을 것이다. 이 얘기에 비춰보면 그의 주장이 특정 정파나 특정 이념에서 비롯된 것이라는 일부의 평은 오해거나 왜곡되었을 가능성이 크다. 그는 그 정권이 얼마나 도덕적이냐 개혁적이냐, 이런 상식적인 잣대를 들이댈 뿐이다. 이런 점에서 그에게 김대중주의자라는 꼬리표를 붙인 것은 그의 자존심을 상하게 하는 것인지 모른다.

"저는 이회창도 정권을 잡고 나면 달라질 수 있다고 봐요. 그럴 때는 이회창 정권을 편들어줘야 한다는 거죠. 전두환·박정희 정권과는 다른 정권 아니겠습니까. 한국 사회의 민주화가 그만큼 진전된 것이죠. 저는 권력이 다원화됐다고 봅니다. 제가 이번에 낸 책에《권력 변환》이라는 제목을 붙인 것도 그런 이유에서입니다. 권력의 성격이 바뀌었다는 거죠. 힘의 무게 중심이 정치권력에서 언론으로 옮겨갔는데, 지식인들은 정치권력 비판이 가장 정의로운 것인 양 포장한단 말이에요."

그는 "김대중 정권에 대해 비판하는 얘기를 두 번 하고, 지지하는 얘기를 한 번 해도 지지자로 분류한다"며 쓴웃음을 지었다.

오해일까요? 고의일까요?
고의적인 거죠. 물론 그렇게 말하는 사람은 절대 고의라고 생각지 않겠지만.

화제를, 그가 가장 심혈을 기울여 연구해 온 지역주의 문제로 돌렸다.

지역주의에 대한 비판을 많이 해오셨는데, 정권이 바뀌면 어느 정도 해소
될 거라는 기대와는 달리 별로 나아진 게 없지요?
손호철 교수 같은 사람은 지역주의가 더 악화됐다고 신이 나서 얘기한
단 말이에요. 저는 다른 이야기는 하고 싶지 않고, 정권교체가 안 됐을
경우의 호남을 생각해 보자, 이 말만 하고 싶어요. 그 얘기 하나로 끝
나는 겁니다. 정권이 교체된 후 호남 지역주의의 추악한 면이 드러난
것도 사실입니다. 그런데 지역주의가 심화된 것은 영남이 정권을 되찾
기 위해 예전보다 더 뭉치고 있기 때문이기도 합니다. 영남 지역주의
를 부추기는 것을 보면 해도 해도 너무 한다는 생각이 들지 않습니까.
모든 지식인이 거기에 대해서 침묵하고 있어요. 그것을 비판하면 호남
지역주의라고 하고. 신문 시장에서 작용하는 지역주의가 고스란히 영
향을 끼치고 있는 거죠.

한편으로 생각하면 지역주의를 극복하는 것이 요원하다는 생각이 듭니다.
제 생각엔 그래도 과거에 비해 나아지고 있어요. 그야말로 밥그릇 싸
움의 형태, 이지메 당하고 일방적으로 깨지던 상태에 비해서는 진일보
했다는 거죠. 비록 싸움의 목소리가 더 커지고 싸움의 모습이 더 추악
해 보일망정 왕따 당하던 단계보다는 멱살 잡고 싸우는 단계가 더 나은
것이죠.

강 교수는 〈인물과 사상〉 2000년 1월호에서 "새 천년을 맞아 우리 시
민사회의 가장 중요한 화두가 〈조선일보〉가 돼야 한다고 생각한다. 〈조
선일보〉에 한국 사회의 모든 모순이 집약돼 있다"고 선언한 바 있다.

〈조선일보〉에 대한 그의 진단은 얼마나 타당한 것일까.

〈조선일보〉 제몫 찾아주기'라는 표현을 처음 쓰셨는데, 어떤 뜻입니까?
차별화 전략에서 나온 겁니다. 과거 〈조선일보〉에 가서 항의시위하던
분들이 대부분 재야 운동권이에요. 그것과 차별화할 필요가 있다고 생
각했어요. 물론 그분들도 진심이라기보다는 구호로서 이야기하는 것이
겠지만 〈조선일보〉가) 사라져야 한다, 제거해야 한다고 했는데 저는
생각을 달리하는 거죠. 〈조선일보〉도 자신의 주장을 펼 권리가 있지,
왜 없어요. 존중해줘야죠, 그 주장은.
　문제는 과연 대북관이나 재벌에 대한 시각 등 〈조선일보〉의 정치·
경제적인 주의나 주장이, 이 신문이 지금 한국 신문시장에서 누리는
몫만큼 대표성을 띠고 있느냐는 겁니다. 저는 아니라고 보는 거죠. 분
명히 괴리가 있다는 거예요. 그래서 거품을 걷어내고 제대로 된 몫을
찾아주려는 겁니다. 그런데 일반 대중을 대상으로는 참 힘들어요. 정
말 절벽이에요. 지식인들은 더 한심해요.

**그 동안 〈조선일보〉를 잣대로 숱한 지식인들을 공격해왔는데요. 심지어 김
수환 추기경까지 비판하셨는데, 그분들은 교수님만큼 언론에 대한 비판의
식이 투철하지 못한 걸로 보시는 겁니까?**
투철하지 못할뿐더러 다른 게 또 있죠. 물론 김수환 추기경님을 존경
해요. 지금 가장 문제가 되는 건 지식인들을 포함해서 원로급이나 지
도급 인사들이 무난하게 모나지 않게 둥글둥글 원만하게 행동하고 있
다는 사실입니다. 진보적 행위를 실천하면서 그렇지 않은 사람들을 전
혀 건드리지 않는다면 보기에 아름답기야 하겠지만, 제가 보기엔 한국
사회에서 개혁을 하려면 그런 방식으로는 안 된다는 거예요.

저는 기본적으로 한국 사회의 지식엘리트층, 사회운동하는 엘리트층이 가진 언론관에 문제가 있다고 봅니다. 정치인들의 언론관과 너무 비슷합니다. 언론이라는 걸 좋은 목적을 위해 이용해야 하는 도구로만 보는 거예요. 과거 박정희·전두환식 언론관과 본질적인 면에서 차이가 없습니다. 저는 신문을 도구로 보면 안 되고 정당과 비슷한 조직으로 봐야 한다고 생각합니다. 이건 제가 세계 최초로 주장하는 것도 아니고 다른 나라에서는 이미 그런 언론관이 정착돼 있습니다. 그런데 우리나라에선 도구적 언론관이 국민에게 널리 퍼져 있고 그것이 언론문화가 돼버리니까 신문을 정치적·이념적 가치관에 의해 선택하지 않죠.

〈조선일보〉에 대한 현실론도 존중돼야 하지 않을까요. 말하자면 그 신문이 엄연한 실체로서 한국 사회에 영향력을 끼치는 점을 인정해야 한다는 거죠. 그래서 제가 쓴 말이 주류 콤플렉스라는 거예요. 제가 주로 문제 삼는 건 좌파 진보적 지식인들입니다. 좌파 진보적 지식인이 '현실적으로 영향력 있는 주류 신문이니까 이 신문을 이용해야 되겠다'는 태도를 취한다는 게 말이 됩니까. 한국 사회에서 좌파 진보적 지식인이 어떻게 주류가 될 수 있습니까. 그 모순을 제가 지적한 거예요. 주류가 아니어야 마땅하죠. 그런데 거기에 대한 반론은 안 하고 다들 일상적 지식인론만 역설해요.

이런 문제 제기가 가능할 것 같습니다. 예컨대 환경 문제 같은 것은 언론의 도움이 없으면 캠페인이 쉽지 않지요. 환경운동단체들이 영향력 있는 언론을 활용해 운동의 효과를 크게 봤을 때 "당신들은 어떤 신문을 상대했으니까 나쁘다"라고 비난하는 것이 온당한 일인지. 이건 가치의 우선순위 문제와도 연결된다고 보는데요.

제가 빅3 신문을 다 상대하지 말자고 주장했다면 말이 안 되죠. 전국지 시장의 60~70%를 장악하고 있다는데 어떻게 막습니까. 하나의 신문만 이야기한 거예요. 환경운동에 대해선 저도 그런 점을 생각했어요. 환경운동하면서 이데올로기가 무슨 상관이냐. 언젠가 최열, 장원 씨가 토론회에 나와 멋있는 말을 하더라고요. 정치환경도 환경이라고. 자기들이 그 논리를 만든 거예요. 이번에 최열 씨가 사외이사 건으로 문제가 됐습니다만 우리나라 시민운동단체는 내부 비판이 없어요. 언론을 두려워하는 점도 있지요. 게다가 수많은 영남인사가 이름을 걸어두고 있는데 특정 신문과 적대적인 관계로 돌아선다고 하면 다 나갈 겁니다.

교수님께서 참여연대 사무처장인 박원순 변호사에게 "시민단체들이 언론에 너무 비굴하게 군다"고 비판하자 박 변호사가 "운동의 현장에 나가 다른 사람들 얘기도 들어보라"(〈참여사회〉, 2000년 6월호)고 반박하지 않았습니까. 현장에서 운동하는 사람들의 고충을 말한 것 같은데요.

카메라 플래시가 터지는 현장에서 냉정한 태도를 취하기는 어려울 겁니다. 제가 언론비판을 하는데, 전혀 언론비판을 하지 않는 사람이 저에 대해 문제제기를 한다고 '너 언론비판 해본 적 있어, 없어'라고 묻는 건 예의가 아니죠. '현장에 있냐 없냐'는 기준으로 이의를 제기하는 건 온당치 않다는 거예요. 그건 비판을 경청하지 않겠다는 오만한 자세죠. 가령 내가 열심히 시민운동하는데 시민운동을 하지도 않는 사람이 비판한단 말이에요. 그래도 시민운동하는 사람은 그 비판에 귀를 기울여야지, ‘너 시민운동 해봤어’ 이렇게 말하면 안 된다는 겁니다. 그 오만은 ‘우리가 현장에서 이렇게 뛰는데’라는 엄청난 도덕적 우월감에서 비롯된 거죠.

결국은 언론관의 문제로 귀착하는 것 같은데요.
그것 더하기, 제가 이래서 욕을 먹는 건데, 인정 욕구가 있다고 보는 거예요.

말하자면 매명주의(賣名主義)라는 건데, 세상을 보는 가치관의 문제일 수도 있고 자기 나름대로의 이유가 있을 수 있지 않겠습니까. 그걸 모두 매명주의로 몰아붙이는 게 타당한 것일까요?
그게 아니라면 더 모욕적인 발언이 나와요. 무지라는 거죠. 적어도 좌파 진보적 지식인에겐 이론의 문제가 아닙니다. ‘이런 나쁜 새끼들이 있나’ 하고 분통이 터지지 않느냐는 거예요, 사설 같은 것을 보면. 배알의 문제죠, 배알. 저는 좌파 진보성이 희석된 것이라고 보지는 않습니다. 이 신문은 이런 시각을 갖고 있구나, 라고 담담하게 받아들일 수 있는 그 심리가 이해가 안 된다는 거죠. 그런데 그렇게 순화돼 있어요, 한국의 진보적 지식인이라는 사람들이.

매명주의라는 말은 무척 자존심을 상하게 하는 표현이죠.
자존심 상해야 마땅하죠.

좌파 지식인들은 그걸 논쟁의 대상으로 삼지 못하겠다는 태도 같아요. 논쟁의 문제가 아니라는 거죠. 자존심의 문제, 감정의 문제가 돼버린 느낌입니다.

겉으론 그렇게 하고 있지만, 사실은 논쟁에 응하고 있는 거예요. 글들을 보면 전부 저를 겨냥하는데 그게 얼마나 우스워요. 제가 고맙죠. 저에 대한 과대평가죠. 제 비판방식을 문제 삼는 데 머리글 전체를 할애하다니(〈당대비평〉, 2000년 가을호) 저한테 너무 집착하는 거죠. 그러니까 제가 우쭐해진다니까요, 너무 과대평가해주셔서. 그건 아닌데….

'강준만식 글쓰기'는 그 동안 두 건의 '사고'를 당했다. '최장집 사건'과 관련해 〈조선일보〉 이한우 기자로부터 명예훼손 소송을 당해 1심에서 700만 원을 선고받은 일과 언론학자 정진석 교수(한국외국어대 신문방송학과)를 비판하는 글을 썼다가 〈인물과 사상〉에 사과문을 실은 일이다.

이한우 기자로부터 소송을 당한 직후인 1999년 1월호 〈인물과 사상〉에서 "앞으론 독설에서 호소로 바꾸겠다"며 글쓰기 방식을 바꿀 뜻을 비추셨습니다. 또 정진석 교수에 대한 사과문이 실린 1999년 7월호 〈인물과 사상〉에선 "앞으로는 정중하고 차분하게 비판하겠다"고 하셨는데, 별로 바뀐 점이 없는 것 같은데요.

(웃음) 저는 엄청 자제하는데요.

어느 시점부터 교수님의 글쓰기에 관성이 생기지 않았나 싶습니다. 굳이 심한 표현을 쓰지 않아도 얼마든지 메시지를 전달할 수 있는데도 그런 표현을 즐긴단 말이죠. 그건 관성의 문제가 아닐까요?

관성의 문제도 있는 것 같고요. 사실 고민스러운 일인데, 제 글쓰기에 이런 딜레마가 있죠. 분노에 의한 글쓰기를 하다 보니까 냉정한 상태에서는 글이 잘 안 돼요. 글을 써놓고 며칠 있다 읽어보면 맘에 들지 않을 때가 많아요. 그러면 분노를 자제하고, 냉정하고, 차분하게 쓰면 되지 않겠느냐. 그게 안 돼요. 분노가 이끌어주지 않으면…. 그렇다고 제가 '또라이'는 아니에요. 차라리 그렇게 별난 사람이라면 평소 심리가 그러니까 그렇다고 볼 수도 있을 테지만 저는 조직에서 너무 점잖은 편이거든요.

과격한 표현이나 조롱조 표현을 분노로 정당화할 수는 없지 않을까요?
그런 식의 글쓰기에 대해 비판한다면 제가 감수해야죠. 그런데 그게 쉽지 않아요. 비판의 대상이 되는 사람들에게 '이 사람, 나쁜 사람이네' 하면서 화기애애하고 정중한 표현으로 비판할 수 있겠어요? 성질이 나니까 막 써대는 거죠.

글쓰기의 효과를 따질 때 오히려 손해 보는 면도 있지 않습니까. 당사자들의 강한 반발을 일으킨다는 점에서.
그렇죠. 권성우 교수(동덕여대 국문과)가 김정란 교수(상지대 불문과)의 비판방식을 문제 삼으면서 "비판의 목적은 대화"라고 했는데, 저는 대화가 목적이 아닌 비판도 있다고 봅니다. 독설, 풍자, 격문, 대자보… 이런 양식의 커뮤니케이션은 대화가 목적이 아니라는 거죠. 그러면 비판의 목적이 대화가 아니라고 해서 무가치하다고 할 수 있습니까. 저는 그렇게 보지 않거든요. 제가 하는 비판이 아무리 격하더라도 실정법에 의해 규제를 받는 거예요.

저한테 "그렇게 하지 않았더라면 더 좋았겠다"고 주문할 수 있고 비판도 할 수 있겠죠. 그런데 제가 지나칠 경우에는 그만한 응징이 따르기 때문에 결국 제가 책임질 일이죠. 두 사건으로 제가 치르는 비용과 희생이 얼마나 큰데요. 이해관계가 개입되지 않은 사안의 경우 대화를 목적으로 비판하는 것이 가능하겠지만, 정말 나쁜 사람이다, 라고 판단할 경우, 가령 〈100분 토론〉에 나왔던 김용서 교수님(이화여대 행정학과) 같은 분의 과거 행태에 대해 글을 쓴다면 그분이 그 글을 읽고 기분 나빠하지 않을 정도의 정중한 비판이 가능하겠습니까?

그분은 〈한국논단〉(월간)에 가면 재미있는 말씀을 많이 하실 분이에요. 제가 글을 쓴다면 그분의 말을 인용해가면서 "약 드셨나"라고 조롱할 수 있겠죠. 그러면 "야, 이 자식이 정말 조롱하네. 이거 나쁜 놈이네" 그럴 수도 있겠죠. 그렇지만 내가 달리 어떻게 말하겠어요. 조롱해야 마땅하다면 조롱조 표현이 들어가야죠. 그건 독자와의 호흡이기도 합니다. 가령 "김정일과 김대중 두 사람이 합의만 하면 이 나라를 마음대로 끌고 갈 수 있다"는 김용서 교수의 주장에 대해 제가 "그건 절대 그렇지 않습니다. 국민 수준을 과소평가한 겁니다"라고 말하는 게 옳겠어요? "김 교수님, 약 드셨나요?"라는 표현이 더 어울리지 않겠습니까.

상황에 따라 얼마든지 조소나 조롱이 들어갈 수 있다고 봅니다. 나는 그래서 분노도 확산돼야 한다고 봅니다. 어찌 됐건 저를 지지하는 사람들로부터도 그런 식의 반박이 많이 나왔기 때문에 제 딴에는 엄청 자제하고 있는데, 그렇지 않다고 하시니까 약간 섭섭하기도 하네요.

주변에서 그런 지적을 하니까 마지못해 시인하겠다는 말씀입니까?
공감하는 부분도 있고, 어떻게 내가 느끼는 분노를 저 사람도 똑같이 느끼기를 바라느냐고 체념하는 부분도 있고.

이진우 교수(계명대 철학과)가 〈emerge 새천년〉 2월호에 '강준만식 글쓰기'에 대해 비판한 글이 있지요. "비판적 반성의 계기보다 싸움 구경의 흥미만 유발한다"고요.
흥미만 가질까요? 그리고 흥미를 가지는 게 나쁜가요?

나쁘다고 볼 순 없겠죠.
〈100분 토론〉을 예로 들면 저는 그 정도면 안티조선 측이 잘했다고 보거든요. 그런데 실망했다고 말하는 사람들은 흥미 차원에서 토론을 지켜봤기 때문이라고 봐요. 그게 위험한 것이지, 흥미를 유발하기 위해서 쓴 글은 아니지만 결과적으로 흥미를 유발했다면 아주 좋은 거죠.

〈100분 토론〉 홈페이지에 올라온 의견들을 보니까 안티조선 측의 논리에 대한 비판이 많던데요.
저는 앞으로 그런 종류의 토론이 또 벌어지더라도 안티조선 쪽이 불리하다고 봅니다. 가령 극단적인 예로 광주시민과 신군부 쪽 사람이 TV 토론을 하면 신군부 쪽이 이겨요. 왜냐. 이쪽은 정의감에 의해 심적으로 격앙되기 마련이고, 저쪽은 가진 것을 지키려는 상태이기 때문에 심리전에서부터 불리한 거죠. 저 역시 TV 토론에 나간다면 흥분하지 않는다는 보장이 없어요.

실명비판의 형식을 빌려 인격비판을 하고 있다는 비판이 적지 않습니다.
저는 실명비판을 할 때 무한대의 반론권을 주지 않습니까. 〈인물과 사상〉에서 반론을 다 받아줘요. 대등한 게임이라는 거죠. 그런데 그 게임에 거부감을 갖는 건 한국 지식인들의 자존심이 너무 강하기 때문입니다. 자신들을 너무 대단하게 생각하는 거죠. 그 동안 비판을 받아보지 않아서 그래요. 그리고 인격과 연결해야 마땅한 경우가 있어요. 예컨대 어떤 교수에 대해선 제가 사실 명예훼손 소송 걸릴까봐 심하게 쓰질 못해서 그렇지 문민정부 때부터 지금까지 쓴 글을 보면 인격을 문제 삼지 않을 수 없어요. 세계화라는 단어를 막 쓰던 분이 막상 세계화가 되니 딴소리를 하고. 어떻게 지식인이 그럴 수 있어요.

사람을 제도와 동일시하고 사람 쪽에 비판의 초점을 맞추는 탓에 정작 개선돼야 할 제도나 구조의 문제점을 불투명하게 만든다는 비판도 있습니다.
그거 이진우 교수 말인가요? 제도를 누가 운용해요, 사람이 하지. 누가 사장으로 앉아 있느냐에 따라 KBS 문제가 달라지는데 사장을 비판하지 않고 KBS의 제도를 어떻게 비판합니까? 제도를 바꾸는 건 바로 사람인데.

사람에 대한 비판이 제도에 대한 비판보다 중요하다는 말씀이네요.
균형이 필요하다고 봅니다. 우리 지식계 문화에서는 사람 비판이 없었어요. 비평도 없고요. 〈신동아〉에 "남성탐구"를 쓰시는 정혜신 선생님, 나중에 한번 보세요. 나는 그분이 선구적인 일을 한다고 봐요. 그런 작업을 하는 분들이 자꾸 늘어야 합니다. 우리 지식계에선 사람에 대한 찬양만 있지 비판이 정말 없어요. '침묵의 카르텔' 구조에 대한 문제의식을 갖고 있다면, 지금 제가 하는 작업에 대해 거부감을 갖더라도 조금은 달리 봐줘야죠.

교수님의 글쓰기가 현대사회의 다원성, 다양한 가치를 간과하고 있다는 비판도 있는데요.

그게 바로 요즘 제가 관심을 갖고 있는 부드러운 파시즘 체제의 특성이라고 봅니다. 전선이 다양해지고 다원화된 사회에서 도덕적 우위에 의해 누군가를 비판하는 것이 합당하냐는 것이죠. 그런 정서에 비춰보면 저는 대단히 무식하고 시대착오적인 일을 벌이는 거죠. 저는 거꾸로 이렇게 말씀드리고 싶어요. 자유민주주의 사회가 뭐냐. 진정으로 다원주의가 실현된 사회라면 갖가지 주장이 나올 수 있는 것 아니에요? 그렇다면 내 목소리도 거기에 끼워달라는 거죠. 다원화된 사회라면 극좌에서부터 극우까지 모든 주장이 용납되고 허용돼야 하지 않습니까. 그렇게 보면 제 주장이 문제가 될 건 없다는 겁니다.

어쨌든 다원성 측면에서 보면 교수님의 판단도 자의적이고 상대적인 것일 수 있죠.

다원화·다양화되었으니까 획일적인 잣대로 재긴 어렵다는 거죠? 적어도 개혁에 이바지하겠다고 생각하는 사람들이 빠지기 쉬운 함정이 바로 그거라고 봐요. 사회가 달라졌다고 보는데 과연 그럴까요. 정권교체로 바뀐 건 정권뿐입니다. 구태의연한 행태는 그대로 남아 있어요. 한국 시민사회 영역에서 뭐가 달라졌습니까. 신세대 문화만 달라졌죠. 언론이 변화됐습니까. 종교가 변화됐나요. 달라진 게 없어요. 달라진 게 없는데도 달라졌다고 환상을 심어주면서 왜 거기에 따르지 않느냐고 욕한다면 동의할 수 없죠.

계몽주의와 연관시킨 비판도 있습니다. 이진우 교수가 〈emerge 새천년〉 9월호에서 계몽주의의 함정을 지적했더군요. 자신만 옳다는 일종의 신화를 만들어간다는 지적인데, 교수님의 글쓰기에 계몽주의적 면이 있다는 데 동의하십니까?

계몽주의라는 말은 안 쓰고 싶은데요. 계몽이라는 말 자체가 시대착오적인 말이 돼버린 세상이거든요. 계몽이라기보다는 표현의 자유입니다. 당신(좌파 지식인)이 알아서 표현해라. 다만 당신이 그런 일을 하는 데 대해 나는 동의를 못하기 때문에 언행일치를 시켜주겠다는 거죠. 하루아침에 한국 사회를 좌파세계로 바꿀 수 있다고 믿는 거예요? 아니잖아요. 어차피 길게 보는 것 아닙니까. 뭐가 그렇게 급해 자기 메시지를 전파하겠다고 비판받는 신문에까지 글을 쓰느냐 이겁니다.

글쓰기 문제를 조금 더 얘기하지요. 홍윤기 교수는 〈인물과 사상〉 2000년 10월호에서 실명비판에 따르는 인격훼손을 파시즘의 고문방식에 비유했는데요.

저는 홍 교수님이 고민을 해야 한다고 봅니다. 그렇게 엄청난 과장을 해도 되는 건지. 제가 누누이 얘기했지만 왜 그렇게 10대 소녀처럼 예민하냐는 거예요. 사회참여하면서 남을 비판하겠다는 사람들이 그 정도의 비판에 왜 그렇게 호들갑을 떠는지 모르겠어요.

거기에 간극이 있는 것 같습니다. 강 교수께서는 '그 정도'라고 하지만, 비판당하는 쪽에서는 '그 정도'가 아니라 '그렇게까지'가 되는 거죠.

심각하게 느끼는 것도 이해할 수는 있어요. 그런데 그분들이 심각하게 느끼는 긴 기존 한국 시식계 성서에 근거한 거죠. 먼저 이분들이 저에 대해 그런 비판을 하기 전에 한국 지식계의 비판문화는 어떤 것이며,

제가 제기한 '침묵의 카르텔'이 어느 정도인지, 상호비판이 있었는지, 인물을 배제한 주의나 주장, 이론에 대해서만 비판해야 하는 건지, 그런 논의부터 먼저 해야 한다는 겁니다.

예를 들어 서강대 임상우 교수(서양현대사)가 쓴 "끼리끼리 뜯어먹는 한국 지식사회"라는 글을 보면 한국 지식계는 쓰레기예요, 쓰레기. 비판이라는 것도 전부 '짜고 치는 고스톱'이고, 넘어서는 안 될 선을 그어놓고 거기까지만 가고. 그렇게 독설을 퍼부어대는 분이 저 말고도 여러분 있어요. 그러나 그게 문제가 안 되는 건 실명을 거론하지 않기 때문이에요. 그런데 각개격파, 실명비판으로 들어가면 가만있지 않는다는 거죠. 지식인들만 면책특권을 누리겠다는 생각이 뻔히 보이는데 제가 어떻게 거기에 동조합니까. 문화를 바꾸자는 거죠.

그는 자신의 글쓰기에 대한 비판에 불만이 많은 듯했다. "인터뷰 기사가 공정하게 나가려면 한국 지식인의 비판문화에 대한 분석기사가 곁들여져야 한다"고 했다.

홍윤기 교수가 이런 문제제기를 했더군요. "진보적 인사들이 〈조선일보〉와 인연을 끊고 대항한다면 〈조선일보〉의 자본과 독자층에 어떤 중대한 변화가 올지 근거를 대라"고요.
저는 홍 교수님에게 사회운동이라는 것이 비전과 확신을 주는 게임이라고 생각하느냐고 묻고 싶어요. 제 생각엔 그런 건 종교가 할 일이고 허풍 떠는 권력이 맡을 일이지, 사회운동이란 건 그런 게 아니라는 거죠. 운동관의 차이죠. 오랫동안 내가 언론문제를 겪어본 바로는 언론개혁운동에 거대하고 멋있는 프로젝트는 없어요. 지금 너무 감정적이고 소모적인 논쟁으로 흐르고 있어요. 저라고 좋겠어요? 솔직한 심정을 이야기하면, 〈조선일보〉 비판하는 것 지겨워요, 저도.

교수님이야 언론학을 전공했으니 그렇겠지만, 언론학을 전공하지 않은 다른 지식인들에겐 언론보다 더 중요하게 여기는 문제들이 있지 않을까요. 인생관 또는 역사인식의 차이일 수도 있겠고.

저는 그렇게까지 보지는 않아요. 다만 내 직업적 전문성에서 비롯된 착각이나 편견은 없을까, 그런 경계심은 갖고 있죠. 사람들은 누구나 자기가 전공하는 걸 가장 중요하게 여기는 경향이 있죠. 그런데 스스로 검증해보면, 그건 아니라는 결론을 내리게 됩니다. 한국의 정치학자들 가운데 언론을 비판하는 사람의 이름을 하나라도 댈 수 있습니까? 언론의 정치보도와 관련해.

그러면 그것이 신문방송학과 교수들의 영역이라고 생각해 정치보도에 대해 비판하지 않는 걸까요? 아니면 한국 언론의 정치보도가 정치에 끼치는 영향이 없다고 생각해서일까요. 그리고 경제학자들 가운데 한국 언론의 경제보도에 대해 비판하는 사람을 본 적 있어요? 김윤자 교수(한신대 경제학과)가 〈한겨레〉를 통해 가끔 하시더군요. 정말 그런 분은 희귀한 분이에요. 이렇듯 언론보도에 대한 비판을 꺼리는 이유를 따져보자는 거죠, 솔직하게.

가치관의 문제가 아니라는 거지요?

가치관보다 더 근본적인 문제라고 보면 됩니다. 가만히 살펴보니 신통해서 그래요. 전혀 다루어지지 않은 영역이 있더란 말이죠. 제가 볼 때는 무척 중요한 일인데, 왜들 거기에 대해선 얘기하지 않을까. 정치학과 교수들한테 물어보니 "남의 밥그릇 건드렸다가 큰일나려고." 농담 삼아 그렇게 이야기합디다. 제가 보기엔, 많은 정치학자가 신문에 정치칼럼도 쓰고 싶고 여기저기 참여도 하고 싶은데, 언론 비판해서 득될 게 없다는 거예요. 제 문제점은 제가 언론비판을 업으로 삼다시피 하니까 남들이 언론비판을 꺼리는 마음을 너그럽게 이해해주지 못하는 점이죠. 문화에 따른 제 편견 같은 게 있을 수 있다고 생각하면서도 너무 답답하니까….

그 얘기는 〈당대비평〉에서 지적한 도덕의 문제와 관련되는 것 같습니다. 자신의 인식을 절대화해 '성채' 안에서 자신의 도덕기준만을 내세우는 것 아니냐는 지적이죠.

도덕이라고 볼 수도 있겠지만 더 정확한 표현은 언행일치, 명실상부죠. 〈당대비평〉에서 주장하는 '일상적 파시즘'론에 저는 100% 동의합니다. 문제는 좌파들이 수구 기득권 세력에 의한 정치·경제적인 파시즘도 문제로 삼아야 하는데, 그것을 제쳐놓고 일상적 파시즘만 표적으로 삼는다는 거죠. 그건 의도야 어찌 됐든 지금의 한국 사회에서는 우파와 극우파를 도와주는 결과를 낳는다는 거예요.

교수님 시각에 따르면 좌파의 정체성 문제를 떠나, 사람들이 옳은 건 옳다고 얘기하고 옳지 않은 건 옳지 않다고 분명히 얘기해야 하는데 그렇지 않다는 것 아닙니까. 바로 그런 점에서 도덕성 운동이 아니냐는 거지요.

도덕성이라는 말은 과대평가예요. 그렇게까지 높게 봐주시나.

과대평가의 문제는 아닌 듯싶은데요.

그 말에 부정적인 의미가 담긴 건 아니에요, 사실은. 예를 들면 미국에 있는 극우 근본주의자들은 작은 도덕적 잣대 하나를 갖고 모든 걸 쳐버리는데, 그런 일과 제가 하는 일은 의미가 다르지 않습니까. 도덕은 도덕이지요. 다만 그쪽에서 얘기하는 도덕의 의미가 얼마나 편협한 것인지 알기 때문에 제가 과대평가라고 이야기하면서 그 표현을 꺼리는 겁니다.

어쨌든 "이게 옳은 일인데, 왜 너는 그렇게 하지 않느냐"고 나무라는 것은 도덕성을 따지는 것 아닙니까?
제가 도덕을 꺼리는 데는 이런 이유도 있어요. 제가 만일 도덕을 주장하면 어떤 문제에 봉착하게 되냐 하면, "너 그러면 유신 때나 전두환 때는 뭐 했냐"는 비판이 나오지요. 왜 이제 와서 세상 좋아지니까 도덕 타령하느냐는 겁니다. 그러니까 제가 하는 일을 도덕운동으로 보는 건 과대평가라는 겁니다. 제가 거기까지 갈 수는 없기 때문이죠.

그는 도덕이라는 말에 대해 예민하게 반응했다. 한마디로 부담스럽다는 것이다. 대신 그는 '위선에 대한 혐오'라는 표현을 썼다. 도덕과는 다르다는 것이다.

'순교자 정신'이라는 딱지도 붙었는데요.
과대평가죠. 저는 하기 싫은 일은 안 하거든요. 그러니까 순교자는 아니죠. 제가 교수가 아니라면 이런 일을 뭐 하려 하겠어요. 교수랍시고 국민세금 축내면서, 전공이 언론인데, 어떻게 언론과 관련된 문제를 모른 척할 수 있냐는 겁니다.

다수의 인정을 받지 못하는 길을 혼자 걸어간다는 점에서 순교자 의식을 가진 것 아니냐는 거지요.
그건 아니에요. 오히려 혼자 외롭게 하기 때문에 인정욕망을 더 충족시키는 면이 있죠. 저도 인정욕구가 대단히 강하단 말이에요. 내가 옳다고 믿는 바를 실천함으로써 충족되는 인정욕구, 옳은 방향으로 가고 있다고 확신할 때 갖는 만족감이 있잖아요. 솔직히 저한테 그런 것까지 없는 건 아니죠. 그러니까 이해득실의 게임인데 저를 순교자로 보는 건 좀…. 저도 그런 계산은 저 나름대로 하고 있다는 거죠. 내가 느낄 수 있는 만족이란 게 뭐겠어요. 지금은 "저 자식, 천하에 나쁜 놈"이라는 욕을 듣지만, 저는 지식인 문화가 반드시 바뀔 거라고 봅니다. 오래 걸릴망정.

내가 도덕성 또는 도덕운동을 거론한 데는 그가 최근 "여자 나오는 술집에 가지 않겠다"고 선언한 일을 예사롭지 않게 본 이유도 있다. 그는 〈인물과 사상〉 10월호에서 신문칼럼을 자주 쓰는 정신과 의사 이시형 씨가 술집 호스티스의 '직업윤리'를 거론한 데 대해 분개하며 이런 고백과 결심을 밝혔다.

나는 젊은 아가씨가 있는 술집에 가서 못된 짓도 많이 한 쓰레기 같은 인간이다. 이후 여성의 성적 접대가 제공되는 곳엔 절대로 가지 않겠다. 젊은 아가씨들이 있는 술집에 가서 아가씨의 허벅지를 주무르는 행동과 진보와 개혁을 부르짖는 행동 사이에 아무런 갈등과 모순을 못 느꼈던 나의 과거를 참회한다.

"여자 나오는 술집에 가지 않겠다"는 선언은 분명 도덕적인 선언이지요? 그 얘기하고 나서 무지하게 후회했어요. 그때는 마음이 풀어져 그런 얘기를 했어요. 이시형을 비판해야겠는데 비판을 하기 전 '나는 떳떳한가' 검증해보니 어쩔 수 없더라고요. 그런 것도 안 하면서 이시형을 비판하면 내가 나쁜 놈이 되죠.

자신의 도덕성을 좀더 강화하겠다는 의지가 있는 것이죠?

당연히 그래야죠. 그런데 그 얘기했다가 얼마나 욕먹었는데요. 당신이 어떻게 교수냐고. 게다가 그게 뉴스에 나왔어요. 강준만 실망했다, (술집에) 안 가려면 조용히 안 갈 것이지 굳이 그렇게 떠들 필요 있냐, 뭘 그렇게 잘난 척하냐. 별별 얘기가 다 나왔어요. 그래서 제가 인터뷰 같은 것 안 하려는 거예요. 진의가 왜곡되기 때문에.

의도와는 전혀 다른 결과를 낳았다는 얘기네요?

욕먹어 싸죠.

자격 없는 놈은 비판하면 안 된다는 논리인가요? 마치 "너희 중 죄 없는 자가 이 여자를 돌로 쳐라"는 예수의 말씀처럼. 그러면 사람들의 비판의지 가 위축되지 않을까요?

모든 사람이 그래야 한다는 게 아니라 적어도 사회를 향해서 발언하는 사람들만큼은 그래야 한다는 거죠. 아니면 차라리 입 닫고 있거나.

그는 자신이 운동가가 아니라고 했다. 그 이유라는 게 어찌 보면 참 단순하다.

"제가 인터뷰를 하지 않으려는 데는 몇 가지 이유가 있는데, 운동의 전망에 대해 물으면 답변이 곤란한 것도 그중 하나입니다. 글 쓸 때 와 달리 인터뷰를 하게 되면 전망에 대해 얘기해야 하거든요. 나는 거짓말은 하기 싫어요. 그런데 운동가는 거짓말도 해야 돼요. 비관 적으로 보이더라도 희망 섞인 관측을 해야 한다는 거죠. 저는 그런 면에서 운동기는 아니에요. 진에 세미나 같은 데 가서 결론에 이르 러 희망적인 이야기를 안 하면 청중이 항의하더라고요. 교수라는 사람이 그렇게 비관적으로 얘기하면 어떡하느냐고. 그렇지만 거짓말을 할 순 없죠."

그는 "핏대가 나고 성질이 난다"는 말로 '어두운 전망'에 대한 답답한 심경을 드러냈다. 그런데 그는 정말 비관적으로만 보는 걸까. 운동에 대한 지속적인 열정과 추진력은 최소한의 희망에서 비롯되는 게 아닌가.

운동의 전망을 비관적으로 보고 계시는데, 교수님의 운동이 이렇게 가다간, 거창하게 표현하자면, 일종의 종교적 신화로 남지 않을까, 하는 생각도 드는군요.
신화까지야 되겠어요. 그건 너무 과대평가해 주시는 겁니다. 사실 낙관하는 점도 있거든요. 제가 즐겨 하는 얘기입니다만 한국 민주주의의 역사가 몇 년이냐는 거죠. YS 정권 때부터 잡아야 하지 않겠어요? 10년도 안 됐다는 거죠. 한 가지 웃기는 것은 과거에 전두환·박정희를 예찬하던 사람들이 서구 민주주의의 잣대를 가지고 YS·DJ 정권을 두들겨 패는 현상입니다. 코미디죠. 제가 부르짖는 주장이 당장 큰 효과는 없더라도 문제를 일단 공론화한 점에서, 긴 호흡을 갖고 본다면 제가 불치병 걸려서 죽거나, 오다가다 죽지 않는다면 죽을 때까지 이 일을 할 거니까, 앞으로 20년 더 산다고 보면 그때쯤엔 뭔가 달라지지 않겠냐는 거죠. 그렇게 멀리 보면 낙관적인 측면이 있는 거죠.

악역을 맡았다고 자주 말씀하시는데 거기서 벗어나고 싶은 생각은 없습니까?
지금 단계에서는 의지로 하기보다는, 심하게 얘기하면 "이왕 버린 몸인데" 하는 심보가 강해요. 내가 여기서 어떻게 더 버리겠는가. 저는 안 망가지나요. 이건 경계해야 할 부분이지만, 관성에 의해 끌려가 버리는 측면도 있어요. 그렇지만 아무리 혹독한 비판이라도 저를 되짚어볼 기회를 주는 거니까 저로선 어떤 독설이든 즐거운 마음으로 대환영이죠. 제가 수긍할 수 있는 대목은 받아들이죠. 그리고 상대편 논리의 허점을 발견하는 것도 기쁨이고.

어느 글에선가 교수님이 하는 일의 최종 목표는 지식인의 복원이라고 말씀하셨더군요. 그 의미를 설명하신다면.

제가 보기엔 지식계가 언론계에 먹혔어요. 지식계가 독립적인 목소리를 낼 수 있는 영역에 머물러야 되는데, 신문에 칼럼 쓰고 TV 출연하는 것 말고 지식인이 대중을 만날 수 있는 길이 없다는 게 문제입니다. 스스로 개발도 안 했고요. 기껏해야 캠퍼스 안에서 연구회나 강연회를 갖는 건데 그런 건 요즘 시장에서 통하지도 않지요.

그러니까 대중은 언론이라는 매개체를 통해서만 지식인을 만날 수 있는데, 문제는 어떤 지식인이 언제 어떤 이슈를 가지고 이야기할 수 있는지에 대한 주도권을 언론이 쥐고 있다는 거죠. 심한 표현으로 지식인은 언론의 용병(傭兵)일 뿐이지 독자적인 목소리를 낼 수 있는 세력이 아니라는 겁니다. 지식인은 언론의 이해관계와 무관하게, 그야말로 언론을 주체적으로 이용해야 합니다.

그리고 지금 신문의 칼럼니스트 시장을 보면 대학교수가 너무 설쳐요. 자유기고가 시장이 넓어져야 해요. 또 교수들은 연고나 정실로부터 독립해야 하는데, 지금 보세요. 대학들이 모교 출신을 교수로 채용하는 비율이 얼마나 높은지. 교육부가 겁주기는 했습니다만, 제가 볼때 마이동풍이에요. 점점 학연주의가 강화되고 있어요. 무섭다고요. 학연주의에 빠진 지식인은 지식인이 아니죠. 지식인의 생명은 독립성인데. 이런 모든 일이 제가 말하는 지식인의 복원이죠.

이상주의자라는 평가에 대해선 어떻게 생각하세요?

전 이상주의자면서도 현실주의자지요. 현실이 이상에 근접할 수 있도록 비판할 건 비판하고 부정할 건 부정하는 방향으로 나아가는 거죠. 현실에 발을 딛고 있는데 어떻게 합니까. 더디게 조금씩 조금씩 갈 수밖에 없는 거죠.

애초 '2시간만 딱' 하기로 했던 인터뷰는 오후 7시가 넘어 끝났다. 예정시간보다 1시간 반가량 더 한 것이다. 인터뷰 도중 몇 차례 전화가 걸려왔으나 그는 한 번도 받지 않았다. 나와 나란히 화장실에 갔다 올 때를 빼곤 단 한 차례도 자리에서 일어나지 않았다. 그토록 많은 얘기를 했는데도 지친 기색이라곤 없었다.

가방을 챙기는 나에게 그가 말했다. "서울에 올라가도 어차피 저녁은 먹고 가야 할 것 아닙니까?" 그는 중·고생들이 메고 다닐 법한 '어깨가방'을 둘러메고 앞장섰다. 자전거는 학교에 두고 갔다. 2회전의 공이 울린 것이다.

안티조선운동이 한창 벌어질 때 진행된 이 인터뷰로 강준만 교수는 곤혹스러운 처지에 내몰렸다. 조중동에 반대하는 진보진영의 언론운동가들과 진보매체들이 〈동아일보〉 새끼매체'와 인터뷰했다고 그를 비난하고 나선 것이다. 이 일로 강 교수는 이들과 거의 결별하게 됐다.

강 교수가 안티조선운동을 벌인 취지는 〈조선일보〉를 폐간시키자는 게 아니라 〈조선일보〉의 과도한 영향력을 줄이자는 것이었다. 이른바 〈조선일보〉 제몫 찾아주기 운동이다. 그러나 안티조선운동에 참여한 일부 진보세력의 목표는 조중동을 망하게 하는 것이었으니 노선이 다를 수밖에 없었다.

인터뷰 파동을 겪으면서 강 교수와 나는 친해졌다. 나는 가끔 전주에 내려가 강 교수와 술잔을 기울였다. 강 교수는 맥주파였다. 나는 소주를 선호하지만 그를 만나면 별 수 없이 맥주를 들이켰다. 그는 술이 좀 들어가면 목소리가 높아지고 거친 욕설도 곧잘 내뱉었다. 김대중 정권 때는 김대중을 비롯해 호남 정치인들의 탐욕을 질타했고, 노무현 정권 때는 노무현과 386정치인들이 한국의 진보주의를 망친다고 분노했다.

2012년 그가 《안철수의 힘》이라는 책을 통해 '증오정치의 종언'을 주장하며 사실상 안철수 지지의사를 밝혔을 때 의아해하는 사람이 많았지만, 기존 정치권, 특히 '친노세력'에 대해 그가 얼마나 분개했었는지를 잘 아는 나는 고개를 끄덕였다.

그가 1995년에 펴낸 《김대중 죽이기》와 2001년에 쓴 《노무현과 국민사기극》은 두 사람의 대통령 당선에 일조했다는 평이 나올 정도로 사회적 파급력이 컸다. 하지만 두 사람이 집권한 후 그는 강한 실망감을 표출하며 쓴소리를 퍼부었다. 그런 점에서 그는 영원한 아웃사이더 지식인이다.